全国职业院校城市轨道交通类适用教材

城市轨道交通安全风险管理

主　编　刘连珂　张奎贵　高　明
副主编　黄晓婷　张　奇　李　震
　　　　赵学林

西南交通大学出版社
·成　都·

图书在版编目（CIP）数据

城市轨道交通安全风险管理 / 刘连珂，张奎贵，高明主编. -- 成都：西南交通大学出版社，2025.7
ISBN 978-7-5774-0520-9

Ⅰ.U239.5

中国国家版本馆 CIP 数据核字第 202582CT53 号

Chengshi Guidao Jaotong Anquan Fengxian Guanli
城市轨道交通安全风险管理

主　编 / 刘连珂　张奎贵　高　明

策划编辑 / 韩　林　黄庆斌　罗爱林
责任编辑 / 罗爱林
责任校对 / 左凌涛
封面设计 / GT 工作室

西南交通大学出版社出版发行
（四川省成都市金牛区二环路北一段 111 号西南交通大学创新大厦 21 楼　610031）
营销部电话：028-87600564　　028-87600533
网址：https://www.xnjdcbs.com
印刷：成都中永印务有限责任公司

成品尺寸　185 mm×260 mm
印张　24.25　　字数　604 千
版次　2025 年 7 月第 1 版　　印次　2025 年 7 月第 1 次

书号　ISBN 978-7-5774-0520-9
定价　59.00 元

课件咨询电话：028-81435775
图书如有印装质量问题　本社负责退换
版权所有　盗版必究　举报电话：028-87600562

PREFACE

前言

随着我国城市化进程的不断推进,迅速增长的交通量使城市交通问题日益严重,而城市轨道交通的安全、快捷、环保等优越性也越来越明显,城市轨道交通对城市影响的作用被越来越多的国家和城市所重视。据中国轨道交通网统计,截至2024年12月底,我国有51个城市开通运营城市轨道交通线路270条,运营里程10 759 km,实际开行列车285万列次,完成客运量18.0亿人次,进站量10.8亿人次,高居世界第一。新增运营线路多,客流增长快,轨道交通系统制式多样化的趋势日益凸显。

作为城市中一种重要的公共交通运输工具,城市轨道交通的大部分线路处于地下空间,环境封闭,人员密集,一旦发生意外事故,不但容易造成人员伤亡和财产损失,而且会产生恶劣的社会影响,引发许多复杂的社会问题,如果处理不当,还会影响党和政府的形象和声誉;不仅关系到城市轨道交通对城市经济社会发展的保障能力,而且事关城市平稳较快发展和社会稳定大局;不仅关系到城市轨道建设和运营的良性循环,而且事关人民群众生活水平的提升,事关社会公共服务体系的完善和社会文明进步的进程。因此,做好城市轨道安全管理工作,最重要的就是确保运输安全、稳定。城市轨道安全风险管理是更高层次的安全管理,是提升城市轨道安全管理科学化水平的必然要求。

安全是红线,必须遵照法律法规要求,坚持中国共产党的领导,坚持人民至上、生命至上,树牢安全发展理念,坚持"安全第一、预防为主、综合治理"的方针,坚持"三个必须"原则,进一步强化和落实生产经营单位主体责任,立足从源头上管控安全风险,消除事故隐患,按照全面覆盖、分级管理、科学施策、动态实施的建设要求,推进城市轨道安全事故预防工作科学化、信息化、标准化,实现把风险控制在隐患形成之前、把隐患消灭在事故之前。

随着我国若干城市投入运营和正在规划建设中的轨道交通里程越来越长,城市轨道交通企业的用人需求也更加迫切。城市轨道交通企业尤其需要具有专业职业素养,掌握职业岗位所需要的理论知识和操作技能的高素质技能型人才。城市轨道交通运营管理专业的培养目标就是培养能够适应城市轨道交通运营生产、管理一线，具有良好职业道德和敬业精神，从事城市轨道交通列车形成、运行、组织、指挥的高素质技能型人才。城市轨道交通运营安全管理是此专业的重要课程之一，旨在培养在城市轨道交通运营、管理过程中，具备实现列车安全运行的高素质人才。

《城市轨道交通安全风险管理》是职业院校城市轨道交通类适用教材，本教材以企业运营安全为基本依据，按照城市轨道交通运营组织、指挥岗位要求，参照国家职业资格标准和城市轨道交通运营部门安全管理人员职业水平标准，以提高学生的职业技术能力和职业素养为中心，结合国内外安全案例深入浅出地进行综合分析，以增强内容的趣味性与实用性。同时资料数据和实例丰富，涵盖知识面广，力求系统全面，凸显特色，可作为城市轨道交通类职业教育各相关安全专业基础课必修教材，也可作为城市轨道现场岗位安全培训教材。

本教材包含十二个项目，具体编写分工如下：南京铁道职业技术学院刘连珂为第一主编，编写项目八、项目九、项目十、项目十二；安徽真谱轨道交通制造有限公司张奎贵为第二主编，编写项目三；中国地方铁路协会高明为第三主编，编写项目六；陕西铁路工程职业技术学院黄晓婷为第一副主编，编写项目二、项目七、项目十一；南京铁道职业技术学院张奇为第二副主编，编写项目一；中国铁路上海局集团有限公司苏州站李震为第三副主编，编写项目四；南京铁道职业技术学院赵学林为第四副主编，编写项目五。

本教材在编写过程中，参考了大量的专业书籍和网络资源，同时也得到全国安全职业教育教学指导委员会、中国职业安全健康协会铁道分会、中国地方铁路协会、南京地铁集团公司等单位一些专家学者的支持和帮助，在此一并表示感谢。由于本人水平有限，书中难免存在不足之处，敬请广大读者批评指正。

编 者

2024 年 12 月

目录 CONTENT

项目一　现代安全管理与新时期安全发展 …………………………………… 001
　　任务一　安全基础理论认知 ……………………………………………… 002
　　任务二　安全管理的基本原理 …………………………………………… 015
　　任务三　安全与文化理念 ………………………………………………… 025
　　任务四　新时期安全发展与工伤预防能力提升 ………………………… 030

项目二　城市轨道交通安全管理基础 ………………………………………… 036
　　任务一　城市轨道交通运营安全管理的特点 …………………………… 037
　　任务二　国内外城市轨道交通安全现状及发展 ………………………… 044
　　任务三　城市轨道交通安全管理的基本内容 …………………………… 047

项目三　城市轨道交通安全相关法规 ………………………………………… 057
　　任务一　安全法律法规及规章标准 ……………………………………… 058
　　任务二　城市轨道交通安全相关法规及规章解析 ……………………… 067

项目四　城市轨道交通安全影响因素分析 …………………………………… 096
　　任务一　城市轨道交通安全管理影响因素 ……………………………… 097
　　任务二　城市轨道交通事件类型分析 …………………………………… 099
　　任务三　城市轨道交通系统主要危险因素及分级 ……………………… 106

项目五　城市轨道交通运营企业安全运作模式 ……………………………… 112
　　任务一　城市轨道交通运营企业安全管理模式认知 …………………… 113
　　任务二　城市轨道交通运营企业安全文化建设 ………………………… 129
　　任务三　城市轨道交通运营企业安全管理运作 ………………………… 134

项目六　城市轨道运营安全保障系统 ·················· 149
 任务一　城市轨道交通运营安全保障系统的特征 ············· 150
 任务二　运营人员安全保障子系统 ····················· 154
 任务三　城市轨道交通运营设备安全保障子系统 ············· 172
 任务四　城市轨道交通运营环境安全保障子系统 ············· 181

项目七　城市轨道交通行车安全 ······················ 188
 任务一　城市轨道交通行车安全的概念 ·················· 189
 任务二　城市轨道交通行车事故等级划分 ················ 192
 任务三　行车事故的调查处理 ······················· 193
 任务四　行车事故应急预案及预防 ···················· 195
 任务五　非正常情况下的行车组织 ···················· 199

项目八　城市轨道交通客运安全 ······················ 212
 任务一　城市轨道交通客运安全概述 ··················· 213
 任务二　城市轨道交通客运安全的分类 ·················· 214
 任务三　城市轨道交通客运突发事件处理 ················ 228

项目九　城市轨道交通施工作业安全 ··················· 235
 任务一　城市轨道地铁施工中存在的危险有害因素 ············ 236
 任务二　城市轨道建设工程施工安全管理责任 ·············· 238
 任务三　地铁施工组织安全管理 ····················· 242
 任务四　城市轨道交通工程关键节点风险管控 ·············· 246
 任务五　城市轨道建设工程质量安全事故应急预案 ············ 253
 任务六　工程列车的开行条件 ······················· 256

项目十　城市轨道交通消防安全管理 ··················· 262
 任务一　城市轨道交通消防安全基础 ··················· 263
 任务二　城市轨道交通消防管理制度 ··················· 273
 任务三　消防安全管理职责要求 ····················· 275
 任务四　地铁消防设施与设备使用与维护 ················ 279
 任务五　灭火和应急疏散预案与演练 ··················· 292

项目十一　城市轨道交通运营风险管理与安全评估 ······ 300

任务一　城市轨道交通运营风险管理基础 ······ 301
任务二　城市轨道交通安全风险管理的内容 ······ 307
任务三　城市轨道交通运营风险管控体系构建 ······ 316
任务四　全面推进安全双重预防机制建设 ······ 319
任务五　城市轨道交通运营安全风险效果决策评价 ······ 326

项目十二　城市轨道交通突发事件应急管理 ······ 336

任务一　城市轨道交通运营突发事件类型与等级划分 ······ 337
任务二　城市轨道交通突发事件应急管理体系 ······ 339
任务三　城市轨道交通运营突发事件应急预案体系 ······ 342
任务四　应急培训与演练 ······ 348
任务五　应急物资装备管理 ······ 353
任务六　突发事件应急处置 ······ 356
任务七　救援列车的开行 ······ 370
任务八　城市轨道交通应急预案技能训练 ······ 373

参考文献 ······ 379

项目一 现代安全管理与新时期安全发展

【问题导入】

本章主要是使学生对安全知识有个综合理解，结合人类安全生存的大环境，了解各行各业安全管理的必要性、重要性、特殊性、紧迫性，熟悉安全管理的基本原理，掌握现代安全管理方法，结合国内外安全事故典型案例，牢固树立现代安全发展理念，坚持红线意识和底线思维，以防范化解铁路重大安全风险为目标，深刻领会安全管理的重大意义。

【教学目标】

1. 能力目标

能阐述对安全概念的认识、安全管理的特点、安全管理的基本原理；能自觉以安全行为和语言传播企业安全文化。

2. 知识目标

重点掌握安全、风险、隐患、事故的含义；重点掌握企业安全管理的必要性、重要性；掌握安全管理的基本原理；掌握事故致因理论；熟悉现代安全管理方法；重点掌握新时期安全发展的理念。

3. 素质目标

牢固树立党和国家"安全第一、预防为主、综合治理"的安全生产方针，筑牢安全发展理念，坚持红线意识和底线思维；具有良好的职业安全操守、安全大局观念及创新实践能力。

任务一

安全基础理论认知

一、认知安全基础

(一) 安全的内涵

1. 安全的广义与狭义定义

狭义的安全,就是人类个体与周围环境的相容性。相容性很好,表明生存环境非常宽容,人们幸福安康,娱乐休闲富足。

广义的安全,则是指人类的生存环境——地球的生态安全,包括来自宇宙的多种复杂的天文危险隐患的识别。

2. 安全的通俗理解

无危为安,无损为全。

安全也可以看作是人、机具及人和机具构成的环境三者处于协调/平衡状态。一旦打破这种平衡,安全就不存在了。当把人的生命比作是"1"时,生活就是在"1"后面加"0",后面加的"0"越多,说明事业越成功、家庭越幸福。倘若人的生命都不存在了,后面加再多的"0"也没有意义。

3. 安全的延伸理解

安全的延伸理解可以是国家安全、政治安全、经济安全、文化安全、国际安全、区域安全,以及常见的企业安全等。

国家安全是国家的基本利益,是一个国家处于没有危险的客观状态,也就是国家没有外部的威胁和侵害,也没有内部的混乱和疾患的客观状态。当代国家安全包括11个方面的基本内容,即国民安全、领土安全、主权安全、政治安全、军事安全、经济安全、文化安全、科技安全、生态安全、信息安全和核安全。

政治安全就是政治主体在政治意识、政治需要、政治内容、政治活动等方面免于内外各种因素侵害和威胁而没有危险的客观状态。

经济安全是指经济全球化时代一国保持其经济存在和发展所需资源有效供给、经济体系独立稳定运行、整体经济福利不受恶意侵害和非可抗力损害的状态和能力,即一国的国民经济发展和经济实力处于不受根本威胁的状态。

4. 安全的基本定义

安全的基本定义可以理解为以下3个层面的含义:

（1）《现代汉语词典（第七版）》解释：没有危险；不受威胁；不出事故。

（2）在生产活动过程中，能将人或物的损失控制在可接受指标的状态。

（3）人类的整体与生存环境资源的和谐相处，互相不伤害，不存在危险和危害的隐患。

5. 安全的相对性

"安全"是相对的安全，绝对的安全是不存在的。

绝对安全观认为，安全指没有危险、不受威胁、不出事故，即消除能导致人员伤害，发生病、死亡或造成设备财产破坏、损失，以及危害环境的条件。由于绝对安全观过分强调安全的绝对性，其应用范围受到了很大的限制，特别是在分析社会—技术系统的安全问题时更是如此。

相对安全观认为，安全是相对的，绝对安全是不存在的。例如，美国哈佛大学的劳伦斯教授将安全定义为"安全就是被判断为不超过允许极限的危险性"，也就是指没有受到损害的危险或损害概率低。《英汉安全专业术语词典》中将安全定义为："安全意味着可以容许的风险程度，比较的无受损害之忧和损害概率低的通用术语。"

（二）安全相关概念

1. 危　险

危险（不安全）是指在生产活动过程中，人或物遭受损失的可能性超出了可接受指标的状态。

设危险状态为 W，则有：$W=f(\triangle X, \triangle L)$。可见，危险状态是一个多因素的状态函数，是危险因素偏差导致的结果。危险因素变化 $\triangle X$ 变化，引起人、物、环境、管理、信息偏差，导致后果 $\triangle L$ 变化。该状态是客观存在的，具有潜在性、隐蔽性。危险程度是可转化的。

2. 风险（危险性）

风险是某一有害事故发生的可能性与事故后果的组合。一般把安全生产的风险定义为：安全生产不期望事件的发生或存在概率与可能发生事故后果的组合。

$$危险性+安全性=1$$

一般意义上的风险具有概率和后果的二重性，即可用损失程度 C 和发生概率 P 的函数来表示风险。

$$R=f(P, C)$$

式中，P 代表发生的概率；C 代表损失程度，即结果。

损失结果与风险成正比，损失程度越大，风险就越高。为简单，大多数文献中将风险表述为概率与后果的乘积，即 $R = P \times C$。

上述风险定义中，无论损失或者后果，均是针对事故定义的，包括已发生的事故和将会发生的事故。风险既然是对系统危险性的度量，则仅仅以事故来衡量系统的风险是很不充分的，除非能够辨识所有可能的事故形式。从整个系统的角度看，风险是系统危险影响因素的

函数,即风险可表述为如下形式:

$$R = f(R_1, R_2, R_3, R_4, R_5)$$

式中,R_1 为人的因素;R_2 为设备因素;R_3 为环境因素;R_4 为管理因素;R_5 为其他因素。

3. 安全性

从系统的安全性来讲,安全性为衡量系统安全程度的客观量。与安全性对立的概念是描述系统危险程度的指标——风险(又称危险性)。假定系统的安全性为 S,危险性为 R,则有 $S=1-R$。显然,R 越小,S 越大;反之亦然。若在一定程度上消减了危险因素,就等于创造了安全条件。

设安全状态为 D,其是可接受的危险状态 $[w]$ 的范围,即 $\triangle D \leq [w]$。

我们认为 D 决定于安全条件,安全条件决定于条件因素,即 $D=f(X_i)$。

设安全条件为 X,安全条件许用值为 $[X]$,$\triangle X$ 为安全条件的偏差。

则有:

$\triangle X = X - [X] = 0$　　　　　　　安全

$\triangle X = X - [X] > 0$　　　　　　　比较安全

$\triangle X = X - [X] \gg 0$　　　　　　非常安全

4. 隐　患

隐患是指在生产过程中,由于人们受到科学技术的限制,或者认识上的局限,未能有效控制的可能引起事故的行为和状态。

从系统安全的角度来看,通常人们所说的隐患包括一切可能对人—机—环境系统带来损害的不安全因素。隐患可定义为:在生产活动过程中,由于人们受到科学知识和技术力量的限制,或者由于认识上的局限,而未能有效控制的、有可能引起事故的一种行为(一些行为)或一种状态(一些状态)或两者的结合。隐患是事故发生的必要条件,隐患一旦被识别,就要予以消除。对于受客观条件所限不能立即消除的隐患,要采取措施降低其危险性或延缓危险性增长的速度,从而降低其被触发的概率。

5. 事　故

事故是指在生产活动过程中,由于人们受到科学知识和技术力量的限制,或者由于认识上的局限,当前还不能防止或能防止而未有效控制所发生的违背人们意愿的事件序列。它的发生,可能迫使系统暂时或较长期地中断运行,也可能造成人员伤亡、财产损失或者环境破坏,或者其中两者或三者同时出现。

对事故的综合理解,可概括如下:

(1)事故是违背人们意愿的一种现象。

(2)事故是不确定事件,其发生形式既受必然性的支配,但也不可避免地受到偶然性的影响。

（3）事故发生的原因，可归结为以下3类：① 目前尚未认识到的原因；② 已经认识，但目前尚不可控制的原因；③ 已经认识，目前可以控制而未能有效控制的原因。

（4）事故一旦发生，可能造成以下4种后果：① 人受到伤害，物受到损失；② 人受到伤害，物未受到损失；③ 人未受到伤害，物受到损失；④ 人、物均未受到伤害或损失。

（5）事故的内涵相当复杂。从宏观的生产过程来看，事故是安全与危险矛盾斗争过程中某些瞬间突变结果的外在表现形式，是时间轴上一系列离散的点；从微观角度来看，每一个事故均可看作是在极短时间内相继出现的事件序列，是一个动态过程，可以表示为：危险触发—以一定的逻辑顺序出现的一系列事件—产生不良后果。

6. 基本概念之间的相互关系

（1）安全与危险是一对此消彼长、动态发展变化的矛盾双方，它们都是与生产过程共存的连续型过程。

（2）描述安全与危险的指标分别是安全性与危险性（风险），两者存在如下关系：

$$安全性 = 1-危险性$$

（3）事故与安全是对立的，但事故并不是不安全的全部内容，而只是在安全与不安全一对矛盾斗争过程中某些瞬间突变结果的外在表现。

（4）系统处于安全状态并不一定不发生事故，系统处于不安全状态，也未必完全是由事故引起的。

（5）事故发生，系统不一定处于危险状态，事故不发生；也不能否认系统不处于危险状态，事故不能作为判别系统危险与安全状态的唯一标准。

（6）事故总是发生在操作的现场，总是伴随着隐患的发展而发生在生产过程之中的。事故是隐患发展的结果，隐患则是事故发生的必要条件。图1-1为事故发生流程。

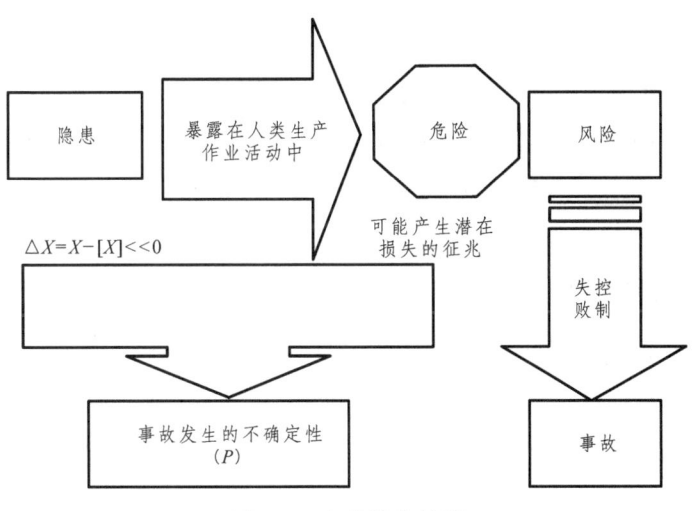

图1-1 事故发生流程

（7）三同时：生产经营单位新建、改建、扩建工程项目（以下统称"建设项目"）的安全设施,必须与主体工程同时设计、同时施工、同时投入生产和使用。安全设施投资应当纳入建设项目概算。

(8)三违:违章指挥、违章作业、违反劳动纪律。

(9)四不放过:事故原因未查清不放过、责任人员未处理不放过、整改措施未落实不放过、有关人员未受到教育不放过。

(10)红线意识:人命关天,发展决不能以牺牲人的生命为代价,这必须作为一条不可逾越的红线。

(11)本质安全:通过设计等手段使生产设备或生产系统本身具有安全性,即使在误操作或发生故障的情况下也不会造成事故。

(12)安全生产方针:安全第一、预防为主、综合治理。

(13)双重预防机制:安全风险分级管控机制和隐患排查治理机制合称为"双重预防机制"。双重预防机制如图1-2所示。

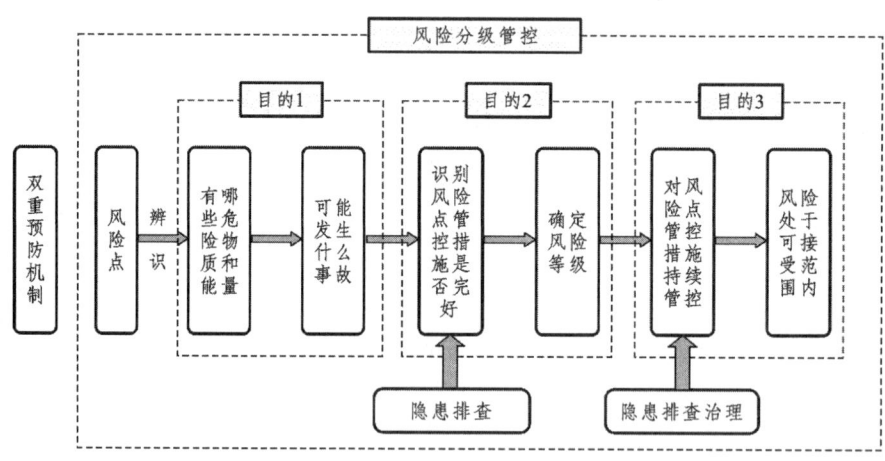

图1-2 双重预防机制

(14)企业安全生产标准化:企业通过落实安全生产主体责任,全员全过程参与,建立并保持安全生产管理体系,全面管控生产经营活动各环节和安全生产与职业卫生工作,实现安全健康管理系统化、岗位操作行为规范化、设备设施本质安全化、作业环境器具定制化,并持续改进。

(三)安全的性质与特点

1. 安全的普遍性

伴随生产而存在的安全问题,对于所有的技术系统都具有普遍的意义,城市轨道运营系统也不例外。

2. 安全的系统性

安全涉及技术系统的各个方面,包括人员、设备、环境等因素,而这些因素又涉及经济、政治、科技、教育和管理等许多方面。特别对于像城市轨道运营系统这样的开放系统,安全既受到系统内部因素的制约，也受到系统外部环境的干扰。而安全的恶化状态，即事故，不仅可能造成系统内部的损害，而且可能造成系统外部环境的损害。因此，研究和解决安全问题应从系统观点出发，运用系统工程的方法，进行综合治理。

3. 安全的相对性

凡是人类从事的生产活动，都有安全问题，所不同的只是发生事故的可能性有大有小，危害程度有轻有重而已。安全是相对的，不安全是绝对的，系统发生事故的可能性始终存在。但是，事故是可以预防的，可以利用安全系统工程的原理和技术，预先发现、鉴别、判明各类隐患，并采取安全对策从而防患于未然。

4. 安全的依附性

安全是依附于生产而存在的，它不可能脱离具体的生产过程而独立存在，只要存在生产活动，就会出现安全问题。另外，安全是生产的前提和保障，安全工作搞得不好，生产便无法顺利进行。因此，需要经常持久地抓好安全工作。

5. 安全的间接效益性

要保证生产安全，必须在人员、设备、环境和管理方面有相应适时的安全投入，但安全投入所产生的经济和社会效益却是间接的、无形的，难以定量计算。因此，安全投入往往被忽视，往往在发生了事故造成了损失之后才会意识到安全投入的必要性和重要性。事实上，安全的效益除了减少事故的直接和间接经济损失外，更重要的是在提高人员素质、改进设备性能、改善环境质量、加强生产管理等方面所创造的积极的经济和社会效益。

6. 安全的长期性

人对安全的认识在时间上往往是滞后的，不可能预先完全认识到系统存在和面临的各种危险，而且即使认识到了，有时也会由于受到当时技术条件的限制而无法予以控制。随着技术进步和社会发展，旧的安全问题解决了，新的安全问题又会随之产生。所以，安全工作是一个长期的过程，必须坚持不懈，始终如一地努力才行。

7. 安全的艰巨性

随着现代科学技术的发展，各种技术系统的复杂化程度不断增加。以轨道交通运营系统为例，无论是规模、速度，还是设备和管理都有了极大的飞跃，一旦发生事故，其影响之大、伤亡之多、损失之重、补救之难，都是传统运输方式不可比拟的。此外，事故是一种小概率的随机偶发事件，仅仅利用已有的事故资料不足以及时、深入地对系统的危险性进行分析，而现代社会的文明进步又不容许通过事故重演来深化对安全的认识。因此，认识事故机理，不断揭示系统安全的各种隐患，确实是一项艰巨的任务。

（四）安全生产的基本内涵

安全生产是指企事业单位在劳动生产过程中的人身安全、设备和产品安全，以及交通运输安全等。

概括地说,安全生产是指采取一系列措施使生产过程在符合规定的物质条件和工作秩序下进行,有效消除或控制危险和有害因素,无人身伤亡和财产损失等生产事故发生,从而保障人员安全与健康、设备和设施免受损坏、环境免遭破坏,使生产经营活动得以顺利进行的一种状态。

安全生产是安全与生产的统一,其宗旨是安全促进生产,生产必须安全。搞好安全工作,改善劳动条件,可以调动职工的生产积极性;减少职工伤亡,可以减少劳动力的损失;减少财产损失,可以增加企业效益,无疑会促进生产的发展;而生产必须安全,则是因为安全是生产的前提条件,没有安全就无法生产。

1. 安全生产的本质

第一,保护劳动者的生命安全和职业健康是安全生产最根本、最深刻的内涵,是安全生产本质的核心。它充分揭示了安全生产以人为本的导向性和目的性。

第二,突出强调了最大限度的保护。所谓最大限度的保护,是指在现实经济社会所能提供的客观条件的基础上,尽最大的努力,采取加强安全生产的一切措施,保护劳动者的生命安全和职业健康。

根据我国安全生产的现状,需要从3个层面上对劳动者的生命安全和职业健康实施最大限度的保护:一是在安全生产监管主体即政府层面,把加强安全生产、实现安全发展,保护劳动者的生命安全和职业健康,纳入经济社会管理的重要内容,纳入社会主义现代化建设的总体战略,最大限度地给予法律保障、体制保障和政策支持。二是在安全生产责任主体即企业层面,把安全生产、保护劳动者的生命安全和职业健康作为企业生存、发展的根本,最大限度地做到责任到位、培训到位、管理到位、技术到位、投入到位。三是在劳动者自身层面,把安全生产、保护自身的生命安全和职业健康,作为自我发展、价值实现的根本基础,最大限度地实现自主保安。

第三,突出了在生产过程中的保护。生产过程是劳动者进行劳动生产的主要时空,因而也是保护其生命安全和职业健康的主要时空,安全生产的以人为本,具体体现为生产过程中的以人为本。同时,它还从深层次揭示了安全与生产的关系。在劳动者的生命和职业健康面前,生产过程应该是安全地进行生产的过程,安全是生产的前提,安全又贯穿于生产过程的始终。两者发生矛盾时,生产必须服从于安全,安全第一。这种服从,是一种铁律,是对劳动者生命和健康的尊重,是对生产力最主要、最活跃因素的尊重。

第四,突出了一定历史条件下的保护。强调一定历史条件的现实意义在于:一是有助于加强安全生产工作的现实紧迫性;二是有助于明确安全生产的重点行业取向;三是有助于处理好一定历史条件下的保护与最大限度保护之间的关系。因此,立足现实条件,充分利用和发挥现实条件,加强安全生产工作,是当务之急。

2. 安全生产的管理体制和基本原则

《中华人民共和国安全生产法》(简称《安全生产法》)确定了"安全第一、预防为主、综合治理"的安全生产管理基本方针，在此方针的规约下形成了一定的管理体制和基本原则。

（1）我国的安全生产方针。

"安全第一、预防为主、综合治理"的方针，是我国对安全生产工作提出的总的要求和指导原则。

首先，"安全第一"体现了人们对安全生产的一种理性认识。它包含两个层面：

第一层面，生命观。"安全第一"就是要人们懂得一定要珍惜生命、爱护生命、尊重生命和保护生命，而事故就意味着对生命的摧残与毁灭。因此，应把保护生命的安全放在第一位。

第二层面，协调观，即生产与安全的协调观。从生产系统来说，保证系统正常就是保证系统安全。这是保证生产系统有效运转的基础和前提条件。因此，在生产活动中，应把安全放在第一位。

其次，"预防为主、综合治理"体现了人们在安全生产活动中的方法论。"预防为主"是强调在事故发生前采取有效的控制措施，防患于未然。"综合治理"是安全生产管理中的一项系统工程，需要从多方面同时进行治理。

（2）管理体制。

目前我国安全生产监督管理的体制：综合监管与行业监管相结合、国家监察与地方监管相结合、政府监督与其他监督相结合。

监督管理的基本特征：权威性、强制性、普遍约束性。

监督管理的基本原则：坚持"有法可依、有法必依、执法必严、违法必究"的原则，坚持以事实为依据、以法律为准绳的原则，坚持预防为主的原则，坚持行为监察与技术监察相结合的原则，坚持监察与服务相结合的原则，坚持教育与惩罚相结合的原则。

（3）基本原则。

① 坚持"以人为本"的原则。在生产过程中，必须坚持"以人为本"的原则。在生产与安全的关系中，一切以安全为重，安全必须排在第一位。必须预先分析危险源，预测和评价危险、有害因素，掌握危险出现的规律和变化，采取相应的预防措施，将危险和安全隐患消灭在萌芽状态。

② 贯彻预防为主的原则。安全生产的方针是"安全第一、预防为主、综合治理"。安全第一从保护生产力的角度和高度，表明在生产范围内安全与生产的关系，肯定安全在生产活动中的位置和重要性。

贯彻预防为主，首先要端正对生产中不安全因素的认识，端正消除不安全因素的态度，选准消除不安全因素的时机。在安排与布置生产内容时，针对施工生产中可能出现的危险因素，采取措施予以消除是最佳选择。在生产活动过程中，经常检查、及时发现不安全因素，采取措施，明确责任，尽快地、坚决地予以消除，是安全管理应有的鲜明态度。

③ "谁主管、谁负责"的原则。安全生产的重要性要求主管者也必须是责任人，要全面履行安全生产责任。

④"管生产必须管安全"的原则。该原则指工程项目各级领导和全体员工在生产过程中必须坚持在抓生产的同时抓好安全工作。该原则体现了安全与生产的统一,生产和安全是一个有机的整体,两者不能分割,更不能对立起来,应将安全贯穿于生产之中。

⑤"安全具有否决权"的原则。该原则指安全生产工作是衡量工程项目管理的一项基本内容,它要求对各项指标进行考核,评优创先时首先必须考虑安全指标的完成情况。安全具有一票否决的作用,安全指标没有实现,即使其他指标顺利完成,仍无法实现项目的最优化。

⑥"三同时"原则。基本建设项目中的职业安全、卫生技术和环境保护等措施和设施,必须与主体工程同时设计、同时施工、同时投产使用。

⑦"五同时"原则。企业的生产组织及领导者在计划、布置、检查、总结、评比生产工作的同时,同时计划、布置、检查、总结、评比安全工作。

⑧"四不放过"原则。事故原因未查清不放过,当事人和群众没有受到教育不放过,事故责任人未受到处理不放过,没有制定切实可行的预防措施不放过。"四不放过"原则的理论依据是《国务院关于特大安全事故行政责任追究的规定》(国务院令第302号)。

⑨ 坚持"四全"动态管理原则。安全管理涉及生产活动的方方面面,涉及从开工到竣工交付的全部生产过程,涉及全部的生产时间,涉及一切变化着的生产因素。因此,生产活动中必须坚持全员、全过程、全方位、全天候的动态安全管理。

⑩ 安全管理重在控制原则。进行安全管理的目的是预防、消灭事故,防止或消除事故伤害,保护劳动者的安全与健康。在安全管理的4项主要内容中,虽然都是为了达到安全管理的目的,但是对生产因素状态的控制,与安全管理目的关系更直接,也更突出。因此,必须将生产中人的不安全行为和物的不安全状态的控制,作为动态安全管理的重点。

⑪ 安全发展原则。既然安全管理是在变化着的生产活动中的管理,是动态的,则意味着它是不断发展、不断变化的,以适应变化的生产活动,消除新的危险因素。然而更加需要的是,不间断地摸索新的规律,总结管理、控制的办法与经验,指导新的变化后的管理,从而使安全管理不断地上升到新的高度。

二、安全基础理论

学者们在各种事故发生的实践中不断总结经验,分析事故教训,探索事故发生的规律,研究如何消除和控制事故影响因素,防止事故的发生和发展,保证生产系统处于安全稳定状态之中,相继提出了防止事故发生的安全基础理论。目前,安全的基础理论较多,不同的基础理论从不同角度对安全问题进行了分析。现实中的安全管理更需要运用各种基础理论,从不同角度进行综合分析。

(一)事故致因理论

事故致因的8种理论:事故频发倾向理论、海因里希的事故因果连锁理论、能量意外释放理论、奶酪模型理论、系统安全理论、基于人体信息处理的失误-瑟利事故模型、动态变化理论、轨迹交叉理论。其中影响较大的是海因里希的事故因果连锁理论。

1931 年，美国安全工程师海因里希首先提出了事故因果连锁理论，用以阐明导致伤亡事故的各种原因及与事故间的关系。该理论认为，伤亡事故的发生不是一个孤立的事件，尽管伤害可能在某瞬间突然发生，却是一系列事件相继发生的结果。

海因里希把工业伤害事故的发生、发展过程描述为具有一定因果关系的事件的连锁发生过程：①人员伤亡的发生是事故的结果；②事故的发生是由于人的不安全行为、物的不安全状态；③人的不安全行为或物的不安全状态是人的缺点造成的；④人的缺点是不良环境诱发的，或者是先天的遗传因素造成的。

海因里希直观化的事故因果连锁理论关注事故形成中的人与物，开创了事故系统观的先河，促进了事故致因理论的发展，成为事故研究科学化的先导，具有重要的历史地位。

海因里希提出的"海因里希安全法则"（1∶29∶300）表明，每 1 起严重事故的背后，必然有 29 次轻微事故和 300 起事故隐患。此法则完全可以适用于企业的安全生产管理，具体如图 1-3 所示。

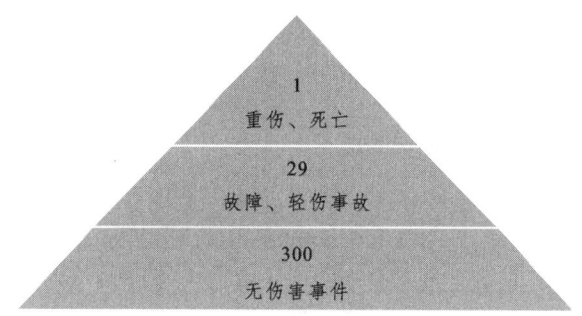

图 1-3　海恩法则

（二）系统安全管理

系统安全管理作为一种现代化安全管理方法，可广义地视为一切以系统理论分析和解决安全问题的模式、方法和途径。系统工程是系统思想在工程上的实践，是对系统进行合理规划、研究、设计和运行管理的思想、步骤、组织和技巧等的总称，是以实现系统最优化为目的的一门基础科学，是一种对所有系统都具有普遍意义的科学方法。

系统工程强调全局、整体最优化，实践性、综合性，定性和定量分析相结合等观点。系统工程具有研究方法的整体性、应用学科的综合性以及组织管理的科学性等特点。系统种类繁多，根据控制论观点，系统由输入、处理和输出 3 部分构成。其中，处理后得到的结果与原定目标不同时，需要修正，改善执行环节，以达到预期的目标，这个过程就是反馈，如图 1-4 所示。

系统安全管理的主要特点在于：

（1）以系统论等现代学科理论，分析研究安全管理系统的要素、结构、内在机制和效用。

（2）以系统工程方法分析和解决安全管理实践问题。

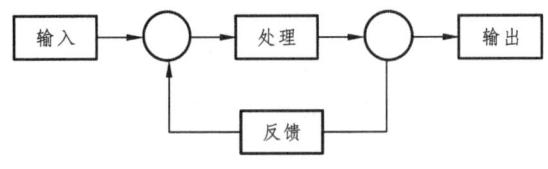

图 1-4　系统功能结构

安全系统工程是指应用系统工程的基本原理和方法，辨识、分析、评价、排除和控制系统中的各种危险因素，对工艺过程、设备、生产周期和资金等因素进行分析评价和综合处理，使系统可能发生的事故得到控制，并使系统安全性达到最佳状态的一门综合性技术科学。

安全系统工程的研究对象是"人—设备—环境—管理"系统。

安全系统工程研究过程主要包括：危险的识别、分析与事故预测；消除、控制导致事故的危险；分析构成安全系统各单元间的关系和相互影响，协调各单元之间的关系，取得系统安全的最佳设计等。其目的是使生产条件安全化，使事故减少到可接受的水平。

安全系统论原理主要研究两个系统对象：一是事故系统；二是安全系统。

1. 事故要素论

事故包含4个要素：人——人的不安全行为；机（物）——物的不安全状态；　环——环境状况不良；管——管理欠缺（见图1-5）。

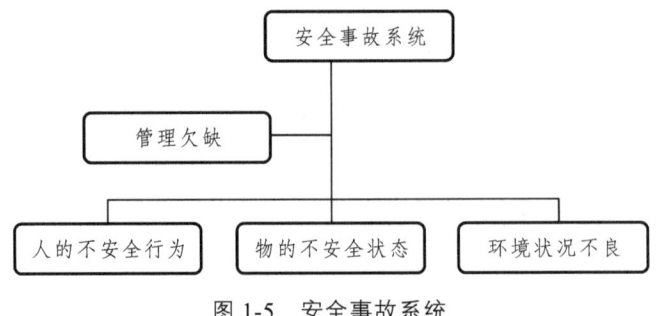

图 1-5　安全事故系统

在人—机两个系统中，任何一条轨迹能够得到有效中断或控制，事故即可避免。

德国著名心理学家、群体动力理论的创始人勒温曾提出过著名的"群体动力理论行为公式"：行为 = f（个人×环境），即人的行为取决于个性素质和环境刺激。

2. 安全系统论

安全系统包括：人——人的安全素质（心理与生理、安全能力、文化素质）；物——设备与环境的安全可靠性（设计安全性、制造安全性、使用安全性）；能量——生产过程中能的安全作用（能的有效控制）；信息——充分可靠的安全信息流（管理效能的充分发挥）是安全的基础保障。安全系统论如图1-6所示。

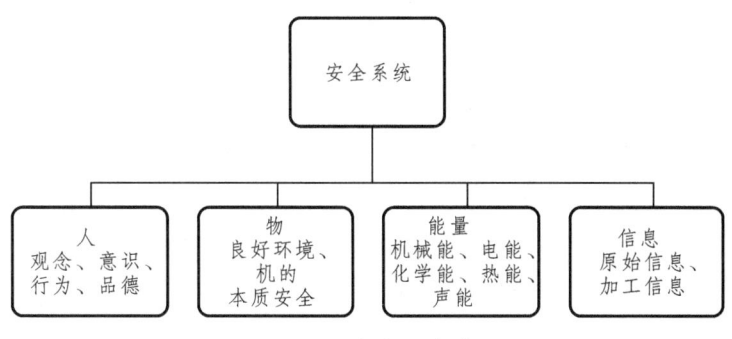

图 1-6 安全系统论

城市轨道交通运营安全具有长期性、艰巨性和复杂性。运营安全系统工程就是要通过对城市轨道交通运营安全涉及的有关人员、设备、环境（作业环境、自然环境和社会环境）、管理（安全组织管理、安全法制管理、安全技术管理、安全教育管理、安全信息管理等）等进行深入研究，发现安全的薄弱环节，进而提出预防和减少事故的有效措施。

（三）安全人机工程学

安全人机工程学主要从安全的角度，以人机工程学中的安全为着眼点进行研究，其研究对象是人、机和人机结合3个安全因素。

安全人机工程学的主要研究目的是：建立合理的方案，更好地在人机之间合理地分配功能，使人和机有机结合，有效地发挥人的作用，最大限度地为人提供安全卫生和舒适的环境，达到保障人的健康、舒适、愉快地活动的目的，同时提高活动效率。

安全人机工程学研究的内容主要如下：

（1）研究人机之间分工及其相互适应问题。分工要根据两者的各自特征，发挥出各自的优势，达到高效、安全、舒适、健康的目的。

（2）研究信息传递过程。人与机器在操作过程中要不断传递信息，因此，机器上的各种显示器、控制器要设计得适合人使用。

（3）研究作业环境，创造安全的条件。生产场所有各种各样的环境条件，如高温、高湿、振动、噪声、空气中的有害物质、工作地的状况等。这些因素都会影响人的健康。安全人机工程学研究的目标，是要将这些因素控制在规定的标准范围之内，使环境条件符合人的生理和心理要求，从而使操作者感到舒适和安全。

（4）研究安全装置。许多设备都有"危区"，若无安全装置、屏障、隔板、外壳，将"危区"与人体隔开，便可能对人产生伤害。因此，设计可靠的安全装置，是安全人机工程学的任务。

（5）选择合适的操作者。人的个体差异，使操作者对工作的适应程度不同。在人事安排上，要研究人机关系的协调性，人适其职，才有利于安全生产。

（6）研究生产过程中，操作者疲劳的特点，减轻疲劳和紧张度的措施。

（7）研究人机系统的可靠性，保证人机系统的安全；研究事故的预防和危险情况的控制。

（四）安全风险管理

安全风险管理是系统安全工程的一个重要组成部分，用来对系统风险进行评价，对系统的风险薄弱环节进行处理和控制。风险管理的4个基础原理：系统原理、人本原理、预防原理、强制原理。

城市轨道交通安全风险管理，就是要结合城市轨道交通安全工作实际，以夯实安全基础建设为前提，以规范安全管理和落实作业标准为重点，通过风险辨识、分析、评价、控制等系列活动，努力做到超前防范、过程控制，达到防范和降低安全风险的目的。风险控制和事故预防能力是城市轨道交通运营安全管理的核心管理能力。

风险管理的实施通常包括风险识别、风险分析、风险评估、风险控制4个基本步骤。其中重点的管控环节如下：

1. 风险源辨识

从人、机、环境、管理各个方面入手，运用各种方法和工具分析可能影响安全的因素，确定危险源。常见的方法有：对历年来本单位以及国内外有关不安全事件进行分析；对本单位以及国内外安全信息的分析和挖掘；问卷调查、访谈、会议讨论；总结和分析内部安全审核、安全检查发现的隐患和问题；总结和分析运行部门在日常运行中发现的隐患和问题；运用故障树、事件树等在内的安全系统工程方法。

危险识别应考虑全面，无遗漏，可分别以岗位、班组、科室、部门为单元，层层识别存在的风险，并填写危险源控制单；应树立从业人员的风险意识，发动从业人员随时、随地、随机地进行隐患排查和报告；根据风险分析和风险缓解的实施情况，各部门应建立职责范围内的危险源控制单，对所有识别出来的风险，分门别类地进行动态监控和管理。

2. 风险识别标准

牢固树立"变化就是风险"的意识，将风险控制关口前移，加强风险动态研判，按年、季、月组织全面的安全风险动态研判，及时补充遗漏和新认知的风险，调整阶段安全控制重点，强化相关控制措施。对城市轨道交通运营安全管理而言，主要包括：新的规章制度、技术标准、作业标准发布或内容发生较大变化；列车运行图调整、站场设备、信联闭、基础数据发生较大变化；新设备投入使用、新线开通；作业人员、作业环境、生产组织方式发生较大变化；建设项目开工、复工；季节、气候变化等其他情况变化等。

3. 事故隐患排查治理

事故隐患排查治理是控制安全风险的有效手段和重要环节，必须坚持动态管理，及时发现和消除各类安全隐患，并严格落实安全管理职责和安全生产责任制，建立健全事故隐患排查治理制度，明确排查、评估、报告、治理、建档、监控、资金保障、效果评价、奖惩等事项，并组织落实。利用日常检查、专项检查、综合评估检查、季节性和关键时期检查等方式，将各类安全检查评估、设备检查鉴定、阶段性安全大检查活动等有机结合。

4. 风险过程控制

风险过程控制的方法主要有以下两类：

控制事故发生可能性的方法：消除、替换、工程控制、管理以及个体防护。

最小化后果的方法：物理隔离（距离、屏障、围堵）；薄弱环节设计；逃离、生存、救援。

风险过程控制具体体现为：风险管控、风险干预、风险预警、风险专项整治、风险预防和纠正。

5. 风险责任追究

一是加强干部履职考核。要依据岗位安全职责和安全风险控制要求，严格落实干部履职考核制度，将干部管理职责与工作质量、安全包干和安全结果挂钩，纳入月度安全考核，重点考核管理过程和履职质量，严格兑现奖惩；完善干部检查监控制度，优化现场检查、盯控办法，充分利用网络平台和信息化手段，对干部管理行为实施有效监控。

二是严格安全责任追究。要严格实行干部责任追究制，对现场管理失控造成事故或安全隐患未得到及时处理等情况，要严肃追究相关管理部门和有关人员的管理责任。对同类问题重复发生或安全重点工作不落实的，必须从严追究管理责任。

任务二

安全管理的基本原理

一、安全管理概述

（一）安全管理的概念

安全管理（Security Management）是管理科学的一个重要分支，是企业生产管理的重要组成部分，是一门综合性的系统科学，是为实现安全目标而进行的有关决策、计划、组织和控制等方面的活动。安全管理原理如图1-7所示。

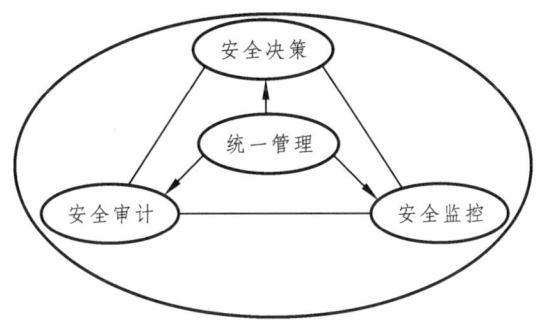

图1-7　安全管理原理

安全管理是企业生产管理的重要组成部分，是一门综合性的系统科学。安全管理的对象是生产中一切人、物、环境的状态管理与控制，是一种动态管理。安全管理，主要是管理者对安全生产进行的计划、组织、指挥、协调和控制的一系列活动，组织实施企业安全管理规划、指导、检查和决策；同时，又是保证生产处于最佳安全状态的根本环节，以保护劳动者和设备在生产过程中的安全，保护生产系统的良性运行，促进企业改善管理、提高效益。

安全管理的内容，大体可归纳为安全组织管理、过程设施管理、行为控制和安全技术管理4个方面，分别对生产中的人、物、环境的行为与状态，进行具体的管理与控制。为有效地将生产因素的状态控制好，在实施安全管理过程中，必须正确处理好以下5种关系：

（1）安全与危险并存。安全与危险在同一事物的运动中是相互对立、相互依赖而存在的。因为有危险，才要进行安全管理，以防止危险。安全与危险并非等量并存、平静相处。随着事物的运动变化，安全与危险每时每刻都在变化着，进行此消彼长的斗争。事物的状态将向斗争的胜方倾斜。可见，在事物的运动中，不会存在绝对的安全或危险。危险因素是客观地存在于事物运动之中的，自然是可知的，也是可控的。因而，保持生产的安全状态，必须采取多种措施，以预防为主，从而最大限度地控制风险。

（2）安全与生产的统一。生产是人类社会存在和发展的基础。如果生产中人、物、环境都处于危险状态，生产则无法顺利进行。因此，安全是生产的客观要求，自然，当生产完全停止，安全也就失去了意义。就生产的目的性来说，组织好安全生产就是对国家、人民和社会最大的负责。生产有了安全保障，才能持续、稳定发展。

（3）安全与质量的互包含。从广义上看，质量包含安全工作质量，安全概念也内含着质量，交互作用，互为因果。安全第一，质量第一，两个第一并不矛盾。安全第一是从保护生产因素的角度提出的，而质量第一则是从关心产品成果的角度强调的。安全为质量服务，质量需要安全来保证。

（4）安全与速度互保。速度应以安全做保障，安全就是速度。安全与速度呈正比例关系。一味强调速度，置安全于不顾的做法是极其有害的。当速度与安全发生矛盾时，暂时减缓速度，保证安全才是正确的做法。

（5）安全与效益的兼顾。安全技术措施的实施，定会改善劳动条件，调动职工的积极性，焕发劳动热情，带来经济效益，以补偿原来的投入。从这个意义上说，安全与效益完全是一致的，安全促进了效益的增长。

（二）安全管理的意义与作用

安全工作的根本目的是保护广大劳动者和设备的安全，防止伤亡事故和设备事故危害，保护国家和集体财产不遭受损失，保证生产和建设的正常进行。为了实现这一目的，需要开展3个方面的工作，即安全管理、安全技术和劳动卫生。而这三者中，安全管理又起着决定性的作用，意义重大。

（1）搞好安全管理是防止伤亡事故和职业危害的根本对策。任何事故的发生不外乎4个方面的原因，即人的不安全行为、物的不安全状态、环境的不安全条件和安全管理的缺陷。

（2）搞好安全管理是贯彻落实"安全第一、预防为主、综合治理"方针的基本保证。"安全第一、预防为主、综合治理"是我国安全生产的根本方针,是多年来实现安全生产的实践经验的科学总结。

(3)安全技术和劳动卫生措施要靠有效的安全管理,才能发挥应有的作用。安全技术和劳动卫生措施对于从根本上改善劳动条件,实现安全生产具有重大作用。

(4)搞好安全管理,有助于改进企业管理,全面推进企业各方面工作的开展,促进经济效益的提高。安全管理是企业管理的重要组成部分,与企业的其他管理密切联系、互相影响、互相促进。

二、安全管理的基本原理

管理的基本要素是人、财、物、信息、时间、机构、制度等,管理的基本原理就是研究如何正确而有效地处理这些要素及其相互关系,以实现管理的目标。安全管理作为管理的一个分支,要遵循管理的普遍规律,服从管理的基本原则。

(一)系统原理

所谓系统,是指由若干相互联系、相互作用、相互依赖的要素组成的具有特定功能和确定目标的有机整体。任何管理对象都是一个特定的系统,包含若干子系统,同时又可看成一个更大系统的组成部分。现代管理的每一个基本要素都不是彼此孤立的,而是相互关联、相互作用的。为了达到管理优化的目的,必须从整体出发,对企业系统的各个方面进行分析研究,根据企业大系统的总目标,协调各子系统的目标,运用系统理论和方法进行控制、管理。

在应用安全管理系统原理时,要把涉及安全生产的各个要素看作一个系统,并作为整个企业管理系统的有机组成部分,注重安全系统的整体性、目的性和层次性,系统、全面地进行安全分析和评价,制定综合性的安全措施,以实现系统安全为最终目的。

(二)人本原理

管理要坚持以人为本,以调动人的积极性为根本,这就是人本原理。管理作为一种社会活动,是靠人来展开的。人既是管理的主体,又是管理的客体,在一定的管理层次上既管理他人,又被人管理,上下衔接形成一条以人为主体的管理链。因此,一切管理活动均要以调动人的积极性、主动性和创造性为根本,使全体人员能够明确整体目标、各自的职责、工作的意义和相互的关系,从而在和谐的气氛中积极、主动和创造性地完成各自的任务。

安全管理工作中遵循人本原理至关重要,因为安全管理的主要目的之一是保证人的安全。要以人为中心,在为人创造优良、安全的作业条件和作业环境的同时,充分调动人的安全生产积极性,防止见物不见人、见利不见人的错误认识和做法。另外,有效的安全管理也必须是人人管理、自我管理。

(三)能级原理

在企业管理系统中,各种管理的功能是不同的,根据管理功能的不同把管理系统分成级别，把相应的管理内容和管理者分配到各级别中去，各居其位、各司其职，这就是能级原理。

管理能级的层次可分为：①经营层，确定系统的大政方针；②管理层，运用各种管理技术来实现经营方针；③执行层，贯彻执行管理指令，直接调配人、财、物等管理要素；④操作层，从事操作和完成各项具体任务。这4个层次不仅使命不同，而且标志着4个能级的差异，不可混淆。不同的管理层次应有不同的责、权、利，各级管理者应该在其位、谋其政、行其权、尽其责、获其荣、惩其误。各级能级必须动态地对应，做到人尽其才，各尽所能。

（四）整分合原理

企业是一个高效率的有序系统，具有明显的层次性。高效率的管理必须在整体规划下明确分工，在分工基础上进行有效组合，这就是整分合原理。

在这个原理中，整体是前提，不了解整体及其运动规律，分工必然是盲目的；分工是关键，没有分工，整体只是一团没有秩序的混沌物，系统不可能有高效率；只有分工而没有协作，又必然导致各行其是，工作上相互脱节，不能保证各个局部协调配合、综合平衡地发展。因此，在管理工作中只有整体把握，科学分解，综合组织，才能保证最佳整体效应的圆满实现。

（五）反馈原理

高效率的管理，必须有灵敏、正确、有力的反馈，这就是反馈原理。面对不断变化的客观实际，系统的管理是否有效，关键在于是否有灵敏、准确和有力的反馈。

反馈控制对安全管理有特别的意义。一个运转中的系统，当受到不安全因素的干扰时可能偏离安全目标，甚至导致事故或损失。为了保证系统的安全，必须及时捕捉、反馈不安全信息，消除或控制不安全因素，以实现安全生产。实际上，安全检查、隐患监控、考核评价等都是反馈原理在安全管理中的应用。重要的是，要建立有效的反馈系统，使反馈控制更加灵敏、准确和有力。

（六）封闭原理

任何系统的管理手段、管理过程等必须构成一个连续封闭的回路，从而形成有效的管理运动，这就是封闭原理。封闭就是把管理手段、管理过程等加以分割，使各部分、各环节相对独立，各司其职，充分发挥自己的功能；同时它们又互相衔接，互相制约，并且首尾相连，形成一条封闭的管理链。

坚持封闭原理，对于管理机构，不仅要有指挥中心与执行机构，还应有监督机构和反馈机构。这些机构应相互独立、相互制约、权责明确，形成一个闭环回路。对于管理法规，不仅要建立尽可能全面的执行法则，还应该建立监督法则和反馈法则，从而发挥法规的管理威力。对于安全管理来说，执行、监督、反馈、奖惩必须配套实施，缺一不可。对于企业人员来说，必须有职、有责、有权、有奖、有惩，只有这样才能使每个人内有动力、外有压力，积极认真地投入到工作当中。

（七）弹性原理

管理是在系统内部条件和外部环境条件千变万化的形势下进行的，管理工作中的方法、手段、措施等必须保持充分的伸缩性，以保证管理有很强的适应性和灵活性，从而有效地实现动态管理，这就是弹性原理。

弹性原理对于安全管理具有重要意义。安全管理面临的是错综复杂的环境和条件，尤其是有时事故致因很难完全预测和掌握，因此安全管理必须尽可能保持良好的弹性。一方面，要不断推进安全管理的科学化、信息化，尽可能做到对危险源的预先识别、消除或控制；另一方面，要采取全方位、多层次的事故防范对策，从人、物、环境等方面层层设防。另外，安全管理还应注意协调好各方面的关系，尽可能取得理解和支持，从而在遇到意外情况时容易得到各方面的配合和帮助。

（八）动力原理

管理必须有强大的推动力，只有正确地运用动力，才能使管理工作持续而有效地进行下去，这就是动力原理。管理动力有如下3种基本类型。

（1）物质动力。这是根本动力，不仅包括物质刺激，而且包括经济效益。经济效益是现代管理的最终目标。

（2）精神动力。精神动力既包括信仰和精神激励，也包括日常的思想工作。精神动力不仅可以补偿物质动力的缺陷，而且本身就有巨大的威力。在特定情况下，它可以成为决定性动力。

（3）信息动力。知识、资料、消息、新闻等都可以成为信息动力，甚至爱好、志趣、好奇心等也是一种信息动力。

应综合、灵活地运用管理的3种动力，在不同的时间、地点、条件下，要掌握好各种动力的比重、刺激量和刺激频度，并应正确认识和处理个体动力与集体动力的关系。

（九）预防原理

有效的管理和技术手段，可以减少和防止人的不安全行为和物的不安全状态，从而使事故发生的概率降到最低，这就是预防原理。

预防原理遵循以下原则：偶然损失原则、因果关系原则、3E原则、本质安全化原则。

（十）强制原理

采取强制管理的手段控制人的意愿和行为，使个人的活动、行为等受到管理要求的约束，从而有效地实现管理目标，就是强制原理。

强制原理遵循以下原则：安全第一原则、监督原则。

（十一）责任原理

责任原理是指管理工作必须在合理分工的基础上，明确规定组织各级部门和个人必须完成的工作任务、相应的责任。

三、现代安全管理方法

（一）综合性安全管理方法

综合性安全管理方法是从企业整体出发，能应用于企业安全组织运作之中，对企业在某一时间段的安全管理全过程具有指导作用的管理方法。

1. 全面安全管理

全面安全管理是一种将系统安全管理与传统安全管理相结合的综合管理方法，它由全面质量管理演变而来。其基本思路是，以系统整体性原理为依据，以目标优化原则为核心，以安全决策为主要手段，将安全生产过程乃至企业的全部工作看作一个整体，进行统筹安排和协调整合的全面管理。全面安全管理主要包括全员、全过程、全方位3层含义。全员安全管理是指上至企业领导，下至每一名员工，人人参与安全管理，人人关心安全，注意安全，在各自的职责范围内做好安全工作。全过程安全管理即对每项工作、每种工艺、每个工程项目的每一个步骤，自始至终地抓好安全管理。它贯穿于各项工作的始终，形成纵向一条线的安全管理方式。全方位安全管理是指对系统的各个要素，从时间到地点，乃至操作方式等方面的安全问题，进行全面分析、全面辨识、全面评价、全面防护，做到疏而不漏，保证安全生产，遍及企业各个角落横向铺开的一种管理方式。

2. PDCA循环工作方法

PDCA法则又称质量环（戴明循环），是管理学中的一个通用模型，是一种按照计划（Plan）、执行（Do）、检查（Check）、处理（Action）4个阶段不断循环进行管理的方法。它包括方针、目标与活动规划的制定、具体方案的设计、计划执行结果的检查以及对检查结果的进一步处理，其"计划—执行—检查—行动"的方案可有效推进项目安全管理。

PDCA循环运转的特点：大环套小环，小环保大环，推动大循环；爬楼梯；循环的关键在于处理阶段。

3. 安全目标管理

安全目标管理是目标管理方法在安全工作中的应用。安全目标管理是目标管理的重要组成部分，是围绕实施安全目标开展安全管理的一种综合性较强的管理方法。安全目标管理的基本内容包括：安全目标体系的设定、安全目标的实施、安全目标的考核与评价。

（1）安全目标体系的设定。安全目标体系的设定是安全目标管理的核心，目标设定是否恰当直接关系到安全管理的成效。目标设定过高，经努力也不可能达到，会伤害操作者的积极性；目标设定过低，不用努力就能达到，则调动不了操作者的积极性和创造性。两者均对组织的安全工作没有推动作用，达不到目标管理的作用。目标体系设定之后，各级人员依据目标体系层层展开工作，从而保证安全工作总目标的实现。安全目标体系保证措施包括技术措施、组织措施，还包括措施进度和责任者。保证措施主要包括以下几方面：①安全教育措施，包括教育的内容、时间安排、参加人员规模、宣传教育场地等。②安全检查措施，包括检查内容、时间安排、责任人、检查结果的处理等。③危险因素的控制和整改。对危险因素和危险点要采取有效的技术和管理措施进行控制、整改，并制定整改期限和完成率。④安全评比。定期组织安全评比，评出先进班组。⑤安全控制点的管理。制度无漏洞、检查无差错、设备无故障、人员无违章。

（2）安全目标的分解。企业的总目标设定以后，必须按层次逐级进行目标的分解落实，将总目标从上到下层层展开，从纵向、横向或时序上分解到各级、各部门直到每个人，形成自下而上，层层保证的目标体系。这种对总目标的逐级分解或细分解称为目标分解（见图1-8）。目标分解的目的是得到完整的纵横方向的目标体系。

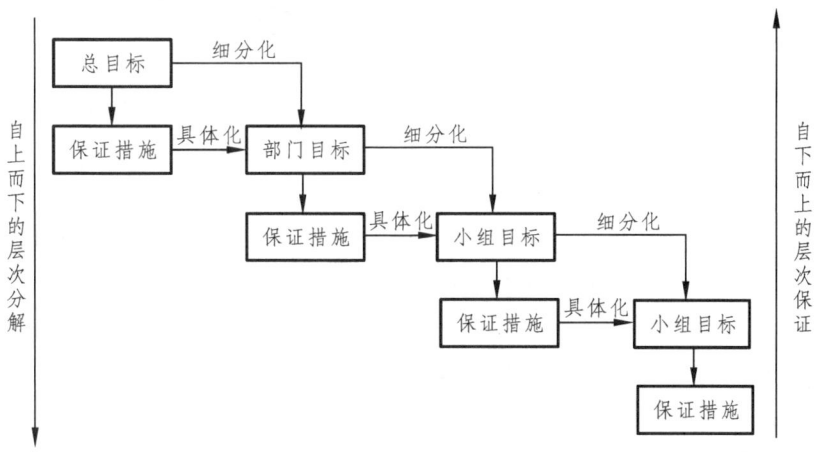

图1-8 安全目标的分解

（3）安全目标的实施。安全目标的实施是指在落实保障措施、促使安全目标实现的过程中所进行的管理活动。目标实施的效果如何，对目标管理的成效有决定性作用。该阶段主要是让各级目标责任者充分发挥主观能动性和创造性，实行自我控制和自我管理，辅之上级的控制与协调。目标实施中的控制分为自我控制、逐级控制、关键点控制3类。

（4）安全目标的考核与评价。为提高安全目标管理效能，在目标实施过程中和完成后都要进行考核、评价，并对有关人员进行奖励或惩罚。考核是评价的前提，是有效实现目标的重要手段。目标考评是领导和群众依据考评标准对目标的实施成果进行客观的测量的过程。对目标的考评内容包括目标的完成情况、协作情况等，还应适当考虑目标的复杂程度和目标责任人的努力程度。考评的标准、内容、对象不同，因此对目标的考评方法也不同。但考评方法应简单、易行，具有系统性、综合性、多样性，可采取分项计分法、目标成果考评法、岗位责任考评法等。

（二）思考性安全管理方法

思考性管理方法来源于运筹学、价值工程及系统工程等管理技术和科学方法，主要包括关联图法、A型图解法、系统图法等。

1. 关联图法

关联图法是一种对于原因—结果、目的—手段等复杂关系的问题,理清头绪,抓住问题的核心,找出适当解决措施的方法。

(1)关联图的基本结构。关联图是一种把显露的问题和要因用圈将文字圈起来,并用箭线表示出因果关系的图(见图1-9)。在图中,将要实现的目标或想解决的问题用双圈圈起来,其他要因用单圈圈起来。文字的表达应简短,内容准确又便于理解。

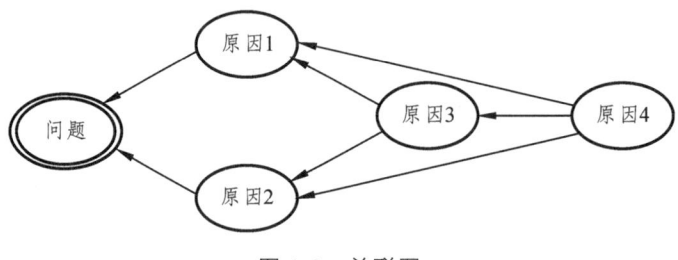

图1-9 关联图

(2)关联图的形式。关联图有3种基本形式:①中央集中型。尽量把重要项目或应解决的问题安排在中央位置,然后把相关因素按相关的程度依次排列在重要项目的周围。②单向集约型。把重要项目或应解决的问题安排在一侧,将各要因按主要的因果关系顺序排列。③关系表示型。用图形简明地表示各活动项目或要因之间的因果关系,在排列上十分灵活。

2. A型图解法

A型图解法又称KJ法、亲和图法,是将未知的问题、未曾接触过领域的问题的相关事实、意见或设想之类的语言文字资料收集起来,并利用其内在的相互关系做成归类合并图,以便从复杂的现象中整理出思路,抓住实质,找出解决问题途径的一种方法。

A型图解法是脑力激荡法(即头脑风暴法,比喻思维高度活跃,打破常规的思维方式而产生大量创造性设想的状况)、分类法、归纳法的综合运用。

A型图解法在情况问题复杂,起初情况混淆不清,牵涉部门众多,检讨起来各说各话时特别适用,具体作用:可以认识新事物(新问题、新办法);整理归纳思想;从现实出发,采取措施,打破现状;提出新理论,进行根本改造,"脱胎换骨";促进协调,统一思想;贯彻上级方针,使上级的方针变成下属的主动行为。

3. 系统图法

系统图法又叫树图法,是将目的和手段相互联系起来逐级展开的图形表示法,能系统分析问题的原因并确定解决问题的方法。它的具体做法是:将要达到的目的、所需要的手段逐级深入。系统法可以系统地掌握问题,寻找到实现目的的最佳手段,广泛应用于质量管理中。系统图是把要实现的目的、需要采取的措施或手段,系统地展开分析,并绘制成图,以明确问题的重点,寻找最佳手段或措施的一种方法。因为系统图由方块和箭头组成,形状似树枝,所以又名树形图、树枝系统图、家谱图、组织图等。

系统图主要应用于企业实施安全目标管理的过程中,为了达到预定的目标,需要采用相应的手段和措施。因此，可以利用系统图对安全目标进行分析，使其自上而下层层展开，逐级落实保证措施，形成自下而上的层层保证，使安全目标管理的重点、难点一目了然。

（三）实务性安全管理方法

1. 本质安全化

（1）本质安全化的概念。"本质安全"一词的提出源于20世纪50年代世界宇航技术的发展，这一概念的广泛接受是与人类科学技术的进步以及对安全文化的认识密切相连的，是人类在生产、生活实践的发展过程中，对事故由被动接收到积极事先预防，以实现从源头杜绝事故和人类自身安全保护需要，在安全认识上取得的一大进步。狭义的本质安全，是指通过设计手段使生产过程和产品性能本身具有防止危险发生的功能，即使在误操作的情况下也不会发生事故。广义的本质安全，是指通过各种措施（包括教育、设计、优化环境等）从源头上堵住事故发生的可能性，即利用科学技术手段使人们生产活动全过程实现安全无危害化，即使出现人为失误或环境恶化也能有效阻止事故发生，使人的安全健康状态得到有效保障。由此可知，本质安全是指操作者在误操作或判断错误的情况下，即使有不安全行为，设备、系统仍能自动地保证安全；当设备、系统发生故障时，它能自动排除，确保人身和设备安全。为了使设备、系统处于或达到本质安全而进行的研究、设计、改造和加强管理的过程，被称为本质安全化。

（2）本质安全化的应用。企业是一个生产的有机整体，是一个除了人，还有机械设备、装置、原材料和产品的人造系统。要实现符合企业生产、人身安全目的的安全本质化管理，必须站在系统的角度从以下几个方面着手开展经常性工作：①使生产设备、设施符合安全工程学的要求。②强化安全规章制度，建立良好的安全生产秩序。③提倡计划生产、均衡生产。④抓好安全信息管理。⑤抓好班组安全建设。⑥提高全员素质，增强全员安全意识。

2. 事故预防技术

（1）预防事故的安全技术。预防事故发生的安全技术，一般可以按以下优先次序选择：①根除危险因素。②限制或减少危险因素。③隔离、屏蔽或连锁。④故障—安全设计。⑤减少故障及失误。⑥警告。

（2）避免或减少事故损失的安全技术。事故发生后如果不能迅速控制局面，则事故规模可能进一步扩大，甚至引发二次事故。因此，在事故发生之前就应考虑采取避免或减少事故损失的技术措施。避免或减少事故损失的安全技术包括：①隔离，包括缓冲、远离、封闭。②个体防护，包括有危险的作业、为调查和消除危险状况而进入危险区域、应急情况时的个体防护。③接受微小损失。④避难与救援。

（四）系统安全评价

1. 安全评价的概念

安全评价也称危险度评价，是指对系统内存在的危险性及其严重程度以既定指数、等级或概率值为标准进行分析和评估，并针对这些危险制定相应的安全策略，使系统安全性达到社会公众所需求的水平的一种方法体系。概括来说，安全评价就是从数量上说明被评价对象的安全可靠程度。

2. 安全评价项目分类

安全评价项目根据项目的不同阶段分为：安全预评价、安全验收评价、安全现状评价、专项安全评价。

3. 安全评价方法分类

安全评价方法一般有两种分类方式：一种是按评价指标的量化程度分为定性法、定量法以及定性与定量相结合的方法；另一种是按评价对象进行整合，主要有安全管理评价法和系统安全综合评价法。安全评价方法包括：安全检查表分析法、作业条件危险性评价法、预先危险分析法、危险与可操作性分析法、失效模式与影响分析法、故障树分析法、事件树分析法、指数分析法。

安全评价程序如图 1-10 所示。

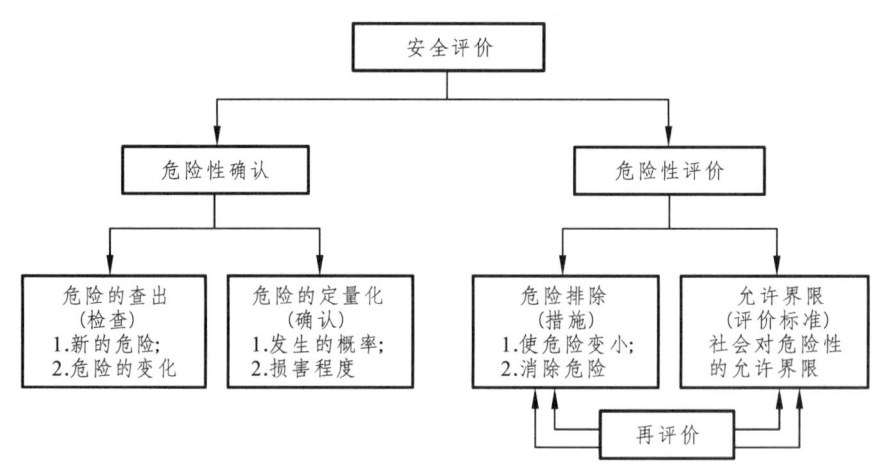

图 1-10 安全评价程序

4. 安全管理评价

安全管理评价就是评价企业的安全管理体系及管理工作的有效性和可靠性，评价企业预防事故发生的组织措施的完善性，评价企业管理者和操作者素质的高低及对不安全行为的可控程度。安全管理评价的内容包括：现代安全管理方法的应用、安全教育形式、规划计划与安全工作目标、职能部门安全指标分解、各级人员安全生产责任制、安全生产规章制度、各工种操作规程、安全档案、安全管理图表、"三同时"审批项目、事故处理"四不放过"、安全工作"五同时"、安全措施费用、安全机构与人员配备。

任务三

安全与文化理念

一、安全文化的意义

企业的生产经营活动是在一定的安全文化背景下进行的。要使企业生产经营要素达到和谐统一，要使企业以人为本、全面减灾增效，要造就高素质、高水平的企业，实现持久安全生产，提高企业核心竞争力，就必须建设企业安全文化。

安全文化是企业安全工作的灵魂，是企业全体员工对安全工作集体形成的一种共识，是实现安全长治久安的强有力的支撑。企业安全文化也是企业在长期生产经营活动中形成的被员工普遍信奉并付诸实践的，同企业目标一致的安全理念与价值取向及其实践的总和。企业在安全生产中实施安全文化工程，要坚持"以安全塑文化、用文化保安全"的原则，突出加强观念文化、行为文化、制度文化和物态文化建设，真正用文化铸造起安全盾牌，从而保证和推动企业安全生产稳定发展。

安全文化是企业文化的组成部分，加强安全文化建设，必须将其纳入企业文化建设的总体规划中，使安全文化与企业文化相融共生，协调发展，整体推进。一方面，要在企业文化建设中突出安全文化建设的地位，将安全思想、安全哲学融入企业的生产经营理念、形象识别、工作规划、岗位职责、生产过程控制及监督反馈等各个层面；另一方面，安全文化建设也要围绕企业文化建设展开，在职工的安全思想意识及行为规范中体现企业文化的精神实质，使两者成为不可分割的整体。

（一）以人为本的实践观

安全文化是"人本"文化，是尊重人的生命和价值的文化。我们常说要把"要我安全"变为"我要安全"，进而再转化为"我会安全"。这实际上是把安全意识形象化、具体化了，实现了这两个转化就是安全意识的提高。提高全员安全意识，需要提高员工思想素质和文化素质，加强对员工的安全文化教育，强化员工的安全意识。这中间既有"硬件"的内容，如安全设施健全、设备完好、消除"跑冒滴漏"等，也有"软件"的内容，如事故分析、"四不放过"、安全知识的学习、有关舆论宣传，创造良好的安全环境和氛围等。其中，既有强制性的惩罚措施，也有晓之以理、动之以情的说服教育和对员工的关怀、体贴。企业安全文化的核心是人的安全行为，必须充分调动和发挥人的主动性、自觉性，提高全员的安全意识，落实于安全活动之中，才能达到保证安全与健康的目的。

（二）安全文化理念的物化

没有员工践行的安全理念，则只是一句空话。深刻理解"付出一万的努力，防止万一的发生"这一理念的内涵精神，并运用到实际工作中去。预防型管理，不是事后型管理，重点强调的是员工安全意识的培养。加强员工安全意识培养，是各级领导者需要思考的问题，怎么去做、如何去做，不断重复正确的行为，最终养成良好的习惯，用习惯来改变员工的思维模式，只有这样才能做到"防止万一的发生"。

（三）精细管理的实施

安全生产、依靠科学，重在管理。重大的伤亡事故，无不与管理不善、麻痹大意、违规操作、不讲科学有关，责任到位，措施到位，管理到位，才能严把安全关。生产、生活中的一次次安全事故告诉我们，任何的麻痹大意、松散懈怠都是安全隐患。重视安全就要防微杜渐，防患未然。关爱生命，关注安全，需要精细管理。"6S"管理强调管理上的精雕细刻，强调把各项工作做精、做细、做实，使上下环节、不同专业能够有效沟通与衔接，做到既相互支持、配合，又互相监督、制约。安全文化建设也要围绕"6S"精细管理的主题，明确目标，落实措施，选准载体。

（四）营造安全文化氛围

安全文化建设是指运用"四级教育"模式，检修前教育、开停车教育、特种作业人员持证上岗、班前安全活动、标准化岗位和班组建设、安全技能竞赛活动、亲情教育、"三不伤害"定置管理等传统有效的安全文化建设手段，以及全厂各岗位、设备处醒目的安全标语、安全标志、安全宣传画形成的整体视角文化效应，使员工形成良好的安全心态以及一整套约定俗成的行为规范。

安全文化建设是一个长期的过程，是一个系统工程，不可急于求成，不会也不可能一蹴而就。要深刻理解安全文化建设的长期性、艰巨性，在创新中求发展，在发展中求规范，在规范中求深化，在深化在求实效，通过强化安全文化建设，营造浓厚的安全文化氛围，努力打造更高层次的安全文化，以不断提高全员的安全文化素质，最大限度地保障员工身心健康和生命安全，建立安全生产的长效机制，为企业快速发展提供坚实的安全保障，确保企业长治久安。

二、安全理念体系

（一）安全理念：生命至上，安全至尊

安全生产本身是对人的生命权益的维护，人的生命是第一宝贵的，"生命至上"是安全文化的基本准则。企业生产要树立安全至上的思想，以人的安全为第一目的，发挥人作为安全生产主体的主动性和创造性，实现企业本质安全。

（二）安全观

不断改善企业的安全和健康环境。安全关系着员工的生命，关系着企业的信誉。把员工的安全和健康作为工作的重点，加强安全管理的基础工作，对安全工作高度负责，无论多么重要的或多么紧急的工作都不忽视安全预防措施。

坚持教育为先预防为主，做好安全管理工作，保护员工的安全和企业的信誉。认真贯彻安全管理规定，健全安全管理体系，落实安全逐级负责制度，开展安全检查，把重点项目、重点工序、关键岗位作为安全工作的重点，杜绝惯性事故的发生。

（三）安全目标

安全目标是企业对未来安全发展的概括和认识，是企业安全生产为之奋斗的蓝图，是企业安全管理的发展方向。

1. 安全总体目标

开展安全文化建设，实现企业安全管理转型，使员工想安全、会安全、能安全，塑造本质安全型员工，打造本质安全型企业。

2. 安全具体目标

（1）建立理念引领系统，使企业员工想安全，包括：①有明确的安全需求，有为获得安全保证而努力工作的内在需求动力。②有良好的安全理念，有清晰的安全目标憧憬。③有牢固的理念信仰，并牢牢地印刻在心中，支配自身的一切言论与行为，成为工作与生活的座右铭，做到时时想安全。

（2）建立行为养成系统，使企业员工会安全，具体包括：①掌握充分的安全知识，能够正确地认识和把握安全基本规律。②掌握应会的安全技能，能正确应对所涉及的各种安全情况。③有健康的安全心智模式，从思维方式与思维习惯上，能辩证地分析和处理安全与其他各种情况的关系，能较好地进行自我心理调适，有稳定的安全思维惯性。④有自觉规范的安全工作行为，做到事事会安全。

（3）建立安全环境系统，使企业员工能安全，具体包括：①在企业规章制度和具体措施上有切实的安全保证。②加大安全科技投入和研发力度，技术条件上有可靠的安全保证。③物质投入上有充分的安全保证。④团队环境上有良好的安全保证，使主体之外的一切条件都要始终处于最优状态，做到处处能安全。

3. 各项安全指标

实现安全质量环保"六杜绝"：杜绝生产安全重大死亡事故；杜绝特大交通事故；杜绝重大火灾事故；杜绝责任行车重大、大事故及旅客列车险型以上事故；杜绝重大质量事故；杜绝重大环境污染事故。做到安全生产稳定，工程质量达标，环境保护合法，重大危险源受控。

（四）安全实践信条

1. 安全生产方针：以人为本，安全发展

安全生产遵循"以人为本，安全发展"理念，力求使各项生产经营活动符合安全生产有关法律和技术规范要求，不断提高安全生产管理水平，努力做到安全管理规范化、标准化，保证员工身心安全健康，促进企业经营生产安全健康发展。

2. 安全生产信念：安全生产事故都可以预防和避免

所有事故都可以预防和避免，任何安全隐患都可以控制和消除，从来就没有"必然发生"的事故。安全生产工作跟其他任何事情一样，都是有规律可循的，要善于发现规律、掌握规律，不断采取先进科学的管理手段，不断改进安全生产管理，努力提高员工的安全意识和综合素质，从而避免安全事故的发生。

3. 安全价值责任：重如泰山的责任感

安全是企业生存的基础，是企业最大的效益。企业对社会、对员工，员工对社会、对企业、对同事和工作都有责任感，如泰山般厚重，并互相帮助，团结一致，齐抓共管，通过全体员工共同努力，实现安全生产。

4. 安全管理信条：以人为本，生命至上，关爱员工，齐抓共管

安全生产必须坚持把人身安全放在突出位置，要凡事多为员工着想，党、政、工、团齐抓共管，创造安全和谐的工作环境和安全保障。职业健康安全管理体系标准是安全标准化建设的基础，齐抓共管和三级安全管理体系是实现安全生产目标的有效途径。

5. 安全道德信条：红线意识，底线思维

违章指挥及发现违章不制止或不采取有效措施，等于杀人或图财害命；违章操作、违章作业等于自杀；对生命和健康的无谓毁坏，是一种道义上的罪恶；对可预防的事故，不采取必要的预防措施，负有道义的责任。在生产过程中做到"四不伤害"，即不伤害自己、不伤害他人、不被他人伤害、不让他人被伤害，这是保证自己、他人健康安全的前提和基础。保护他人，就是保护自己。

6. 安全发展信条：生命有限，安全无限

安全生产是企业发展的需要，是社会发展的需要，更是人们追求新生活的需要。人的生命是有限的，但人们追求健康安全的生活是无限的，为此，我们有义务和责任创造安全环境，使员工的生活更美好，身体更健康，企业更和谐。

（五）对安全管理的态度

1. 对安全与管理的态度

安全生产在企业管理中处于首要位置，安全是企业生产的保障，安全就是效益。安全是

企业永恒的主题，安全生产是企业管理的重要内容，是企业健康发展的基础。管理是安全的保障，每一次事故都说明企业的某一个部位或某个程序出现失误，导致生产不畅，出现事故，项目不能继续生产，甚至于要停产整改，给企业造成巨大损失。因此，要想生产畅顺，就必须抓好安全管理，杜绝事故的发生。

2. 对安全与质量的态度

安全和质量是相辅相成、相互统一的。"抓安全，保质量。"在每一项工作任务中，安全都是放在首位的工作，只有安全抓好了，才能保证技术、质量、现场施工等其他工作的有效开展。工作质量是安全生产的基础，不得疏忽过程安全管理，质量的好坏直接影响作业的安全环境，甚至因工作质量导致安全事故发生。

3. 对安全与效益的态度

效益是安全的体现，安全是最大的效益，两者是密不可分的。第一，两者相互依赖、相互促进。一个企业如同一辆马车，安全与效益正是马车上的两个"轮子"。要使企业发展壮大，安全与效益这两个"轮子"都必须正常运转。第二，两者相互排斥、相互对立。第三，安全是最大的效益。研究成果显示，安全保障措施的预防性投入效果与事后整改效果的关系是1：5的关系。通过事先的安全投资，把事故职业危害消灭在萌发之前，是最经济、最可行的生产建设之路。

4. 对安全与文明施工的态度

安全是指使生产过程处于避免人身伤害、设备损坏及其他不可接受的损害风险（危险）的状态。文明施工能保持施工现场良好的作业环境、卫生环境和工作秩序。文明施工包括现场场容、作业环境、科学组织施工、减少施工对周围居民和环境的影响、保证员工的安全和身体健康。

安全与文明施工的关系体现在：①安全是文明施工的重要组成部分。创文明工地就是创安全工地，施工的文明将带来施工的安全。②安全生产与文明施工密不可分。安全条款中有文明要求，而文明施工条款中又有安全要求，构成了施工生产的共同体。实践证明，施工必须文明，文明带来安全。施工企业必须把创建文明工地、推行文明施工和文明作业，作为确保施工生产安全、树立企业良好形象的重大基础性工作来抓。

5. 对安全与发展的态度

要把人的生命安全放在首位。一方面，安全促进发展。当整个生产处于安全状态时，会促进整体组织流程的快速运行和员工生产积极性的高涨，生产绩效将有显著的提高，从而促进企业的发展和员工生活的改善。另一方面，发展必须安全。我们也不允许"带血的代价"存在。企业要发展，必须在安全的环境中进行。没有安全，将没有员工和社会的信任；没有安全，也就谈不上生存，更没有发展。

任务四

新时期安全发展与工伤预防能力提升

一、新时期安全发展的理念

安全发展的理念是安全方面衡量对与错、好与坏的最基本的道德规范和思想。

安全发展包括核心安全理念、安全方针、安全使命、安全原则以及安全愿景、安全目标等内容。安全理念是企业安全文化管理的核心要素。

安全发展的理念包括以下 5 个方面：

（一）安全文化

企业安全文化建设是降低企业意外事故发生率、提高全员安全意识和整体安全管理水平的重要途径，而逐步建立规范化、系统化的安全文化建设的指导准则，则是扎实推进企业安全文化建设，进而促进企业安全生产与发展的必由之路。

企业安全文化研究的是企业安全管理中最重要的一个环节，即"人的安全意识和安全行为"，进行企业安全文化建设的最终目标是将"安全意识和安全价值观"变成人人共有的工作标准和生活习惯，作为企业职工的一种本能，在思考任何问题、从事任何工作之前，都要想到安全，都要做到安全。企业安全文化的研究范畴将涉及组织行为学、管理学、心理学、社会学、危机与风险管理、安全工程等众多学科领域。

企业安全文化建设解决的是企业深层次的安全问题，即人的安全价值观念、意识形态和行为规范。它通过将"安全第一，生命至上"的理念根植于人们的意识、观念之中，并潜移默化地影响人的行为表现，来解决法制、管理、技术、经济手段等所无法解决的"人因错误"问题，因而它的作用也是长期而稳固的。

现代企业安全文化建设，要紧紧围绕"一个中心"（突出"以人为本"这个中心），"两个基本点"（安全理念渗透和安全行为养成），内化思想，外化行为，不断提高广大员工的安全意识和安全责任，把"安全第一"理念变为每个员工的自觉行为。安全理念决定安全意识，安全意识决定安全行为，因此必须在抓好员工安全理念渗透和安全行为养成上下功夫。要使广大员工不仅要熟读、熟记安全理念，入脑入心，全员认知，而且要内化到心灵深处，转化为安全行为，升华为员工的自觉行动。

（二）安全法治

要建立企业安全生产长效机制，必须坚持"以法治安"，用法律法规来规范企业领导和员工的安全行为，使安全生产工作有法可依、有章可循，建立安全生产法制秩序。坚持"以法治安"，必须"立法""懂法""守法""执法"。"立法"，一方面要组织员工学习国家有关安全生产的法律、法规、条例；另一方面，要建立、修订、完善企业安全管理相关的规定、办法、细则等，为强化安全管理提供法律依据。"懂法"，要实现安全生产法治化，"立法"是前提，"懂法"是基础。只有使全体干部、员工学法、懂法、知法，才能为"以法治安"打好基础。"守法"，要把"以法治安"落实到安全管理全过程之中，必须把各项安全规章制度落实到生产管理全过程之中。全体干部、员工都必须自觉守法，以消除人的不安全行为为目标，避免和减少事故发生。"执法"，要坚持"以法治安"，离不开监督检查和严格执法。为此，要依法进行安全检查、安全监督，维护安全法规的权威性。

（三）安全责任

必须层级落实安全责任。企业应逐级签订安全生产责任书。责任书要有具体的责任、措施、奖罚办法。对完成责任书各项考核指标、考核内容的单位和个人应给予精神奖励、物质奖励；对没有完成考核指标或考核内容的单位和个人给予处罚；对于安全工作做得好的单位，应对该单位领导和安全工作人员给予一定的奖励。

（四）安全投入

安全投入是安全生产的基本保障。它包括两个方面：一是人才投入；二是资金投入。对于安全生产所需的设备、设施、宣传等资金投入必须充足。一方面，企业应创造机会让安全工作人员参加专业培训，组织安全工作人员到安全工作搞得好的单位参观、学习、取经；另一方面，可以通过招聘安全管理专业人才，提高公司安全管理队伍的素质，为实现公司安全和谐发展打下坚实的基础。

（五）安全科技

要提高安全管理水平，必须加大安全科技投入，运用先进的科技手段来监控安全生产全过程，如安装闭路电视监控系统、消防喷淋系统、X射线安全检查机、卫星定位仪（GPS）、行车记录仪等，把现代化、自动化、信息化应用到安全生产管理中。

二、安全发展理念的重要原则

要应对风险挑战，保证有序健康发展，就必须在新发展理念中坚持安全发展原则，将安全发展原则贯穿于新发展阶段的全过程。

（一）安全发展必须坚持系统思维

安全发展是一个系统性概念和整体性原则，包含着多元要素和多维环节，最重要的是政治安全、人民安全和国家安全。要贯彻安全发展原则，必须坚持系统思维和整体行动，将安全发展的各种要素和环节有机统一起来。要将政治安全、人民安全、国家安全有机统一起来。政治安全、人民安全、国家安全是安全发展的3个重要因素，是安全发展的3个重要价值指向，同时也是安全发展的3个关键环节。三者不是单一存在的，也不是孤立运行的，而是相互联系和交织运行的。政治安全是一切安全发展的前提和保障，历史已经雄辩地证明，没有政治安全，其他安全就无从谈起；人民安全是安全发展的价值指向和最终目标，只有保证了人民安全，安全发展才能真正得以实现。同时，人民安全又是其他安全要素和环节的基础，只有人民安居乐业，政治才会稳定、社会才会和谐、经济才会繁荣；国家安全是安全发展的载体和平台，百年未有之大变局的核心就是国家与国家之间利益关系的调整和重构。在调整和重构中，维护国家安全是各国安全发展的根本保证，只有在国家安全之下，人民安全才会有保障。

（二）安全发展必须弘扬斗争精神

安全发展是在处理各种复杂关系、解决各种尖锐矛盾过程中实现的。处理好各种关系、解决好各种矛盾，主体才会达到稳健的预期状态。这种状态必须通过积极主动奋斗和争取而来，安全发展绝对不是一个消极被动过程。要达到安全发展的预期状态，就必须坚持发扬斗争精神。首先，要敢于斗争，敢于斗争就是面对困难，充分发挥主观能动性，坚持担当作为的方法论原则。在复杂困难局面之中，在严峻危机风险之下，必须而且只有以主动出击、抢占先手的斗争勇气，才能实现安全发展。其次，要善于斗争。如果说敢于斗争是一种勇气的话，那么善于斗争则是一种智慧。斗争不能是盲目蛮干，而是务实巧干，在战略方针确定之后，策略方法就是决定安全发展的重要因素。

（三）安全发展必须突出自强意识

安全发展从根本上说，就是要使自身利益得到维护与保障，就是要通过发展，使自身处于更加积极主动和健康有序的状态。所以，安全发展的根本问题就是自身做大做强，这既是安全发展的目标，也是安全发展的条件。

三、践行新时期安全发展观的工作重点

（一）牢牢守住安全生产底线

"牢牢守住安全生产底线，切实维护人民群众生命财产安全""生命重于泰山""绝不能只重发展不顾安全，更不能将其视作无关痛痒的事"，既立足当前，又着眼长远和根本，为抓牢抓实安全生产工作指明了方向，提供了遵循。

安全生产是关系人民群众生命财产安全的大事，是经济社会协调健康发展的标志，是党和政府对人民利益高度负责的要求。现阶段，安全生产仍处于爬坡过坎期，各类事故隐患和安全风险交织叠加。近年发生的事故表明，人、机、环、管重新磨合，风险防范面临前所未有的挑战。一些地方安全发展理念不牢固、复工复产安全把关不严、安全监管检查不到位，

一些企业安全投入不足、安全岗位人员缺位、抢进度赶工期，安全风险凸显。越是这个时候，越要保持清醒认识，越要将安全生产紧抓在手。"天下大事，必作于细。"要加强安全生产监管，分区分类加强安全监管执法，强化企业主体责任落实，目标要细化、工作要细致、措施要细密，有的放矢、精准到位，以点带面、解剖问题，拿出实招、务求实效。唯有如此，才能牢牢守住安全生产底线，切实维护人民群众生命财产安全。

（二）生命重于泰山，红线不可逾越

生命重于泰山。因为生命才是一切、生命创造一切。有了生命，一切都可能产生，一切都可以创造；生命毁灭了，消失了，一切都将化为乌有。安全就是一条不可逾越的红线，道路千万条，安全第一条；务必把安全生产摆到重要位置，树牢安全发展理念，安全生产工作必须紧跟时代步伐，要针对安全生产事故的主要特点和突出问题，层层压实责任，狠抓整改落实，强化风险防控，从根本上消除事故隐患，有效遏制重特大事故发生。牢牢守住安全生产底线，防范化解重大安全风险。

安全生产直接到关系人民群众生命财产安全，是人民群众最关心、最直接、最现实的利益问题之一，必须自觉站在人民立场上想问题、做决策，做事情、干事业，"绝不能只重发展不顾安全，更不能将其视作无关痛痒的事"。

对"生命重于泰山"这一定调，做到政治认同、思想认同、情感认同，并在实践中一以贯之、坚定不移，是检验初心使命的试金石。生命最宝贵，安全大于天。只要发生事故，就会在不同程度上冲击人民群众的获得感、幸福感、安全感。让每个人远离危险与伤害，让仅存一次的生命尽量延续和长久，让人民群众放心将自己托付出去，是捍卫生命尊严、践行初心使命的一个逻辑起点。只有做到生命至上、安全第一，才能在更高水平上不断满足人民日益增长的美好生活需要。强调"生命重于泰山"，同我们的历史文化相契合，同关爱生命、关注安全的实践相结合，同我们需要解决的安全发展问题相适应，更具影响力、感染力和穿透力，既坚守了"根"与"魂"，也进行了丰富和创新。

近年来，安全生产形势持续稳定好转，但风险隐患仍然较多。呵护"重于泰山"的生命，必须以习近平新时代中国特色社会主义思想为指导，牢固树立新发展理念，坚持安全发展，坚守"发展决不能以牺牲安全为代价"这条不可逾越的红线，以防范遏制重特大事故为重点，坚持"安全第一、预防为主、综合治理"的方针，加强领导、改革创新、协调联动、齐抓共管，着力强化企业安全生产主体责任，着力堵塞监管漏洞，着力解决有法不依、执法不严的问题，依靠严密的责任体系、严格的法治措施、有效的体制机制、有力的基础保障和完善的系统治理，切实增强安全防范治理能力，大力提升我国安全生产整体水平，确保人民群众安康幸福、共享改革发展和社会文明进步成果。

（三）一以贯之，树牢安全发展理念

坚持安全发展理念，就是要贯彻以人民为中心的发展思想，始终把人的生命安全放在首位，正确处理安全与发展的关系，大力实施安全发展战略，为经济社会提供强有力的安全保障。只有坚定不移地走安全发展之路，安全生产工作才会被摆上重要位置，人民群众才能安居乐业，经济社会才能持续健康发展。

牢固树立安全发展理念，始终把人民群众生命安全放在第一位，牢牢树立发展不能以牺牲人的生命为代价这一观念。树立安全发展理念，弘扬生命至上、安全第一的思想，健全公共安全体系，完善安全生产责任制，坚决遏制重特大安全事故。要健全风险防范化解机制，真正把问题解决在萌芽之时、成灾之前；要坚持依法监管，严格规范公正文明执法，提高安全生产法治化水平；要落实人防、技防、物防措施，持之以恒强基固本、系统治理。内外兼修，双管齐下，安全发展理念方可树牢夯实。

（四）强化风险防控，从根本上消除事故隐患

现阶段，安全生产风险是我们面临的重大风险之一，是与百姓密切相关的风险，是易发、多发、频发的风险。铁的事实证明：事故是完全可防可控的，但如果对风险防范重视不够，对隐患视而不见，隐患排查走形式、走过场，就可能屡屡被击穿底线，造成无法挽回的损失。举国震惊的江苏响水"3·21"事故，就暴露出摸排安全风险隐患不力，致使十分危险的隐患未被及时发现和处置的严重问题。内蒙古赤峰BM矿业"12·3"事故中，对该矿产长达8年的越界违法开采行为，相关部门多次检查竟都没发现。江西FC发电厂"11·24"事故中，建设、承包、施工、监理等各方在隐患排查上层层失守，上级公司更是对下级企业安全风险重视不够。

安全生产能力每提升一步，生命的堤坝就加固一分。牢牢守住安全生产底线，就是要牢固树立忧患意识、责任意识，更加主动有效防范化解风险，"宁可事前听骂声，不可事后听哭声"，真正把问题解决在萌芽之时、成灾之前。我们应始终把强化风险防控作为重大政治责任，把握规律特点，抓住每一起重大灾害事故，汲取教训、举一反三，健全机制、完善制度，以大概率思维应对小概率事件，以系统性思维防范化解重大风险；坚持问题导向、目标导向、结果导向，完善各级责任主体和岗位责任清单，层层压实责任，激发内生动力；养成精准思维习惯，在精准实施、精准落实上下功夫，发现问题深入细致、扎实认真，解决问题盯着不放、敢于较真；加快建立健全安全生产责任和管理制度体系、隐患排查治理和风险防控体系，加强监管执法和安全服务，坚决遏制重特大事故发生，切实维护人民群众生命财产安全。

严格落实"三个必须"要求，管行业必须管安全，管业务必须管安全，管生产经营必须管安全。坚持人民至上、生命至上，统筹发展和安全，始终保持如履薄冰的高度警觉，做好安全生产各项工作，绝不能麻痹大意、掉以轻心。要进一步落细落实各项措施，在全覆盖上下功夫，安全生产和社会稳定风险隐患排查必须横向到边、纵向到底，不留死角、不留盲区，确保隐患见底、措施到底、整改彻底；在精准性上下功夫，坚持问题导向，深刻汲取各类事故教训，举一反三、标本兼治，务必抓到点子上、治到关键处；在快处置上下功夫，既要有担当精神又要提高处理突发事件的应变能力，对排查出的风险及时防范、对存在的隐患及时排查，应急响应必须反应迅速、当机立断、应对得当、处置有力。

【复习思考题】

1. 简述对安全概念广义和狭义的理解。
2. 安全管理的特点是什么?
3. 简述事故致因理论。
4. 安全管理的基本原理有哪些?
5. 简述安全文化的重要性。
6. 阐述现代安全管理的方法。
7. 如何理解安全文化?
8. 什么是安全发展观?

项目二 城市轨道交通安全管理基础

【问题导入】

本章主要是使学生对城市轨道交通安全知识有个综合理解，了解城市轨道交通安全管理的特点，熟悉国内外城市轨道交通安全现状，提高对我国城市轨道交通安全发展的认识及安全展望。

【教学目标】

1. 能力目标

能阐述与理解城市轨道交通的性质、城市轨道交通安全管理的基本任务和特点；了解国内外城市轨道交通的现状与发展；具备分析影响城市轨道交通安全因素的能力。

2. 知识目标

了解城市轨道交通安全管理的必要性、重要性、特殊性；了解城市轨道交通安全管理的途径、安全文化建设的特点；重点掌握城市轨道交通安全的含义和基本内容；掌握城市轨道交通安全管理的基本原理。

3. 素质目标

坚持城市轨道交通"安全第一、预防为主、综合治理"的安全生产方针，筑牢安全发展理念，坚持城市轨道交通安全红线意识和底线思维；具有良好的城市轨道交通职业安全操守、安全大局观念及创新实践能力。

任务一

城市轨道交通运营安全管理的特点

一、城市轨道交通运营分类

城市轨道交通系统按照轨道建筑物在城市内所处的空间位置、能够满足的运量大小、运行方式、轨道结构、治理方式的不同,划分为地下铁道、现代有轨电车、单轨交通、小型地铁以及轨道新交系统。

(一) 地下铁道

地下铁道,简称地铁,是指线路的大部分建筑物在地下,作为大运量轨道交通手段的城市高速铁道的总称,适用于城市内市区及老城区建设。其特点:在市内地下通行,不占用地表及地上空间,运营干扰小,输送能力大,每小时运量达 30 000 ~ 60 000 人次,但造价比较昂贵。1863 年,世界上最早的地铁在伦敦开通,全长 6 km。1969 年 10 月,我国北京建成了第一条地铁,即北京地铁第一期工程投入试运营,它是我国自行设计、建设的第一条地下铁道。北京地铁的满载率和单车运行均居世界第一。

(二) 现代有轨电车 (轻轨)

现代有轨电车是指利用轨道作为车辆导向的运输轨道交通系统。它以客运为主,是在旧式有轨电车的基础上发展起来的现代化水平很高的客运系统,输送能力为每小时 10 000 ~ 30 000 人次,属于中运量城市交通客运系统,具有高速、高加速性能,噪声小,低振动,对四周环境影响小的特点,省功、节能,可以无人驾驶;同时建设费用比较便宜,运营费用也较低。法国是世界上最早拥有现代有轨电车的国家之一。法国的南特市 1984 年建成一条自东向西穿过市区的现代有轨电车线路,线路全长 10.6 km,平均运行速度可达 24 km/h,目前年客运量已接近 2 000 千万人次。在我国上海,也采用现代有轨电车交通系统,即轻轨明珠线,1998 年投入运营。目前,在世界上拥有城市轨道交通系统的 320 个国家中,拥有有轨电车的达 90%。

(三) 单轨交通

单轨交通是指以橡胶轮胎为主的车辆在一根轨道上运行的交通方式。按支撑方式的不同,单轨交通可划分为跨座式和悬吊式两种。单轨交通具有以下特点:运行安全,运行速度快,能轻易在陡坡上、小半径曲线上行驶,公害小,支撑少,建设费用低,建设工期短。但单轨交通通过城市景观区、市中心、住宅区的时候,乘客总有点担心;与其他交通设施不能换乘;

与其他高架交通设施交叉时,要建成更高的高架结构;道岔装置结构复杂,运转时间也较长;车辆出现故障等紧急情况时,需要留足避难时间。

由此可见,城市轨道交通的特点为:容量大、运行准时、速达、安全、有利于环境保护、节省土地资源等。

城市轨道交通有别于铁路的特点:运营范围小、运行速度低、服务对象单一、线路设备简单、车站岔道少、车辆段功能全、多为电力动车、均为电气化铁路、通信信号设备和机电设备自动化程度高、运营管理简单等。

二、城市轨道交通企业的运营特性

(一) 城市轨道交通系统联动的特性

城市轨道交通运营的目的和优势就是为广大市民提供快捷、安全、舒适、准点、高效、便捷的运营服务,使乘客能够便捷地进站购票、安全而舒适地乘车、快速而准确地到达目的地,完成整个乘客运营过程。城市轨道交通运营需要工务、电力、车辆、信号、通信、机电、安全、运营管理等30余个不同专业形成岗位群,在调度的统一指挥下各个岗位协调联动,确保不同设备、设施每天24 h正常地协调运转,从而保证城市轨道交通系统正常运行,满足广大市民乘车出行的需要。各种专业设备的运行均有各自的特点。动态的车辆,看似静态的供电、通信、信号、线路等,以及静态的桥隧、车站等,这些设备都有各自的运行规律。各设备之间在生产运行时具有相互依赖的关系,这些关系的存在要求设备之间有严格的技术配合流程。例如,列车与线路、列车与供电网、列车与信号、通信与信号、通信与自动售检票、通信与司乘等。城市轨道交通列车运行过程中,系统各个设备之间相互联系、相互依赖,共同保证在线列车正常、良好地运行。任何一个设备系统的某个环节出现故障,都会不同程度地影响列车的正常运行,严重的甚至造成列车停运或人、财、物的损失。

(二) 城市轨道交通时空安排的特性

高速度、高密度的列车运行,形成了城市轨道交通运营企业与一般企业明显不同的时间和空间概念。城市轨道交通运营过程中,一旦某一设备故障影响列车正常运行,就必须立即处理,尽快恢复,确保列车正常运行。而检修、维护作业要安排在停运后,其相互之间需要在时间、空间上协调安排,如列车调试与线路巡视、维护就必须从时间、空间上进行协调安排。

(三) 城市轨道交通运营高度集中、统一指挥的特性

调度中心(又称控制中心,OCC)是基于行车工作的高度集中、统一指挥而设置的,它是城市轨道交通系统的中枢系统。运营决策机构和控制中心需要有机结合,才能形成城市轨道交通运营企业高度集中、统一指挥的中枢系统。

三、城市轨道交通网络化运营的特点

（1）规划建设城市轨道交通的城市迅速增多。2023—2028年中国地铁行业市场现状调研及发展前景分析报告显示，已开通的城市轨道交通包括地铁、轻轨、单轨、市域快轨、现代有轨电车、磁浮交通、APM（Automated People Mover System，自动旅客捷运系统）。其中，地铁运营线路达9 784 km，占比76%，具有绝对的主导地位。

（2）与其他公共交通衔接需求的多重性。如与普速铁路、高速铁路、城际轨道交通、机场、高速公路等对外交通的衔接配合等，尤其是与地面公交系统的配合、联络彰显得更为重要。

（3）运营管理主体形式多元化。现阶段，城市轨道交通运营管理主体存在独家经营、多家经营、与国铁合作等多种形式，同时存在不同线路多个单位经营的多元化管理。例如，成都地铁是国铁控股，上海申通地铁由多个运营单位整合而成，北京地铁4号线由京港轨道交通运营企业运营等。

（4）城市轨道交通形式、功能和制式多样化。南京、武汉、重庆、成都、西安、郑州、哈尔滨、沈阳、宁波、厦门、无锡等18个城市已有市域线，天津有市域线、市郊线，香港、北京、上海、广州等多个城市已经实现了市域线、市郊线的联网运行，上海开通了至昆山的地铁线路，实现了跨省市运营。长春、大连进行了有轨电车交通的现代化改造；重庆建成了我国第一条用于城市轨道交通的跨座式单轨交通系统；上海浦东龙阳路至浦东机场开通了磁悬浮高速线；广州和北京已建成直线电机驱动的城轨车辆交通线路；北京机场内已运营全自动化的新交通系统（APM）等，中国城市轨道交通类型呈多元化方向发展。

（5）网络化运营结构复杂。北京、上海、广州、深圳、南京等城市轨道交通网络已经形成了网络化运营，一站多线换乘、一站市域线两线换乘、市郊线换乘、国铁换乘等复杂的网络化结构运营。

（6）列车运行方式的多样化。例如，列车共线运行方式、外部铁路联络线、大小交路方式、分段交路方式，甚至复杂交路等。

（7）客运需求的高增长和波动性。近年来，北京、上海、广州、深圳、南京等一线城市以及旅游城市的城市轨道交通客流量持续增长，同时大型活动（如大型体育赛事、博览会、展览会、音乐会、旅游节等）的举办，更容易导致突发性客流的增长和阶段性客流的波动等。

（8）积极开展城市轨道交通规范和标准制定等基础性工作。国家发展和改革委员会、住房和城乡建设部对城市轨道交通规范和标准的制定工作非常重视，并得到各方面的积极支持。从建立城轨交通建设技术标准体系、适应标准体制改革和符合中国实际需要出发，近年来，已有几十项有关产品的国家标准通过评审，正式颁布。这对中国城市轨道交通的规范与发展具有重要意义。

四、城市轨道交通运营安全的特性

城市轨道交通运营安全除了具有一般企业安全管理问题的普遍性外，还具有其自身的特性，主要表现在以下方面：

（一）城市轨道交通运营安全影响重大

由于城市轨道交通行业的快速发展，其在城市公共交通中占有的比重也越来越大，城市轨道系统运营中一旦发生事故，就会影响整条线路乃至整个线网，导致运营中断，必然会对整个城市的地面交通造成巨大压力，直接影响社会生产、人民生活和社会安定。例如，2015年8月12日23点，天津市滨海新区天津港的RH公司危险品仓库发生火灾爆炸事故，造成100多人死亡，700多人受伤，同时造成天津轻轨9号线东海路站被毁（见图2-1），调度中心受爆炸冲击设备损害无法使用。至2015年12月，线路才只恢复运行到钢管公司站，给广大市民的出行带来极大的不便。

图2-1 事故现场

（二）城市轨道交通运营安全涉及面广

城市轨道交通运营生产活动都是在地下、地面、高架等复杂的运行条件下进行的，外界自然环境、社会环境以及城市轨道交通运营系统内部环境等多方面的因素对运营安全的干扰和影响较大。城市轨道交通运营系统由车辆、供电、通信、信号、线路、机电设备、工作人员、乘客、周边环境等众多因素组成，犹如一架庞大复杂的联动机，其中任何一个环节出现问题，都可能危及运营安全。同时城市轨道交通又是城市交通系统的重要组成部分，道路交通出现拥堵等状况也会波及轨道交通系统；而轨道交通一旦出现停运，道路交通将不堪重负。一个部门、一个环节出了问题都会影响其运营安全，行车安全方面的影响更加突出。如果一个地方发生行车重大、特大事故，就会影响一线、一片，甚至波及整个运营生产。例如，2013年9月16日7：35，北京地铁4号线，因信号故障，地铁10号线角门西站西北换乘口封闭；7：44地铁10号线海淀黄庄站西南、东南换乘口封闭；7：55地铁2号线宣武门站、9号线国家图书馆站换乘口封闭。此时正是周一上班早高峰，部分乘客被困地铁站超1 h。地铁工作人员请乘客改乘地面交通工具，但换乘地面交通工具的乘客较多，造成海淀黄庄北公交站大面积乘客滞留。

（三）城市轨道交通运营安全受外界环境影响较大

城市轨道交通系统站点多、分布广，社会治安状况、民众对轨道交通安全知识的了解程度等直接影响运营安全；轨道交通一年四季、每天24 h不停地运转，雨、雪、风暴、地震等特殊天气和灾害都会影响城市轨道交通地面、高架线路的运行安全，会影响电动车驾驶员瞭望信号和观察线路情况，稍不注意就可能发生事故；到防洪季节，可能发生塌方落石，或线路、桥梁被毁坏，影响行车安全；到寒冷季节，可能造成运营设备冻坏，影响安全生产；强烈的雷电，可能毁坏或干扰通信、信号设备，也可能影响行车安全等。例如，2016年7月初，武汉遇到特大暴雨自然灾害，武汉地铁2号线、4号线的多个出入口突然进水，部分车站采取临时封闭措施，以防止灾害进一步扩大。这次暴雨不仅造成市民无法乘坐地铁出行，还造成许多车站设备被水浸泡，为今后正常运营带来安全隐患。

（四）城市轨道交通运营安全风险大

城市轨道交通系统设备先进、结构复杂，加上行车密度和客流量均较大，行车安全的风险随之增大。例如，纽约大都会运输署（MTA）称，2014年5月2日10:24左右（纽约时间），纽约地铁F线一辆开往曼哈顿和布鲁克林方向的列车在地下发生脱轨事故。这辆地铁列车载有1 000名左右乘客，当列车行至纽约皇后区65街地铁站向南大约1 200 ft（1ft = 0.304 8 m）的地点突然发生脱轨事故。管理当局表示，该列车共有8节车厢，其中中间的6节车厢脱出轨道，列车车头和车尾的车厢还在铁轨上。脱轨事故导致乘客19人受伤，其中4人伤势严重，被迫实施区间清客，上千名乘客被紧急疏散。

（五）城市轨道交通运营是动态加工，时间因素对安全影响大

城市轨道交通运送乘客是通过列车使其发生位移，把他们运送到目的地的。行车的密度大，列车运行间隔时间短，因此，在作业时要求有关人员特别要注意时间，要做到分秒不差，准确无误，以确保运营安全。否则，一分一秒之差，就可能导致重大、特大事故，造成不可挽回的损失。

（六）城市轨道交通是现代化交通工具，安全技术性强

城市轨道交通是城市现代化的交通工具，设备先进，结构复杂，因而技术性很强。各种车辆、车站设备，调度设备，通信、信号设备，养路机械、修车设备等结构复杂，要求有相应的安全技术措施和相关技术知识。因此，各类操作人员都必须经过培训和严格考试合格后才能任职，以确保安全生产。

五、轨道交通运营安全的意义

城市轨道交通具有安全、快速、舒适、环保、运量大的特点，保障城市轨道交通运营安全是为社会、为市民所承担的一种责任。自然界的各种自然灾害以及各种软件、硬件设备故障都会引发城市轨道交通安全事故，各种社会政治经济矛盾、恐怖袭击和个别人的不健康心理也是城市轨道交通运营不安全因素。而城市轨道交通运输组织专业性强、技术设备复杂、

客流量大、日周期性强、高峰与低谷落差显著、时效性强，其建设一般又采取地下或高架形式，因此提高安全管理有效性和事故救援能力的难度均较大。此外，安全事故会降低轨道交通的可信度，形成社会恐惧心理，在较长的一段时间内影响经济发展和居民生活。

（一）安全是城市轨道交通运营适应经济和社会发展的先决条件

城市轨道交通作为一种新型的公共交通方式，在城市交通系统中起到了重要的作用。它更好地解决了城市传统交通方式——道路交通所存在的土地受限、道路拥堵、尾气污染、噪声污染等一系列问题，为城市居民的出行带来了极大的便利，已经成为一座城市的名片和城市文化的象征。在很多城市，往往是地铁建到哪里，城市的繁荣就扩展到哪里，经济社会的各种要素就汇聚到哪里。从这种意义上讲，地铁堪称一座城市加速发展的动力机。城市轨道交通运营的根本任务就是把乘客安全、及时地运送到目的地，因此城市轨道交通运营的作用、性质和特性，决定了城市轨道交通运营必须把安全摆在各项工作的首要位置。城市轨道交通运营是一个复杂联动系统的统一运作，所涉及的专业多、自动化程度高、运营安全可靠度要求高，要想实现安全可靠运营，提供快捷、舒适、正点、大客运量的服务，安全是基础和保证。

（二）安全是城市轨道交通运营服务最重要的质量保证

城市轨道交通运营安全是运营生产系统运行秩序正常化、乘客生命财产平安无恙、运营设备完好无损的综合表现。城市轨道交通运营的意义就在于有计划、有目的、有成效地实现乘客空间位置的移动，其产品质量特性包括安全、准点、高效、便捷和文明服务，其中安全是首要的。如果发生在线列车重大伤亡事故，其后果不堪设想。安全第一，质量第一，两个第一并不矛盾。安全第一是从保护生产因素的角度提出的，而质量第一则是从关心产品成果的角度提出的。安全为质量服务，质量需要安全的保证。安全不好，永无宁日，安全是城市轨道交通运营的生命线。

（三）安全是城市轨道交通运营各项工作质量的综合反映

城市轨道交通线路复杂、车站较多、分布密集。运营生产系统是由车辆、车务、工务、供电、机电等专业部门组成，犹如规模庞大的联动机昼夜不停地运转着，作业环境复杂，项目繁多，情况多变。安全工作贯穿于运营生产的全过程，涉及每个作业环节和工作人员。只要有一段路基、一根钢轨、一辆客车的某一关键部件发生故障，一架信号机发生损坏，一个与运营生产直接有关人员的瞬间疏忽、违章作业、操作失误，就可能造成运营事故或人员伤亡。在运营生产过程中，安全是城市轨道交通运营各项工作质量的综合反映。

（四）安全是城市轨道交通事业又好又快发展的重要保证

为使城市轨道交通运营事业又好又快地发展，必须要有一个稳定的运营安全保障系统。安全形势不稳，不断发生事故，势必打乱运营秩序，扰乱总体部署，分散工作精力，社会舆论也会反映强烈，使城市轨道交通事业处于被动状态，失去发展的重要前提和基础，以致难以顺利进行。城市轨道交通运营企业已经是企业化、市场化运作模式，若要做好市场，就需要确保安全，提高服务质量，树立良好的运营企业形象。城市轨道交通运营安全质量下降，必然会损害企业形象，阻碍或延缓城市轨道交通运营事业的发展进程。没有稳定的安全形势，就没有城市轨道交通运营的高效、快捷、便利的优势，就难以发挥城市轨道交通运营的优势，其发展道路必然受阻。

（五）安全是法律赋予城市轨道交通运营的义务和责任

安全确实是法律赋予城市轨道交通运营的义务和责任。相关法律规定主要体现在国务院及交通运输部出台的一系列政策文件中，如：《国务院办公厅关于保障城市轨道交通安全运行的意见》，明确了运营单位承担安全生产主体责任，需落实反恐防暴、内部治安保卫、消防安全等有关法规规定的责任和措施；《城市轨道交通运营管理规定》明确了城市轨道交通运营管理应当遵循安全可靠等原则，运营单位需建立安全生产责任制，设置安全生产管理机构，配备专职安全管理人员，保障安全运营所必需的资金投入。

六、城市轨道交通运营安全生产的基本方针与原则

生产和安全是社会发展的两大基本要求，安全促进生产，生产必须安全。搞好安全工作，改善劳动条件，可以调动职工的生产积极性；减少职工伤亡，可以减少劳动力的损失；减少财产损失，可以增加企业效益，无疑会促进生产的发展；而生产必须安全，则是因为安全是生产的前提条件，没有安全就无法生产。

（一）坚持贯彻"安全第一、预防为主、综合治理"的安全生产方针

"安全第一"就是要求轨道交通运营企业在组织生产、指挥生产时，坚持把安全生产作为企业发展的第一要务和保证条件。"预防为主"就是要求城市轨道交通运营企业以主动积极的态度，从思想上高度重视，在组织管理上制度健全，在技术措施上先进科学，从而提高安全保障系统的整体功能，把事故消灭在萌芽状态，做到防患于未然。"综合治理"就是综合运用思想、行政、经济、法律等手段，人防、物防和技防多管齐下。

（二）坚持"管生产必须管安全"的原则

实践证明，安全是伴随着生产活动而出现的。城市轨道交通运营的安全工作，不同以往，在现代交通运输企业里，随着分工越来越细，管理工作越来越复杂，安全与生产在组织和职能上出现分化。因此，城市轨道交通运营安全需要企业各级领导和各职能部门共同努力才能实现。上下左右之间，哪个环节衔接不上，都会妨碍安全生产的实现。所以，各部门、各职能科室，都应在各自的业务范围内，对实现安全生产的要求负责。

要落实"管生产必须管安全"的原则，就要把生产与安全真正统一起来，关键是建立各级安全生产责任制。这一制度是企业各级领导职能部门、有关工程技术人员和生产工人在生产中应对安全负责的一种制度。

任务二
国内外城市轨道交通安全现状及发展

世界上几乎所有国家的城市轨道交通，都把确保行车安全放在突出的位置，作为衡量城市轨道交通管理水平的一个十分重要的质量指标。因为城市轨道交通行车安全与整个城市交通的经济效益有密切的联系，同时也关系着城市轨道交通在整个国家甚至在国际上的声誉。

衡量一个国家城市轨道交通的安全工作，国际上虽然没有科学、统一的论证方法，但一般都把在城市轨道交通运输过程中，各种原因造成的人员伤亡、货物和设备损坏，以及影响铁路正常运输的事件，列为城市轨道交通运输事故。根据一个国家发生事故的数量、性质和损坏程度，来衡量这个国家城市轨道交通行车安全工作的水平。不论对各类事故的重视程度如何，都把人身安全事故放在首位。

一、世界轨道交通发展概述

（一）轨道交通发展史

1863 年，世界上第一条用蒸汽机车牵引的地下铁道线路在英国伦敦建成通车。由于列车在地下隧道内运行，尽管隧道里烟雾熏人，但当时的伦敦市民甚至皇亲显贵们，都乐于乘坐这种地下列车。因为在拥挤不堪的伦敦地面街道上乘坐公共马车，其条件和速度还不如地铁列车。伦敦自 1863 年创建世界上第一条地下铁道以来，历经 160 多年的发展，通过不断提高技术水平，伦敦地铁系统已成为当今世界上的先进技术范例之一，尤其是地铁实现了电气化后，伦敦的地铁几乎每年都有新发展。

世界第一条地下铁道的诞生，为人口密集的大都市如何发展公共交通提供了宝贵的经验；特别是 1879 年电力驱动机车的研究成功，使地下客运环境和服务条件得到了空前的改善，地铁建设显示出强大的生命力。从此以后，世界上一些著名的大都市都相继建造地下铁道。

100 多年来，已有 50 多个国家 300 余个城市修建了轨道交通，线路总长度达到了数万千米，各大城市的地铁、轻轨、城市铁路等都得到了很好的发展，为城市的交通和经济发展作出了重要贡献。

回顾历史，世界轨道交通的发展经历了一个曲折的过程，大致分为以下 4 个阶段：

1. 初步发展阶段

初期欧美发展较快，其间 10 余个城市建了地铁，许多城市建设了有轨电车。20 世纪 20 年代，美国、日本、印度和中国的有轨电车有了很大发展。

2. 停止、萎缩阶段

一方面，第二次世界大战爆发和汽车工业发展，轨道交通停滞、萎缩，汽车成为新宠儿；

另一方面，因投资大、建设周期长让轨道交通一度失宠。

3. 再发展阶段

汽车过度增加导致了道路拥堵，严重时会导致交通瘫痪，加之空气噪声污染、大量耗费石油资源、停车位紧缺等问题，使人们重新认识到城市客运交通必须依靠电力驱动的轨道交通。于是轨道交通重新得到重视，并逐步扩展到日本、中国、巴西、韩国、伊朗、埃及等国家。

4. 高速发展阶段

世界各国都确立了优先发展轨道交通的方针，立法解决城市轨道交通的资金来源。城市化趋势导致人口高度集中，需要高速发展的轨道交通来适应日益增加的客流运输，各种技术发展也为轨道交通奠定了良好的基础。

中国城市轨道交通协会指定专业期刊《都市快轨交通》统计，截至 2023 年年底，全球城市轨道交通运营里程达到 43 400.40 km，分布在 79 个国家和地区、563 个城市。其中，地铁运营里程为 21 732.66 km，分布在 63 个国家和地区、200 个城市，已成为全球主流的城市轨道交通形式。

（二）城市轨道交通发展的特点

1. 发展趋势多样化

目前，国际上技术比较成熟、已经上线运营的城市轨道交通有地铁、市郊铁路、轻轨、单轨、导轨、线性电机牵引的轨道交通及有轨电车 7 种。其中，市郊铁路、地铁、轻轨和有轨电车的应用最广泛，线性电机牵引系统最有发展前途。

2. 形成规模和网络

纽约、伦敦、巴黎、莫斯科、东京等轨道交通较为发达的城市，基本形成了一定的轨道交通规模和网络，可以延伸到城市的各个方向。

3. 轻轨交通是首选

发展中国家的轨道交通，主要集中在 200 万以上人口的大城市，一般只在少数特大城市发展地铁，更多的则是优先发展轻轨交通。

4. 雄厚的资金保证

城市轨道交通发展具有稳定的资金来源。多数国家由中央政府、地方政府和轨道交通受益部门共同投资建设。日本地铁建设采用补助金制度，对于市郊铁路，由国家和地方政府平均负担 36% 的补贴，而国家对单轨和新交通的补贴达 2/3；德国交通财政资助法规定每年向购油者加收 10% 的税收作为城市交通建设资金，联邦政府负担 60%，州政府负担 40%；巴黎的相关法规规定,城市交通设施基本建设,中央政府投资 40.5%,其余的由地方政府和有关部门投资。

二、我国城市轨道交通发展形势及未来发展趋势

(一)我国城市轨道安全交通的发展现状

我国城市轨道交通发展的历史至今已 60 多年,自从 1965 年北京修建了第一条地铁以来,经历了从无到有、由弱渐强的发展历程。总体来看,我国地铁的发展历程如图 2-2 所示。

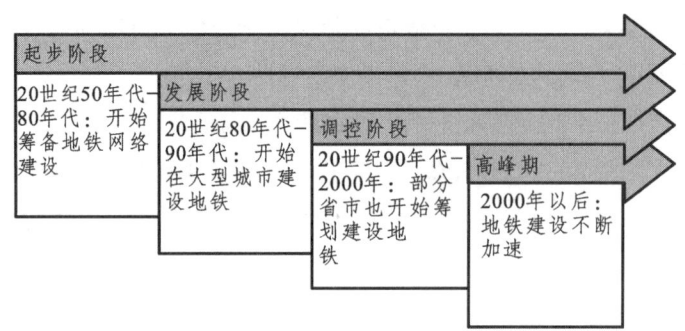

图 2-2 我国地铁的发展经历

随着经济的快速发展,我国开始进入城市化和机动化的加速发展阶段。城市轨道交通以其大运量、高效率、低污染等优势,迅速成为许多大城市解决交通问题的首要选择,并在我国形成以地铁、城市快速铁路、高架轻轨等为主的多元化发展趋势,城市轨道交通发展日渐网络化、差异化,制式结构多元化,网络化运营逐步实现,如北京的地铁、大连的快速轻轨、重庆的跨座式单轨、上海的磁悬浮等。

中国轨道交通网统计,截至 2023 年年底,中国是全球地铁运营里程最长的国家,占全球的比重达到 48.60%,接近一半。美国、韩国、日本、俄罗斯分别位居第二至五名,占全球的比重均未超过 10%。中国现有 51 个城市开通运营城市轨道交通线路 270 条,运营里程 10 759 km,实际开行列车 285 万列次,完成客运量 18.0 亿人次,进站量 10.8 亿人次,位居世界第一。新增运营线路多,客流增长快,轨道交通系统制式多样化的趋势日益凸显。

(二)我国城市轨道交通的发展趋势

(1)快速扩张。我国城市轨道交通建设将继续保持快速扩张的趋势。根据国家发展和改革委员会的规划,到 2030 年,我国城市轨道交通系统总里程将达到 20 000 km 以上,覆盖到更多的城市。尤其是中西部地区的二三线城市,将成为未来城市轨道交通建设的重点,为促进地区经济发展和城市化进程提供支撑。

(2)技术创新。未来,城市轨道交通的发展将进一步加强技术创新,推动智能化、绿色化、便捷化。例如,自动驾驶技术、无人售票系统、轨道交通物流等新技术将逐步应用于城市轨道交通系统中,以提升运营效率和乘客体验。

（3）多元化运营模式。未来，城市轨道交通将发展多元化的运营模式，包括不同类型轨道交通的协同发展，与公共汽车、共享单车等其他交通工具的接驳，以及与电商物流的深度合作等。这样的发展模式将使城市轨道交通在提供乘车服务的同时，也能更好地服务于城市的商品流、人流等需求，实现更高效的城市交通系统。

（4）绿色发展。城市轨道交通作为城市公共交通的主力，其绿色、低碳的特点将得到充分体现。城市轨道交通将继续推进节能减排、减少噪声污染等方面的技术研究与应用，提升运行效率，减少能源消耗和环境污染，推动城市可持续发展。

任务三 城市轨道交通安全管理的基本内容

从安全系统工程的理论和实践情况看，安全系统分析、安全系统评价和安全系统管理相互联系、互相作用，是一个不可分割的整体，它们都以实现运营生产安全为目的，但作用和分工各有侧重。安全系统分析主要通过分析研究系统的安全和危险因素，了解系统的安全和危险程度，为安全系统评价和安全系统管理提供依据；安全系统评价是按照一定的评价指标体系和方法对安全保障系统防范效果所进行的总结性评价，以揭示安全质量水平和系统薄弱环节，为加强安全管理进一步指明努力方向并提出具体要求；安全系统管理则是根据安全系统分析和安全系统评价结果，按照"安全第一，预防为主"的原则，构建安全管理体系，强化和落实城市轨道运营安全管理机制和措施。

依照运营安全系统管理的基本原理和要求，安全系统管理的基本内容包括总体管理、重点管理和事后管理3个方面。

一、运营安全总体管理

在城市轨道交通系统工作中，有计划、生产、技术、质量、物资、设备、劳动、财务管理等各个方面，一切服务于安全生产的各管理部门，为确保城市轨道交通运输安全所做的工作都应纳入总体安全管理的范畴，包括安全组织、安全法规、安全技术、安全教育、安全信息、安全资金等，形成安全管理工作的总体。

（一）总体管理的对象

运营安全总体管理是针对城市轨道交通运营人、机、环境系统整体的安全管理。运输安全总体管理的目的就是提出一定时期的运营安全要求，并构建根据目标运转的城市轨道交通运营安全人—机—环境控制系统。

1. 人——一种安全因素和防护对象

在运营安全人—机—环境控制系统中，只有人向安全问题提出了具体的挑战。人—机—环境结合的目的，就是充分利用人的科学发现，使技术和机器在更大程度上适合于人，从而提高人—机—环境系统的安全性。

在城市轨道交通运营安全人—机—环境控制系统的规划过程中，应综合考虑以下因素：

（1）要把人体解剖学资料以及人体生理过程和生理功能作为必要条件考虑在内，就像设计机器必须考虑其所用材料的应力特性一样。

（2）发生在人体中的主要生理过程，必须像能量在机器中传递一样来考虑。当用于人—机—环境系统时，人体的心理神经效能条件特性要像在机器中保证其控制功能的技术组元(部件)一样看待。

（3）应把人的天赋以及一些特殊心理、生理功能和对这些功能进行补偿的可能性一起加以考虑。在必要情况下，还要制定补偿的最低值。

人在现代化运营系统中最大的贡献是能起到信息处理的作用。因此很有必要研究人是怎样获取、选择、处理和传递信息（包括人体本身的信息）的基本规律的。此外，为了使人的生理和心理神经活动控制、保持在正常的安全值范围内，对于人承受的并最终使人疲倦的应力和应变后果必须加以考虑；甚至连人体的各器官和人的整体都应加以关注。可用计划的工间休息和娱乐活动来抵消那些会降低工作效率的受力状态和紧张的影响。而且，必须分清一个正常工人的工作器官与维持必要工作效率之间的差别。必要情况下还需要对他们进行特殊训练，以保证工人实行安全操作，避免不安全行为。

那些导致事故的冒险和不安全操作，往往是已作为正面经验接受而且根深蒂固的坏习惯行为。一旦在班组或个人中偶尔养成了不安全习惯，就必须采取"再培训"和恢复正确习惯的措施。

2. 机器——一种安全因素

机器是运营安全人—机—环境控制系统中3个主要子系统之一，仅由于机器与人及其环境的相互作用，它才成为运输安全总体管理的一个重要内容。实际上，在机器的规划阶段，即在确定机器的功能及应用模式和对机器的形式及有效性做必要的论证时，人—机关系就已开始形成。从机器制造到运行的各个阶段，人与机器之间的相互关系一直保持着。在上述各阶段，人作为一种安全因素，对另一安全因素——机器的性质及特点，有广泛的影响。

纵观运营历史可以发现，新技术方法的引进和新机器的应用，常常需要一个痛苦的、耗时的和昂贵的学习过程。这个过程的结果最后以肯定的方式予以评价，然后转为经验。然而，随着运营现代化的发展，运营行车密度和速度不断提高，用试错法从事故中获得经验，毫无疑问会有巨大的风险和代价。因此，对于作为安全因素之一的机器，在其规划、制造和应用的所有阶段，很细心而费时地预定检查是非常必要的。同时，必须对机器的运行状态做大量的观察，确定和评价使规划目标与运行数据相匹配的应力状态，限制应力因素，使设计结构与使用结构在运行条件下相匹配。

3. 环境——一种安全因素和应予保护的财富

人和机器都被置于环境中。后者在运营安全人—机—环境控制系统中是第三重要的基石。一方面，人的操作可能引起机器方面的事故和损失，从而对环境产生有害影响。另一方面，环境中有许多自然过程，如地震和灾难性暴风雨、洪水等，以及源于技术的灾害，如火灾和爆炸，都会对机器产生危害。为此，必须首先确定机器是否影响和怎样影响环境，或者环境是否危及机器。只有一方面通过对人与机器，另一方面通过对人与环境的各种相互关系进行透彻的分析，才能避免在人—机—环境控制系统的构建中出现错误。低估环境的重要性可能会对铁路运输安全带来严重后果。

在城市轨道交通运营系统中，人们使用机器，同时也暴露在机器的危险之中。人的行为和机器的状态依赖于所处的环境条件。人和机器也常常以不同的方式影响环境。在人—机—环境交互作用的系统中，由于事故、事变或局部环境的持久应力，人或财产可能遭受损害。事故或事变可能源于技术，亦即由于制造缺陷、地铁中的有害物质或气候条件等其他干扰因素的影响，尽管使用和操作是正确的，运营技术装备仍然可能不像预期的那样运转。另一个可能的原因是人和机器的相互作用缺乏协调。一方面，应该根据人机工程学原理，通过适合操作者的装备设计，将这样的缺陷减小到最低限度。这就意味着要尽量使要求适合于人。另一方面，合适的选择、培训和诱导，可以促使人正确地动作，并有意识地保护自己。但必须考虑到，人的行为绝不是一致的或一成不变的，而是因人而异、因时而异的。此外，人的行为还受周围环境的影响。因而，环境的任何改变也要适应人的要求。

然而，运营技术装备中的事故不可能通过预防措施而完全排除，因此使事故影响最小的补充措施必不可少。一旦技术装备内部的潜在危险超过一定限度，则事故预防措施的系统规划就必须强制执行。

因此，为了控制事故损失，必须及早识别事故、报警、警告信号，并采取相应的积极对策。为了识别事故，最重要的是及时得到有关事故程度的确切信息。这就要求对运营技术装备进行连续监测。此外，为了监视环境，需要有报警中心，也要有通过实际观测或者通过估计而确定地铁灾害危及的敏感区的能力。

（二）运营安全总体管理的内容

运营安全总体管理，涉及面很广，内容丰富，包括安全组织管理、安全法规管理、安全技术管理、安全教育管理、安全信息管理及安全资金管理等。

1. 安全组织管理

安全组织管理是安全管理的实施主体，负责安全的组织领导、协调平衡、监督检查工作，使运营企业安全管理体制有效地正常运转，保证安全目标的实现。其主要内容有：

（1）安全计划管理，负责运营安全的中长期规划和近期计划的编制和组织实施，以及方针、目标和政策的制定与落实。

（2）安全行政管理，包括运营各级安全管理机构的设置和职责划分，安全工作组织领导的原则和方法的确定，以及保证职工安全生产的组织手段。

（3）安全劳动管理，对直接制约运营安全的关键因素如人员配备与组合、定员与班制、劳动定额和分配关系等合理地规定与协调。

（4）职工生活管理，为保证职工以饱满的热情和旺盛的精力投入运营安全生产，在职工物质生活、精神生活和医疗卫生等方面做出的妥善安排。

(5)安全行为管理,主要是运用运营各种安全管理手段对个人行为际关系进行激励、约束和协调。

2. 安全法规管理

安全法规管理的任务是严格遵循国家有关运营安全的法律、法规等条文规定,对各种运营规章制度和作业标准进行研究、制定、修改、完善、贯彻和落实,使运营安全管理工作做到有法可依、有法必依、执法必严、违法必究。其主要工作有以下两项:

(1)建立健全工作。安全法规要在尊重实践、尊重科学的基础上,通过建立、修订、补充逐步形成相对稳定、协调一致、切实可行的运营规章制度和作业标准体系。

(2)增加废止工作。技术条件和作业环境的变化,必然对运营安全规章制度和作业标准的针对性、有效性和规范性提出新的要求,在原有基础上,及时增加运营生产急需的规章规定和废止不适用的规章制度对运营安全具有同等重要作用,不可偏废。

3. 安全技术管理

技术,除泛指操作技能外,广义地讲,还包括相应的生产工具和其他物质设备,以及生产工艺过程或作业程序、方法。安全技术管理的任务是正确执行国家有关技术政策、标准、规程和运营主要技术政策,为运营安全提供可靠的技术依据和技术措施;充分发挥科技是第一生产力的作用,不断吸收现代科技先进成果,促进运营安全管理科技含量日益提高。由此可见,运营安全技术管理包括对运营安全硬技术设备的维护与管理、对运营安全软技术的开发与应用。

(1)运营安全硬技术设备的管理,是指对运营基础设施和安全技术设备的研制、试验、引进、装配、维护和安全质量管理等。

(2)运营安全软技术的开发与应用,包括与运营安全有关的各种操作办法、管理方法、运营安全管理基础理论及安全科学理论的研究与应用。

4. 安全教育管理

为了实现运营安全,必须通过各种形式和方法,对广大干部和职工进行经常性的安全教育,其内容主要有:

(1)安全思想教育,是安全教育的重点所在,内容包括安全生产方针、政策、重要意义,劳动纪律、作业纪律,各项规章制度和典型事故案例教育等。通过正反两方面的教育使基层作业人员和各级管理人员牢固树立"安全第一"的思想,强化"预防为主"的意识,正确处理好安全与效率、效益的关系。

(2)安全知识教育,包括安全生产技术知识和安全管理知识教育,目的是解决应知的问题。前者包括运营生产特点、安全特性、设备性能、各部门作业方法及规范要求、事故成因及预防等。后者主要是针对安全管理人员而进行的安全教育,内容包括运营安全管理体制和各部门安全管理体系的构成与运作、事故预测和预防;安全系统评价的基本原理和方法,人—机工程学、安全心理学、行为科学等有关知识与应用。

(3)安全技能教育,是指通过对作业人员进行长期、反复训练及本人实践,把所学到的安全知识转化为动手能力的过程,主要是解决应会的问题。内容包括岗位熟练操作、防止误操作和处理异常情况的技术、知识和能力。

（4）事故应急处理教育，一般应包括事故应急处理知识教育、自我保护和自救互援教育、事故现场保护方法教育和事故应急处理演习等。上述教育能有效地防止事故损失扩大，为清理事故和迅速恢复正常运营秩序创造有利条件。

此外，对运营路外人员进行的城市轨道交通知识、安全常识及安全法治宣传、教育也是安全教育管理的重要内容，应与地方政府配合进行。

5. 安全信息管理

安全信息一般是指在运营生产过程中，对一切有利于安全生产的指令和系统安全状态的描述或反映。安全信息既是安全管理的对象，又是安全管理的重要支持。安全信息包括以下几方面内容：

（1）安全指令信息，指各种运营安全法规和安全方针、政策、目标、计划和措施等。
（2）安全动态信息，指在完成运营任务，执行指令信息过程中的正面和负面效应的反映。
（3）安全反馈信息，指从执行指令信息结果获得，能反馈用来调整和控制安全生产的信息。
（4）其他安全信息，如安全科学技术和管理信息等。

从某种意义上说，运营安全系统管理就是准确、及时、经济地收集、加工、传递、存贮、检索、输出一切对运营安全有用、有利的信息管理，并用运营安全所需的安全指令信息、安全动态信息、安全反馈信息和其他先进的安全科技及管理信息，精心指挥、精心组织、精心管理运营生产，不断开创运营安全的新局面。为此，就要有严密的组织和先进的手段加以保证，如建立健全各种信息中心和网络，并广泛应用各种先进的信息处理技术。

6. 安全资金管理

要搞好运营安全，必须有相应的安全资金保证。安全资金管理包括对保证运营安全所需资金的筹集、调拨、使用、结算、分配等，并进行安全投资的经济评价与经济分析，实行财务监督等。

在实际工作中，各职能部门按照"谁主管、谁负责"的原则，在努力做好本职工作的同时，为实现安全方针目标所规定的任务，应相互协调配合，共同形成合力，发挥整体优势。此外，各级组织、各职能部门还必须严格遵守安全监察制度，自觉接受安全监察机构在业务上的指导，不断提高职能范围内的安全管理水平，共同促进安全运营形势向健康方向发展。

二、运营安全重点管理

安全与危险是此消彼长的矛盾双方，运营安全管理的实质是促使矛盾向有利于安全的方面转化。但不同的时间、空间、服务对象及客观条件下，各种矛盾和矛盾双方都有主次之分，因而安全管理的重点有所不同。凡对运输生产安全起决定性作用的影响因素及系统薄弱环节应重点加强安全管理和控制，如人员、设备管理，标准化作业控制、接合部作业控制和非正常情况下作业控制等，使有限的安全管理资源发挥出更大的效用。

人员安全重点管理：一般要求；提高对人员的安全管理水平。

设备安全重点管理：提高基础设备的安全管理水平；提高基础设备的安全性能；提高安

全技术设备的安全性能。

环境安全重点管理：加强管理，改善内部社会环境条件；大力改善作业环境。

作业安全重点管理：标准化作业管理；非正常情况下作业控制；接合部作业联控。

（一）对人员的重点安全管理

1. 一般要求

（1）针对关键时间、岗位、车次和人员，掌握运营规律，在运营生产全过程进行安全教育工作。

（2）掌握自然规律。

根据天气和季节变化对运营生产、职工心理带来的影响，有预见地做好事故预想和预防工作。

（3）掌握职工思想变化规律。

对于社会条件和职工需求之间的矛盾，坚持正面教育为主，及时疏通引导，协调关系，增强团结，确保运营安全形势稳定。

（4）掌握人的生理、心理规律。

按照职工的性别、年龄、体力和智力差异在运营中担当工作的性质不同，加强对行车主要工种人员的选拔和管理。

2. 提高对人员的安全管理水平

（1）大力进行职工队伍的思想道德和职业道德教育。

提高干部和职工的政治素质、品德修养，充分发挥广大职工安全生产的积极性、主动性和创造性。对违反作业标准、规章制度的人与事，应实事求是地予以批评教育，对事故责任者根据损失和责任大小给予相应的处罚。

（2）全面强化职工业务培训。

重点提高全员实际操作技能，特别是非正常情况下作业技能和设备故障应急处理能力，落实作业标准化，并严格执行职工持证上岗和班组长持双证（上岗合格证和班组长合格证）上岗制度。

（3）提高安全监察人员和安全管理人员的综合素质。

安全监察人员和安全管理人员具备良好的思想、业务和身心素质是运营安全方针政策得以贯彻执行，运营安全技术、安全工程、安全管理得以推行和落实的重要基础条件。鉴于安全监察和安全管理人员工作的多样性、复杂性与重要性，应通过培训，使他们努力掌握运营安全系统工程的基本理论和方法，并在实践过程中不断运用、总结、提高，以增强安全工作的预见性，提高安全管理的有效性，从根本上改变凭经验管理的落后状态。

（4）构建运营人员生理、心理安全保障体系。

对行车主要工种建立并逐步完善人员生理、心理指标体系及其标准，以便使人员管理更加科学可靠。

3. 加强对机务人员和行车值班员的选拔管理

机车乘务人员和值班员的工作性质不同于一般的运营生产人员，他们从事技术性、复杂性和变化性较强的技术工作。机车乘务人员驾驶机车、行车值班员领导接发列车工作，责任重大，影响因素甚多，稍有不慎，往往就会引发行车事故，甚至重大事故。由于人的主观能动性在运营安全中所起的作用越来越大，机车乘务人员和值班员良好的生理、心理素质就格外重要。应当看到，人的生理、心理差异是客观存在的，如何根据机车乘务员和行车值班员这些特殊职业的生理和心理需要来考察、选拔并择优录用胜任人员，对确保运营安全至关重要。我国轨道科技工作者和专家学者的研究结果表明，合格的机车乘务人员应具备的职业生理与心理素质可归纳为如下方面：

（1）认知能力。智力中等程度以上，视觉功能强，注意力转移和分配好，反应快，动作协调、准确。

（2）身体状况。生理功能正常，体质健壮，有良好的环境适应能力。

（3）人格（个人性格）特点。责任心强，情绪稳定，紧急状态下应变能力较强，对单调工作有良好的心理承受能力，疲劳状态下有耐久力等。

根据上述要求，研究人员对大量调查资料进行整理分析和数据处理后，建立了机车乘务人员生理心理指标体系和智力测验检查方法，为制定我国城市轨道交通司机的选用标准和考评内容提供了科学依据，对行车值班员的生理心理素质要求也具有重要参考价值。所不同的是，对行车值班员的组织管理能力、分析解决问题能力和决策应变能力等有更高的要求。目前这方面的研究工作还在深入进行之中。

为了加强对重点行车人员的选拔和管理，除思想品德和业务素质要求外，运营企业管理部门还应重视从生理、心理素质角度选拔机车乘务人员和行车值班员，对他们进行专门的适应性检查，定期进行生理心理测试和咨询。在不断录用新人员的同时，要妥善安排生理心理素质不适应乘务工作和运转工作的人员到其他部门或单位工作。

（二）设备安全重点管理

为提高运营基础设备质量，应加快发展安全技术装备，不断增强保证运营安全的能力。设备安全管理的重点工作主要包括加强对设备的养护维修，加快设备更新改造速度，保证安全技术装备重点项目顺利实施等，这是一项长期而艰巨的任务。

（1）提高运营基础设施的安全管理水平。

提高设备质量，加强设备管理，必须坚持定期检查制度，建立各种检查记录台账，立卡建档，定期保质保量地做好维修保养和病害整治工作。对设备的惯性故障、重点病害、严重隐患要集中力量加以整治，采取严密的安全防范制度和措施，杜绝简化检查、检测、维修作业程序的现象发生，确保运营安全。对设备的养护维修，应坚持预防为主、检修与保养并重、预防与整治相结合的原则，处理好设备维修与运输生产的关系，正确合理地使用设备，提高操作技术和保养水平，防止超负荷、超范围、超性能地使用设备，使设备质量可靠稳定，逐步形成"修、管、用"良性循环的发展模式。

（2）提高运营基础设施的安全性能。

合理规划城市轨道交通线路大修换轨，努力提高线路质量，线路大修、中修和维修工作要综合配套，道床清筛、更换道岔、撤换轨枕同步进行，均衡等强地提高城市轨道交通线路的整体质量和安全性能，切实抓好对城市轨道交通桥隧路基病害的整治。

依靠科学技术加快对新型机车、动车组的研制和使用；提高车辆制造和检修质量，重点提高滚动轴承装修、组装、压装质量，严格验收制度，对不符合规定标准的机车车辆严禁出厂、出段，编入列车投入使用。

大力发展先进的信联闭技术装备，切实改善城市轨道交通通信及供电设备条件。

（3）提高行车安全技术设备的安全性能。

积极改善检测装备，加强对钢轨、夹板、辙叉、尖轨等轨道设备的新型探伤仪器和车辆轮轴探伤、轴温检测、报警仪器的开发、研制和应用，逐步实现探伤、报警的自动化，防止线路断轨、车辆燃轴、切轴事故的发生。同时，应加大对自然灾害预确报及城市轨道交通防治设备的投入。

（三）环境安全重点管理

环境因素是指影响人体健康、工作效率、设备性能的自然和人为的各种条件因素的组合。对运营人—机—环境系统而言，环境对运营安全的影响可分为内部环境条件和外部环境条件影响两个部分，前者包括作业环境和由管理行为营造的内部社会环境；后者指自然环境和外部社会环境。在众多的影响因素中，作业环境和内部社会环境是可控的，而外部社会环境和自然环境是不可控的，但运营企业管理可通过改善可控的内部小环境来适应不可控的外部大环境，其作用就在于保持良好的工作、作业和生活秩序，保障职工身心健康，保证运营安全。

（1）加强管理，改善内部社会环境条件。

运营系统内部社会环境是外部社会环境因素在系统内的反映，其涉及面较广，包括系统内部的政治、经济、文化、法律、人际关系等环境条件，这些环境条件的变化与企业管理行为密切相关。

城市轨道交通企业管理联结着大社会和运营安全，管理的力度对改善系统内部社会环境条件具有重要影响，这不仅要求在管理思想上"安全第一"不动摇，而且要在具体措施上落实企业安全目标、安全责任制和奖惩激励制度；加大安全技术设备的投入，依靠科技加强安全监控及通过深入细致的思想工作，提高职工思想和业务素质；关心职工生活，为其解决后顾之忧；加强民主管理，增强内部团结，建立融洽的人际关系；与地方密切配合，改善治安环境等，以形成良好的安全管理环境，为职工创造安全生产条件，更好地调动广大职工安全生产的积极性。

（2）大力改善作业环境。

人的生产活动始终离不开特定的工作或作业环境，在有利于身心健康和劳动操作的环境中，人的工作效率就高。而在严重污染以及高温、高压、振动强烈等恶劣环境中，工作效率就低，安全就难以保障。而作业环境是指技术环境。影响人们作业环境的因素主要有物化性质的环境因素（粉尘、化学性气体、蒸气、熏烟、雾滴等）、物理性质的环境因素（光、辐射、噪声、振动、温度、湿度和气压等）和空间环境因素等。关于物化和物理性质的环境因素，国家有关部门制定有相应的政策和标准，其安全要求有标准可查。在改善作业环境的过程中，应严格按照国家规定标准实施，有效防止人员疾病、中毒现象发生，避免过早疲劳和不舒适感，使作业人员在繁忙的工作中，仍能保持良好的心态和充沛的精力，把运营安全建立在良好的作业环境条件基础上。

改善空间环境条件的有效措施是实行科学的"定置管理"。定置管理是指按照生产作业过程，将设备定位、人员定岗、物料定址、流通定时的时空管理技术，可为系统有序可控、正常运行提供良好的安全保障。

在进行人机系统设计时，按照人机工程学原理，人机界面设计、作业空间设计和作业环境设计应达到以下要求：① 能实现预定目标，完成预定任务。② 人、机功能分配合理，协调工作。③ 系统中的物质要素排列布置合理。④ 具有防止错误操作的措施等。

（四）作业安全重点管理

运营安全管理的出发点和落脚点是现场作业控制，对现场作业重点控制的内容主要包括标准化作业控制、非正常情况下作业控制和系统结合部作业联控等。

（1）标准化作业控制。

标准化是指"在经济、技术、科学及管理等实践活动中，对重复性事物和概念通过制定、发布和实施标准，达到统一，以获得最佳秩序和社会效益"。运营标准化作业是对既有作业标准，从学习标准、对照标准到达到标准（即学标、对标、达标）所进行的全部活动，如标准化作业是为保证列车运营安全，按照城市轨道交通运营作业标准规定，结合设备特点，制定并实施包括作业对象、作业方法、作业过程、作业程序和时间、用语等标准的一切运营活动。标准化作业是个人行为、群体行为和管理行为的综合表现，只有在组织、制度、措施和监控等方面严格管理，才能使标准化作业得以实现并持之以恒。

（2）非正常情况下作业控制。

正常作业条件下的标准化作业能确保运营安全。非正常情况下，由于部分作业标准无法得到实施，所以不得不执行特殊规定，稍有不慎极易造成运营事故。行车事故大多数发生在调车作业和列车运行中，非正常情况对列车行车工作影响最大，因违章操作而发生的事故也较多。非正常情况下行车造成事故的比例是相当高的，性质和后果也是比较严重的，已成为安全行车工作中的"顽症"。从这个意义上说，非正常情况下的作业控制，主要是研究解决非正常情况下安全行车的作业控制问题。

（3）结合部作业联控。

结合部是指由几个单位或部门共同参与工作或管理而形成的相互联系、相互制约的环节、区域或部位。就行车工作而言，结合部是在运营过程中，为了安全生产这一共同目的，不同部门和不同工种人员协调运作、联合作业，在生产与管理上发生交叉、重叠的区域和环节。例如，在列车运行、接发列车和调车作业等生产环节必须由车务、机务等部门联合作业，在地铁线分界口管理，线路施工与运营部门间的密切配合等，都是多个部门、多重作业的汇集之地。这些地方往往是管理松散、矛盾集中、事故多发的系统薄弱环节，是安全管理的重点和难点。据统计，重大、特大事故的76%、险性事故的74.4%、一般事故的71%都是多工种相互交叉的环节失控即结合部失控造成的。

三、运营安全事后管理

运营安全事后管理包括运营事故调查处理、运营事故应急处理。

运营事故发生后，城市轨道交通主管部门和有关单位需要做大量的调查和处理工作，如减少事故损失和防止事故扩大的抢险、救援及事故定性定责，总结经验教训，采取防范措施等，以防止同类事故发生。但更为重要的是，对导致事故的直接和间接原因及其相互间的内在联系进行实事求是、深入细致的分析，形成有利于改善安全状况的共识和对策，并将其上升为运营安全总体管理和重点管理的新内容。

运营安全系统管理，即通过安全总体管理、重点管理、事后管理的综合实施和全面加强，促进运营安全的全过程（计划、实施、监控）、全员（领导、干部、职工）、全要素（人员、设备、环境等）的全方位管理，有效地实现从"事故消防"向"事故预防"，从"重治标，轻治本"向"标本兼治，从严治本"，从"条块分割，各自为主"向"条块结合，以块为主，逐级负责"等方面转变，切实把握运营安全生产主动权。

【复习思考题】

1. 简述城市轨道交通与其他交通工具的区别。
2. 城市轨道交通运营安全生产的基本方针与原则有哪些？
3. 简述我国城市轨道交通的现状和发展规划。
4. 城市轨道交通企业员工通用的安全守则"五注意""六必须""七不准""八严禁"是什么？
5. 阐述我国城市轨道交通安全管理的方针。
6. 阐述我国城市轨道交通安全系统管理的主要内容。

城市轨道交通安全相关法规

【问题导入】

本章主要是使学生熟悉安全法律法规知识,认识安全法律法规的重要性;熟悉《中华人民共和国安全生产法》在我国安全生产法律体系中的地位和作用;熟知并掌握我国城市轨道交通安全相关法律法规及规章。

【教学目标】

1. 能力目标

能够正确解读法律、法规条文的含义;阐述我国安全法律法规的重要性;重点掌握我国城市轨道交通安全法规规章标准的知识;自觉遵守安全生产法和我国城市轨道交通安全相关法律法规及规章;培养学会运用法律、法规维护正当权益的能力。

2. 知识目标

重点掌握我国安全生产法律、法规的概念;重点了解我国安全相关法律法规;重点掌握我国城市轨道交通安全相关法规规章标准;重点掌握《城市轨道交通消防安全管理》标准的主要内容。

3. 素质目标

树立城市轨道交通"安全第一、预防为主、综合治理"的思想意识和理念;具有良好的城市轨道交通职业安全道德,做安全懂法、守法、执法的模范。

安全生产法律法规是为调整生产经营活动中有关安全生产各方关系与行为的法律规范，是为保障劳动者在生产经营活动中的安全与健康而建立的法律体系。在社会与经济等活动中，法规是国家法律、行政法规和行政规章的统称。《中华人民共和国立法法》规定，我国目前规范经济活动的法律体系框架主要分为四层：法律（宪法是母法；法律是子法）、法规（行政法规、地方性法规）、规章（部门规章、地方行政规章）、标准（强制性标准、推荐性标准）。与城市轨道交通安全及其管理相关的法规是由国家立法机关、行政机关和交通运输部制定的国家法律、行政法规和行政规章中有关城市轨道交通安全的各种限制性规定和专项要求，它们是城市轨道运营及其安全管理的法治依据，是城市轨道系统广大员工的行动准则。

任务一　安全法律法规及规章标准

法律是拥有立法权的国家机关依照立法程序制定和颁布的规范性文件。在我国，法律由全国人民代表大会及其常委会依照立法程序制定和颁布。

我国现行的铁路安全生产、工伤预防的法律有《中华人民共和国安全生产法》《中华人民共和国刑法》《中华人民共和国劳动法》《中华人民共和国铁路法》《中华人民共和国社会保险法》《中华人民共和国职业病防治法》《中华人民共和国突发事件应对法》等。

一、《中华人民共和国安全生产法》重点解析

《中华人民共和国安全生产法》（简称《安全生产法》）是我国第一部关于安全生产领域的综合法律，是安全生产的基本法。

《安全生产法》是为了加强安全生产工作防止和减少生产安全事故，保障人民群众生命和财产安全，促进经济社会持续健康发展而制定的法律。2002年6月29日第九届全国人民代表大会常务委员会第二十八次会议通过，自2002年11月1日起施行。2021年6月10日根据第十三届全国人民代表大会常务委员会第二十九次会议第三次修正，自2021年9月1日起施行，修改的主要内容包括：进一步明确安全生产工作的原则要求，进一步强化和落实生产经营单位的主体责任，进一步明确地方政府和有关部门的安全生产监督管理职责，进一步加大对安全生产违法行为的处罚力度。

《安全生产法》的颁布施行，对保障我国的安全生产工作，防止重大、特大事故的发生，保护从业人员的安全和健康，促进国民经济健康、稳步和持续发展提供了法律保证。《安全生产法》施行以后，我国生产安全事故死亡人数从历史最高峰2002年的约14万人，降至2023年的2.12万人，下降了84.9%；重特大事故起数从最多时2001年的140起下降到2023年的

16起,下降了88.6%。由此可见,《安全生产法》的施行成效显著,意义重大。

《安全生产法》规定的一系列基本原则和制度,也是城市轨道交通生产活动必须遵循的,包括生产经营单位的安全生产保障、从业人员的安全生产权利义务、安全生产的监督管理、生产安全事故的应急救援与调查处理、法律责任等。

安全生产工作必须坚持中国共产党的领导,坚持以人为本,坚持人民至上、生命至上,把保护人民生命安全摆在首位,树牢安全发展理念,坚持"安全第一、预防为主、综合治理"的方针,从源头上防范化解重大安全风险。安全生产工作实行管行业必须管安全、管业务必须管安全、管生产经营必须管安全的"三管三必须"原则。

(一)安全生产的方针及理念

安全生产方针是党和国家对安全生产工作总的要求,是安全生产工作的方向。我国现行的安全生产方针是"安全第一、预防为主、综合治理"。

"安全第一",就是在生产经营活动中,在处理保证安全与生产经营活动的关系上,要始终把安全放在首要位置,优先考虑从业人员和其他人员的人身安全,实行"安全优先"的原则。在安全的前提下,努力实现生产经营的其他目标。

"预防为主",就是按照系统化、科学化的管理思想,按照事故发生的规律和特点,千方百计预防事故的发生,做到防患于未然,将事故消灭在萌芽状态。

"综合治理",就是综合运用思想、经济、行政、法律等手段,人管、法制和技防多管齐下,并发挥社会、职工和舆论的监督作用,有效解决安全生产领域的问题。

"安全第一、预防为主、综合治理"的安全生产方针是一个有机的统一体。"安全第一"是"预防为主、综合治理"的统帅和灵魂,没有安全第一的思想,预防为主就失去了思想支撑,综合治理就失去了整治的依据。"预防为主"是实现"安全第一"的根本途径,只有把安全生产的重点放在建立事故安全预防体系上,超前防范,才能有效减少事故损失,实现安全第一。"综合治理"是落实"安全第一、预防为主"的手段和方法,只有不断健全和完善综合治理的工作机制,才能有效贯彻安全生产方针,真正把"安全第一、预防为主"落到实处,不断开创安全生产工作的新局面。

(二)建立健全全员安全生产责任制,构建双重预防机制

生产经营单位必须遵守本法和其他有关安全生产的法律、法规,加强安全生产管理,建立健全全员安全生产责任制和安全生产规章制度,加大对安全生产资金、物资、技术、人员的投入保障力度,改善安全生产条件,加强安全生产标准化、信息化建设,构建安全风险分级管控和隐患排查治理双重预防机制,健全风险防范化解机制,提高安全生产水平,确保安全生产。

(三)对从业人员培训的基本要求

(1)未经安全生产教育和培训合格的从业人员,不得上岗作业。

(2)生产经营单位的特种作业人员必须按照国家有关规定经过专门的安全作业培训,取得相应资格,方可上岗作业。

(3)生产经营单位的从业人员不服从管理，违反安全生产规章制度或者操作规程的，由生产经营单位给予批评教育，依照有关规章制度给予处分；构成犯罪的，依照刑法有关规定追究刑事责任。

(四) 从业人员的权利和义务

1. 从业人员的权利

《安全生产法》明确了从业人员依法享有以下安全生产保障权利：
(1) 对危险因素防范措施及事故应急措施的知情权。
(2) 对安全生产工作的建议、批评、检举和控告权。
(3) 对违章指挥和强令冒险作业的拒绝权。
(4) 遇直接危及人身安全的紧急情况时的停止作业权和紧急撤离权。
(5) 被认定为工伤后的获保权和获赔权。

2. 从业人员的义务

《安全生产法》明确了从业人员应依法履行以下安全生产方面的义务：
(1) 从业人员在作业过程中，应当严格落实岗位安全责任，遵守本单位的安全生产规章制度和操作规程，服从管理，正确佩戴和使用劳动防护用品。
(2) 从业人员应当接受安全生产教育和培训，掌握本职工作所需的安全生产知识，提高安全生产技能，增强事故预防和应急处理能力。
(3) 从业人员发现事故隐患或者其他不安全因素，应当立即向现场安全生产管理人员或者本单位负责人报告。

(五) 生产安全事故责任追究制度

国家实行生产安全事故责任追究制度，依照本法和有关法律、法规的规定，追究生产安全事故责任单位和责任人员的法律责任。

二、《中华人民共和国刑法》重点解析

《中华人民共和国刑法》(简称《刑法》)是为了惩罚犯罪，保护人民，根据宪法，结合我国同犯罪作斗争的具体经验及实际情况而制定的，于1979年7月1日第五届全国人民代表大会第二次会议通过，2023年12月29日第十四届全国人民代表大会常务委员会第七次会议通过《中华人民共和国刑法修正案（十二次）》修正。《刑法》中有关安全生产的犯罪主要包括重大飞行事故罪，铁路运营安全事故罪，重大责任事故罪，危险作业罪，重大劳动安全事故罪，危险物品肇事罪，重大工程安全事故罪，教育设施重大安全事故罪，消防责任事故罪，不报、谎报安全事故罪等。

《刑法》中关于轨道交通运营企业从业人员犯罪的规定，主要有危害公共安全罪、侵犯财产罪、扰乱公共秩序罪、铁路运营安全事故罪。

（一）危害公共安全罪

企业从业人员有下列行为，将触犯危害公共安全罪：
（1）职工违反规章制度，致使发生铁路运营安全事故，造成严重后果。
（2）在生产、作业中违反有关安全管理的规定，因而发生重大伤亡事故或者造成其他严重后果。
（3）强令他人违章冒险作业，或者明知存在重大事故隐患而不排除，仍冒险组织作业，因而发生重大伤亡事故或者造成其他严重后果。
（4）在生产、作业中违反有关安全管理的规定，有下列情形之一，具有发生重大伤亡事故或者其他严重后果的现实危险。
①关闭、破坏直接关系生产安全的监控、报警、防护、救生设备、设施，或者篡改、隐瞒、销毁其相关数据、信息；
②因存在重大事故隐患被依法责令停产停业，停止施工，停止使用有关设备、设施、场所或者立即采取排除危险的整改措施，而拒不执行。
（5）违反爆炸性、易燃性、放射性、毒害性、腐蚀性物品的管理规定，在生产、储存、运输、使用中发生重大事故，造成严重后果。
（6）建设单位、设计单位、施工单位、工程监理单位违反国家规定，降低工程质量标准，造成重大安全事故。
（7）在安全事故发生后，负有报告职责的人员不报或者谎报事故情况，贻误事故抢救。

（二）侵犯财产罪

企业从业人员有下列行为，将触犯侵犯财产罪。
（1）利用职务上的便利，将本单位财物非法占为己有。
（2）利用职务上的便利，挪用本单位资金归个人使用或者借贷给他人。
（3）挪用用于救灾、抢险、防汛、优抚、扶贫、移民、救济款物。
（4）故意毁坏公私财物。
（5）由于泄愤报复或者其他个人目的，毁坏机器设备或者以其他方法破坏生产经营。

（三）扰乱公共秩序罪

企业从业人员有下列行为，将触犯扰乱公共秩序罪：
（1）违反国家规定，对计算机信息系统功能进行删除、修改、增加、干扰，造成计算机信息系统不能正常运行。
（2）违反国家规定，对计算机信息系统中存储、处理或者传输的数据和应用程序进行删除、修改、增加的操作。
（3）故意制作、传播计算机病毒等破坏性程序，影响计算机系统正常运行。

（四）铁路运营安全事故罪

《刑法》第一百三十二条，关于铁路运营安全事故罪的规定为，铁路职工违反规章制度，致使发生铁路运营安全事故,造成严重后果的,处三年以下有期徒刑或者拘役;造成特别严重后果的,处三年以上七年以下有期徒刑。

铁路运营安全事故罪的主体要件是特殊主体,即铁路职工,包括单位负责人、管理人员、作业人员和其他有关人员。主观要件为在主观方面表现为过失,包括疏忽大意的过失和过于自信的过失。本罪侵犯的客体是铁路运输的正常秩序和铁路运输的安全客观要件是实施了违反规章制度的行为,致使发生铁路运营安全事故,造成严重后果。

依据《关于办理危害生产安全刑事案件适用法律若干问题的解释》,造成严重后果是指,造成死亡一人以上,或者重伤三人以上的;造成直接经济损失一百万元以上的;其他造成严重后果或者重大安全事故的情形。特别严重后果是指,造成死亡三人以上或者重伤十人以上的;造成直接经济损失五百万元以上的;其他造成特别严重后果、情节特别恶劣或者后果特别严重的情形。

三、《中华人民共和国劳动法》重点解析

《中华人民共和国劳动法》(简称《劳动法》)是为了保护劳动者的合法权益,调整劳动关系以及与劳动关系有密切联系的其他社会关系的法律,于1994年7月5日第八届全国人民代表大会常务委员会第八次会议通过,自1995年1月1日起施行。2018年12月29日第二次修正施行,包括促进就业、劳动合同和集体合同、工作时间和休息休假、工资、劳动安全卫生、女职工和未成年工特殊保护、职业培训、社会保险和福利、劳动争议、监督检查、法律责任等内容。

(一)用人单位、从业人员在安全生产中的责任和义务

(1)用人单位必须建立、健全劳动安全卫生制度,严格执行国家劳动安全卫生规程和标准,对劳动者进行劳动安全卫生教育,防止劳动过程中的事故,减少职业危害。

(2)劳动安全卫生设施必须符合国家规定的标准,新建、改建、扩建工程的劳动安全卫生设施必须与主体工程同时设计、同时施工、同时投入生产和使用。

(3)用人单位必须为劳动者提供符合国家规定的劳动安全卫生条件和必要的劳动防护用品,对从事有职业危害作业的劳动者应当定期进行健康检查。

(二)对从业人员的相关要求

(1)劳动者应当完成劳动任务,提高职业技能,执行劳动安全卫生规程,遵守劳动纪律和职业道德。

(2)从事特种作业的劳动者必须经过专门培训并取得特种作业资格。

(3)劳动者在劳动过程中必须严格遵守安全操作规程。

(4)从事技术工种的劳动者,上岗前必须经过培训。

(5)劳动者对用人单位管理人员违章指挥、强令冒险作业有权拒绝执行。

(6)对危害生命安全和身体健康的行为有权提出批评、检举和控告。

（三）对解除劳动合同的规定

劳动者有下列情形之一的，用人单位可以解除劳动合同：
（1）在试用期间被证明不符合录用条件的。
（2）严重违反劳动纪律或者用人单位规章制度的。
（3）严重失职，徇私舞弊，对用人单位利益造成重大损害的。
（4）被依法追究刑事责任的。
（5）劳动者患病或者非因工负伤，医疗期满后，不能从事原工作也不能从事由用人单位另行安排的工作的。
（6）劳动者不能胜任工作，经过培训或者调整工作岗位，仍不能胜任工作的。
（7）劳动合同订立时所依据的客观情况发生重大变化，致使原劳动合同无法履行，经当事人协商不能就变更劳动合同达成协议的。
后3种情况，应当提前30日以书面形式通知劳动者本人。

四、《中华人民共和国铁路法》重点解析

《中华人民共和国铁路法》(简称《铁路法》)是为了保障铁路运输和铁路建设的顺利进行，适应社会主义现代化建设和人民生活的需要而制定的法律，于1990年9月7日第七届全国人民代表大会常务委员会第十五次会议通过，自1991年5月1日起施行。2009年8月27日第一次修正，2015年4月24日第二次修正施行。《铁路法》包括铁路运输营业、铁路建设、铁路安全与保护、法律责任等内容。

铁路法所称铁路，包括国家铁路、地方铁路、专用铁路和铁路专用线。

（一）禁止铁路从业人员的行为

（1）破坏铁路设施，扰乱铁路运输的正常秩序。
（2）倒卖旅客车票和其他铁路运输票证。
（3）发生铁路交通事故时阻碍铁路线路开通和列车运行。
（4）与其他人员勾结哄抢铁路运输物资。
（5）倒卖旅客车票或者与其他人员勾结倒卖旅客车票。
（6）利用职务之便走私，或者与其他人员勾结走私。
（7）玩忽职守、违反规章制度。
（8）滥用职权、利用办理运输业务之便谋取私利。

（二）赋予铁路职工的权利

（1）实施运输安全检查的铁路职工应当佩戴执勤标志，有权对旅客携带的物品进行运输安全检查。
（2）对损毁、移动铁路信号装置及其他行车设施或者在铁路线路上放置障碍物的，铁路职工有权制止，可以扭送公安机关处理。

（3）对偷乘货车、攀附行进中的列车或者击打列车的，铁路职工有权制止。

（4）对在铁路线路上行走、坐卧的，铁路职工有权制止。

（5）对在铁路线路两侧 20 m 以内或者铁路防护林地内放牧的，铁路职工有权制止。

（6）对聚众拦截列车或者聚众冲击铁路行车调度机构的，铁路职工有权制止。

（7）对哄抢铁路运输物资的，铁路职工有权制止，可以扭送公安机关处理。

（8）在列车内，寻衅滋事，扰乱公共秩序，危害旅客人身、财产安全的，铁路职工有权制止。

五、《中华人民共和国社会保险法》重点解析

《中华人民共和国社会保险法》(简称《社会保险法》)是规范社会保险关系、维护公民参加社会保险和享受社会保险待遇的合法权益、使公民共享发展成果、促进社会和谐稳定的法律，于 2010 年 10 月 28 日第十一届全国人民代表大会常务委员会第十七次会议通过，自 2011 年 7 月 1 日起施行，2018 年 12 月 29 日修正施行。《社会保险法》对国家建立基本养老保险、基本医疗保险、工伤保险、失业保险、生育保险等社会保险制度，保障公民在年老、疾病、工伤、失业、生育等情况下依法从国家和社会获得物质帮助的权利作出规定。

六、《中华人民共和国职业病防治法》重点解析

《中华人民共和国职业病防治法》(简称《职业病防治法》)是为了预防、控制和消除职业病危害，防治职业病，保护劳动者健康及其相关权益，促进经济社会发展而制定的法律，于 2001 年 10 月 27 日第九届全国人民代表大会常务委员会第二十四次会议通过，自 2002 年 5 月 1 日起施行。2011 年 12 月 31 日、2016 年 7 月 2 日、2017 年 11 月 4 日修正，2018 年 12 月 29 日第四次修正施行。《职业病防治法》包括前期预防、劳动过程中的防护与管理、职业病诊断与职业病病人保障、监督检查、法律责任等内容。

七、《中华人民共和国突发事件应对法》重点解析

《中华人民共和国突发事件应对法》(简称《突发事件应对法》)是为了预防和减少突发事件的发生，控制、减轻和消除突发事件引起的严重社会危害，规范突发事件应对活动，保护人民生命财产安全，维护国家安全、公共安全、环境安全和社会秩序而制定的法律，由第十届全国人民代表大会常务委员会第二十九次会议于 2007 年 8 月 30 日通过，自 2007 年 11 月 1 日起施行。《突发事件应对法》适用于突发事件的预防与应急准备、监测与预警、应急处置与救援、事后恢复与重建等应对活动，为抗击地震、洪水、雨雪冰冻等突发事件提供了重要法律制度保障。

八、《生产安全事故报告和调查处理条例》重点解析

《生产安全事故报告和调查处理条例》（国务院令第493号）是为了规范生产安全事故的报告和调查处理，落实生产安全事故责任追究制度，防止和减少生产安全事故，维护事故受害人的合法权益和社会稳定制定的条例，于2007年3月28日经国务院第172次常务会议通过，自2007年6月1日起施行。该条例对事故等级、事故报告、事故调查、事故处理、责任追究做出了规定，适用于生产经营活动中发生的造成人身伤亡或者直接经济损失的生产安全事故的报告和调查处理。

九、《生产安全事故应急条例》重点解析

《生产安全事故应急条例》（国务院令第708号）是为了规范生产安全事故应急工作，保障人民群众生命和财产安全，解决生产安全事故应急工作中存在的突出问题，提高生产安全事故应急工作的科学化、规范化和法治化水平制定的条例，于2018年12月5日经国务院第33次常务会议通过，自2019年4月1日起施行。该条例对生产安全事故应急工作体制、应急准备、应急救援等做出了规定，为应急管理工作提供了基本的法律支撑和法规遵循，推动安全生产应急管理工作走上了法治化、规范化、制度化轨道。

十、《工伤保险条例》重点解析

《工伤保险条例》（国务院令第375号）是为了保障因工作遭受事故伤害或者患职业病的职工获得医疗救治和经济补偿，促进工伤预防和职业康复，分散用人单位的工伤风险制定的条例，于2003年4月16日经国务院第5次常务会议讨论通过，自2004年1月1日起施行。2010年12月20日，根据《国务院关于修改〈工伤保险条例〉的决定》修订，自2011年1月1日起施行。

我国工伤保险制度的目标，就是要建立适应社会主义市场经济体制要求的，覆盖城乡所有用人单位和职工的，制度体系法治化，管理服务社会化，工伤保险与事故预防、职业康复相结合的工伤保险制度。《工伤保险条例》从颁布和修订实施情况来看，取得了良好的效果，使更多的职工从中受益。

（一）应当认定为工伤的情形

（1）在工作时间和工作场所内，因工作原因受到事故伤害的。

（2）工作时间前后在工作场所内，从事与工作有关的预备性或者收尾性工作受到事故伤害的。

（3）在工作时间和工作场所内，因履行工作职责受到暴力等意外伤害的。

（4）患职业病的。

（5）因工外出期间，由于工作原因受到伤害或者发生事故下落不明的。

（6）在上下班途中，受到非本人主要责任的交通事故或者城市轨道交通、客运轮渡、火车事故伤害的。

（7）法律、行政法规规定应当认定为工伤的其他情形。

（二）视同工伤的情形

（1）在工作时间和工作岗位，突发疾病死亡或者在48 h之内经抢救无效死亡的。
（2）在抢险救灾等维护国家利益、公共利益活动中受到伤害的。
（3）职工原在军队服役，因战、因公负伤致残，已取得革命伤残军人证，到用人单位后旧伤复发的。

职工有前款第1项、第2项情形的，按照本条例的有关规定享受工伤保险待遇；职工有前款第3项情形的，按照本条例的有关规定享受除一次性伤残补助金以外的工伤保险待遇。

（三）不得认定为工伤或者视同工伤的情形

（1）故意犯罪的。
（2）醉酒或者吸毒的。
（3）自残或者自杀的。

十一、《企业安全生产责任体系五落实五到位规定》重点解析

《企业安全生产责任体系五落实五到位规定》（安监总办〔2015〕27号），是为了贯彻落实习近平总书记关于安全生产工作的重要指示和新《安全生产法》的要求，进一步强化和落实企业安全生产主体责任，加快实现全国安全生产形势根本好转而制定的。

第一条：必须落实"党政同责"要求，董事长、党组织书记、总经理对本企业安全生产工作共同承担领导责任。

按照"党政同责"的要求，党组织书记要和主要负责人共同对本企业的安全生产工作承担领导责任，也要抓安全、管安全，发生事故要依法依规一并追责。建立统一领导、科学指挥的安全生产突发事件应急联动机制，每半年召开一次党政联席会议，分析安全生产形势，研究安全生产重大政策措施、重点工作和重要事项，作出决策部署。

第二条：必须落实安全生产"一岗双责"，所有领导班子成员对分管范围内安全生产工作承担相应职责。

按照"一岗双责""管行业必须管安全，管业务必须管安全、管生产经营必须管安全"的原则，建立健全覆盖所有管理和操作岗位的安全生产责任制，明确所有人员在安全生产方面所应承担的职责。

领导班子成员中，主要负责人对安全生产负总责，其他班子成员落实安全生产"一岗双责"，既要对具体分管业务工作负责，也要对分管领域内的安全生产工作负责。

所有领导干部，不管在什么岗位、分管什么工作，都必须在做好本职工作的同时，担负起相应的安全生产工作责任。

第三条：必须落实安全生产组织领导机构，成立安全生产委员会，由董事长或总经理担任主任。

成立安全生产委员会,加强对安全生产工作的统一领导和组织协调。安全生产委员会由主要负责人、分管负责人和各职能部门负责人组成,主要职责是定期分析企业安全形势,统筹、指导、督促企业安全生产工作,研究协调、解决安全生产重大问题。

建立完善安委会例会制度,每季度召开1次安委会会议,切实发挥安委会研究部署、组织协调、监督检查、督促落实安全生产工作的作用。

第四条:必须落实安全管理力量,依法设置安全生产管理机构,配齐配强注册安全工程师等专业安全管理人员。

设置安全生产管理机构,具体负责安全生产管理工作,对安全生产工作予以保障。同时,配齐配强专兼职安全生产管理人员。鼓励安全生产管理人员考取注册安全工程师职业资格证书,可适当外聘注册安全工程师从事安全生产管理工作。

第五条:必须落实安全生产报告制度,定期向董事会、业绩考核部门报告安全生产情况,并向社会公示。

建立相应的监督考核机制,强化安全生产目标管理,细化绩效考核标准,并严格履职考核和责任追究,确保责任制的有效落实。安全生产管理机构及专职安全生产管理人员要定期对安全生产情况进行监督考核,定期向党组织书记、主要负责人及领导班子、业绩考核部门报告考核结果,并与业绩考核和奖惩、晋升制度挂钩。报告主要包括企业安全生产总体状况、安全生产责任制落实情况、隐患排查治理情况等内容。

第六条:必须做到安全责任到位、安全投入到位、安全培训到位、安全管理到位、应急救援到位。

建立健全"党政同责、一岗双责、齐抓共管"的安全生产责任体系,坚持"管行业必须管安全,管业务必须管安全,管生产经营必须管安全",建立健全覆盖所有管理和操作岗位的安全生产责任制,明确企业所有人员在安全生产方面所应承担的职责、责任范围和考核标准等内容,把安全责任落实到岗位、落实到人头,并建立配套的考核机制,确保责任制落实到位。

任务二

城市轨道交通安全相关法规及规章解析

城市轨道交通安全相关法规及规章主要有《城市轨道交通运营管理规定》《城市轨道交通运营安全风险分级管控和隐患排查治理管理办法》《城市轨道交通运营突发事件应急演练管理办法》《城市轨道交通运营险性事件信息报告与分析管理办法》《城市客运企业主要负责人和安全生产管理人员安全考核管理办法》《城市轨道交通运营安全评估管理办法》《城市轨道交通行车组织管理办法》《城市轨道交通客运组织与服务管理办法》等。

一、《城市轨道交通运营管理规定》重点解析

《城市轨道交通运营管理规定》(中华人民共和国交通运输部令 2018 年第 8 号)于 2018 年 5 月 14 日经第 7 次部务会议通过,自 2018 年 7 月 1 日起施行。

(一)总 则

城市轨道交通运营管理应当遵循以人民为中心、安全可靠、便捷高效、经济舒适的原则。

(二)运营基础要求

(1)城市轨道交通工程项目可行性研究报告和初步设计文件中应当设置运营服务专篇,内容应当至少包括:

① 车站开通运营的出入口数量、站台面积、通道宽度、换乘条件、站厅容纳能力等设施、设备能力与服务需求和安全要求的符合情况;

② 车辆、通信、信号、供电、自动售检票等设施设备选型与线网中其他线路设施设备的兼容情况;

③ 安全应急设施规划布局、规模等与运营安全的适应性,与主体工程的同步规划和设计情况;

④ 与城市轨道交通线网运力衔接配套情况;

⑤ 其他交通方式的配套衔接情况;

⑥ 无障碍环境建设情况。

(2)城市轨道交通车辆、通信、信号、供电、机电、自动售检票、站台门等设施设备和综合监控系统应当符合国家规定的运营准入技术条件,并实现系统互联互通、兼容共享,满足网络化运营需要。

(3)运营单位应当满足以下条件:

① 具有企业法人资格,经营范围包括城市轨道交通运营管理;

② 具有健全的行车管理、客运管理、设施设备管理、人员管理等安全生产管理体系和服务质量保障制度;

③ 具有车辆、通信、信号、供电、机电、轨道、土建结构、运营管理等专业管理人员,以及与运营安全相适应的专业技术人员。

(4)城市轨道交通线路初期运营期满一年,运营单位应当向城市轨道交通运营主管部门报送初期运营报告,并由城市轨道交通运营主管部门组织正式运营前安全评估。

(5)运营单位承担运营安全生产主体责任,应当建立安全生产责任制,设置安全生产管理机构,配备专职安全管理人员,保障安全运营所必需的资金投入。

运营单位应当配置满足运营需求的从业人员,按相关标准进行安全和技能培训教育,并对城市轨道交通列车驾驶员、行车调度员、行车值班员、信号工、通信工等重点岗位人员进行考核,考核不合格的,不得从事岗位工作。运营单位应当对重点岗位人员进行安全背景审查。

城市轨道交通列车驾驶员应当按照法律法规的规定取得驾驶员职业准入资格。

运营单位应当对列车驾驶员定期开展心理测试，对不符合要求的及时调整工作岗位。

（6）运营单位应当按照有关规定，完善风险分级管控和隐患排查治理双重预防制度，建立风险数据库和隐患排查手册，对于可能影响安全运营的风险隐患及时整改，并向城市轨道交通运营主管部门报告。

城市轨道交通运营主管部门应当建立运营重大隐患治理督办制度，督促运营单位采取安全防护措施，尽快消除重大隐患；对非运营单位原因不能及时消除的，应当报告城市人民政府依法处理。

（7）运营单位应当建立健全本单位的城市轨道交通运营设施设备定期检查、检测评估、养护维修、更新改造制度和技术管理体系，并报城市轨道交通运营主管部门备案。

运营单位应当对设施设备进行定期检查、检测评估，及时养护维修和更新改造，并保存记录。

（8）城市轨道交通运营主管部门和运营单位应当建立城市轨道交通智能管理系统，对所有运营过程、区域和关键设施设备进行监管，具备运行控制、关键设施和关键部位监测、风险管控和隐患排查、应急处置、安全监控等功能，并实现运营单位和各级交通运输主管部门之间的信息共享，提高运营安全管理水平。

运营单位应当建立网络安全管理制度，严格落实网络安全有关规定和等级保护要求，加强列车运行控制等关键系统信息安全保护，提升网络安全水平。

（9）城市轨道交通运营主管部门应当对运营单位运营安全管理工作进行监督检查，定期委托第三方机构组织专家开展运营期间安全评估工作。

（三）运营服务

（1）运营单位应当按照有关标准为乘客提供安全、可靠、便捷、高效、经济的服务，保证服务质量。

运营单位应当向社会公布运营服务质量承诺并报城市轨道交通运营主管部门备案，定期报告履行情况。

（2）运营单位应当根据城市轨道交通沿线乘客出行规律及网络化运输组织要求，合理编制运行图，并报城市轨道交通运营主管部门备案。

运营单位调整运行图严重影响服务质量的，应当向城市轨道交通运营主管部门说明理由。

（3）运营单位应当通过标识、广播、视频设备、网络等多种方式按照下列要求向乘客提供运营服务和安全应急等信息：

① 在车站醒目位置公布首末班车时间、城市轨道交通线网示意图、进出站指示、换乘指示和票价等信息；

② 在站厅或者站台提供列车到达、间隔时间、方向提示、周边交通方式换乘、安全提示、无障碍出行等信息；

③ 在车厢提供城市轨道交通线网示意图、列车运行方向、到站、换乘、开关车门提示等信息；

④ 首末班车时间调整、车站出入口封闭、设施设备故障、限流、封站、甩站、暂停运营等非正常运营信息。

（4）城市轨道交通票价制定和调整按照国家有关规定执行。

城市轨道交通运营主管部门应当按照有关标准组织实施交通一卡通在轨道交通的建设与推广应用，推动跨区域、跨交通方式的互联互通。

（四）安全支持保障

（1）城市轨道交通工程项目应当按照规定划定保护区。开通初期运营前，建设单位应当向运营单位提供保护区平面图，并在具备条件的保护区设置提示或者警示标志。

（2）在城市轨道交通保护区内进行下列作业的，作业单位应当按照有关规定制定安全防护方案，经运营单位同意后，依法办理相关手续并对作业影响区域进行动态监测：

① 新建、改建、扩建或者拆除建（构）筑物；

② 挖掘、爆破、地基加固、打井、基坑施工、桩基础施工、钻探、灌浆、喷锚、地下顶进作业；

③ 敷设或者搭架管线、吊装等架空作业；

④ 取土、采石、采砂、疏浚河道；

⑤ 大面积增加或者减少建（构）筑物载荷的活动；

⑥ 电焊、气焊和使用明火等具有火灾危险作业。

（3）运营单位有权进入作业现场进行巡查，发现危及或者可能危及城市轨道交通运营安全的情形，运营单位有权予以制止，并要求相关责任单位或者个人采取措施消除妨害；逾期未改正的，及时报告有关部门依法处理。

（4）禁止下列危害城市轨道交通运营设施设备安全的行为：

① 损坏隧道、轨道、路基、高架、车站、通风亭、冷却塔、变电站、管线、护栏护网等设施；

② 损坏车辆、机电、电缆、自动售检票等设备，干扰通信信号、视频监控设备等系统；

③ 擅自在高架桥梁及附属结构上钻孔打眼，搭设电线或者其他承力绳索，设置附着物；

④ 损坏、移动、遮盖安全标志、监测设施以及安全防护设备。

（5）禁止下列危害或者可能危害城市轨道交通运营安全的行为：

① 拦截列车；

② 强行上下车；

③ 擅自进入隧道、轨道或者其他禁入区域；

④ 攀爬或者跨越围栏、护栏、护网、站台门等；

⑤ 擅自操作有警示标志的按钮和开关装置，在非紧急状态下动用紧急或者安全装置；

⑥ 在城市轨道交通车站出入口 5 m 范围内停放车辆、乱设摊点等，妨碍乘客通行和救援疏散；

⑦ 在通风口、车站出入口 50 m 范围内存放有毒、有害、易燃、易爆、放射性和腐蚀性等物品；

⑧ 在出入口、通风亭、变电站、冷却塔周边躺卧、留宿、堆放和晾晒物品；

⑨ 在地面或者高架线路两侧各 100 m 范围内升放风筝、气球等低空飘浮物体和无人机等低空飞行器。

（6）禁止乘客携带有毒、有害、易燃、易爆、放射性、腐蚀性以及其他可能危及人身和财产安全的危险物品进站、乘车。运营单位应当按规定在车站醒目位置公示城市轨道交通禁止、限制携带物品目录。

（五）应急处置

（1）运营单位应当按照有关法规要求建立运营突发事件应急预案体系，制定综合应急预案、专项应急预案和现场处置方案。运营单位应当组织专家对专项应急预案进行评审。

（2）运营单位应当储备必要的应急物资，配备专业应急救援装备，建立应急救援队伍，配齐应急人员，完善应急值守和报告制度，加强应急培训，提高应急救援能力。

（3）运营单位应当定期组织运营突发事件应急演练，其中综合应急预案演练和专项应急预案演练每半年至少组织一次。现场处置方案演练应当纳入日常工作，开展常态化演练。运营单位应当组织社会公众参与应急演练，引导社会公众正确应对突发事件。

（4）运营单位应当在城市轨道交通车站、车辆、地面和高架线路等区域的醒目位置设置安全警示标志，按照规定在车站、车辆配备灭火器、报警装置和必要的救生器材，并确保能够正常使用。

（5）城市轨道交通运营突发事件发生后，运营单位应当按照有关规定及时启动相应应急预案。运营单位应当充分发挥志愿者在突发事件应急处置中的作用，提高乘客自救互救能力。

现场工作人员应当按照各自岗位职责要求开展现场处置，通过广播系统、乘客信息系统和人工指引等方式，引导乘客快速疏散。

（6）运营单位应当加强城市轨道交通客流监测。可能发生大客流时，应当按照预案要求及时增加运力进行疏导；大客流可能影响运营安全时，运营单位可以采取限流、封站、甩站等措施。

（7）城市轨道交通运营主管部门、运营单位应当建立城市轨道交通运营安全重大故障和事故报送制度。

二、《城市轨道交通运营安全风险分级管控和隐患排查治理管理办法》重点解析

为规范城市轨道交通运营安全风险分级管控和隐患排查治理工作，全面提升安全生产整体预控能力，根据《中华人民共和国安全生产法》《中华人民共和国突发事件应对法》《中共中央 国务院关于推进安全生产领域改革发展的意见》《国务院办公厅关于保障城市轨道交通安全运行的意见》《城市轨道交通运营管理规定》等有关规定，制定本办法。

（一）总　则

（1）城市轨道交通运营安全风险分级管控和隐患排查治理工作坚持目标导向、全面覆盖、科学施策、闭环管理的原则。

（2）城市轨道交通运营单位（以下简称"运营单位"）承担运营安全风险分级管控和隐患排查治理工作主体责任，逐级分解责任，确保责任落实到部门和岗位。

（3）运营单位应建立健全运营安全风险分级管控和隐患排查治理工作制度，保证经费投入，将城市轨道交通运营安全风险分级管控和隐患排查治理工作纳入年度安全工作计划并组织实施，确保运营安全风险分级管控和隐患排查治理工作得到有效落实。

（二）风险分级管控

（1）风险分级管控是对城市轨道交通运营过程中存在的安全生产风险点进行辨识、评估，确定风险等级，采取相应管控措施，实施风险动态管理的活动。

（2）基于城市轨道交通技术特点和行业经验，运营安全风险按照业务板块分为设施监测养护、设备运行维修、行车组织、客运组织、运行环境等。

① 设施监测养护类风险：桥梁、隧道、轨道、路基、车站、控制中心和车辆基地等方面的风险；

② 设备运行维修类风险：车辆、供电、通信、信号、机电等方面的风险；

③ 行车组织类风险：调度指挥、列车运行、行车作业、施工管理等方面的风险；

④ 客运组织类风险：车站作业、客流疏导、乘客行为等方面的风险；

⑤ 运行环境类风险：生产环境、自然环境、保护区环境、社会环境等方面的风险。

（3）运营单位应根据所辖线路设施设备配置及运行环境、安全管理水平、相关经验借鉴等情况，对本办法所列风险点及可能产生的风险做进一步补充及细化。其中，设施监测养护和设备运行维修类应细化到各设施设备维护工作单元，行车组织、客运组织、运行环境类应细化到岗位或人员的关键操作步骤。运营单位应结合运营管理水平和运营险性事件等情况，逐项确定安全风险等级并制定风险管控措施，形成本单位运营安全风险数据库（以下简称"风险数据库"），内容至少包括业务板块、风险点（工作单元/操作步骤）、风险描述、风险等级、管控措施、责任部门及责任岗位、责任人等。

城市轨道交通运营安全风险等级从高到低划分为重大、较大、一般、较小4个等级，风险等级由风险点发生风险事件可能性和后果严重程度的组合决定。可能性指标、后果严重程度指标的确定及风险等级评估标准参照《公路水路行业安全生产风险辨识评估管控基本规范（试行）》执行。

风险数据库中的风险管控措施应符合设施设备运行维护、行车组织管理、客运组织管理、从业人员管理、保护区管理等有关规定，并及时纳入本单位相关管理制度、作业标准或应急预案。

（4）运营单位每年对所辖线路开展一次风险全面辨识，持续发现未知安全风险，并及时更新风险数据库。城市轨道交通新线投入初期运营和正式运营时，运营单位应同步组织开展风险全面辨识。初期运营期间，可视情增加辨识频次。

遇到以下情况之一的，还应对特定领域、特定环节、特定对象开展风险专项辨识：

① 运营环境发生较大变化；

② 运营单位部门分工进行较大调整；
③ 发生运营险性事件；
④ 新设备、新技术、新工艺投用；
⑤ 车辆、信号等关键系统更新，以及车站、线路等改造后投入使用；
⑥ 法律法规、规章制度发生较大变化；
⑦ 需开展风险专项辨识的其他情况。

（5）运营单位应按照："分级管控"原则建立健全风险管控工作机制。对于重大风险，应由运营单位负责人牵头组织制定管控措施；对于较大风险，应由专业部门负责人牵头组织制定管控措施；对于一般风险及较小风险，应由班组负责人组织制定管控措施。

运营单位应对重大风险编制监控方案和专项应急措施，并对重大风险影响区域的相关人员组织开展安全防范、应急逃生避险和应急处置等的宣传、培训和演练；重大风险管控失效发生运营险性事件的，应急处置和调查处理后，应及时对相关工作进行评估总结，对管控措施进行完善改进。

（6）因人员、设施设备、作业环境、管理等因素变化，台风、洪涝、冰雪等气象灾害和地震、山体滑坡、地质塌陷等地质灾害，或其他因素引起安全风险上升、管控效果降低、安全问题凸显时，运营单位应及时将风险预警和管控要求通知到相关管理和作业人员。

（三）隐患排查治理

（1）隐患排查治理是对城市轨道交通运营过程中人的不安全行为、物的不安全状态、环境的不安全因素、管理上的缺陷导致的风险管控措施弱化、失效、缺失等，进行排查、评估、整改、消除的闭环管理活动。

隐患分为重大隐患和一般隐患两个等级。重大隐患是指可能直接导致安全生产事故或列车脱轨、列车冲突、列车撞击、列车挤岔、火灾、桥隧结构坍塌、车站和轨行区淹水倒灌、大面积停电、客流踩踏等运营险性事件发生的隐患，一般具有危害和治理难度大、易造成全线/区段停运或封闭车站、关键设施设备长时间停止运行、需要较长时间治理方能排除、本单位自身难以排除等特点。一般隐患是指除重大隐患外，其他可能影响运营安全的隐患，一般具有危害或治理难度较小、能够快速消除等特点。

（2）运营单位应对照风险数据库，逐项分析所列风险管控措施弱化、失效、缺失可能产生的隐患，确定隐患等级，并按照"一岗一册"的原则分解到各岗位，形成各岗位的隐患排查手册，明确排查内容、排查方法、排查周期等内容。

（3）隐患排查包括日常排查、专项排查等方式。日常排查是指结合班组、岗位日常工作组织开展的经常性隐患排查，排查范围应覆盖日常生产作业环节，每周应不少于1次。专项排查是运营单位在一定范围、领域组织开展的针对特定隐患的排查，可与运营单位专项检查、安全评估、季节性和关键时期检查等工作结合开展。遇到以下情况之一的，应开展专项排查：
① 关键设施设备更新改造；
② 以防汛、防火、防寒等为重点的季节性隐患排查；
③ 重要节假日、重大活动等关键运输节点前；
④ 重点施工作业进行期间；

⑤ 发生重大故障或运营险性事件；
⑥ 根据政府或有关管理部门安全部署；
⑦ 需开展专项排查的其他情况。

（4）隐患排查过程中，发现情况较为紧急的，运营单位应立即采取划定隔离区域、员工现场盯控等防范措施，并及时告知相关人员，防范事态扩大；情况特别紧急的，应视情采取人员疏散、停止作业或停用有关设施设备、封锁线路或关闭车站等安全控制措施，确保运营安全。

（5）对于排查出的一般隐患，运营单位应立即组织消除，并加强源头治理，避免问题重复发生；无法立即消除的隐患，应分阶段细化整治措施，未整改完毕前应制定可靠的安全控制和防范措施。

一般隐患整改完成后，由运营单位部门负责人或相关专业技术人员复核确认销号。

（6）对于排查出的重大隐患，运营单位应立即上报城市轨道交通运营主管部门，由城市轨道交通运营主管部门挂牌督办，督促有关责任单位制定并实施严格的隐患治理方案，做到责任、措施、资金、时限和预案等落实到位。隐患治理方案应自排查出重大隐患之日起15个工作日内报送城市轨道交通运营主管部门。重大隐患未整改完毕前应制定可靠的安全控制和防范措施，整改完成后，由运营单位负责人组织验收销号，形成明确验收结论，并于3个工作日内报送城市轨道交通运营主管部门。

对于治理难度大、影响范围广、危险程度高、涉及部门多、难以协调整治的重大隐患，城市轨道交通运营主管部门应及时报告城市人民政府协调解决。

（7）运营单位应建立隐患排查治理工作台账，记录隐患排查治理情况，内容至少包括：隐患内容、排查人员、排查时间、隐患等级、主要治理措施、责任人、治理期限、治理结果、未能立即消除时的临时措施等。

（四）综合要求

（1）城市轨道交通运营主管部门应将运营单位运营安全风险分级管控和隐患排查治理工作情况纳入年度监督检查计划，重点检查以下内容：
① 运营安全风险分级管控和隐患排查治理工作制度建设情况；
② 风险数据库、隐患排查手册建立情况；
③ 重大风险管控措施落实情况；
④ 重大隐患治理情况。

（2）运营单位应结合隐患排查、事故经验教训等，对风险管控措施的有效性进行跟踪，掌握风险状态和变化趋势，补充新认知风险，补强和完善风险管控措施，并及时更新风险数据库。

新增或更新的风险管控措施应及时修订到本单位的相关管理制度、作业标准或应急预案中。其中，重大风险管控措施应在3个月内修订完成。

（3）城市轨道交通运营主管部门和运营单位应依托智能管理系统，实现风险分级管控和隐患排查治理信息共享，提高运营安全管理水平。

（4）运营单位应按年度对风险分级管控和隐患排查治理情况进行分析，总结工作开展情况，研判风险演变趋势和隐患升级苗头等问题。有关分析情况应书面报送城市轨道交通运营主管部门。

（5）运营单位未按照规定落实风险分级管控和隐患排查治理工作的，按有关规定处理。

三、《城市轨道交通运营突发事件应急演练管理办法》重点解析

为深入贯彻落实《国务院办公厅关于保障城市轨道交通安全运行的意见》（国办发〔2018〕13号）和《城市轨道交通运营管理规定》（交通运输部令2018年第8号）有关要求，指导各地做好城市轨道交通应急演练工作，提升安全运营水平和应急处置能力，交通运输部印发《城市轨道交通运营突发事件应急处置管理办法》（交运规〔2019〕9号），于2019年11月1日起施行。

（1）城市轨道交通运营过程中发生的因列车冲突、脱轨，设施设备故障、损毁，以及大客流等情况，造成人员伤亡、行车中断、财产损失的突发事件应急演练工作适用本办法。

（2）运营突发事件应急演练应遵循全面覆盖、总专结合、协同联动、有效融合的原则。

（3）城市轨道交通所在地城市交通运输主管部门或者城市人民政府指定的城市轨道交通运营主管部门（以下统称"城市轨道交通运营主管部门"）依法承担职责范围内本行政区域运营突发事件应急演练的组织实施和监督管理工作。

对跨城市运营的城市轨道交通线路，线路所在城市的城市轨道交通运营主管部门应联合建立运营突发事件应急演练协调机制。

（4）城市轨道交通运营单位（以下简称"运营单位"）应建立城市轨道交通运营突发事件综合应急预案、专项应急预案和现场处置方案。运营单位综合应急预案、专项应急预案应报城市轨道交通运营主管部门备案。新编制或修订的，应在预案生效20个工作日内报城市轨道交通运营主管部门。

（5）运营单位综合应急预案应与政府层面的专项应急预案相衔接，总体阐述本单位运营突发事件的应急工作原则、应急组织机构及职责、专项应急预案体系、预警及信息报告、应急响应及保障措施等内容。

（6）运营单位专项应急预案应针对重大风险、关键设施设备故障等某一类型或某几种类型的运营突发事件，明确风险分析、应急指挥机构及职责、处置程序和措施等内容。专项应急预案应至少涵盖以下重点内容，并开展演练：

① 列车脱轨、撞击、冲突、挤岔。

② 土建结构病害、轨道线路故障。

③ 异物侵限、车站及线路淹水倒灌。

④ 车辆故障、供电中断、通信中断、信号系统故障。

⑤ 突发大客流、客伤。

⑥ 列车、车站公共区、区间及主要设备房等区域火灾。

⑦ 网络安全事件。

（7）运营单位现场处置方案应根据不同运营突发事件类型，针对具体的场所、设施设备等明确现场作业人员的应急处置流程、处置措施、安全注意事项等内容。关键岗位的现场处置方案应至少涵盖以下重点内容，并开展经常性演练：

① 行车调度员：列车事故/故障、列车降级运行、列车区间阻塞、设施设备故障清客、火灾、临时调整行车交路、线路运营调整及故障抢修、道岔失表等。

② 电力调度员、环控调度员：大面积停电、供电区段失电、电力监控系统离线、区间火灾、区间积水等。

③ 列车驾驶员：列车事故/故障、列车降级运行、区间乘客疏散、列车连挂救援、非正常交路行车等。

④ 行车值班员：非正常情况下的行车进路办理、列车接发作业、道岔失表、车站乘客疏散、抢修作业办理、火灾、客伤等。

⑤ 车站服务人员：大客流组织、乘客应急疏散、火灾、客伤、站台门故障等。

⑥ 设施设备维护人员：土建结构、轨道线路、车辆、供电、通信、信号等关键设施设备故障抢修。

（8）城市轨道交通运营主管部门应在城市人民政府领导下，会同公安、应急管理、卫生等部门开展专项应急预案演练、部门应急预案演练。演练应设置具体场景，每年至少组织一次实战演练，重点磨合和检验各单位和部门间的协同联动机制等。专项应急预案演练与部门应急预案演练可合并开展。

对跨城市运营的城市轨道交通线路，线路所在城市的城市轨道交通运营主管部门每3年至少组织一次联合应急预案演练。

（9）运营单位综合应急预案演练应依托专项应急预案，每半年至少组织一次实战演练，重点检验运营单位各部门、应急救援组织及相关单位间的协同联动机制。城市内有多家运营单位的，运营单位之间应针对换乘线路每年至少组织一次联合应急预案演练。

运营单位每半年至少组织一次专项应急预案演练。每个专项应急预案每3年至少演练一次。年度应急演练计划中实战演练比例不得低于70%。鼓励采用事前不通知演练时间、地点和内容的突击式演练。

运营单位综合和专项年度应急演练计划应在确定后的20个工作日内报城市轨道交通运营主管部门。

（10）运营单位应根据岗位特点和运营需要，有针对性地加强重点岗位、重点内容的演练，磨合和检验作业人员现场处置能力。现场处置方案演练应纳入日常工作常态化开展，每个班组每年应将有关的现场处置方案至少全部演练一次，不同现场处置方案的演练可合并开展。

鼓励在收车阶段开展列车降级运行演练；在运营结束后开展列车区间阻塞、列车火灾、车站火灾、站台门及车门故障等演练。

（11）运营单位应根据演练计划统筹安排应急演练经费，并纳入本单位安全生产费用，做好人员、场地、物资器材的筹备保障和有关沟通协调工作，确保应急演练工作安全有序开展。

涉及可能对社会公众和正常运营造成影响的演练，运营单位要提前评估，落实安全防护措施，并提前对外发布宣传告知信息。

（12）在演练过程中，城市轨道交通运营主管部门和运营单位(以下统称"演练组织部门")应注重发挥智能管理系统应急指挥协同作用，加强信息获取和传递的时效性。

鼓励邀请常乘客、志愿者等社会公众参与应急演练，对参与应急演练的社会公众，应提供必要的培训和安全防护。

（13）演练组织部门应当建立健全应急演练评估工作机制，全面评估应急演练工作，及时总结经验教训。

政府专项、部门应急预案演练和运营单位综合、专项应急预案演练应形成演练评估报告。运营单位现场处置方案演练可通过现场总结和点评的方式开展评估。

鼓励邀请行业专家或委托第三方机构开展演练评估工作。运营单位应为行业专家或第三方机构评估人员开展工作提供便利及必要的安全保障措施。

（14）评估人员应当具备相应专业技能和工作经验，提前熟悉相关应急预案、演练实施方案和管理制度，全程观察研判应急演练开展情况，独立、客观地开展评估工作。

（15）演练评估内容应包括演练准备、组织与实施的效果、演练主要经验、演练中发现的问题和意见建议等，重点包括应急预案是否科学、联动组织是否高效、人员操作是否熟练、应急保障是否充分等。

（16）演练组织部门应将评估报告向参演人员和相关单位公布，及时整改反馈演练中发现的问题。涉及应急处置机制、作业标准、操作规程和管理规定等有缺陷的，应在3个月内修订完善相关预案和制度。

评估报告中涉及其他单位、部门的应急预案及应急准备完善建议，应及时反馈相关单位和部门。

（17）演练组织部门应当建立应急演练档案库，以电子文档等方式妥善保存演练工作计划、实施方案、记录材料、评估报告等资料。

（18）运营单位应在年度演练计划周期结束后20个工作日内，将演练总结报告报送城市轨道交通运营主管部门。演练总结报告应包括演练计划完成情况、演练总体评估情况及整改情况等内容。

城市轨道交通运营主管部门应对运营单位应急演练工作情况开展监督，重点检查运营单位演练计划落实情况、演练记录、演练评估和整改情况等，对于未按规定开展应急演练、演练流于形式或弄虚作假的，要及时督促整改并纳入相关考核。

四、《城市轨道交通运营险性事件信息报告与分析管理办法》重点解析

为深入贯彻落实《国务院办公厅关于保障城市轨道交通安全运行的意见》（国办发〔2018〕13号）和《城市轨道交通运营管理规定》（交通运输部令2018年第8号）要求，进一步规范城市轨道交通运营险性事件信息报告与分析工作，提升运营安全管理水平，交通运输部印发《城市轨道交通运营险性事件信息报告与分析管理办法》（交运规〔2019〕7号），于2019年8月1日起施行。

（一）总　则

（1）城市轨道交通运营险性事件是指在城市轨道交通运营过程中因隐患排查治理不到位造成风险失控而发生的，对城市轨道交通运营安全和服务造成较大影响的事件（主要险性事

件清单见附件）。

城市轨道交通运营险性事件达到国务院规定的事故等级的，按国务院规定的等级和分类标准，分为特别重大事故、重大事故、较大事故和一般事故。

（2）发生运营险性事件的，城市轨道交通运营单位（以下简称"运营单位"）应在 1 h 内向城市轨道交通运营主管部门报告。城市轨道交通运营主管部门应将信息逐级上报至交通运输部，每级上报时限不超过 2 h，重大情况可越级上报。其中构成特别重大和重大运营安全事故的，按照国务院规定报告。

（3）报告运营险性事件应包括下列内容：

① 发生单位；
② 发生的时间、地点、现场情况及简要经过；
③ 已经造成或者可能造成的伤亡人数（包括下落不明的人数）和初步估计的直接经济损失；
④ 已经采取的措施；
⑤ 对运营造成的影响；
⑥ 初步原因分析；
⑦ 下一步措施和需要协调事项；
⑧ 其他应报告的情况。

对运营险性事件处置的新进展、新情况应及时续报。

（4）运营单位应组织设备供应商以及相关责任单位对运营险性事件开展技术分析，并在运营险性事件发生之日起 30 日内形成分析报告。城市轨道交通运营主管部门可共同参与技术分析工作，并视情邀请专家或第三方专业机构共同参加，参与专家和专业机构不得擅自对外发布技术分析有关情况。

（5）相关单位和个人应配合开展运营险性事件技术分析工作，按要求及时提供相关技术文件、数据和资料，并对所提供材料的真实性负责。

（6）运营险性事件技术分析工作应坚持客观公正的原则，真实还原事发经过，形成运营险性事件技术分析报告。报告应包括以下内容：

① 发生单位概况；
② 发生经过和处置情况；
③ 造成的人员受伤和直接经济损失；
④ 事件发生的原因分析；
⑤ 事件整改与防范措施；
⑥ 有关图文、视频、音频、数据等资料。

（7）运营单位应在形成运营险性事件技术分析报告后 5 个工作日内，报送至城市轨道交通运营主管部门。城市轨道交通运营主管部门应在收到报告后逐级报送至交通运输部，每级报送时限不超过 10 个工作日。

重大运营安全事故调查报告按规定程序经批复后，省级交通运输主管部门应在 10 个工作日内报送至交通运输部。较大和一般运营安全事故调查报告批复后，城市轨道交通运营主管部门应逐级报送至交通运输部，每级报送时限不超过 10 个工作日。

（8）运营单位应按年度对本单位城市轨道交通运营险性事件的发生情况、发生原因、发展趋势、变化规律，以及既往运营险性事件整改及防范措施实施效果等进行总结评估，形成书面报告并及时报送至城市轨道交通运营主管部门。城市轨道交通运营主管部门汇总分析后，形成本辖区运营险性事件分析报告，于次年 1 月底前逐级报送至交通运输部。

（二）附件：城市轨道交通主要运营险性事件清单

（1）列车脱轨。

列车脱轨是指车辆在正线、配线、车场线等线路运行时，车轮落下轨面（包括脱轨后又自行复轨）或车轮轮缘顶部高于轨面（因作业需要的除外）而脱离轨道。

（2）列车冲突。

列车冲突是指在正线、配线、车场线等线路，列车、机车车辆相互间或与工程车、设备设施（如车库、站台、车挡等）发生冲撞。

（3）列车撞击。

列车撞击是指在正线、配线、车场线等线路，列车或机车车辆在运行过程中与行人、机动车、非机动车及其他障碍物发生碰、撞、轧。其他障碍物是指声屏障、防火门、人防门、防淹门等构筑物及射流风机、电缆、管线等吊挂构件或其他设备脱落侵入限界。

（4）列车挤岔。

列车挤岔是指在正线、配线、车场线等线路，由于道岔位置不正确、尖轨未能与基本轨密贴，列车通过道岔时将尖轨与基本轨挤开或挤坏过程，造成尖轨弯曲变形、转辙机损坏。

（5）列车、车站公共区、区间、主要设备房、控制中心、主变电所、车辆基地等发生火灾。

（6）乘客踩踏。

（7）车站、轨行区淹水倒灌。

车站、轨行区淹水倒灌是指雨水等通过出入口、风亭、过渡段洞口等倒灌车站和轨行区，导致车站公共区积水浸泡或漫过钢轨轨面。

（8）桥隧结构严重变形、坍塌，路基塌陷。

（9）大面积停电。

大面积停电是指单个及以上车站、变电所、控制中心或车辆基地范围全部停电。

（10）通信网络瘫痪。

通信网络瘫痪是指行车调度指挥通信、车地无线通信、通信网络传输系统等中断 30min（含）以上。

（11）信号系统重大故障。

信号系统重大故障是指中央和本地自动监控系统（ATS）均无法监控列车运行或联锁故障错误持续 60 min（含）以上。

（12）接触网断裂或塌网。

（13）电梯和自动扶梯重大故障。

电梯和自动扶梯重大故障是指载客电梯运行中发生冲顶、坠落，或电梯轿厢滞留人员 90min（含）以上，自动扶梯发生逆行、溜梯。

（14）夹人夹物动车造成乘客伤亡。

夹人夹物动车是指乘客或物品夹在列车车门或站台门时动车，含乘客或物品夹在列车和站台门之间时动车。

（15）网络安全事件。

网络安全事件是指因系统漏洞、计算机病毒、网络攻击、网络侵入等对运营安全造成严重影响的事件。

（16）造成人员死亡、重伤、3人（含）以上轻伤，以及正线连续中断行车1h（含）以上的其他运营事件。

中断行车是指线路中有2个及以上车站或区间发生单向行车中断。

五、《国家城市轨道交通运营突发事件应急预案》重点解析

2015年4月30日，国务院办公厅以国办函〔2015〕32号印发《国家城市轨道交通运营突发事件应急预案》。该预案分总则、组织指挥体系、监测预警和信息报告、应急响应、后期处置、保障措施、附则7部分，由交通运输部负责解释，自印发之日起实施。

（一）工作原则

运营突发事件应对工作坚持统一领导、属地负责，条块结合、协调联动，快速反应、科学处置的原则。运营突发事件发生后，城市轨道交通所在地城市及以上地方各级人民政府和有关部门、城市轨道交通运营单位（以下简称"运营单位"）应立即按照职责分工和相关预案开展处置工作。

（二）事件分级

按照事件严重性和受影响程度，运营突发事件分为特别重大、重大、较大和一般四级。

（1）特别重大运营突发事件：造成30人以上死亡，或者100人以上重伤，或者直接经济损失1亿元以上的。

（2）重大运营突发事件：造成10人以上30人以下死亡，或者50人以上100人以下重伤，或者直接经济损失5 000万元以上1亿元以下，或者连续中断行车24 h以上的。

（3）较大运营突发事件：造成3人以上10人以下死亡，或者10人以上50人以下重伤，或者直接经济损失1 000万元以上5 000万元以下，或者连续中断行车6h以上24h以下的。

（4）一般运营突发事件：造成3人以下死亡，或者10人以下重伤，或者直接经济损失50万元以上1 000万元以下，或者连续中断行车2h以上6h以下的。

（三）有关部门和单位职责

城市轨道交通运营突发事件（以下简称"运营突发事件"）应急组织指挥机构成员单位主要包括城市轨道交通运营主管部门、公安、安全监管、住房城乡建设、卫生计生、质检、新闻宣传、通信、武警等部门和单位。

（四）组织指挥体系

（1）国家层面组织指挥机构。
（2）地方层面组织指挥机构。

（3）现场指挥机构。
（4）运营单位。
（5）专家组。

（五）监测预警和信息报告

运营单位应当建立健全城市轨道交通运营监测体系，根据运营突发事件的特点和规律，加大对线路、轨道、结构工程、车辆、供电、通信、信号、消防、特种设备、应急照明等设施设备和环境状态以及客流情况等的监测力度，定期排查安全隐患，开展风险评估，健全风险防控措施。

城市轨道交通系统内设施设备及环境状态异常可能导致运营突发事件时，要及时向相关岗位专业人员发出预警；因突发大客流、自然灾害等原因可能影响城市轨道交通正常运营时，要及时报请当地城市轨道交通运营主管部门，通过电视、广播、报纸、互联网、手机短信、楼宇或移动电子屏幕、当面告知等渠道向公众发布预警信息。

（六）预警行动

对于突发大客流预警，要及时调整运营组织方案，加强客流情况监测，在重点车站增派人员加强值守，做好客流疏导，视情采取限流、封站等控制措施，必要时申请启动地面公共交通接驳疏运。城市轨道交通运营主管部门要及时协调组织运力疏导客流。

对于自然灾害预警，要加强对地面线路、设备间、车站出入口等重点区域的检查巡视，加强对重点设施设备的巡检紧固和对重点区段设施设备的值守监测，做好相关设施设备停用和相关线路列车限速、停运准备。

责令应急救援队伍和人员进入待命状态，动员后备人员做好参加应急救援和处置工作准备，并调集运营突发事件应急所需物资、装备和设备，做好应急保障工作。

（七）应急响应

根据运营突发事件的严重程度和发展态势，将应急响应设定为Ⅰ级、Ⅱ级、Ⅲ级、Ⅳ级4个等级。初判发生特别重大、重大运营突发事件时，分别启动Ⅰ级、Ⅱ级应急响应，由事发地省级人民政府负责应对工作；初判发生较大、一般运营突发事件时，分别启动Ⅲ级、Ⅳ级应急响应，由事发地城市人民政府负责应对工作。对跨城市运营的城市轨道交通线路，有关城市人民政府在建立跨区域运营突发事件应急合作机制时应明确各级应急响应的责任主体。

六、《城市轨道交通建设工程质量安全事故应急预案管理办法》重点解析

2014年3月12日，住房城乡建设部以建质〔2014〕34号印发《城市轨道交通建设工程质量安全事故应急预案管理办法》。该《办法》分总则、预案编制和内容、预案评审和发布、预案备案、演练和培训、评估和修订、人力和经费保障、附则8章29条，自印发之日起施行。

（一）应急预案管理原则

应急预案管理应当遵循综合协调、分级负责、属地为主、企地衔接、动态管理的原则。

（二）预案编制和内容

应急预案体系包括综合应急预案、工程项目应急预案和现场处置方案。

建设单位应当编制本单位综合应急预案，并按照影响工程周边环境事故类别编制工程项目应急预案。

施工单位应当编制所承担工程项目的综合应急预案，并按工程事故、影响周边环境事故类别编制工程项目应急预案，同时制定事故现场处置方案。

（三）预案评审和发布

预案评审的主要内容包括：
（1）应急预案是否符合有关法律、行政法规等，是否与有关应急预案进行了衔接。
（2）主体内容是否完备，组织体系是否科学合理，责任分工是否合理明确。
（3）风险评估及防范措施是否具有针对性。
（4）响应级别设计是否合理，应对措施是否具体简明、管用可行。
（5）应急保障资源是否完备，应急保障措施是否可行。

（四）演练和培训

应急预案编制单位应当建立应急演练制度，根据实际情况采取实战演练、桌面推演等方式，组织开展联动性强、形式多样、节约高效的应急演练。

建设主管部门、建设单位、施工单位应当制订应急预案演练计划，结合实际情况定期组织预案演练。建设主管部门每3年至少组织一次综合应急预案演练；建设单位、施工单位应当有针对性地经常组织开展应急演练，每年至少组织一次，视情况可加大演练频次。

七、《城市轨道交通工程安全质量管理暂行办法》重点解析

（一）总　则

从事城市轨道交通工程建设活动必须坚持先勘察、后设计、再施工的原则，严格执行基本建设程序，保证各阶段合理的工期和造价，加强全过程安全质量风险管理。

（二）交通工程单位安全质量责任

1. 建设单位安全质量责任

（1）建设单位对工程项目管理负总责。建设单位必须建立健全安全质量责任制和管理制度，设置安全质量管理机构，配备与建设规模相适应的安全质量管理人员，对勘察、设计、施工、监理、监测等单位进行安全质量履约管理。

（2）建设单位应当在初步设计阶段组织开展城市轨道交通工程安全质量风险评估（含建设工期、造价对工程安全质量影响性评估）并组织专家论证，同时按照有关规定组织专家进行抗震、抗风等专项论证。

（3）建设单位应当向设计、施工、监理、监测等单位提供气象水文和地形地貌资料，工程地质和水文地质资料，施工现场及毗邻区域内的建筑物和构筑物、地下管线、桥梁、隧道、道路、轨道交通设施等（以下简称"工程周边环境"）资料。

（4）建设单位应当及时组织勘察单位向设计单位进行勘察文件交底，在施工前组织勘察、设计单位向施工、监理、监测等单位进行勘察、设计文件交底。

（5）建设单位应当委托工程监测单位和质量检测单位进行第三方监测和质量检测。

（6）建设单位在编制工程概算时，应当包括安全质量风险评估费、工程监测费、工程周边环境调查费及现状评估费等保障工程安全质量所需的费用。

（7）建设单位在施工招标前，应当组织专家对施工工期和造价进行论证，论证时应充分考虑工程的复杂程度及其周边环境拆除、迁移等对施工工期和造价的影响。专家论证报告作为招标文件编制的依据。

（8）建设单位应当依法执行国家有关勘察设计费、监理费等管理规定，不得明示或暗示勘察、设计、施工、监理、监测等单位以低于成本的价格或政府指导价竞标。

建设单位应当科学确定勘察、设计、施工等各阶段工期，不得任意压缩合同约定的工期。

2. 勘察、设计单位安全质量责任

（1）勘察、设计单位从事城市轨道交通工程勘察、设计业务，必须具有相应资质，不得转包或者违法分包所承揽的工程勘察、设计业务。

（2）勘察、设计单位对工程项目的安全质量承担勘察、设计责任。

勘察、设计单位的主要负责人对本单位勘察、设计安全质量工作全面负责。

项目负责人应当具有相应执业资格和城市轨道交通工程勘察、设计工作经验。项目负责人对所承担工程项目的勘察、设计安全质量负责。

（3）勘察、设计单位必须建立健全安全质量责任制和管理制度，设置或明确安全质量管理机构，对工程勘察、设计的安全质量实施管理。

（4）勘察单位提交的勘察文件应当真实、准确、可靠，符合国家规定的勘察深度要求，满足设计、施工的需要，并结合工程特点明确说明地质条件可能造成的工程风险，必要时针对特殊地质条件提出专项勘察建议。

3. 施工单位安全质量责任

（1）施工单位从事城市轨道交通工程施工活动，必须具备相应资质，依法取得安全生产许可证，不得转包或者违法分包。

（2）施工单位对工程项目的施工安全质量负责。

施工单位主要负责人对本单位施工安全质量工作全面负责，项目负责人对所承担工程项目的施工安全质量负责。

施工单位主要负责人、项目负责人和专职安全生产管理人员应当依法取得安全生产考核合格证书。项目负责人应当具有相应执业资格和城市轨道交通工程施工管理工作经验。建筑施工特种作业人员应当持证上岗。

（3）施工单位必须建立健全安全质量责任制和管理制度，加强对施工现场项目管理机构的管理。

项目安全质量管理人员专业、数量应当符合相关规定，并满足项目管理需要。

（4）施工总承包单位对施工现场安全生产负总责。

总承包单位依法将工程分包给专业分包单位的，专业分包合同应当明确各自的安全责任。总承包单位和专业分包单位对专业分包工程的安全生产承担连带责任。

总承包单位和专业分包单位依法进行劳务分包的，总承包单位和专业分包单位应当对劳务作业进行管理。

（5）施工单位应当按照合同约定的工期要求编制合理的施工进度计划，不得盲目抢进度、赶工期。

施工单位不得以低于成本的价格竞标。

（6）施工单位应将安全措施费用用于施工安全防护用具及设施的采购和更新、安全施工措施的落实、安全生产条件的改善等，不得挪作他用。

4. 监理单位安全质量责任

（1）监理单位从事城市轨道交通工程监理业务，必须具备相应资质，不得转让所承担的工程监理业务。

监理单位不得与被监理工程的施工单位以及建筑材料、建筑构配件和设备供应单位有隶属关系或者其他利害关系。

（2）监理单位对工程项目的安全质量承担监理责任。监理单位主要负责人对本单位监理工作全面负责。项目总监理工程师对所承担工程项目的安全质量监理工作负责。

项目总监理工程师应当具有相应专业的注册监理工程师执业资格和城市轨道交通工程监理工作经验。

（三）安全质量事故应急处置

（1）城市轨道交通工程所在地县级以上地方人民政府建设主管部门、建设单位、施工单位应当编制城市轨道交通工程安全质量事故应急预案，建立健全安全生产预警和应急协调保障机制。

建设单位、施工单位应当将编制的应急预案报工程所在地建设主管部门备案，并组织定期演练。

（2）城市轨道交通工程安全质量事故发生后，施工单位应当立即采取防止事故危害扩大的必要措施，并按有关规定向工程所在地建设主管部门报告。工程所在地建设主管部门接到报告后，应当按照规定逐级上报上级建设主管部门。

工程所在地建设主管部门应当在当地人民政府的统一领导下，针对事故危害程度，启动相应应急预案，可以采取以下应急处置措施：

① 组织制定抢险救援方案；

② 组织应急抢险队伍参加抢险救援工作；

③ 拆除、迁移妨碍应急处置和抢险救援的设施、设备或者其他障碍物等；

④ 采取防止发生次生、衍生灾害的其他必要措施。

（3）应急抢险结束后，建设单位应当组织设计、施工等单位制定工程恢复方案，必要时经专家论证后实施。

（4）鼓励建设、施工等单位参加工程保险，采用现代化信息技术加强施工现场监控管理，提高风险防范能力。

八、《城市轨道交通行车组织管理办法》重点解析

为进一步规范城市轨道交通行车组织工作，更好地保障城市轨道交通安全运行，根据《国务院办公厅关于保障城市轨道交通安全运行的意见》（国办发〔2018〕13号）、《城市轨道交通运营管理规定》（交通运输部令2018年第8号）等有关要求，制定本办法。

（一）总　则

城市轨道交通行车组织工作应坚持安全导向，贯彻集中指挥、逐级负责的原则。

（二）行车组织基础

（1）城市轨道交通运营单位（以下简称"运营单位"）应统筹内部各专业部门，合理制订行车计划，内容包括列车运行图、车辆运用计划、施工作业计划、乘务计划等。其中，共线、跨线运行线路的行车计划应共同制订。运营单位应做好土建工程、车辆、供电、通信、信号、机电等设施设备的运行维护工作，确保各设施设备系统兼容协调，能够按照最大设计能力稳定运行，保障行车组织需要，充分满足客流需求。运营单位应建立行车指标统计分析制度，对行车计划持续改进和优化。

（2）列车运行图的编制应以满足客流需求为导向，综合考虑线路客流规律及线网衔接等因素，有效发挥线路能力，经济合理地运用车辆和安排施工维修时间，确定线路运营时间及各时段的行车间隔、停站时间、行车交路等。运营单位应将列车运行图作为行车组织工作的基础，组织内部各部门严格根据列车运行图的要求开展运营生产工作，保证按图行车。列车运行图应保持相对稳定，需要常态化延长运营服务时间或缩小行车间隔的，运营单位应充分论证运用车数量、线路条件等设施设备能力及施工维修时间、人员配备需要等情况，确保满足安全运营条件的方可组织实施。列车运行图应至少保存2年。

（3）行车指挥层级自上而下分为线网监控级、线路控制级和现场执行级，下级服从上级指挥。线网监控级负责监控线网运行状态、统筹线网运营生产、指挥应急情况下线网列车运行调整，以及对外联络协调。线路控制级负责本线路的运营状态监控、运行调整和应急指挥。现场执行级负责具体执行行车计划及现场应急处置。

（4）正常情况下列车应按双线、右侧单方向运行。直线型线路行车方向以自西向东、自南向北为上行，以自东向西、自北向南为下行；环形、半环形线路以外环（逆时针方向）为上行，以内环（顺时针方向）为下行。对角线方向线路应按照东西方向及南北方向线路区段所占比重，以比重较大的区段方向判定上、下行。

（5）城市轨道交通列车等级由高至低依次为专运列车、载客列车、空驶列车、调试列车

和其他列车。开往事故现场的抢险救援列车，在确保乘客安全的前提下，应优先办理行车。

（6）行车调度命令是指挥列车运行的命令（运行揭示调度命令除外）和口头指示，只能由行车调度人员发布。行车各相关岗位人员必须服从指挥，严格执行行车调度命令。

发令人应通过具备追溯功能的渠道发布行车调度命令，做到一事一令。行车调度命令分为书面命令和口头命令。书面命令包含纸质命令和电子命令。书面命令要素应包含发令日期、时间、命令号码、发令人、命令内容、受令人。口头命令要素应包含命令号码、命令内容、受令人。发令人应使用普通话和行车标准用语。受令人应复诵命令内容，命令记录应至少保存1年。

（7）行车组织方法由高至低包括移动闭塞法、准移动闭塞法、进路闭塞法、电话闭塞法等。行车调度人员应根据信号系统具备的功能层级，由高至低使用相应的行车组织方法。移动闭塞法及准移动闭塞法的行车凭证均为车载允许信号，列车按照信号系统给定的移动授权信息运行，控制列车安全运行间隔和行驶速度。其中，移动闭塞法和准移动闭塞法分别以前方列车尾部和所占有区段末端为追踪点进行计算授权，控制列车安全运行间隔和行驶速度。进路闭塞法的行车凭证为地面信号机显示的允许信号，列车运行间隔为进路始端信号机至相邻下一架顺向信号机，一条进路内两个相邻信号机间只允许一列车占用（列车救援时除外）。电话闭塞法是当上述更高级别的行车闭塞法不能使用时，由区间两端车站利用站间行车电话以发出电话记录号码的方式办理闭塞的一种方法，启用前应确认所有列车停妥，准确掌握实施电话闭塞区域内所有列车位置且进路准备妥当；电话闭塞法应使用纸质行车凭证，一站一区间或车辆基地至相邻车站只允许一列车占用（列车救援时除外）；启用电话闭塞法时，首列车运行速度不应高于25 km/h。

（三）正常行车

（1）运营开始前，相关岗位人员等应确认施工核销、线路出清、设备状态、行车计划准备等情况并报行车调度人员。行车调度人员确认具备条件后，原则上应安排空驶列车限速轧道。确认线路安全后，方可开始运营。

（2）运营单位应合理安排驾驶员工作时间，单次值乘的驾驶时长不应超过2 h，连续值乘间隔不应小于15 min。运营单位应配备酒精检测等设备，有条件的可配备毒品检测设备，在出勤时通过检测、问询等方式对驾驶员状态进行检查。列车进站时，驾驶员应确认列车在车站指定位置停稳后方可开启车门及站台门；车门与站台门的关闭时间应相匹配，驾驶员在列车启动前，应通过目视或其他技术手段确认车门及站台门关闭，且两门之间间隙处无夹人夹物。

（3）车站行车人员应做好日常行车监控。当切除列车自动防护（ATP）或采用点式 ATP 运行等特殊情况时，车站行车人员应根据调度命令，严密监控列车运行和站台情况，遇紧急情况应及时采取措施。

对未配备车站行车人员的有轨电车线路，应设置必要的通信和视频监控设备，对车站情况进行有效监控。

（4）配属于不同线路的载客列车经停同一段运营线路，乘客可同站或同站台实现换乘的运行方式为共线运行。共线段接口站发车时，车站行车人员应确认发车进路与列车计划目地的一致性。发车进路方向出现异常时,行车调度人员应在确保安全的前提下取消原进路后重新办理正确进路。共线段车站客运人员应根据列车运行方向做好导乘服务,保障安全乘降。

(5)配属于不同线路的载客列车,经线间联络线运行至另一条线路继续运营的运行方式为跨线运行,开展跨线运行应确保线路、车辆、信号设备等具备跨线条件。两条线路列车相互跨行时,一般不使用同一条联络线组织双向跨行。联络线接口站发车时,车站行车人员应确认发车进路与列车计划目的地的一致性。发车进路方向出现异常时,行车调度人员应在确保安全的前提下取消原进路后重新办理正确进路。

(6)行车调度人员应根据列车运行图组织列车退出服务,运营结束后应做好当日行车记录和相关统计分析工作。

(7)车辆基地应确保运用车状态良好,优先保障接发列车作业。车辆基地内调车作业由车辆基地调度人员统一指挥,调车司机凭地面信号或手信号显示开行列车,调车时严禁溜放调车,摘钩前应做好防溜措施,连挂妥当后应确认防溜措施已撤除。铁鞋、止轮器等防溜工器具应制定管理要求并妥善保管。

试车线同一时间原则上只允许一列车进行试车作业,作业开始前应对试车线进行限速轧道。试车作业应按地面信号或车载信号显示运行。距离尽头线阻挡信号机 20 m 时运行速度不应高于 5 km/h,距离 10 m 时必须停车。遇雨雪、大雾等恶劣天气时,原则上禁止办理试车作业。

(四)非正常行车

(1)发生突发情况,行车调度人员应及时发布调度命令,在保证行车安全的前提下尽可能维持列车运行。驾驶员、车站行车人员等发现可能危及行车安全或运营秩序的情况时,应及时向行车调度人员报告;遇突发严重危及行车安全的情况,可先行采取紧急安全防护措施,再报告行车调度人员。

(2)运营期间正线、辅助线发生设备故障,确需进入行车区域、动用行车设备及进行影响行车施工的,由行车调度人员向各单位发布抢修命令。车站接到抢修命令后,做好抢修的前期准备工作,并提前安排人员负责端门开启与抢修人员进出的登记工作。施工人员经行车调度人员同意后方可进入抢修区间,并根据抢修人员要求封锁抢修区间或通过信号系统设置防护,无法通过信号系统防护时,设置红闪灯进行防护。对于可能侵入接触网(轨)安全防护距离内的作业,行车调度人员应会同电力调度人员确认相关区域接触网(轨)停电后,方可批准进入该区域。人员进入行车区域作业时,应严格遵守安全规定,落实安全防护措施。

(3)因设施设备故障、重大施工等原因,部分区段需限速运行的,应由有关方面论证后提出限速运行方案。方案应明确限速区域、限速值、限速时段及起止时间,报行车调度人员,由其发布限速及取消限速命令。同一区域存在多个限速要求时,应取最小限速值。限速运行方案应在取消限速后至少保存 3 个月。

(4)列车需越过防护信号机显示的禁止信号时,行车调度人员应确认该信号机后方线路空闲、道岔位置正确且锁闭后,方可发布越过禁止信号的命令,首列车运行速度不应高于 25 km/h。

(5)列车 ATP 失效时,驾驶员应及时报告行车调度人员。行车调度人员原则上应组织列车在就近车站清客后退出服务，确需继续载客运行至终点站的，应与前方列车至少间隔一个区间并限速运行。

（6）列车停站越过停车标未超过可退行距离需退行时，驾驶员应退行列车，推进退行速度不应超过5 km/h。当列车越过停车标超过可退行距离或车站不具备安全停站条件时，行车调度人员应组织列车越站，并及时告知相关车站和驾驶员，车站行车人员应依令做好乘客乘降组织工作。首班车、末班车及乘客无返程条件的列车不得越站，同方向连续两列载客列车原则上不得在同一车站越站。

（7）列车因故需在区间退行或列车越过停车标超过可退行距离确需退行时，驾驶员应及时报告行车调度人员。行车调度人员应扣停后续列车，在确认列车退行路径空闲且满足安全防护距离、道岔位置正确且锁闭后，方可发布退行命令，必要时应组织车站行车人员做好引导。推进退行速度不应超过10 km/h，牵引退行速度不应超过35 km/h。有轨电车不得推进退行，牵引退行速度不应超过15 km/h。

（8）在区间一个方向线路封锁、发生自然灾害、事故中断行车，以及设备故障严重影响列车运行秩序而对向设备良好等特殊情况下，为维持线路运行，行车调度人员可在对向线路组织单线双向行车。行车调度人员应在确认线路空闲且进路准备妥当后，方可发布反方向运行命令，并需做好运行列车与对向列车的间隔控制。车站行车人员应依令做好接发列车和乘客乘降组织工作。

（9）正线列车因故障无法动车时，行车调度人员应及时组织其他列车实施连挂救援，原则上救援列车应使用空驶列车。当故障列车位于车站时，应清客后进行连挂作业；当故障列车位于区间时，应在驾驶员广播告知乘客后进行连挂作业，连挂后应尽快到就近车站清客。救援列车接近故障列车时应停车，与故障列车联系确认后进行连挂，连挂时运行速度不应超过5 km/h；连挂后两列车均为空驶的，推进运行速度不应超过30 km/h，牵引运行速度不应超过45 km/h；任一列车载客的，运行速度不应超过25 km/h。不得使用工程车救援载客列车。特殊情况下使用工程车救援空驶列车时，连挂后运行速度不应超过25 km/h。有轨电车不得载客救援（遇特殊天气或者故障列车停在隧道、桥梁的除外），空驶列车救援连挂后运行速度不应超过25 km/h。

（10）线路出现道岔故障且通过终端操作、现场检查确认等手段仍无法消除的，行车调度人员应优先变更列车进路组织行车；如不能变更列车进路，行车调度人员或车站行车人员应单操单锁相关道岔；如道岔无法单操单锁，行车调度人员应组织车站行车人员将道岔钩锁到正确位置。上述操作完成，行车调度人员确认具备行车条件后方可组织行车。通过故障区域的首列车运行速度不应高于25 km/h。列车发生挤岔时严禁擅自动车，行车调度人员应通知设备维修人员现场确认安全，具备动车条件后方可组织该列车动车。

（11）一个联锁区联锁失效时，在保证行车安全的前提下，行车调度人员可对故障影响区域使用电话闭塞法组织行车；两个及以上联锁区联锁失效时，行车调度人员可视情对故障影响区域使用电话闭塞法组织行车或采取停运等措施。

（12）当接触网（轨）失电时，驾驶员应尽量维持列车进站，并及时报告行车调度人员。行车及电力调度人员应组织设备维护人员及时排查处理，具备条件的应及时切换供电方式，必要时减少列车上线运行对数。列车迫停地下区间超过 4 min 时，环控调度人员应启动相应环控模式。

（13）地下和高架线路因设施设备故障等原因导致列车迫停区间需组织区间疏散时，行车调度人员应扣停可能驶入受影响区域的列车，明确疏散方向，会同电力、环控调度人员组织该区间接触轨停电、启动相应环控模式，通知车站前往迫停地点做好乘客引导，并在邻站端门及疏散区间联络线等通道处安排人员监控。对向线路区间确需行车的，列车运行速度不应超过 25 km/h，并加强瞭望。线路恢复后，疏散区间上下行首列车运行速度不应超过 25 km/h，确认无人员及物品遗留后恢复正常运行。

（14）发现有明显震感时，行车相关人员可视情况采取加强瞭望、限速、停运、封站等应急处置措施。根据不同地震烈度，应按照以下要求组织行车调整：

① 地震烈度为 5（含）至 6（不含）度的，驾驶员应加强瞭望、监控，行车调度人员组织全线全面检查行车相关设施设备运行及受影响情况，必要时采取紧急措施。

② 地震烈度为 6（含）至 7（不含）度的，列车运行速度不应超过 25 km/h。必要时，行车调度人员应扣停开往受影响区段的列车，组织已进入区间的列车退回发车站。

③ 地震烈度为 7（含）度以上或行车关键设施设备损坏的，行车调度人员应组织在站列车清客后退出服务，组织区间列车在确保安全的条件下，运行至就近站清客后退出服务，列车运行速度不应超过 25 km/h。如列车迫停区间，应组织乘客区间疏散。

（15）遇恶劣天气时，行车相关人员可根据情况及时采取加强瞭望、限速、停运、封站等措施，并应按照以下要求组织行车调整：

① 对于地面及高架线路，风力波及区段风力达 7 级时列车运行速度不应超过 60 km/h，风力达 8 级时列车运行速度不应超过 25 km/h，风力达 9 级及以上时应停运。

② 遇雾、霾、雨、雪、沙尘等恶劣天气瞭望困难时，地面及高架线路列车应开启前照灯，限速运行，适时鸣笛。当瞭望距离不足 100 m、50 m、30 m 时，列车运行速度分别不应超过 50 km/h、30 km/h、15 km/h；瞭望距离不足 5 m 时，驾驶员应立即停车。驾驶员无法看清信号机显示、道岔位置时，应停车确认，严禁臆测行车。

③ 因降雨、内涝等造成车站进水，严重影响客运服务的，行车调度人员可根据车站申请发布封站命令，组织列车越站。线路积水超过轨面时，列车不得通过。

（16）地下和高架线路车站、区间发生火灾、爆炸、毒气攻击等事件时，行车调度人员或车站行车人员应立即扣停可能驶入事发区域的列车；对已进入区间的列车，行车调度人员应视情组织列车越站或退回发车站。

列车在地下或高架线路发生火灾、爆炸、毒气攻击等事件时，驾驶员应尽量维持列车进站，并立即报告行车调度人员，行车调度人员应通知车站和驾驶员组织乘客疏散；列车不能维持进站或继续运行无法确保安全的，应立即组织区间疏散，驾驶员应向乘客告知疏散方向，组织乘客逃生，并报告行车调度人员，行车调度人员应立即扣停可能驶入受影响区域的列车，会同电力、环控调度人员及时对接触网（轨）停电，启动相应环控模式，通知疏散区间两端车站安排人员引导乘客。地面线路发生火灾、爆炸、毒气攻击等事件时，应立即停车，及时疏散。

（五）施工行车

（1）运营单位应合理安排施工作业计划，组织各部门严格按照施工作业计划执行，不得随意变更，严格落实请销点制度，做好施工安全防护。运营期间设施设备发生故障影响运营时，行车调度人员应按照"先通后复"的原则视情安排施工作业。除抢险救援外，运营期间原则上不进行影响行车的施工作业；非运营期间的施工作业需延长作业时间的，原则上不应影响次日运营。

（2）对于设施设备调试、升级、更新改造等重大施工，运营单位应与设备供应商充分论证，组织制定施工方案，行车调度人员应审核施工方案，制定并组织落实行车保障措施。跨线施工、同时包含正线与车辆基地的施工，应做好互控。

调试列车需进行排列进路、列车驾驶等操作时，应由行车调度、驾驶员操作。因调试需要超速运行的，应先进行技术论证并制定安全措施，但不得超过线路允许速度和列车制动限速。

（3）施工列车作业区域与相邻的施工区域应至少保持一站一区间间隔。跟随末班车运行的工程车，与前方运营列车应至少保持一站一区间行车间隔。因施工需要缩短安全间隔距离的，应经充分论证并有配套防护措施。

工程车作业时，应根据装载货物及编组情况合理限速或停止相关区域的牵引供电；工程车装卸货物时，应做好安全防护及防溜措施；随车施工人员配合工程车作业时，人员必须在工程车运行方向后方。

非随车施工人员与工程车确需在同区间作业的，应统一进行现场施工及动车指挥，施工人员应在工程车运行方向后方作业，保持 50 m 以上的安全距离，并设置红闪灯等进行安全防护。

九、《城市轨道交通客运组织与服务管理办法》重点解析

为进一步规范城市轨道交通客运组织与服务工作，推动城市轨道交通服务质量提升，更好地保障人民群众安全、便捷出行，根据《国务院办公厅关于保障城市轨道交通安全运行的意见》（国办发〔2018〕13号）、《城市轨道交通运营管理规定》（交通运输部令2018年第8号）等有关要求制定，中华人民共和国交通运输部印发《城市轨道交通客运组织与服务管理办法》。

（一）总　则

（1）城市轨道交通客运组织与服务工作坚持以人民为中心，遵循安全第一、乘客为先、需求导向、持续改进的原则。

（2）城市轨道交通运营单位（以下简称"运营单位"）负责城市轨道交通客运组织与服务工作。

（二）基础管理

（1）运营单位应建立客运组织与服务质量管理体系，制定车站岗位职责与人员培训、应急预案和演练、客运设施设备管理、票务管理、环境卫生管理、信息发布、乘客遗失物保管和招领等制度。

（2）运营单位应根据车站规模、客流情况、设备设施布局、设备系统自动化程度、服务标准、公众需求等，科学设置客运人员岗位，相应配备符合要求的客运人员。人员上岗前应经过岗位培训，掌握本岗位知识和技能。

（3）运营单位应与出入口属地，连通的物业、商铺，客运枢纽等相关单位明确车站管辖界线和安全管理责任。

车站管辖范围一般以出入口建筑垂直投影线、楼梯台阶、进出口闸机围栏等为界。

（4）城市轨道交通线网应统一标志标识。车站醒目位置应张贴本站首末班车时间、周边公交换乘信息、无障碍设施指引、车站疏散示意图，以及禁止、限制携带物品目录等。出入口、站内指示和导向标志应清晰、醒目、连续、规范。车站控制室、设备房、轨行区等区域应设置醒目的禁行标志，应急装置应设置醒目的警示标志。

（5）运营单位应根据车站规模、客流特点、设备设施布局、岗位设置等，制定工作日、节假日、重要活动以及突发事件的车站客运组织方案与应急预案，换乘站还应制定共管换乘站协同客运组织方案与应急预案，做到"一站一方案"，并根据车站实际客流变化情况及时修订完善。

（6）运营单位应以服务乘客安全出行为导向建立客运、行车、维保等业务工作协调机制，根据客流变化优化客运、行车、维保方案，不断满足客流需要。

（三）客运组织

（1）车站应根据本站客流流线组织乘客进出站、换乘。因新线开通、车站客流变化、车站设施设备布局改变、枢纽站衔接等，需要对客流流线进行调整的，应对车站整体客流流线、人员疏散进行统筹论证，必要时可组织专家进行风险评估。

车站客流流线设置、设施设备布局等应综合考虑反恐防范、安检、治安防范和消防安全需要。与火车站、长途客运站、机场等相衔接的车站，提供的安检场地应为安检互认提供便利，以减少重复安检，提高通行效率和服务水平。

（2）车站工作人员应在每日运营前，对车站客运设施设备进行检查，应在首班车到站前完成准备工作，开启所有出入口、换乘通道和自动扶梯、电梯。

末班车前一列车驶离车站后，应通过广播等方式告知乘客末班车信息。换乘站应根据列车运行计划、乘客换乘所需时间，及时关闭换乘通道，防止乘客误入。

列车退出运营前，应对车内进行巡视，确认无乘客滞留后退出运营。车站关闭前，应对车站进行巡视，播放关站广播，确认无乘客滞留与物品遗留后关闭车站。

（3）车站工作人员应对车站出入口、站厅、站台、通道等公共区域进行巡视，检查应急设施、乘客信息系统、自动售检票设备、标志标识、照明设施、电扶梯、站台门、站台候车椅状态，巡视频率不应低于每 3 h 一次，发现异常情况及时处理；遇客流高峰、恶劣天气、重大活动等情况，应根据需要增加巡视次数。

（4）车站站台服务人员应维护站台候车及上下车秩序，查看车门和站台门的开闭状态，防止夹人、夹物。遇紧急关闭按钮触发或消防报警装置启动，要立即查明原因，妥善处置。发生信号故障等突发情况时，车站站台服务人员应按规定协助行车人员做好接发列车引导。

（5）运营单位应当持续监测客流情况，科学编制列车运行计划，在线路设计能力范围内合理安排运力，不断满足客流需求。

发生突发大客流时，客运人员应当协调行车调度人员及时增加运力进行疏导。预判站台客流聚集超过预警值、可能危及安全时，应当实施单站级客流控制。无法缓解客流压力的，应当在本线多个车站实施单线级客流控制；预判断面客流满载率超过预警值时，应当在本线及与之换乘的线路车站实施线网级客流控制。预警值由运营单位客运人员根据站台设计容纳能力、设施设备配置、客流规律等确定。

客流控制措施包括关停部分自动检票机、关闭自动扶梯、关闭换乘通道、单向开放或关闭出入口等。临时采取客流控制措施的，车站应通过乘客信息系统、广播等形式及时告知乘客。常态化采取客流控制措施的，车站应公布采取客流控制措施的日期、时段等信息，并对客流控制措施的实施效果持续进行评估，可以取消的，应及时取消。

（6）车站公共区域施工作业一般应安排在非运营时间进行。确需在运营时间进行的，运营单位应采取划定隔离区域、围蔽、工作人员现场盯控等安全防护措施，加强客流疏导，对乘客做好解释说明。

对于涉及关闭车站出入口或换乘通道、暂停车站使用、缩短运营时间的施工改造，运营单位应提前报告城市轨道交通运营主管部门并向社会公告。

（7）非突发情况的列车越站，驾驶员应至少提前一站告知车内乘客，车站工作人员应通过站内广播告知车站乘客。列车因故在车站停留时，列车车门、站台门应处于开启状态，列车和车站通过广播告知车内、车站乘客。

（8）出现雨雪等恶劣天气时，运营单位应采取铺设防滑垫、设置防滑、防拥堵提示等必要措施，加强广播提示和现场疏导；站内或出入口乘客聚集可能造成客流对冲等情况时，可调整自动扶梯运行方向或暂时关闭自动扶梯，危及乘客安全时，可暂时关闭出入口。

（9）车站发生火灾、淹水倒灌、公共安全、公共卫生等突发事件时，车站工作人员应当报告行车调度部门，按照应急预案进行现场处置，必要时采取关闭出入口、疏散站内乘客、封站等措施。

（四）客运服务

（1）城市轨道交通线路全天运营时间不应少于15 h。运营单位应当根据客流需求，制订列车运行计划，高峰时段按照设计的最小运行间隔安排运力，不断提高乘客服务体验。

遇节假日、大型活动、恶劣天气以及衔接火车站或者机场的线路有火车、飞机大面积晚点的，城市轨道交通运营主管部门可要求运营单位在保障安全的前提下，适当延长运营时间。

（2）车站乘客信息系统应当准确发布当前列车到达时间、后续一班列车到达时间、开行方向等信息，发生突发事件时，及时提供紧急信息。车站乘客信息系统出现故障或信息发布错误等情况时，应及时处置。

（3）车站站台应广播排队候车、安全乘车等提示信息，列车进站时站台应广播列车到站和开行方向。

列车应广播到达车站和换乘信息，需要开启另一侧车门时，应通过广播提前告知乘客。

（4）自动扶梯和电梯运行时间应当与车站运营时间同步。

自动扶梯发生故障时，应立即停止使用，在自动扶梯出入口放置安全护栏、警示标志等，引导乘客使用其他自动扶梯或者楼梯。

电梯发生故障时，应立即停止使用，在电梯口放置安全护栏、警示标志等。有乘客被困时，应安抚乘客并及时采取救援措施。

（5）每个售票点正常运行的自动售票机不应少于2台，每组进、出站自动检票机群正常使用的通道均不应少于2个。自动售票机、自动检票机发生故障时，应设置故障提示。自动售票机大面积故障时，应增加人工售票窗口。自动检票机大面积故障时，应采取人工检票、免检等方式，引导乘客有序进出站。

紧急疏散时，自动检票机阻挡装置应全部处于释放状态。

（6）站台门发生故障无法关闭时，应安排专人值守，做好安全防护；无法打开时，应通过列车广播、标识或其他方式告知乘客，引导乘客从其他站台门下车。站台门发生大面积故障的，驾驶员应及时报告行车调度人员采取越站等应急措施，车站服务人员通过广播及时告知乘客，维护候车秩序。

车站客运人员应将站台门故障情况及时报告设施设备维保人员进行处理。

（7）列车临时清客时，应通过广播或者其他方式告知车内和站内乘客，车站工作人员应上车引导乘客下车，清客完毕后报告驾驶员关闭车门。

列车区间疏散时，应通过车内广播准确、清晰告知乘客疏散方向，车站工作人员应进入轨行区引导客流快速疏散；车站可采取暂停进入车站等措施防止乘客进站，并及时告知乘客。

（8）车站客运人员应按规定统一着装，正确佩戴服务标志，答复乘客咨询时应坚持首问负责、礼貌热情、用语规范，使用普通话（乘客提问时使用方言或外语的除外）。

（9）车站和列车温度、湿度、空气质量、噪声等应符合有关规定。车站公共卫生间应能正常使用、环境整洁、通风良好。

（10）车站内应配备急救箱，乘客受伤或者身体不适时，客运服务人员应及时拨打救助电话并等待至救护人员到场，可视需要对现场进行隔离。

（11）车站和列车内配备的无障碍设施应保持功能完好，车站工作人员应为有需要的乘客提供无障碍乘车服务。

（12）具备条件的车站应设置无障碍卫生间、婴儿护理台、儿童洗手盆等服务设施，宜开辟母婴室，设置自动取款机（ATM）、自动售货机等便民服务设备。

（13）运营单位应每年向社会公布运营服务质量承诺及履行情况。服务质量承诺应至少包括以下内容：

① 列车正点率、列车运行图兑现率等列车运行指标；

② 自动售票机可靠度、自动检票机可靠度、乘客信息系统可靠度等客运服务设备设施运行指标;

③ 乘客投诉、意见、建议受理渠道和处理时限;

④ 服务改进的举措和计划。

（14）运营单位应建立乘客投诉受理处理制度，设置服务监督机构，公布服务监督电话，及时受理乘客投诉。对受理的乘客投诉，运营单位应在 7 个工作日内处理完毕，并将处理结果告知乘客。

运营单位应对乘客反映的问题进行核实整改，设施设备类投诉应核实设施设备信息，组织相关单位进行处理;服务类投诉应及时查找原因，改进相关服务;规章制度类投诉应进行分析，根据需要修改完善制度。运营单位无法解决的，应定期汇总后报有关部门协调处理。

城市轨道交通运营主管部门应建立乘客投诉受理处理制度，公布服务监督电话，及时受理乘客投诉。对乘客投诉，自受理之日起 15 个工作日内，应将处理结果告知乘客。

（五）乘客行为规范

（1）乘客应遵守票务管理规定，持有效乘车凭证乘车，不得采取尾随、强行冲撞自动检票机等方式逃票。城市轨道交通因故中断运营时，乘客有权持有效车票要求运营单位按照票价退还票款。

按照有关规定享受票价优待的乘客，运营单位应执行票价优待规定。

（2）禁止乘客有下列影响城市轨道交通运营安全的行为:

① 拦截列车，在列车车门或站台门提示警铃鸣响时强行上下列车，车门或站台门关闭后扒门;

② 擅自操作有警示标志的按钮和开关装置，在非紧急状态下动用紧急或者安全装置;

③ 携带有毒、有害、易燃、易爆、放射性、腐蚀性以及其他可能危及人身和财产安全的危险物品进站、乘车;

④ 攀爬或者跨越围栏、护栏、护网、站台门等，擅自进入驾驶室、轨道、隧道或者其他有警示标志的区域;

⑤ 向轨道交通线路、列车以及其他设施投掷物品;

⑥ 损坏车辆、站台门、自动售检票等设备，干扰通信信号、视频监控设备等系统;

⑦ 损坏、移动、遮盖安全标志、监测设施以及安全防护设备;

⑧ 在车站、列车内吸烟，点燃明火;

⑨ 在运行的自动扶梯上逆行、推挤、嬉戏打闹;

⑩ 影响运营安全的其他行为。

（3）乘客不得有下列影响城市轨道交通运营秩序的行为:

① 在车站或者列车内涂写、刻画或者私自张贴、悬挂物品;

② 携带动物（导盲犬、军警犬除外）进站乘车，携带有严重异味、刺激性气味的物品进站乘车;

③ 推销产品或从事营销活动，乞讨、卖艺及歌舞表演，大声喧哗、吵闹，使用电子设备时外放声音；

④ 骑行平衡车、电动车（不包括残疾人助力车）、自行车，使用滑板、溜冰鞋；

⑤ 在列车内进食（婴儿、病人除外）；

⑥ 随地吐痰、便溺、乱吐口香糖、乱扔果皮、纸屑等废弃物，躺卧或踩踏坐席；

⑦ 在车站和列车内滋扰乘客的其他行为。

（4）发生突发事件需要疏散时，乘客应服从工作人员指挥和引导有序疏散。

（5）提倡尊老爱幼、文明乘车的美德，提倡主动给老、弱、病、残、孕、怀抱婴儿的乘客让座和提供方便。

（6）城市轨道交通运营主管部门应按照本章上述条款要求，结合实际制定本地城市轨道交通乘客乘车规范。乘客应遵守乘车规范，听从车站工作人员的合理指示和要求，文明有序进站、乘车，自觉维护车站和列车整洁，爱护城市轨道交通设施设备，维护良好公共秩序。

拒不遵守乘车规范的，运营单位有权予以制止，制止无效的，应报有关部门依法处理。

（六）服务监督与提升

（1）运营单位应当制定本单位客运服务质量标准，建立内部服务质量监督、检查、考核机制，不断改进服务质量，提升乘客出行体验。

（2）城市轨道交通运营主管部门和运营单位应当建立健全乘客沟通机制，通过公众开放日、接待日、"两微一端"等形式开展乘客交流活动，向乘客介绍客运组织和服务举措，了解公众诉求和意见建议，及时回应乘客关切。鼓励邀请常乘客或者乘客督导员参与服务质量监督工作。

（3）城市轨道交通运营主管部门应当对运营单位客运组织与服务工作进行监督检查，每年组织开展服务质量评价，向社会公布服务质量评价结果，督促运营单位不断改进服务。

【复习思考题】

1. 简述《安全生产法》在我国安全生产法律体系中的作用。
2. 安全生产管理的方针是什么？
3. 简述安全生产法的基本框架、从业人员的权利及义务。
4. 简述《城市轨道交通运营管理办法》安全管理的部分条款。
5. 简述《城市轨道交通运营突发事件应急预案》的重点内容。
6. 简述城市轨道交通建设工程质量安全事故应急预案的流程。
7. 简述《城市轨道交通运营安全风险分级管控和隐患排查治理管理办法》的主要内容。
8. 简述城市轨道交通运营突发事件应急演练的主要内容。

项目四 城市轨道交通安全影响因素分析

【问题导入】

本章主要是使学生熟悉影响轨道交通安全管理的因素,学会分析城市轨道交通事件类型;重点掌握城市轨道交通系统主要危险因素及分级;熟知并掌握城市轨道交通系统安全管理的基本内容。

【教学目标】

1. 能力目标

学会分析影响轨道交通安全管理的因素;掌握城市轨道交通运营事件类型;具备分析城市轨道交通系统主要危险因素的能力。

2. 知识目标

熟悉城市轨道交通运营事件类型;了解城市轨道交通运营模式的潜在危险;分析城市轨道交通系统事故影响危险度。

3. 素质目标

牢记城市轨道交通"安全第一、预防为主、综合治理"安全生产的方针;有认真负责的工作理念。

任务一

城市轨道交通安全管理影响因素

一、案例分析

【案例】错漏送电事件

事件经过：某日16：33，某城市地铁车辆段115号车组准备出段，当值司机在段内D7附近发现车无牵引而停车，经检查车辆无异常，而是接触轨无电，因此马上向行车调度员报告，行车调度员通知司机联系信号楼值班员。16：34，段信号楼申请段内接触轨送电；16：35，行车调度员联系段信号楼值班员确认115号车组情况后再申请送电；16：38，行车调度员与段信号楼值班员确认是否具备送电条件，回复已具备；16：39，行车调度员向电调申请段内接触轨送电；16：40，段内接触轨送电完毕；16：41，115号车组开始正常出段。以上原因导致115号车组晚点进入正线。

原因分析：值班员许某在办理送电作业时记录填写错误，在后续办理列车出段作业时误以为已经对应送电区域送上电，导致出现漏送电区域，影响列车出段作业，造成本次事件发生。

整改措施：

（1）停送电作业时，应严格执行"一人操作一人监护"的原则。作业人员之间做好相互确认。

（2）遵循"四不放过"原则，做好对事故责任者和相关人员的教育，提高员工责任意识。

【案例】莫斯科地铁爆炸案

事件经过：莫斯科时间2010年3月29日早上，莫斯科地铁发生了震惊世界的地铁连环爆炸案。莫斯科时间7：52（北京时间11：52），一列地铁列车在行驶至莫斯科市中心的卢比扬卡地铁站时，第二节车厢突然发生爆炸，至少造成25人死亡，另有10多人受伤。42 min之后，文化公园地铁站发生第二起爆炸事件。在第二起"文化公园"地铁站爆炸发生几分钟后，莫斯科地铁和平大街站又发生第3起爆炸事故。整个爆炸事件导致40人死亡，近百人受伤。

事件延伸：世界许多城市地铁遭受袭击。

（1）1995年3月20日上午，东京地铁里遭到沙林毒气的袭击，12人死亡，5 000多名乘客不同程度受伤，地铁交通系统随即停运。

（2）2005年7月7日上午，伦敦最繁华的国王十字车站——圣潘克拉斯地铁站，第三节车厢里砰然一声巨响，随即浓烟密布。几分钟后，另一枚炸弹在刚离开埃其维尔路站的216次地铁上爆炸。第三枚炸弹在311次地铁离开国王十字车站1min后爆炸。3枚炸弹总共造成了43名地铁乘客不幸遇难（包含3名袭击者），上百人受伤。

（3）2011年4月11日，白俄罗斯的首都明斯克市奥克佳布里斯卡娅地铁站，发生了一起地铁爆炸案，共造成15人死亡，近200人受伤。

（4）2016年3月22日，布鲁塞尔欧盟总部附近地铁站发生爆炸。比利时官方确认爆炸是自杀式恐怖袭击，地铁站爆炸则有至少20人遇难，另有106人受伤。

二、运营安全的影响因素

随着地铁网络化迅猛发展，城市轨道交通运营系统形成了一个在时间、空间上分布很广的、开放的动态系统，运营安全影响因素错综复杂，涉及面很广。根据系统论创始人贝塔兰菲的观点，系统是相互关联并与环境相互联系的要素的集合（见图4-1）。从系统论的观点出发，与运营安全有关的因素可以划分为4类：人、机器、环境、管理。

城市轨道交通系统的发展不仅需要大批专业技术型人才，也需要高度自动化机械设备，更需要构建"人机环境和谐"。人机环境和谐，即在设计人机系统时，把人和机器作为一个整体来考虑，合理或最优地分配人和机器的功能，保证系统在环境变动下达到要求的目标。为了取得人机系统的最佳效果，必须从人和机器两个方面入手：一是要求机器的设计和安装要"适宜于人"，即"机宜人"；二是要求人的行为要"适应于机"，即"人适机"。所谓"机宜人"，是指机器设备在设计、安装和使用过程中，要始终贯穿"以人为本"的安全理念，把人的生命安全和身体健康放在首位，使机器设备的各项技术指标和运行性能适宜人的操作。

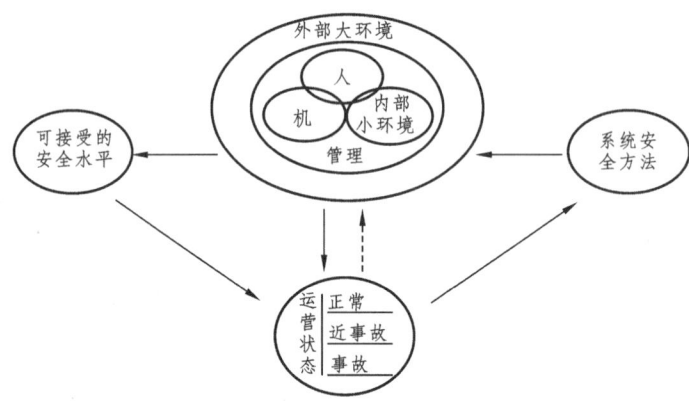

图4-1 运营安全影响因素间的关系

城市轨道交通运营系统中"人"分为两部分：一是参与企业运营主体的员工；二是参与运营全过程且多为自助式服务的乘客群。

"机"是人在运营中所控制的设备，包括固定设备和移动设备。

"环境"是指人与设备在运营中共处的特定工作条件，包括内部环境与外部环境。实现运营安全必须将"管理"作为控制手段，协调人、设备、环境之间的相互关系，并通过反馈作用将系统状态的信息反馈给管理系统，从而改进安全管理方法，最终形成更为安全的系统。

这种分类具有下述优点:
(1) 它是从构成生产系统的最基本元素出发,从事故的最基本原因着手的,具有普遍意义。
(2) 充分体现安全是一项全员、全要素、全过程的活动。因为系统中的"人",是指作为工作主体的人;"机"是指人所控制的一切对象的总称(包括固定设备和移动设备);"环境"是指人、机共处的特定的工作条件(包括内部环境和外部环境)。
(3) 考虑了人、机、环境对安全的影响,尤其考虑了三者之间的相互作用,包括人—人,人—机,机—机,机—环境,人—环境,以及人—机—环境等。
(4) 以管理作为控制、协调手段,协调人、机、环境之间的相互关系,并通过反馈作用将系统状态的信息反馈给管理系统,从而改进安全管理方法,最终得到更加安全的运营系统。

任务二

城市轨道交通事件类型分析

一、城市轨道交通运营事件的概念

一般来说,城市轨道交通运营事件是指在轨道交通运营线路、车站内发生的爆炸、化学恐怖袭击、火灾、列车脱轨、撞车等事件,或车辆、设备、设施故障,停电或断电,地震等自然灾害原因,造成或可能造成中断运营或人员伤亡及财产损失的紧急情况。

二、城市轨道交通运营事件的类型

将轨道交通看作一个大系统进行分析,人、设备、环境3个因素是事故发生的直接原因,而管理缺陷是事故发生的间接原因。这4种因素和事故发生存在着必然的逻辑关系,借助事故树中的条件,运用布尔代数原理可写出下式:

$$T=X_1(X_2+X_3+X_4)=X_1X_2+X_1X_3+X_1X_4$$

式中,T 为事故;X_1 为事故的管理原因;X_2 为事故的人为原因;X_3 为事故的设备原因;X_4 为事故的环境原因。

由上述公式看出,事故发生的原因可归结为管理、人、设备和环境4个因素。这4个因素中的任何一种因素运行不良,都会引发事故。而管理因素随时随地制约着其他3个因素,管理原因或管理原因与上述任何一种原因结合,都会引发事故。换句话说,只要管理上存在着缺陷、不善、混乱或失误,就会直接导致事故发生或导致人的不安全行为、设备的不安全状态和环境的不安全因素存在,进而引发事故。可见,管理缺陷是诱发事故的关键原因。

大致来说,城市轨道交通运营事件分类方法有以下几种。

(一)按事件成因分类

纵观各国城市地铁发生的各类事件,分析其发生原因,大致为 3 个方面。

1. 人员因素

人员因素是指人的不安全行为、不安全行动导致事件的发生。人员因素包括地铁乘客、操作人员、管理人员及其他在场人员所涉及的因素(见图 4-2)。

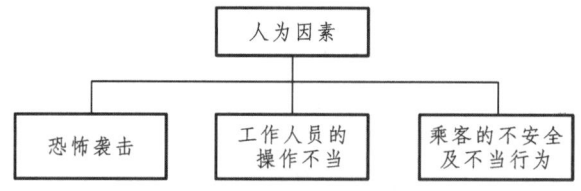

图 4-2 运营事件人员因素

人员因素是导致地铁事件的主要原因,主要有两个方面:一是乘客未遵守安全乘车规则或蓄意破坏导致的;二是工作人员工作疏忽引发的。具体包括以下几种情形:

(1)拥挤。

2001 年 12 月,某市地铁线路一名女子在站台上候车,当车驶入站台时,被拥挤人流挤下站台,当场被列车压死。

1999 年 5 月,白俄罗斯某地铁车站人员混乱拥挤,导致 54 名乘客被踩踏致死。

(2)乘客不慎落入和故意跳入轨道。

长期以来,人员跳入地铁轨道,造成地铁列车延误的事件屡次发生,短的延误 1~2 min,长的则延误十几分钟。而地铁列车一旦受到影响,不能正点行驶,势必影响全局,就需进行全线调整,这不仅影响当事列车上的乘客,而且使整条线路甚至其他轨道交通线路上的乘客都可能被延误。

(3)恐怖袭击。

2010 年 3 月 29 日,莫斯科市中心的卢比扬卡地铁站和文化公园地铁站接连发生自杀式爆炸事件,造成 41 人死亡、63 人受伤。

(4)工作人员处理措施不得当。

2003 年,韩国大邱市地铁那场大火中,地铁司机和控制中心有关人员对灾难处置不当。在前方车站已经发生火灾的情况下,行车调度员仍然命令另一辆 1080 号列车司机驾驶列车驶入烟雾弥漫的站台,在车站已经断电、列车不能行驶时,司机没有采取果断措施将车门打开,疏散乘客,却紧闭车门。更不可思议的是,事件发生 5 min 后,行车调度员居然还下达"允许 1080 号车出发"的指令。

事件人员因素影响分类如表 4-1 所示。

表 4-1 事件人员因素影响分类

分类号		分类项目	说明
不按规定方法操作	011	未按规定的方法使用机械、装置等	除去 013 的内容
	012	使用有毛病的机械、工具、用具等	标有缺陷的或缺陷明显的
	013	错误选择机械、装置、工具、用具等	用错工具
	014	离开运转着的设备等	
	015	设备超速运转	
	016	送料或加料过快	
	017	车辆运行超速	
	018	车辆违章驾驶	除去 017 的内容
	019	其他	
无安全措施	021	未防止意外危险	如开关、阀门上锁等
	022	未防止机械装置突然开动	
	023	没有看信号行车	
	024	没有信号就移动或放开物件	
	025	未确认进路、道岔位置、开关/按钮等	
	026	其他	
不安全行为	031	用手代替工具	
	032	未进行安全确认就进入下一个动作	
	033	从中间、底层抽取货物等	
	034	用扔代替传道方式	
	035	抢上抢下	
	036	其他	

2. 设备因素

城市轨道交通系统是一个大的联动机，由几十个专业系统组成，设备包罗万象，任何一个系统设备尤其与行车有关的设备发生故障，都可能导致地铁无法正常运转，甚至造成巨大的生命财产损失。一般来说，车辆、轨道、供电、信号设备发生故障的概率比较大。设备系统自身因素在很大程度上属可控的因素，可采用一些具体措施和可量化的指标去实施控制。运营事件设备因素如图 4-3 所示。

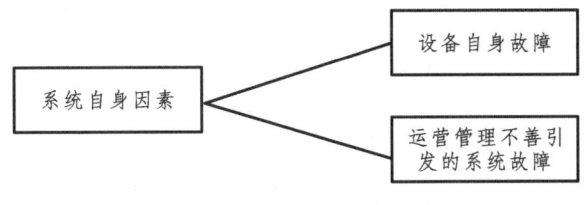

图 4-3 运营事件设备因素

2003年1月25日,英国伦敦地铁一列挂有8节车厢的中央线地铁列车在行经伦敦市中心一地铁站时出轨并撞在隧道墙上,最后3节车厢撞在站台上,导致32名乘客受轻伤。

2003年2月14日,上海地铁2号线中央控制室自动信号系统发生故障,造成列车停运20 min。

2003年7月15日,上海地铁1号线莲花路到莘庄的列车突然停电,被迫停运62 min。经查明是地铁牵引变电站直流开关跳闸,列车蓄电池亏电过量,致使列车无法正常启动。

设备因素事件分类如表4-2所示。

表4-2 设备因素事件分类

分类号		分类名	说明
设备本身的缺陷	011	设计不良	功能上的缺陷、强度不够、联结装置缺少等
	012	设备部件材料不合适	
	013	陈旧、疲劳、过期	
	014	出故障未维修	
	015	维修不良	
	016	其他	
安全装置的缺陷	021	没有安全防护装置	如屏蔽门
	022	安全防护装置不完善	设计缺陷除外
	023	绝缘、接地设置不当	
	024	屏蔽设置不当	对辐射性而言
	025	间隔、标识的缺陷	对危险物而言,如隔离网、"禁止跳下站台"标识等
	026	其他	
防护用品的缺陷		包括安全帽、护目镜、面罩、手套、呼吸器具、听力护具、防护服、安全鞋等缺陷	
	031	个人防护用品具缺乏	如听力护具等
	032	防护用品具不良	
	033	使用品具指定信息缺失	没有指定使用安全鞋、禁止使用手套等
	034	其他	

3. 社会、自然灾害因素

城市轨道车站及列车是人流密集的公众聚集场所,一旦发生爆炸、毒气、火灾等突发事件,势必造成群死群伤或重大经济损失,严重影响社会秩序的稳定。近年来,地铁接连不断地发生爆炸、毒气、火灾等社会灾害。

1995年3月20日,日本东京地铁曾经遭受邪教组织施放沙林毒气,夺走了10多条人命,5 000多人受伤,引起全世界震惊。

2004年2月6日,莫斯科地铁的爆炸及大火夺去了几十人的生命,上百人受伤。另外,强降雨、强台风等自然灾害也很可能对城市地铁运营造成严重影响。

综上所述,按照事件的形成原因,城市轨道交通运营事件可以分为以下3类:人为事件、设备事件、社会自然灾害事件。

（二）按照事件性质分类

根据我国公共突发事件分类方法中的事件性质分类，城市轨道交通运营事件可分为自然灾害、事故灾难、突发公共卫生事件、突发社会安全事件4类。

（1）自然灾害：主要包括强台风、强降雨、地震等。自然灾害统计如表4-3所示。

表4-3 自然灾害统计

事故时间	事故地点	事故原因	事故影响
1985-09-19	墨西哥墨西哥城	地震（8.1级）	地铁侧墙与地层结构出现分离破坏
1995-01-17	日本神户	地震	5座车站、3 km隧道遭到严重破坏，经济损失300亿日元
2001-09	中国台北捷运	台风	台北捷运高架线路长时间停运
2003-05-26	日本仙台	地震	仙台地铁全线停运
2007-07-17	中国重庆轻轨	雷击	供电设备破坏、部分区间断电，部分线路停运达7 h
2007-08-08	美国纽约地铁	雨水倒灌	多条地下线被淹，19座车站关闭，纽约地铁系统瘫痪5 h以上
2008-04-09	中国上海地铁	10级大风	上海轨道交通3号线限速运营0.5 h

（2）事故灾难：主要包括火灾、爆炸、列车脱轨、列车冲突、列车颠覆、接触网断线、严重水浸、大面积停电、地铁构筑物坍塌等。

（3）突发公共卫生事件：主要包括恶性传染病疫情、食品安全与职业危害事件等。

（4）突发社会安全事件：主要包括突发性大客流、重大刑事案件（炸弹恐吓、毒气、劫持）、有毒化学物质泄漏、放射性物质扩散等。

（三）按事件伤害方式分类

根据事件伤害方式不同，可分为运行事件、设备事件、生产安全伤亡事件、交通事件。

（1）运行事件：在运行线和车场范围内，造成或可能造成运行中断、乘客伤亡等情况的事件。

（2）设备事件：在行车工作及日常工作中因违反有关规定，造成或可能造成设备报废、损坏的事件。

（3）生产安全伤亡事件：在生产经营活动中或生产经营活动有关的活动中发生的、造成或可能造成员工人身伤亡的事件。

（4）交通事件：车辆在道路上造成或可能造成的城市轨道交通系统以外的人身伤亡或者财产损失的事件。

（四）按管理因素分类

管理因素致因图如图4-4所示。

（1）安全与生产脱节。有的生产管理部门和个别员工错误地把安全工作看成是领导、安监室、安全员的事，在生产过程中忽视安全工作，造成安全管理与地铁运营管理脱节。轨道交通企业作为独立的经济实体，安全管理理所当然的是生产管理的有机组成部分，应当推行与生产管理同步发展的全面安全管理，即系统安全管理。

（2）对安全问题处理不够全面。在处理问题时，没有由表及里按系统的结构和功能进行深入分析，不能将存在的各种安全问题有机联系起来进行全面分析，并制定相应的预防措施，以致出现头痛医头、脚痛医脚、顾此失彼的局面。

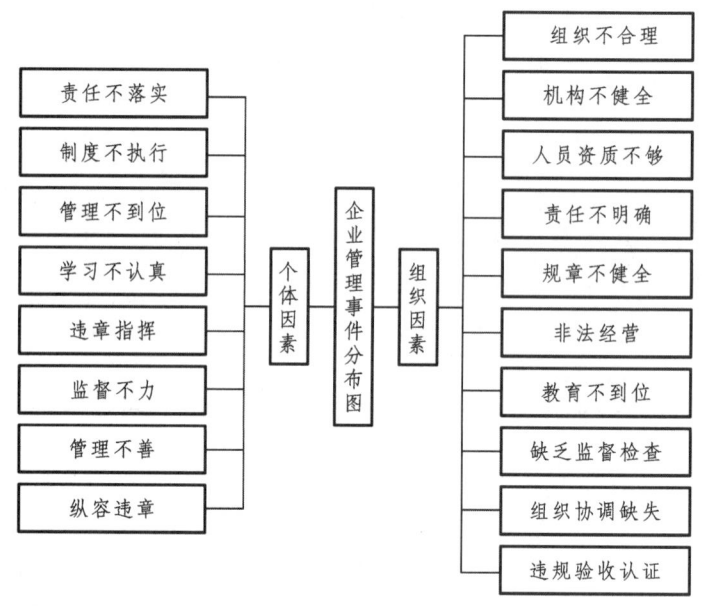

图 4-4　管理因素致因图

（3）没有抓住信息流这一管理核心去指导安全工作，安全管理仍然是静态管理。现代企业安全管理的理念是：安全信息不仅应包括有关重大事故等灾害事故的信息、历史经验资料，更重要的是应及时把握住运营过程中的安全信息，以实现对安全工作的全过程动态控制。

（4）事故处理仍然是安全管理的日常工作重心。要完成由"事故处理"型到"事故预测"型的转变，将安全管理工作的重心真正从事故追查处理转变到事前安全预测上，并且还需要一个过程。

（5）管理上的漏洞仍然存在。随着轨道交通线网规模的扩大，安全监管的范围、人员、规章制度都有新的变化，就容易形成管理上的漏洞。易出现规章制度的不健全、安全考核和相关措施不到位的情况，所以要对现行的安全标准根据实际情况的变化及时修改补充或重新制定。

（6）安全责任落实不够。虽基本上建立了安全生产责任制，但落实仍有待加强。

三、事故的发生特征

通过对历年来国内外城市轨道交通重大运营事故及灾害的分析可知，其发生的主要特征如下：

（1）从发生的次数来看，火灾事故发生的比例最高，占到近一半。火灾事故、列车事故、恐怖袭击3种事故类型是城市轨道交通运营中的主要重大事故，占事故总数的85%。

城市轨道交通不同类型重大运营事故发生比例如图4-5所示。

（2）通过事故致因分析可知，导致重大人员伤亡及列车中断运营主要发生在列车、电气、车站、钢轨上。

（3）影响地铁安全运营的外部因素主要来自乘客携带违禁品、自然灾害城市其他设施损坏和恐怖袭击。

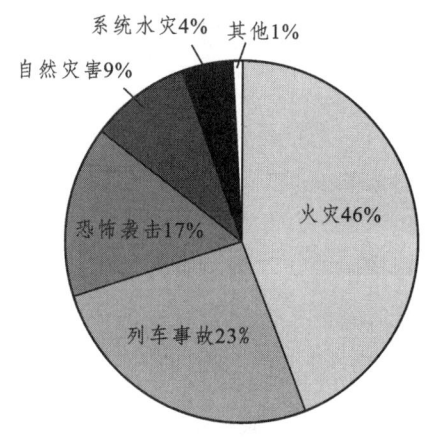

图4-5 不同类型重大运营事故发生比例

（4）从世界范围发生事故的趋势来看，近年来，火灾发生的周期较早期在逐渐缩短，发生频率在大幅加快；针对城市轨道交通的恐怖袭击事件呈现明显的上升趋势。

（5）从发生的原因来看，事故致因呈现多样化。社会、自然和系统状态等运营管理难以实施控制的环境因素，设施设备等系统自身因素，人为蓄意破坏行为、乘客不安全行为、工作人员不规范行为等人为因素，都可能引发重大运营事故。

四、事故的灾害性分析

对历年来国内外城市轨道交通典型事故的危害性进行分析，可归纳出重大运营事故及灾害的危害性特征。

（1）从单个事件的人员伤亡程度来看，火灾和人为恐怖袭击的危险度最高。

（2）次生危害大。重大运营事故并不是一个孤立的事故类型，一般容易引发其他次生的事故危害。关键设备的故障可能导致列车相撞事故；列车脱轨事故、列车相撞事故，又可能引发列车火灾以及供电设备和线路轨道的破坏。

（3）危害影响范围广。城市轨道交通重大运营事故或灾害的影响往往不仅局限于发生地点。由于城市轨道交通系统具有相对封闭、网络连通的特点，其影响范围通常会快速扩散。

例如，大型多线换乘车站一旦发生火灾，如果不能及时处置，将可能导致多条线路运营中断，甚至引发整个城市轨道交通网络瘫痪。

任务三

城市轨道交通系统主要危险因素及分级

一、城市轨道交通运营模式

城市轨道交通有 3 种运营模式：正常运营状态、非正常运营状态和紧急运营状态。

正常运营状态，是指列车白天和夜间的运营状态与运行图基本相符的状态。正常运营状态又分为高峰时段和非高峰时段运营。

非正常运营状态，是指各种原因造成了列车晚点、区间堵塞、车站乘客过度拥挤、道岔故障、列车故障、沿线设备故障等影响正常运营秩序的情况。

紧急运营状态，是指发生火灾、爆炸、水灾、地震以及雨雪风暴等自然灾害、设备故障导致大范围停运等，致使部分区间或全线无法运营的情况。

城市轨道交通运营模式如图 4-6 所示。

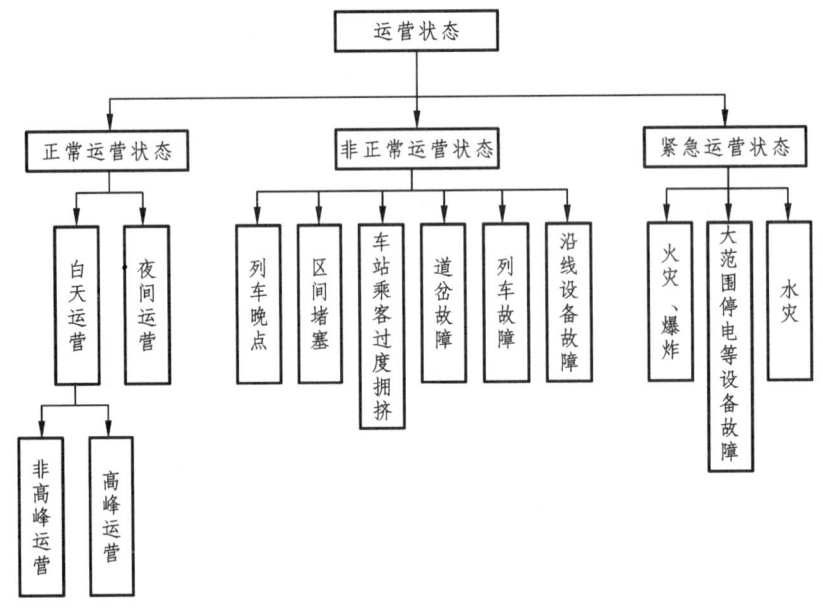

图 4-6　城市轨道交通运营模式

二、运营事件影响危险度分析

城市轨道交通系统运营安全在世界上是非常突出且备受关注的问题，统计分析国内外城市轨道交通发生的各类事故，针对事故发生的次数、危害后果，可以对城市轨道交通存在的主要危险因素划分出等级——危险度。

（一）危险度计算

危险度的计算要同时考虑严重程度的大小和造成某种损失或损害的难易程度。损害发生的难易程度一般用某种损害发生的概率大小来描述，其计算公式如下：

$$R = S \cdot P$$

式中，R 为风险率，即事故损失/单位时间；S 为严重度，即事故损失/事故次数；P 为事故发生概率，即事故次数/单位时间。

危险度计算方法：

（1）根据国内外城市轨道交通事故发生情况的分析，确定严重度取值标准和危害概率取值标准（见表4-4）。

表4-4 严重度取值标准和危害概率取值标准

严重度分级	表现特征	取值
灾难性的	具有紧急的危险，能引起大范围的死亡及伤病的危害能力	9~10
严重的	危害能引起严重的疾病、伤亡、设备及财产损失	6~8
临界的	危害能引起严重的疾病、伤害及设备损失，但不是严重的	3~5
可忽略的	危害不会引起严重的疾病、伤害，伤害可能极小，伤害程度不需急救处理	1~2

（2）按事故后果严重程度分析所得严重度分级赋值，按事故发生频次进行分析（见表4-5）。

表4-5 危害概率赋值

危害概率分级	表现特征	取值
可能发生	有可能立刻发生或短期内会发生	9~10
有理由可能发生	一段时间内会发生	6~8
可能性小	一段时间内可能发生	3~5
可能性极小	不太可能发生	1~2

（3）根据国内外事故的种类、发生的次数和后果损失情况，对影响城市轨道交通运营的危险因素等级情况进行划分。

通过对地铁危险因素危险度进行分析可知，地铁火灾事故的危险度值最高，人为纵火、恐怖袭击等意外事故在国外发生的次数比较多。

（二）分析方法及结论

对已识别出的危险源，通常采用危险度评价方法进行分类评价。

（1）分析方法。

一般有以下几种分析方法：专家讨论与比较；权重与打分法；民意测验法；是非判断法；事件树分析法。根据危险度评价的结果，可将危险度分为5级：第1级，极其危险；第2级，高度危险；第3级，中度危险；第4级，一般危险；第5级，可容忍危险。

对国内外城市轨道交通运营事件进行分析，总结城市轨道交通系统主要危险因素危险度，如表4-6所示。

表4-6 城市轨道交通主要危险因素危险度分析汇总表

危险因素	发生位置	可能原因	可能后果	危险等级
火灾、爆炸	列车	车辆电路短路等列车故障；车厢内可燃物着火；未熄灭烟头；纵火	设备损失、中断运营、人员伤亡	1
	车辆段	维修设备时违章作业；设备着火	设备损失、人员伤亡	2
	车站	车站内电气设备故障；乘客携带危险品；吸烟；纵火	设备损失、中断运营、人员伤亡	1
	隧道	隧道电缆着火；隧道内电气设备故障起火；隧道内可燃物着火	设备损失、中断运营	2
列车脱轨	列车运行中或试车作业时	车辆故障；列车超速；钢轨断裂；道岔损伤；异物侵入；司机误操作	设备损失、中断运营、人员伤亡	1~2
列车撞车	列车运行中或试车作业时	车辆故障；列车超速；司机误操作；办错进路	设备损失、中断运营、人员伤亡	2~3
拥挤踩踏	车站站台	人员密集突发事件疏散不力或有障碍物	中断运营、人员伤亡	1~2
	列车上	紧急情况下疏散不力	中断运营、人员伤亡	1~2
中毒窒息	车站	火灾情况下，燃烧后产生有毒物质；投毒或恐怖袭击	中断运营、人员伤亡	1~2
	列车上		中断运营、人员伤亡	1~2
其他危险	列车上	车门夹人	中断运营、人员伤亡	4~5
	站台	扶梯伤人	人员伤亡	4~5
	第三轨	故障；走行轨异物短路，水淹	中断运营	5

通过对世界各地历年来城市轨道交通运营过程中典型案例统计分析可得图4-7所示统计表。

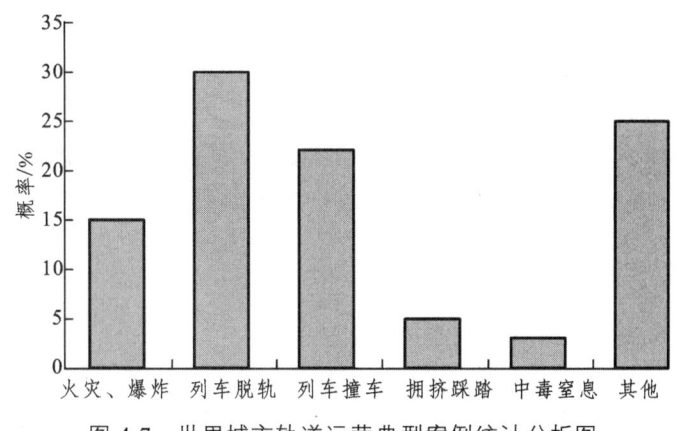

图 4-7 世界城市轨道运营典型案例统计分析图

(2) 分析结论。

对城市轨道交通运营事件影响危险度进行分析后,得出以下结论:

① 地铁火灾和人为恐怖事件的危险度最高。

② 导致重大人员伤亡和列车中断运营的事故主要发生在列车、车站和钢轨上。

③ 影响地铁安全运营的外部因素主要来自乘客携带违禁品、自然灾害、城市其他设施损坏和恐怖袭击等。

三、城市轨道交通运营系统主要危险因素分析

城市轨道交通运营事件受两方面因素的影响,即内部因素和外部因素。内部因素主要是指设备设施故障或人为误操作等;外部因素主要是指自然灾害、恐怖袭击、乘客携带违禁物品等。城市轨道交通系统中典型的危险因素有:火灾危险因素、列车脱轨危险因素、地铁拥挤踩踏危险因素、列车撞车危险因素、地铁中毒和窒息危险因素、其他危险因素等。

(一) 城市轨道交通火灾危险因素重点分析

1. 内部火灾危险因素分析

车站、隧道以及列车内存在大量的电气设备等火灾危险因素;车站、列车内的建筑装饰材料、广告牌等为可燃材料,遇火可能会发生火灾危险。

2. 外部火灾危险因素分析

乘客违章携带危险物品、吸烟和吸烟后烟蒂随处乱扔等不当处置引起的火灾危险;人为因素(恐怖袭击、纵火等)、意外明火引起的火灾危险。

(二) 列车脱轨危险因素重点分析

列车脱轨主要是城市轨道交通系统内部危险因素导致的。

(1) 线路设计或铺设不合格,道岔伤损、轨枕伤损、道床伤损、接触扎伤损、钢轨断裂等均可能导致列车脱轨危险。

（2）列车超速，列车走行部件发生故障，可能导致列车脱轨危险。

（3）轨道列车、线路设备等存在老化现象，均处在超期服役状态时，这些设备一旦发生故障，可能导致列车脱轨事故。

此外，轨道周边物体侵入运营线路，如电缆伪装门坠落、抹灰层脱落等，异物侵限可引起列车损坏、列车倾覆、列车脱轨等重大、特大安全事故。

（三）地铁拥挤踩踏事故危险因素分析

地铁发生拥挤踩踏事件主要有以下两方面的原因：

（1）车站内人员负荷过大、车站疏散通道或疏散楼梯设置不合理、车站站台、集散厅及疏散通道内有妨碍疏散的设施或堆放物品、车站出入口存在缺陷或有突发事件发生时，都可能造成人员拥挤踩踏。

（2）其他原因，如地铁列车故障、火灾或其他危险状况等紧急情况发生时，也可能发生乘客挤伤、踩踏等危险。

（四）列车撞车事故危险因素分析

处于高速移动状态的列车，也伴随着高风险，一旦出现瞬间的设备异常或人员违章操作，可能造成撞车危险。

（五）地铁中毒和窒息事故危险因素分析

地铁中毒和窒息事故危险因素包括中毒、缺氧窒息、中毒性窒息。在火灾事故情况下，可能产生大量烟气，存在中毒和窒息的危险。地铁发生火灾后会产生大量的烟雾，如果通风设施故障，可能造成中毒和窒息的危险。人为恐怖袭击有时也会使用有害气体等，也可能造成中毒和窒息。

（六）其他事故危险因素分析

（1）轨道交通系统内部的电气设备，如电动车辆、变电所、配电室、电缆、三轨以及风机、水泵等设备缺陷、设计不周、防护不当等技术原因可能导致触电伤害危险。

（2）人的违章作业、违章操作也可能造成触电伤害危险。

（3）乘客使用扶梯时，可能造成碰撞、夹击、卷入等伤害。

（4）扶梯正常运行状态下的乘客违章乘梯，可能造成严重的乘客摔伤。

（5）列车车厢内灯管爆裂、内侧玻璃意外脱落等均可能导致机械伤害。

（6）列车在紧急起、制动时具有很大的惯性，可能引发乘客摔伤危险。

（7）乘客手扶车门、上下车时机选择不当或地铁列车设备故障可能发生车门夹人等机械伤害。

四、系统故障模式、影响和严重性分析（FMECA）的实施步骤

（1）弄清系统的全部情况。主要包括系统的功能，可能具有的工作模式及其变化规律、

所处的环境及其变化、故障判断和相应的可靠性框图等。

（2）正确划分系统的功能等级。一般大致分为 5 个功能级，即回路级、单元级、组件级、子系统级、系统级。前一级的故障影响就是后一级的故障模式，功能级的划分是相对的。

（3）根据要求建立所分析系统的故障模式清单。

（4）分析造成各种故障模式的原因。

（5）分析各种故障模式可能造成的影响。

（6）研究故障模式及故障影响的检测方法。

（7）确定各种故障影响严重程度等级。

（8）确定各种故障模式的发生概率。

（9）估计危害度。

（10）在认真分析的基础上，提出可能的预防措施和改正措施。

【复习思考题】

1. 影响轨道交通安全管理的因素有哪些？
2. 简述城市轨道交通运营事件的类型。
3. 简述城市轨道交通运营模式的潜在危险。
4. 简述火灾危险因素。
5. 简述列车脱轨危险因素。
6. 简述列车撞车危险因素。
7. 简述地铁拥挤踩踏危险因素。
8. 简述地铁中毒和窒息危险因素。
9. 简述城市轨道交通系统事故影响危险度分析的内容。

项目五 城市轨道交通运营企业安全运作模式

【问题导入】

本章主要是让学生认知城市轨道交通运营企业安全管理模式；熟悉城市轨道交通运营企业安全文化；熟知并掌握城市轨道交通运营企业安全管理运作；重视城市轨道交通运营企业职业健康安全管理。

【教学目标】

1. 能力目标

能阐述城市轨道交通运营企业安全管理模式；掌握城市轨道交通运营企业安全管理运作。

2. 知识目标

熟悉安全系统理论；掌握城市轨道交通运营安全管理模式基本要素；掌握轨道交通安全管理体系的原理；熟悉信息管理技术的应用。

3. 素质目标

具有能够宣传城市轨道交通安全文化的理念；保证安全文化建设的健康发展；重视职业健康安全，树立法治意识。

任务一

城市轨道交通运营企业安全管理模式认知

【案例】道岔故障影响正常运营

事件经过：某城市地铁运营中，发现一折返车站的 2/4 号道岔反位失去表示。行车调度员安排车站人员手摇 2/4 号道岔至定位，利用 6/8 号道岔组织列车折返。17：05，该站报 4 号道岔无法手摇操作，行车调度员调整行车方案，安排 4 号道岔手摇至反位钩锁，手摇 2 号道岔组织列车折返。17：16 行车调度员下达 011 号调令某站至某站下行区间采用电话闭塞法行车。18：06 行车调度员授权信号人员利用行车间隔入轨抢修。18：12 故障修复。本次道岔故障造成 14 列次客运列车未兑现；13 列次客运列车晚点，最长晚点 32 min。

原因分析：大风将塑料袋刮入该车站 4 号道岔第二个滑床板与尖轨之间，经多次道岔转换，被挤入尖轨底部，致使该尖轨无法移动。

预防措施：

（1）设备保障部门应分析借鉴此次事件中应急响应的薄弱环节，提升故障判断、检查、处置、恢复等环节的效率。

（2）车务部门应借鉴此次事件中车站员工应急响应过程、行车调度员行车组织中存在的问题，进一步压缩应急处置时间，提升应急处置效率。

一、安全系统理论

（一）安全系统工程的特点

安全系统工程是系统工程在安全领域中的实际应用。任何系统的设计、制造、施工、运行、维护等都存在安全与否的问题，运营系统中的人员、设备、环境等都需要强化安全管理，才能实现系统的整体功能和预定目标。安全系统工程就是以系统工程的理论和方法为指导，运用运筹学、控制论、信息论、概率论与数理统计及信息技术，科学分析、评价系统安全状况，预测并控制系统中的隐患和事故，为调整设计、工艺、设备、操作、管理、生产周期和费用投资提供决策依据，从而实现系统安全优化管理，预防或减少事故发生的目的。安全系统工程是一门综合性组织管理工程技术，是安全科学的一个重要分支。

（二）安全系统工程的主要内容

安全系统工程的主要内容包括安全系统分析、安全系统评价和安全预测。

1. 安全系统分析

安全系统分析,主要从运营事故的预防和预测角度出发,通过对运营事故的发生原因、概率及各种隐患表现的定性或定量分析,识别系统的安全性和危险性,为确定出哪种危险能够通过系统修改设计或改变控制系统进行预防提供依据。系统安全分析是安全系统工程的核心,分析结果关系到整个安全工作的成效。

我国城市轨道运营安全系统分析的方法主要有安全检查表法、排列图法、因果分析图法、事件树分析法和事故树分析法等。

(1)安全检查表法。

安全检查表法是将系统中的检查对象加以剖析,界定检查范围,拟定检查项目表格,通过一定的方式获得系统安全状况的检查结果。

(2)排列图法。

排列图全称为主次因素排列图,可用于确定系统安全的关键因素,以便明确主攻方向和工作重点所在。

(3)因果分析图法(鱼翅图)。

运输事故的发生,常常是复杂因素影响所致,可通过因果分析图(见图 5-1)将引发事故的重要因素分层(枝)加以分析。

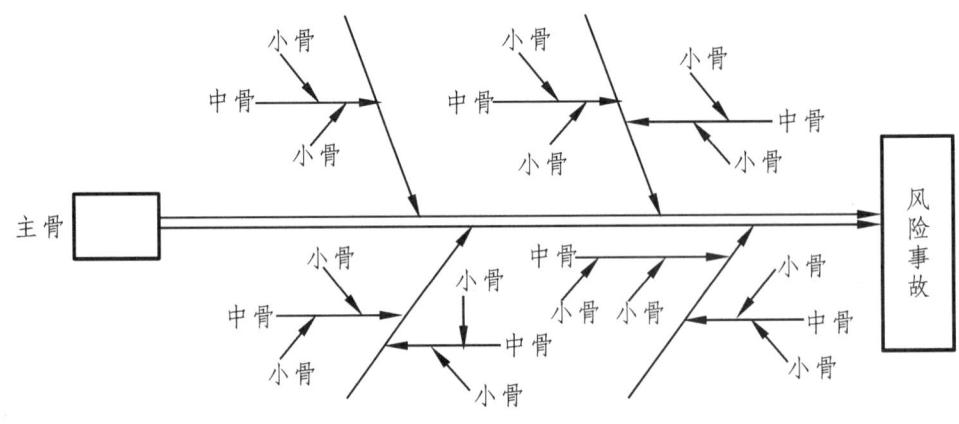

图 5-1 因果分析图(鱼翅图)

(4)事故树分析法。

事故树分析亦称事故预测技术,是将导致事故发生的所有基本原因事件(基本事件)找出,把它们通过逻辑推理方式用逻辑门连接起来,运用定性分析或定量分析的方法得到导致事故发生的基本事件的最小组合及预防事故发生的各种有效方案,从而为事故的预防工作提供较为全面、可靠的依据。事故树分析程序框架如图 5-2 所示。

(5)事件树分析法。

事件树分析是根据实际工作需要,选出希望或不希望的事件作为起始事件,按照逻辑推理方式,推论其发展结果。每一事件的发展趋势只有两种可能性,即失败或成功。把每一个结果都看作新的起始事件,不断推论下去,直到找出事件发展的所有可能结果为止。

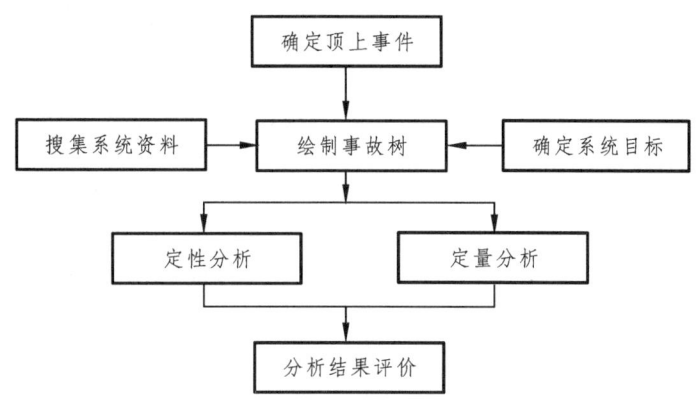

图 5-2 事故树分析程序框架

通过事件树分析（ETA）方法可以实现以下目的：
① 能够判断出事故是否发生，以便采取直观的安全方式；
② 能够指出消除事故的根本措施，改进系统的安全状况；
③ 从宏观角度分析系统可能发生的事故，掌握事故发生的规律；
④ 可以找出最严重的事故后果，为确定故障树顶层事件提供依据。

事件树分析图如图 5-3 所示。

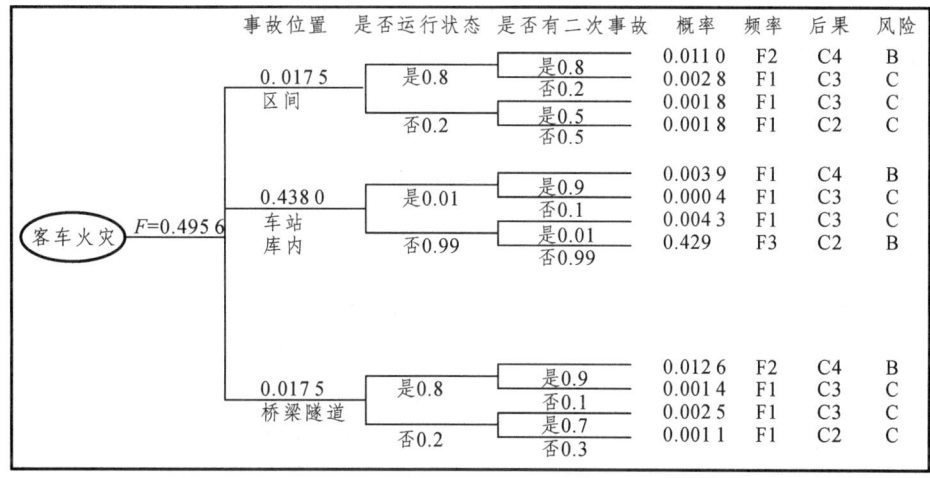

图 5-3 事件树分析图

2. 安全系统评价

安全系统评价是在运营安全系统分析的基础上，从运营事故指标和隐患指标两个方面，对运营安全保障系统的整体安全性、运营安全工作的薄弱环节及系统的主要矛盾和矛盾的主要方面进行比较、评价。

通过对系统的危险性进行定性和定量分析，得出系统发生危险的可能性及其程度的评价，以寻求最低事故率、最小损失和最优的安全投资效益。定性安全评价通过定性分析系统的危险性，揭示系统中的危险因素并对危险性进行重要程度的分类。只有通过定量的评价才能发挥安全系统工程的作用。决策者可以根据评价的结果选择技术路线。当安全评价的结果表明需要改进系统的安全状况时,就必须采取安全措施,减少危害因素及其概率,重新进行安全评价,直到达到安全要求。

3. 安全预测

安全预测是对运营系统未来的安全状况进行预测,预测有哪些危害和它的危害程度,并对运营可能发生的事故进行预防或预报。对安全进行预测可以掌握一个企业或部门事故变化的趋势,协助人们认识客观规律,制定政策,发展规划与技术方案。根据预测对象,安全预测可分为宏观预测和微观预测。根据所应用的原理可分为白色理论预测、灰色理论预测和黑色理论预测。

二、现代企业安全管理模式

管理模式是在大量总结管理理论和实践的基础上,针对企业管理的具体实际需要,提出的一整套管理思想、管理程序、管理制度和管理方法体系。一种管理模式,就是一种特有的管理体系,它是由若干个既相对独立运行,又密切相关的系统,有机整合而成的。

安全管理模式就是为实现"安全第一、预防为主、综合治理"这一方针而建立的安全管理组织形式和安全运营行为方式。安全管理通过对人、设备、运营环境等各方面的管理,强化运营系统的安全性,从而实现安全运营的目的。总之,安全管理模式就是优化的安全管理系统,建设安全管理模式的过程是优化安全管理系统的过程。安全管理系统优化的目标是使之具有最高的工作绩效,能充分利用现有的技术经济条件,使运营系统发生的事故损失率低于可以接受的水平。

我国在不同的历史时期出现了不同的安全管理模式,按照其发展历程大致可以分为:传统安全管理模式、对象型安全管理模式、过程型安全管理模式以及系统安全管理模式。

(一)传统安全管理模式

传统安全管理模式是从已经出现的安全问题本身出发,依靠总结经验教训得出安全管理的方式方法。传统安全管理模式主要有事故管理模式和经验管理模式两种。其中,事故管理模式主要是依靠吸收事故教训为主,从事故中总结经验教训,从而避免同类事故再次发生。而经验管理模式则是依靠个人的经验进行管理,定性的概念比较多,靠直觉凭感觉处理安全问题。传统管理模式是一种被动的静态管理模式,没有抓住信息流这一企业管理的核心,反馈渠道不畅通。这种安全管理模式主要遵循技术步骤,如图5-4所示。

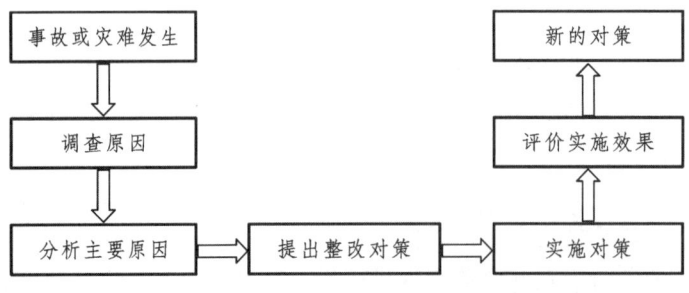

图 5-4 传统安全管理模式的技术步骤

(二)对象型安全管理模式

随着人们对事故分析的深入,安全管理者对事故原因进行了更加深入的研究,将事故的原因归结为人的不安全行为、物的不安全状态和环境不良因素等,如图 5-5 所示。于是就产生了从事故原因入手的,带有侧重点的对象型安全管理模式。由于环境因素往往很偶然,非人力所能控制,所以人们将关注点投向了人和物的不安全因素以及管理缺陷。这样,"以人为中心"的安全管理模式、"以设备为中心"的安全管理模式就成为这一安全管理模式的主要代表。

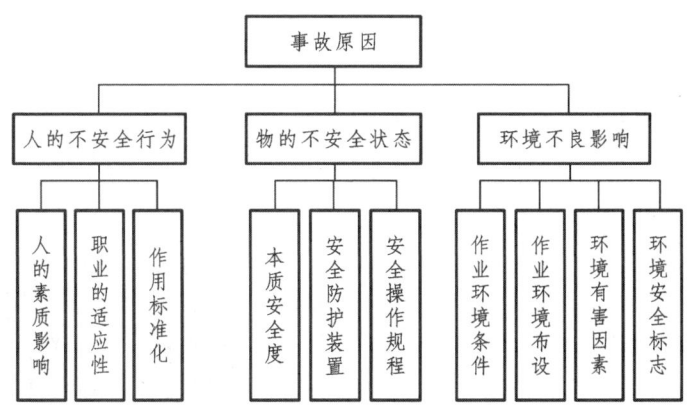

图 5-5 事故原因及其影响因素

三、城市轨道交通运营企业结构分析

(一)城市轨道交通企业的定位和性质

城市轨道交通是城市重要的基础设施。我国从 1965 年修建北京地铁开始,一直由政府发展轨道交通,政府与城市轨道交通企业是"母子"关系,是典型的政企结合式的国有控股企业。内地城市轨道交通运营企业一般为城市轨道交通企业的分支或子公司,城市轨道交通企业代表政府投资建设并管理国有资产;香港地区则是政府对地铁建设以财政拨款的形式认购公司股份,政府与其关系为纯粹的商业性持股关系。

城市轨道交通运营企业是提供准公共产品的企业,公益性明显,不以营利为目的。政府对其既有特殊政策,又实行严格的监管。企业是安全的主体,政府有监管职责。国外还有安全承诺和安全认证的制度。一般属于独立法人性质,但一般由上级单位领导兼任,即独立核算的子公司。

(二)城市轨道交通企业的结构

城市轨道交通企业作为国家的基础设施,在计划经济时代,为了便于统一指挥和管理,一般采用的是直线职能制组织结构。随着市场经济的发展,城市轨道交通企业组织结构也呈现出多元化,如图 5-6 所示。

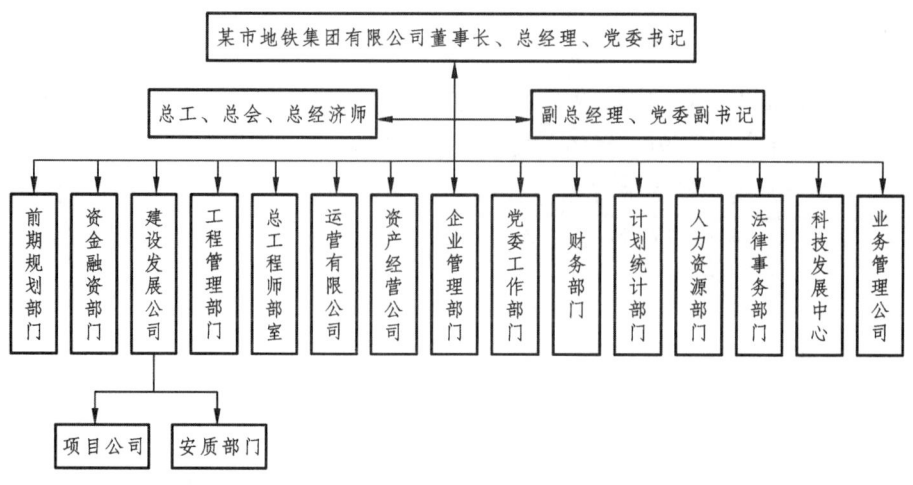

图 5-6 城市轨道交通企业结构

（三）城市轨道交通运营企业安全管理结构

组织结构及责任划分是为了确保项目现场员工的职责、权限得以规定和明确，确保安全管理体系得到有效运行，并不断提高管理绩效。本节只提供一种组织机构及责任划分的方法，各运营公司也可以根据已有组织结构划分。划分原则是，应当覆盖所有危险因素，并避免同一危险源的管理者的重复。组织结构及责任划分如图 5-7 所示。

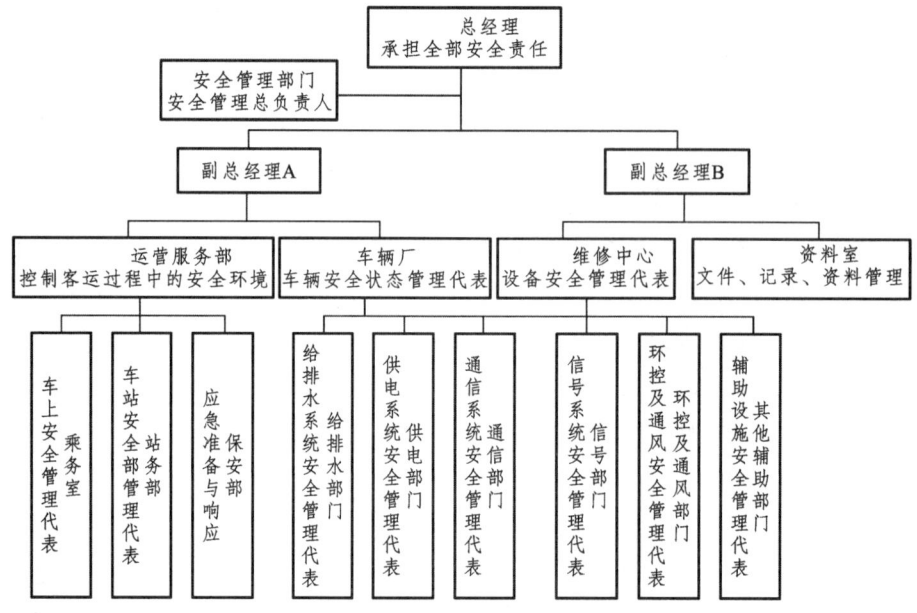

图 5-7 城市轨道交通运营企业安全管理结构

四、城市轨道交通运营企业安全管理模式

城市轨道交通运营安全管理模式主要包括总体方针、基本要素、运行模式 3 方面的内容，分别体现了安全管理系统中宏观指导、结构分析、操作方式 3 个层面的内容与方法。

（一）城市轨道交通运营安全管理模式的总体方针

1. 意　义

城市轨道交通运营安全管理模式的总体方针是城市轨道交通运营企业对其在安全管理方面的意向和原则的声明，实施城市轨道交通运营安全管理体系的全过程是在这个方针的指导下进行的。

安全管理模式的总体方针通常是组织的最高管理者制定的，是指导思想和行为准则，全体员工与安全管理的全部活动，无不在这一大前提下进行。所有的计划、措施、行动都应符合方针，为实现安全管理的方针服务。安全管理方针需要指明企业在安全方面的努力方向，提供规范企业行为和制定具体目标的框架。良好的安全管理方针，能指导组织有效地实施和改进它的安全管理体系；同时，安全管理方针也在这样的过程中得到必要的修正。

2. 要　求

城市轨道交通运营安全管理模式总体方针的制定及管理应该符合以下几个要求：

（1）方针应当遵循法律法规，没有相关规定时，可以选用城市轨道交通行业标准。

（2）方针应当包含对于城市轨道交通运营安全水平改进绩效承诺，并说明方针适用期。

（3）方针需要体现运营全过程中的安全管理思想。

（4）安全管理方针应当与城市轨道交通运营的其他管理方针一致，并且具有相同的重要性。

（5）安全管理方针应当形成文件，如写在安全管理手册的开头部分。

（6）方针应当包括对持续改进的承诺，因为使风险最小化的努力是没有穷尽的，应当根据安全管理体系实施的情况及时改进安全管理的总体方针。

（7）全员参与是实现方针的保证，所以方针要传达到每一个员工，使每一位员工意识到自己在安全运营方面的义务。

（8）方针应当公之于众，接受上级及广大乘客的监督。

（9）作为安全管理模式的核心内容，方针也应当定期评审，确保其适用性。

（二）城市轨道交通运营安全管理模式的基本要素

城市轨道交通运营安全管理模式共包括4个方面，14个基本要素，如图5-8所示。

1. 危害识别、风险评价及风险控制计划

危害是指可能造成人员伤害、财产损失、作业环境破坏或其组合的根源或状态，即事故的原因。这种根源危险源来自人、设备、环境和管理4个方面，也即人的不安全行为、设备的不安全状态、不良环境因素以及管理缺陷。当危害造成损失时，风险就出现了。对危险的识别应当包括以下范围：

（1）日常运营活动。

（2）周期性的检修活动。

（3）所有工作人员及乘客的活动。

（4）可以预见的紧急情况。

（5）所有的设施设备。

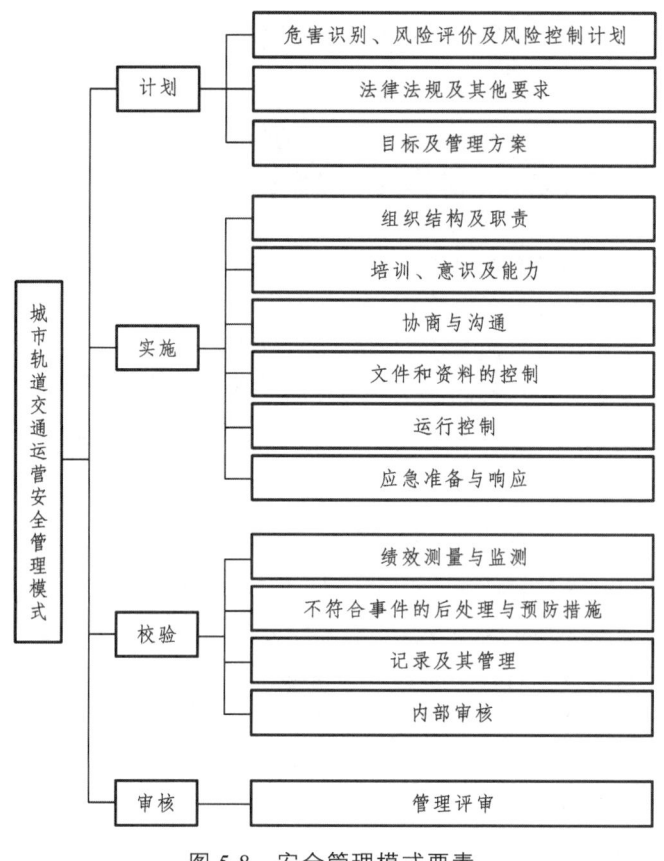

图 5-8 安全管理模式要素

对所有识别出来的危害，评价其风险程度，确定不可容许的风险，并针对这些不可容许的风险制订控制计划，从而将其降低为可以容许的风险。这些控制计划应当是预防性的而不是事后性的。对于评价的结果以及控制方法实施的效果，应当形成文件，并保持这些信息的实时更新。

2. 法律法规及其他要求

守法是安全管理的最基本要求，所以应当及时准确地获取相关的法律法规。城市轨道交通运营安全管理模式对获取到的法律法规应指出哪些条款适用于哪些部门，并将这些信息记录在案，保持信息随时更新。应将法律法规传达给每一个员工，必要时可以进行法律法规及其他要求的培训，保证员工遵守。

3. 目标及管理方案

（1）目标。

首先要建立安全管理的目标。目标既要针对运营过程中各职能部门的共性安全问题，也要指明各职能部门的特殊安全问题。

对于目标的要求如下：①目标要针对所确定的不可容许的风险，使其降低到可以允许的程度；②目标应当尽量量化；③要考虑资源的充分性和选择技术方案的可操作性；④目标要定位于相关的职能部门；⑤有开始和完成的时间限制。

（2）管理方案。

对应每一个安全管理的目标，应当有一个相应的管理方案，方案的内容包括：①确定担任各项任务的职能部门及人员，以及他们的职责和权限；②对各项任务分配适当的人力、财力、设备、技术等资源；③完成任务的方法及进度。

4. 组织结构及职责

活动管理、实施和检验的人员对于城市轨道交通运营安全的活动、设备设施、过程的安全风险有很大的影响，所以应当规定他们的职责、作用和权限，并形成文件，予以沟通，便于安全管理的实施。具体规定如下：

（1）最高管理者应当具有承担安全管理责任，批准安全管理方针，任命安全管理代表以及为安全管理提供资源和主持评审的职责。

（2）安全管理者代表需要得到安全管理体系绩效的汇报，注意安全管理的职责与运营职责不相矛盾。

（3）各职能部门的业务经理应清楚本部门的任务，管理和协调各岗位的工作。

（4）安全培训人员，应针对不同人员制定系统化的规划，并对其进行培训。

此外，对特种设备负责人、设施设备操作人员等，也要制定相应的职责和权限。通过职责的划分最终要达到：对于所有的安全管理事务，要事事有人管，一事一主管。不能有的事务没有人管，有的事务多头管理。

5. 培训、意识及能力

在安全管理过程中，全体人员都应该具备完成影响安全目标任务的能力，这就需要根据适当的培训对其能力进行判定。培训时需要确定每一个职能级别的人员所需要的能力，并针对不同人员制定系统化的规划对其进行培训。要定期评审培训的效果，并对培训内容进行实时改进。通过培训，员工能意识到执行安全管理方针、程序和安全管理体系的重要性；工作活动中实际或潜在的安全后果，以及个人行为的改进所带来安全管理的效益；执行安全管理方针、程序和实现体系的要求，包括应急准备与响应要求方面的作用和职责；偏离规定的运行程序产生的潜在后果。根据具体情况制定一套人员安全能力评价的方法和标准，并以此作为培训需求确定和绩效考核的依据。

6. 协商与沟通

沟通包括与外部的沟通和内部信息的沟通。其中，内部沟通包括各职能部门及单位之间的横向和上下级之间的纵向安全信息的沟通。沟通的内容方式应在安全管理文件中做出明确的规定。外部沟通包括接收并传达来自执法机构的法律和其他要求信息，并向执法机构汇报检测结果、应急计划、事故处理以及就安全管理事务进行沟通并取得支持；接收乘客投诉并进行记录，认真调查研究、处理和回复；向外界展示安全管理的方针和绩效。城市轨道交通运营方应当建立与员工协商和沟通的专门组织，通过该组织实现同员工的制度化、无障碍沟通和协商。

7. 文件和资料控制

建立文件的目的是把安全管理的要求化为具体的实践，文件可以确保安全管理得到充分的理解和有效的运行。文件需要提供对管理核心要素及其相互作用的描述和查询相关文件的途径。当然，在满足有效性和效率的前提下，文件应该力求最小化。安全管理体系应当对其文件和资料进行有效的控制，从而确保文件能够准确定位；对它们进行定期评审，必要时予以修订并由授权人员确定其适用性；凡是对安全体系的有效运行具有重要作用的岗位，都能得到有关文件和资料的现行版本；及时废止失效的文件和资料或采取其他方式防止误用；出于法律和保留知识的需要而归档的文件和资料，要予以适当标识。

8. 运行控制

运行控制的目的是对所有需要控制的风险的运行和活动实施有效控制，使与这些运行和活动有关的风险都处于受控的状态。对于经过评价需要进行控制的风险（主要是不可容许的风险），应建立文件化的程序。运行标准应当清楚到现场操作人员可以看懂，并知道怎么去做的程度。这些运行标准可以来自相关法律法规、标准、规范、惯例等。当然，为了保证本质安全，应当从设施设备设计时抓起。

9. 应急准备与响应

应急系统用来确定发生事故或紧急情况的可能性以及对于这些突发事故或紧急情况做出响应，以预防或减少事故或紧急情况造成的伤害和损失。应急管理应当包括预防、预备、响应和恢复4个方面，因此应急准备与响应不仅是为了减轻后果，还可以预防更大规模的事故发生。应急计划应当包括以下内容：

（1）应急机构，应急期间负责人以及所有人员职责，特别是起特殊作用的人员职责（如消防人员）。

（2）对内警报、对外通报和联络。

（3）疏散程序。

（4）重要记录和设备的保护以及危险物品的处理。

（5）应急期间必要的信息，包括装置布置图、危险物质数据、程序、作业指导书、联络电话号码等。

（6）必备的应急设备，包括报警系统、应急照明和动力、逃生工具、安全避难场所、重要的隔离阀、开关和切断阀、消防设备、急救设备和通信设备等。

10. 绩效测量与监测

绩效是指依据安全管理的方针和目标控制安全管理方面所取得的可以测量的成效。绩效的测量用来说明方针和目标是否正处于实现之中；控制措施是否已经得到实施并且行之有效；从失败中吸取教训；对员工的意识、培训、协商与交流的计划是否行之有效；用于评审或改善的信息是否正在产生和被使用。监测是指对于每个重要的监测项目，规定监测的场所、监测的频次、监测的方法或依据的标准、测量设备、监测实施者和监测的结果。监测与测量的内容应当包括安全管理需要的定性和定量的测量；对目标达到程度的测量；预防性的绩效测量，监测遵守安全管理方案、运行标准及适用法规的要求的情况；事后性的绩效测量，监测事故、事件（包括未遂事件）和安全管理绩效其他不良表现的历史证据。要保留足够的测量数据和结果的记录，以便对以后的纠正和预防措施进行分析。当然，运营单位应当及时对测量和监测需要的设备进行维修、校准，保证监测和测量结果的准确性。

11. 不符合事件的后处理与预防措施

不符合事件发生后，应立即采取减轻后果的措施包括：

（1）采取一切必要的措施，控制事态的发展，限制事故规模和影响范围，必要时启动应急程序。

（2）抢救伤员、实施急救并转送医院。

（3）迅速按规定的程序向有关部门的管理者报告事故情况。

（4）必要时隔离以保护现场。

除此之外，不符合事件发生后应对不符合事件展开调查。根据不符合事件的性质和严重程度，由不同的部门组成不符合事件调查组。调查组成员需要经过不符合事件调查的培训，具备相应资格。选择纠正与预防措施时，要按照先考虑消除危害，再考虑降低风险，最后才考虑防护措施的原则；措施实施前要进行风险评价，避免纠正了原来的不符合却带来新的风险的情况；邀请一线人员参与评审措施的有效性和可行性；如果措施对相关文件有更改，应当遵照实施并记录；要对纠正措施和预防措施情况进行检查、验证。

12. 记录及其管理

记录反映管理绩效的情况、符合有关要求程度的证据，用以证明安全管理的有效性，使运营在安全条件下进行。安全管理记录应填写完整，字迹清晰，恰当标记。对记录的保存时间予以规定。记录应保存在安全的地点，易于恢复。记录管理中应当注意：处理记录的权限；记录的保密性；有关记录保留的法律要求和其他要求；使用电子记录会出现的问题。

13. 内部审核

用人单位应当定期对安全管理体系进行内部审核，以保证体系的符合性、实施性和有效性。审核可以通过抽样的方式查看运营环境、访谈、查阅文件、资料、记录的方法。审核应当有计划性，制订实施安全管理内部审核的年度计划，同时还应覆盖安全管理体系的全部范围。如果出现了特殊审核的状态，可以实施附加审核，并通知审核部门、上级管理单位及其他相关单位。为了体现审核的公正性，内部审核员应当由与所审核活动直接负责人无关的人员来担任。审核员应具备运营相关知识，了解安全管理体系并熟悉相关的法律法规及其他要求。对于不符合管理体系的人员和部门应采取纠正措施，确定完成日期并进行跟踪审核。审核报告包括：审核目的；审核范围；审核准则；审核日期；审核计划；审核员名单；不符合及整改和验证报告；审核组关于体系符合性、实施性、有效性的评价；审核报告分发。

14. 管理评审

运营的最高管理者应该定期对安全管理体系进行评审，以确保体系的持续适宜性、充分性和有效性。管理评审采用会议的方式，以保证员工安全管理代表的参加率。这个体系范围内的评审应当一年一次，增加的评审可以针对整个体系范围，也可以针对局部。评审与内部审核不同，应集中于管理体系的整体绩效，而不是具体细节。管理评审主要依靠内部审核的结果，包括自上一次审核到现在对安全管理体系实施的纠正措施完成情况；绩效的测量和监测结果；事故统计、应急响应等情况；管理代表以及各部门负责人对其管理部门的绩效报告；内外部的变化（设施设备的更新、防护措施的改变等）。管理评审应当得到的结果是对方针、目标及其他要素的修改（各要素具体内容的调整）；针对影响整体绩效的共性问题、重要问题的整改计划。

(三) 运行管理模式

为了保证城市轨道交通运营安全管理模式的持续有效性，本模式采用持续改进的运行模式，如图 5-9 所示。

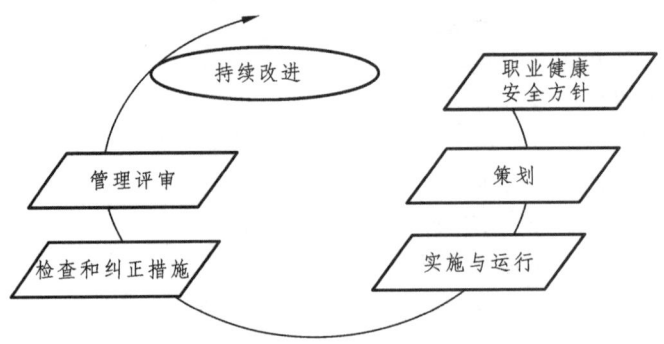

图 5-9　安全管理的运行模式

按照该模式运行可以使安全管理的绩效随着时间的推移而不断提高，每一次新的循环开始时的绩效水平都比上一次循环要高，螺旋上升。危险程度也就随之不断降低。

实施城市轨道交通运营安全管理模式的核心是建立一个动态循环的管理过程，并以持续改进的思想指导城市轨道交通运营系统地实现安全的最终目的。在实施过程中，各个安全管理要素的关系如图 5-10 所示。

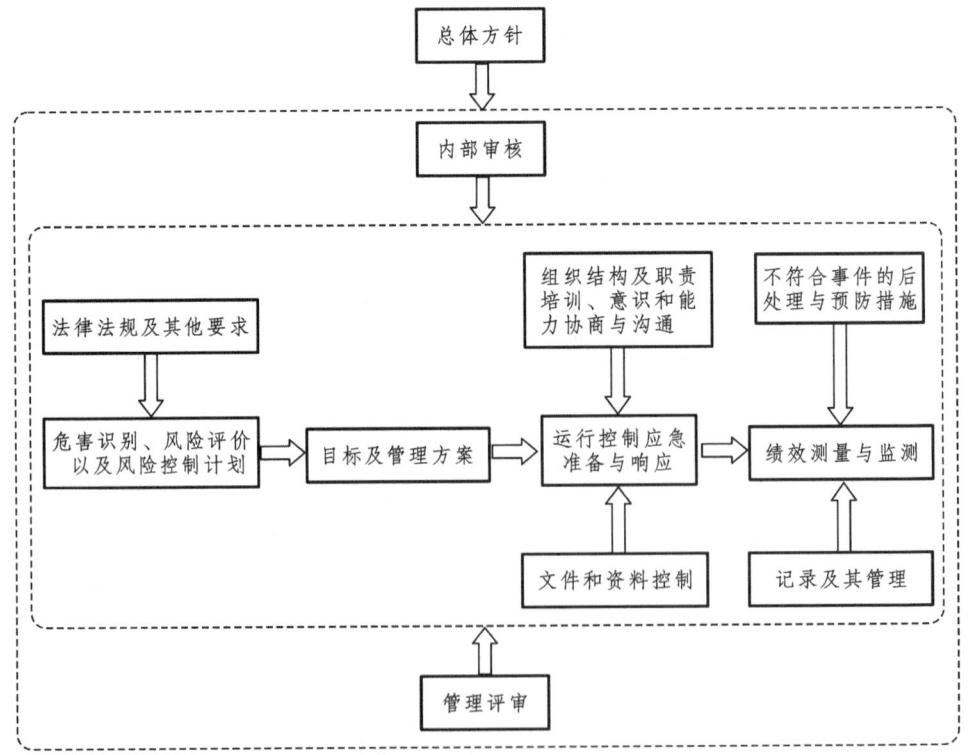

图 5-10　城市轨道交通运营安全管理模式流程

124

其中，安全管理的总方针是指挥整个安全管理模式的主要思想，内部审核和管理评审，监控整个体系的运行，保证其有效性。危险辨识、危险评价及控制计划是整个安全管理体系的基础，目标及方案的制定则是安全管理体系的核心内容。所有的要素都是目标和方案能够得到实施的保证。

（四）城市轨道交通安全管理模式的实施

1. 管理目标及方案

为保证管理体系的有效运行，应制定适宜的安全目标和管理方案。目标和管理方案的依据包括：法律法规的要求、方针和运营情况、审核和检查中发现的问题、项目中的危险源、相关方的要求、事故案例和经验教训。

目标和管理方案的制定部门在规定的时间间隔对实施情况进行监控，若发现未按照相关要求按时完成则与实施部门进行原因分析，采取相应的措施。若在运行过程中，出现外部环境或管理体系发生重大变化或发生严重的安全事故等情况，应进行评审。若评审结果需更改目标和管理方案，则按照目标和管理方案的制定过程进行。

2. 运行控制

为了确保对与安全风险有关的运营活动进行有效控制，应在以下几个方面建立运行控制程序：新线设施设备连接、日常客运服务、设施设备的检修与维护、易燃易爆品防火、纠正和预防措施、不符合事件的后处理、应急准备和相应控制等。

对重要风险因素进行识别和分析后，根据需要制定管理方案，作为程序文件的补充，对一般风险因素通过法律法规和其他要求及日常检查来控制。运行控制的目的在于，安全管理体系的目标和方案能否得到应有的实施，所以在运行控制中尤其应当注意避免"两张皮"的现象，即程序文件设计得很好，但在实际的操作中得不到应有的实施。当然，如果能建立危险源的实时监控电子系统，则能更加有效地对所有危险源进行更加有效的控制。

（五）运营安全管理手段

在运营安全中，人是决定因素。运营安全管理的根本任务在于依靠科学技术和科学管理，有效地保护、调动人的主观能动性和积极性，预防事故发生，确保运营安全。

1. 经济手段

经济手段是当社会生产力发展水平不高、人们的思想觉悟和道德水准尚未达到高标准要求时，普遍用来协调平衡社会关系的一种重要手段。它是通过经济杠杆的作用，即利益分配和实行奖惩来调节的。在实际运营中，每一个人对完成生产任务和实现安全目标所付出的劳动、作出的贡献是不同的，一旦人为事故发生，造成损失或影响生产任务完成时，这种差异更有质的区别。对成绩显著或防止事故有功的人员，均应给予精神和物质奖励。对于违章违纪或因违章违纪导致事故发生或事故苗头出现的人员，应给予经济上的处罚。经济上的奖励和处罚不是目的，主要是让人们明辨是非、对照比较、调整自我，使优良的作风得到鼓励和发扬，不良的风气受到批评和抵制，促使消极的因素转化为积极因素，使安全和生产处于良性循环状态。实事求是、严肃认真、客观公正地用好经济调节手段，有利于促进广大职工自觉遵章守纪、做好本职工作，激励他们勤学苦练，不断提高业务素质，形成人人尽心、个个尽责保安全的主动局面。

2. 行政手段

行政手段是通过一定的行政隶属关系，从上而下地对运营活动中个人、群体和管理行为表示肯定（应该做什么，怎么做，做好会怎样）和否定（不该做什么，做了怎么办）的认可，以协调人们之间的关系，保持相对平衡的一种重要的调节手段。它主要依靠行政领导机关的职能和权力，采取行政命令、指示、规定、决定（表彰或处分等）规范人的行为，指导和干预轨道运营安全。

3. 思想教育

思想教育是运营安全管理经常运用的一种工作方法和手段。从事故分析得知，除自然灾害和故意破坏外，大多数运营事故都是少数人违章违纪造成的。究其原因，主要是认识上的模糊和思想上的松懈，而这与思想政治工作不到位密切相关。

在发展和完善社会主义市场经济的新形势下，要做好运营安全工作，思想政治工作不但不能放松，而且必须加强，应充分发挥思想政治工作的优势、威力和思想保证作用。总之，强有力的思想政治工作，能促使广大干部和职工群众把本职工作与运营安全紧密结合起来。

4. 法律手段

法律是统治阶级意志的一种表现形式，用它来规定人们必须遵循的行为准则，具有明显的规范性、相对的稳定性和严格的强制性。法律手段是法治社会中普遍用来调整社会关系的一种刚性手段。它通过法定的行为准则来判定是非并强制执行裁决，以使社会关系趋于平衡，保证社会安定。城市轨道交通系统安全管理的法律手段是在其他调节手段已不起作用或无法取代的情况下，用来解决比较复杂的关系和矛盾的。它是通过贯彻执行有关法律条文，规范人们安全生产和保护运营安全的行为，以达到维护法律尊严、保证安全生产的目的。

5. 管理手段

贯彻《质量管理体系要求》（GB/T 19001—2016）、《职业健康安全管理体系要求》（GB/T 28001—2011）、各公司的《安全生产标准化规范》等规范标准，合理调整安全生产责任制与公司安全文化建设的关系。安全管理以贯彻ISO9000标准为载体，以乘客为关注焦点，以各职能部门、车站、车辆段、变电所、维修中心等要害部位为认证主体，建立以过程为基础的安全管理体系。运用标准，形成不断增益的PDCA安全管理循环，实现对安全生产步骤过程的有效监控，保证人员思想上、行为上的积极主动性，从而保证安全生产责任制与公司安全文化建设的有机调和。城市轨道交通运营安全PDCA循环表如表5-1所示。

表 5-1 城市轨道交通运营安全 PDCA 循环表

P				D					检查时间（季）				C	A
方针	编号	目标	目标值	序号	措施	负责者		要求完成日期	一季度	二季度	三季度	四季度	检查者	总结要求
						责任者	配合者							

综上所述，运营安全管理手段可分为两类：一是柔性调节手段，如思想政治工作（包括情感手段、心理手段、奖励、表彰、晋级、提升等）；二是刚性调节手段，如经济处罚、行政规定和处分、追究刑事责任等。经济、行政、思想教育和法律等手段有各自的功能及作用，但也有使用上的局限性。

以经济手段为例，它是通过让职工在经济上得到实惠或受到损失，激励他们关心并做到安全生产。但这只对那些有较高物质利益要求的人起作用，对一些期望值超过奖励数额较多且对物质利益不太关心的人来说，起不到应有的鞭策和激励作用。操作不当还会使一些人只顾眼前利益而忽视长远利益，这就需要其他调节手段相配合。从调节的作用看，各种管理手段都不是孤立的，更不是互相排斥的，而是紧密联系、相辅相成的。因此，在运营安全管理工作中，应实事求是、综合运用好各种管理手段，理顺各种复杂关系，化消极因素为积极因素，让广大职工的安全生产积极性和创造性得到更充分的发挥。

五、安全管理系统的运行机理

在轨道交通安全系统应用方面，要澄清这样的错误认识，即认为运营管理系统是一个大系统，安全管理系统是生产系统的子系统。实际上，安全管理系统的概念是为解决安全问题而构造的，其内涵是针对生产系统本身安全而言的，并不是从生产系统分离出安全系统这一子系统，而是改造生产系统的安全系统，使之具有处理本系统一切安全问题的功能。因此，安全系统是由与生产安全问题有关的相互联系、相互作用、相互制约的若干因素结合成的具有特定功能的有机整体。安全管理系统的中心任务即对运营管理系统的安全状况进行管理和控制。

从控制论的角度看，安全管理是一个多回路的反馈控制系统。在这个系统中，事故是被控制的对象，事故控制是笔者研究的中心。系统控制的目的是减少或消灭事故的发生及其影响，以提高生产系统的安全度。

就安全管理系统的运行来说，在获得系统内外安全信息基础上，确定安全管理的目标并将目标按管理的层次进行分解，根据目标制订安全管理的总体计划和分层实施计划，通过安全执行机构予以执行落实，系统内的监察部门及时将有关生产系统的安全信息进行反馈，经过安全状态分析、评价，找出系统隐患，及时进行整改，通过不断循环实现安全管理系统对生产系统的安全控制。

（一）安全管理系统对生产系统进行控制的功能通过两条途径来实现

一条为微观控制反馈回路，由"安全状态检测""安全状态调查分析""隐患处理""组织实施"等组成，通过"安全状态检测""安全状态调查分析"，充分地反映出当时生产系统的安全状态，通过对"隐患处理""执行"，随时控制人、设备、环境和管理4个影响生产系统安全状态的主要因素。

另一条是宏观控制反馈回路，由"安全状态检测""安全状态调查分析""原始信息收集""安全状态综合分析、评价""人员的安全教育和技术培训""设备的更新改造""环境状态的改良""管理方法和制度的完善""安全计划""组织实施"等组成，通过对大量的事故和隐患等不安全状态信息的收集、综合分析来预测、评价整个生产系统的安全状态，提出对"人员的安全教育和技术培训""设备的更新改造""环境状态的改良""管理方法和制度的完善"等要求，及时调整安全计划并组织实施。

通过上述工作流程和控制方法来提高生产系统的安全系数，最终达到减少事故的目的。

在以上控制线路中，还存在一个内反馈，即采用新方法、新理论，通过原始信息收集产生参数，通过安全状态综合评价产生模型，最终产生新的安全状态调查分析方法和手段，以更新以往的方法及手段，并使其不断完善，达到使原始信息更及时、全面、准确地反馈安全状态的目的。

从管理的角度来看，安全管理是个多层次的分级管理系统，其结构与生产系统的管理结构是分不开的，同时每级又成为一个完整的系统，都有自己的控制目标和自己的特点。微观反馈一般存在于最基层的管理级，而宏观控制反馈则存在于各管理级之中。

安全管理系统的运行，除自身的控制实体（控制系统）外，首先必须有一个能从组织上、制度上给予保证的载体，即保证系统。它是整个系统得以运行的前提和保障。此外，鉴于现代安全管理系统多层次、多回路、多环节的特征，在安全管理系统内部和安全管理系统与生产系统之间，必须具备一定的信息反馈渠道，要求信息传递及时、准确。因此，要使安全管理系统有效运行，还必须有一个能全面、及时而准确地获取各种决策所需的信息、对实施情况能迅速反馈的信息系统。

（二）轨道交通安全管理体系的原理

轨道交通安全管理体系应由保证系统、控制系统和信息系统构成。在这3个系统中，保证系统为整个管理工作提供组织保证和制度保证，是该体系运行的前提和根本。控制系统是整个管理工作的核心，是实现有效管理的关键环节，在整个管理体系中处于中心地位。信息系统是用来进行信息的收集、加工、转换并利用信息进行预测和控制，是整个安全管理工作的基础。

根据保证系统的地位和作用，将其分为组织保证、制度保证和教育培训。

（1）组织保证。

安全贯穿于生产的全过程，既需要通过对企业的各层次部门进行横向管理来实现决策方案的落实，更需要通过对纵向上的管理最终达到安全生产的目的。

（2）制度保证。

建立以安全生产责任制为核心的安全管理规章制度是安全生产管理的依据和前提，安全生产责任系统的建立体现了全面安全管理的思想。岗位安全生产责任制作为其实施细则，是保证各级安全生产责任制具体落实到人的措施。安全责任应按照管理层次不同、分工不同，在每个岗位上都应该有一个明确的安全责任。纵向从最高管理者到每个作业人员，横向则包括各个部门的每个岗位。

（3）教育培训。

安全教育是使职工适应作业环境的重要手段，如果不经过培训和教育，熟练掌握生产环境中有关作业的条件和知识，就难免产生人的不安全行为。因此，安全教育和培训是安全工作中特别重要的一环，是提高员工安全素质的主要手段。

任务二 城市轨道交通运营企业安全文化建设

【案例】蚊香酿火灾

事件经过：某年8月一天夜晚，某地铁维修工区员工作业后返回到工区准备间，因蚊子多而点了盘形蚊香驱赶蚊子。次日早4:30左右，该员工将盘形蚊香按灭（实际未按灭），将残余蚊香倒进纸篓后就离开了房间。残余蚊香经1 h左右的阴燃，将纸篓中的纸张引燃，继而引燃塑料纸篓、塑料簸箕、禾苗扫帚、木把拖布等打扫卫生的工具，浓烟引起烟感报警器、温感报警器报警。但消防值班室值班员连续两次臆测判断火情报警为误报，遂未采取任何措施，直至7:30左右，上班员工打开工区准备间时方发现火情。

原因分析：

（1）消防值班室值班员由于不熟悉业务，加之工作不细心，到达该区域后未找到报警点，臆测判断是误报火险。

（2）设备间设计时未设计房间号牌，房间实际使用名称与图纸设计名称全都不一样，造成查找困难。

（3）二次火灾报警时，值班员仍臆测是误报火险，未到现场查看，为失职行为。

（4）员工疏忽大意，误以为蚊香已完全熄灭即离开房间。

整改措施：

（1）注重人员培训教育，强化消防值班员业务流程培训，杜绝出现到达现场后找不到报警点，臆测判断的失职行为和重大安全隐患。

（2）各级管理人员应通过多种途径，不断提高员工安全意识，杜绝因疏忽大意造成的安全隐患。

（3）不断梳理和查找管理工作中存在的漏洞，完善人员培训、教育、考核相关管理制度并切实落实。

城市轨道交通企业的安全宣传要合理确定从事安全管理工作人员的资格条件，评价员工的能力，使员工学习掌握专业知识和技能，满足岗位要求。除了对员工意识能力的培训，在城市轨道交通运营的过程中,还应扩大对安全知识的宣传力度,提高乘客的安全意识。安全宣传流程如图 5-11 所示。

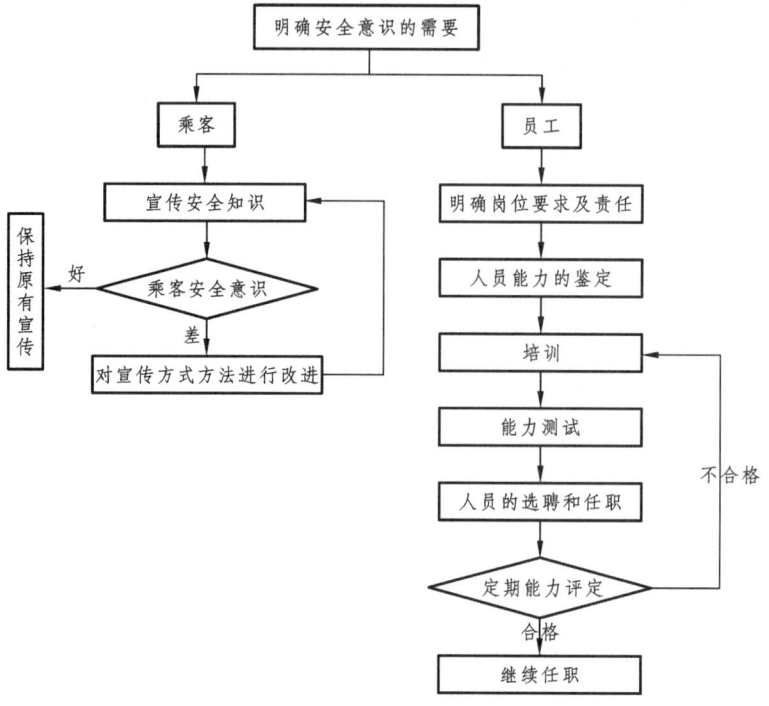

图 5-11　安全宣传流程

协商与沟通程序是为了将信息快速有效地传递给全体员工,保证安全管理的充分性和有效性。在这里我们也应该注意到同乘客的沟通,乘客是影响城市轨道交通运营安全的重要群体。所以我们可以采取调查问卷等方式,与乘客沟通安全管理的相关信息。一方面,可以加强乘客对安全管理的参与程度;另一方面,还可以集思广益加强对安全管理体系本身的改进。协商与沟通流程如图 5-12 所示。

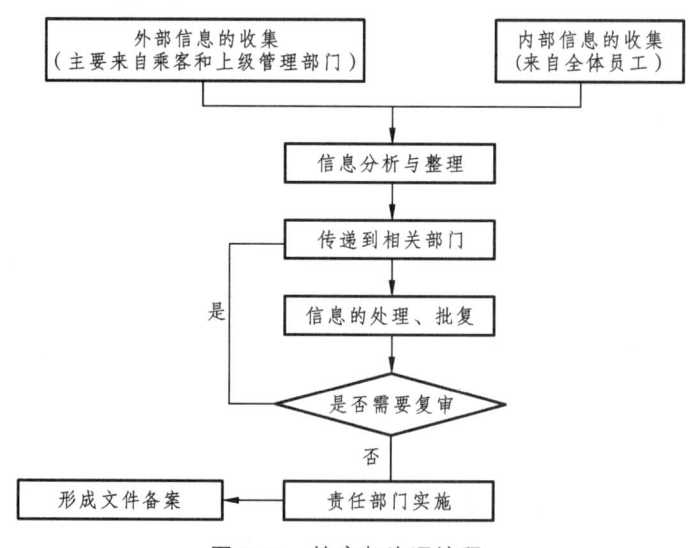

图 5-12　协商与沟通流程

一、城市轨道交通运营企业安全宣传管理制度

（一）宣传目的

增强广大乘客和职工的安全意识；预防和减少事故的发生；构造城市轨道交通运营大安全。

（二）宣传方针

安全第一，预防为主，宣教结合。

（三）宣传对象

（1）城市轨道交通运营中的广大乘客。
（2）市民，尤其是城市轨道交通周边市民。
（3）城市轨道交通运营企业范围内的工作人员。

（四）宣传内容

（1）国家、地方及行业相关法律、法规和规章制度。
（2）社会公德、职业道德，城市轨道交通运营企业安全规章、安全操作规程。
（3）城市轨道交通运营企业安全文化。
（4）城市轨道交通运营安全生产技能。
（5）城市轨道交通行业事故经验教训等。

（五）宣传方式

（1）各种安全会议。
（2）安全技术交流。
（3）广播、电视等新闻媒体。
（4）告示牌、横幅、标语、简报等。
（5）播放录像；安全晚会、文艺表演等。

（六）宣传时间

国家安全生产宣传月，城市轨道交通运营过程中在车站、车厢等场所，利用各种媒体进行宣传。

（七）组织单位

（1）安全管理部门负责公司整体安全宣传工作。
（2）客运市场部门负责公司对乘客的安全宣传。
（3）其他部门根据企业需求或部门需求组织相关范围内的安全宣传活动。

二、城市轨道交通企业内部安全宣传

城市轨道交通企业安全工作对于普通企业来讲更是千头万绪，因此做好安全宣传工作就尤为重要。下面介绍几种企业可以采用的安全宣传形式及其主要特点。

（1）案例通报宣传方式——警钟长鸣。

现在新闻资讯发达、新闻媒体曝光率高，各城市轨道交通行业发生的大小安全事故都很快会被报道，尤其是重特大安全事故，网络媒体更有深入详尽的报道、分析和探讨。对于这些生产安全事故，城市轨道交通企业应及时收集信息，并定期向员工通报，对员工的安全观念有着警示作用；同时有助于防止同类事故在本企业发生。将这些资料保留下来，今后也很有利用价值。

（2）安全标语宣传方式——作用重大。

安全标语，是我国多年来一直沿用的低成本的安全宣传形式。安全标语简明扼要、针对性强，但视觉和色彩都比较单调，宣传方式也比较陈旧，这就要求我们在文字上一定要下功夫，有创新，通俗易懂。安全标语可用固定式，写在墙体上，起到长期警示的作用；也可用大红横幅的形式，挂在建筑墙体外等，针对某时期的安全事故特性提出警示。

（3）画廊宣传方式——效果明显。

城市轨道交通企业可以利用车站、列车、墙报栏等位置，设立固定式安全宣传画廊进行安全宣传。运用照片、绘画、书法、文字等各种形式宣传安全法规、安全经验、事故教训等内容。这种形式，图文并茂，形式活泼，时效性长，各级各类单位都可以采用。

（4）报刊专柜宣传方式——不可忽视。

安全宣传教育，对于企业员工来说实际上就是一个学习安全知识、熟悉安全法规的过程。企业应该为员工提供一个可以随时学习、查阅知识、数据和有关法规等资料的场所。

（5）影视播放宣传方式——直观逼真。

通过电影电视媒体进行安全宣传教育，有着画面生动、直观逼真、故事性强、安全知识技能易于学习模仿等其他媒体难以比拟的优势。因此，企业可以充分利用电影、电视对员工进行安全宣传教育。比如，组织员工观看安全题材的电影，收看电视专题片，定期在录像系统播放安全题材的录像带、影碟等。

（6）实地参观宣传方式——功效显著。

现阶段，有很多安全生产监管部门或者较大型的企业都设有安全宣传教育和演练的固定场所。比如消防安全部门就设有消防站（队）开展消防宣传教育，消防站（队）有得天独厚的条件，内容丰富，设施各有特色，让参观者有机会亲身体验灭火、火场逃生和救人的感受，从而学习各种救援和灭火技能。

（7）知识讲座宣传方式——突出重点。

确定题目、分头准备，然后集中演讲，从理论到实践再到经验、教训。另外，就安全生产工作先进单位或个人，就重大安全事故，深入剖析原因教训进行演讲。实际案例、事例的讲座，有深度、有广度，效果更好。

（8）知识竞赛宣传方式——寓教于乐。

安全知识竞赛，将安全知识融入具有竞争对抗性的问答游戏之中，场面热烈，员工比较喜爱，参加的积极性高，可以大大增强员工对安全知识的兴趣，不但是一种非常有效的宣传教育形式，而且可以推动安全宣传教育的整体开展。

（9）安全演习宣传方式——重中之重。

安全演习如消防演习是一项为测试企业对安全事故的应变能力，锻炼员工应对灾难和救援技能的综合性演练。安全演习有一定的难度，是对企业领导和安全工作负责人的组织能力、指挥能力的考核，同时也是对日常安全宣传教育成效的一次全面检验，以及再学习再教育的极好机会。安全演习需要有充分的准备工作和演习前的动员，要求员工以认真严肃的态度参加。还未积累经验时，最好设法邀请相关安全部门如消防救援人员参与指挥。

（10）现场教育宣传方式——立竿见影。

安全事故教训是用金钱和人的生命换来的，一旦企业发生了较大或典型的安全事故，不但要做好生产经营上的补救工作，及时检讨安全管理上的漏洞，还应该适时召开安全事故现场会，让每个员工都对整个事件有直接的、全面的了解和认识。安全事故现场会，参加者亲临现场，气氛严肃，感受和记忆深刻，对杜绝同类事故和警惕其他类型安全的事故都有强烈的警示作用。举行安全事故现场会，上级领导和企业领导都应参加，并应邀请权威技术专家在现场分析讲解事故原因。

企业安全宣传教育的形式和方法多种多样，但形式只是一种手段，内容才是实质，需要做大量的实际准备工作，才能达到好的宣传效果。除了上述宣传形式，企业还可以因时、因地进一步开拓更多生动活泼、成效显著的宣传形式。

三、城市轨道交通乘客安全宣传

（一）一般安全守则

（1）乘客应该：

① 留意各项乘客导向标志的含义。

② 留意车站通告及广播，并遵守指示。

③ 正确使用进、出站闸机，待前面的乘客通过及闸门关上后才使用。

④ 留意车上的广播，提前做好上下车准备。

⑤ 小心湿滑的地面。

⑥ 小心照顾同行的老人和小孩。

⑦ 正确使用安全及紧急设施。

⑧ 一旦发生紧急情况，立即通知车站工作人员。

（2）乘客切勿：

① 在城市轨道交通范围内生火、吸烟、奔跑和嬉戏，进入城市轨道交通非公众区域。

② 携带下列物品进入城市轨道交通范围：过大的物件或货物，易燃品、易爆品、有毒物品、其他危险物品，宠物及其他禽畜。

（二）站台区域安全宣传知识

（1）乘客应该：

① 保持通道、楼梯及自动电梯的出口畅通。

② 在站台安全线（黄线）以外排队候车。

③ 先下后上，顺序上车；上下车时，小心列车地板与站台边缘之间的空隙。

④ 时刻照顾好同行的老人和小孩。

（2）乘客切勿：

① 使自己身体或任何物件超出站台安全线。

② 在站台上嬉戏或奔跑。

③ 当车门正在关上时切勿强行登车。

④ 跨越站台两边的围栏。

⑤ 跳下站台。

⑥ 阻碍车门关闭。

⑦ 让手袋、背包或其他个人物品接近正在关闭的车门，以免发生危险。

（三）列车上乘客安全宣传知识

（1）乘客应该：

① 避免靠近车门，并确保不要将手放在车门或门边上。

② 尽量走进车厢中间，站立时，时常紧握扶手或吊环。

③ 请尽量给有需要的乘客让座。

④ 如果感到身体不适，尽可能在下一站下车，然后向城市轨道交通工作人员求助。

⑤ 尽量给使用轮椅的乘客腾出空间。

⑥ 等待车门完全开启后方可下车。

⑦ 上下车时小心列车与站台间的空隙。

（2）乘客切勿：

① 干扰车门的正常开闭。

② 将手放在车门上。

③ 把玩扶手或吊环。

④ 吸烟。

⑤ 在非紧急情况下，拉动紧急通话器按钮。

⑥ 把行李放在会阻塞通道或妨碍其他乘客的地方。

⑦ 当车门正在关上时，切勿强行下车。

任务三

城市轨道交通运营企业安全管理运作

【案例】设备故障导致列车延误

事件经过：11月某日19：19，某地铁线路列车从鹭江站开往客村站途中，列车受电弓系统发生瞬间接地短路，产生烟雾及声响，列车临时停在距车站200 m处的隧道区间。乘客在紧急情况下自行解锁车门进入隧道。轨道交通运营企业紧急安排工作人员进入隧道疏散乘客；同时临时中断鹭江—客村区间行车，启动公交接驳。隧道乘客疏散完毕后，事发列车启动，该线路全线逐步恢复运营。此次事件导致该线路区段中断运营达 46 min。

原因分析：列车因车顶受电弓（电压 1 500 V）发生故障，其部件与车顶发生接触短路。

整改措施：

（1）各专业严格执行设备检修维护规程，做好所管辖设备的巡查、维护工作，监控运行状态，确保设备运行可靠。

（2）各单位要严格执行公司突发事件信息通报流程，发现问题及时报告。

（3）车务、行车有关部门要深入细化现场处置方案，做好突发事件的先期处置。

（4）客运管理部门应不断完善公交接驳方案，确保紧急情况下乘客疏散快速、有序。

（5）不断梳理各部门所管辖设备的现状，对安全重点部位、重点环节进行全面排查，主要包括供电设备、设施、车内消防设备、设施、紧急逃生设备、逃生标志等，检查是否存在故障及其他安全隐患，发现问题立即整改。

一、全员安全生产责任制管理

建立健全和贯彻实施全员安全生产责任制，就是要将企业安全纳入城市轨道交通运营管理活动的各个环节，实现全员参与、全面、全过程的安全管理，保证城市轨道交通运营企业实现安全运营。

（一）全员安全生产责任制的内容

1. 城市轨道交通运营企业各级管理者的责任

（1）企业负责人安全职责。

① 作为公司安全生产的第一责任人，对公司安全生产工作负全责。支持分管安全工作的公司领导开展工作，督促分管其他工作的公司领导做好分管范围内的安全工作。

② 根据国家法律法规的要求，建立健全公司安全组织体系，强化公司整体安全生产的管理。

③ 审核公司的年度安全生产规划、计划和资金预算，确定年度公司整体安全生产指标。

④ 监督其他公司领导和公司部门负责人安全生产责任制落实情况。

⑤ 组织建立和落实公司应急体系并监督运作情况。

⑥ 定期主持召开公司安全工作委员会会议，听取安全生产工作情况汇报，分析当前的安全生产工作形势，研究改进措施，做出决定。决定事项应有正式文字记载，并检查决定执行情况。

⑦ 组织对危险性以上事故的调查处理，落实事故管理"四不放过"原则，坚决贯彻重大事故行政责任追究的有关制度，发生重特大事故时按规定向上级汇报。

（2）主管安全工作分管负责人安全职责。

① 贯彻执行国家、地方政府及公司安全生产的方针、政策、法律、法规和制度，负责组织开展公司整体安全生产工作。

② 负责制订并落实年度安全工作计划，考核各部门安全指标的实际完成情况，决定安全工作的重要奖惩。

③ 组织监管各级安全检查，督促公司各部门消除安全隐患，主持研究重大安全隐患的治理措施，并组织落实。

④ 组织拓展适应公司发展的安全生产管理模式，不断提高安全生产管理水平。

⑤ 负责审批安全规章制度，组织制定重大安全措施，不断改善作业环境。

⑥ 负责建立健全安全生产管理机构，加强安全技术队伍的建设。

⑦ 根据国家的有关规定及实际工作要求，组织安全评价检查，并对评价检查结果进行通报。

⑧ 组织审查公司采购的消防设备、器材，劳动防护用品生产厂家资质，并按照规定对配备、使用情况进行监督检查。

⑨ 组织召开公司安全会议，听取有关部门负责人汇报，定期分析安全生产工作情况，研究改进措施，做出决定。决定事项应有正式文字记载，并检查决定执行情况。

⑩ 组织对险性事故的调查处理，落实事故管理"四不放过"原则，坚决贯彻重特大事故行政责任追究的有关制度，发生重特大事故时必须向上级及时汇报。

（3）企业其他分管负责人安全职责。

① 贯彻执行国家、地方政府及公司安全生产的方针、政策、法律、法规和制度，负责组织开展主管部门的整体安全生产工作。

② 组织修订和审批分管部门的安全生产规章制度、规定、安全技术规程，并组织实施。

③ 负责落实职责管辖范围内各项工作中的安全措施。

④ 定期召开分管部门的安全会议，分析分管部门安全生产动态，及时解决存在的安全隐患。

⑤ 组织制订分管部门的年度安全工作计划，并逐条落实到具体生产工作中。

⑥ 组织专业技术员工学习、执行国家法律法规、行业标准、技术规范。

⑦ 组织编制安全生产技术规程，审定新产品、新工艺、新技术和引进技术、设备的安全技术要求。

⑧ 严格执行"三同时"制度，审查新建、改建、扩建、技术改造项目，以及自制机械设备、工具的技术设计，确保符合国家的有关规范和技术要求。

⑨ 组织制定重点设备关键装置的安全控制方案，并监督实施。

⑩ 对事故调查及事故隐患整改提供技术支持。

2. 城市轨道交通运营企业其他人员的主要责任

（1）安全管理部门负责人安全职责。

① 贯彻执行国家、地方政府及公司安全生产的方针、政策、法律、法规和制度，负责组织开展本部门的整体安全生产工作。

② 结合公司制定的应急预案及事故处理程序，组织制定部门内部应对突发事件的组织程序。

③ 组织监管公司安全检查，及时整改检查中发现的问题，对存在重大安全隐患的设备设施要停止使用。

④ 协同企业管理部对员工进行安全教育培训。
⑤ 负责对特种设备的监督管理，对特种作业人员的资质监督检查。
⑥ 组织开展各种安全活动，制订安全活动计划。
⑦ 组织制定公司安全管理制度，监督检查执行情况。
⑧ 负责制定员工劳动防护用品的发放标准，并监督实施。
⑨ 监督指导基层安全管理工作，及时召开公司专（兼）职安全人员会议。
⑩ 负责部门内部岗位安全责任制的落实，并负责考核一般事故、安全事件的调查处理，落实事故管理"四不放过"原则，坚决贯彻重特大事故行政责任追究的有关制度，发生重特大事故时必须向上级领导及时汇报。

（2）设备管理部门负责人安全职责。
① 贯彻执行国家、地方政府及公司安全生产的方针、政策、法律、法规和制度，负责组织开展本部门的整体安全生产工作。
② 贯彻国家和上级部门关于设备检修、维护保养的安全规定和标准，做好主管业务范围内安全工作。
③ 结合公司制定的应急预案及事故处理程序，组织制定部门内部应对突发事件的组织程序。
④ 组织监管部门安全检查，及时整改检查中发现的问题，对存在重大安全隐患的设备设施要停止使用。
⑤ 制定部门内部安全管理制度和安全技术规程，告知员工安全隐患，明确安全措施，并负责检查落实。
⑥ 协助事故调查组进行设备原因引发的事故的调查处理，按时填报事故报表。
⑦ 制定所辖设备的应急抢险预案，建立专业应急救援队伍，并组织救援队伍开展日常训练。
⑧ 对本部门的安全工作进行定期总结，针对发现的问题，及时进行改进。
⑨ 参加公司安全工作的考核评比，对在部门安全生产中有贡献者提出奖励意见，对事故责任者和违章人员提出处罚意见。总结安全生产先进经验，开展安全技术研究，推广安全生产先进技术及现代安全管理方法。
⑩ 负责制定并落实部门内部各岗位安全责任制，确保完成部门的安全指标。

（3）行车组织部门负责人安全职责。
① 贯彻执行国家、地方政府及公司安全生产的方针、政策、法律、法规和制度，负责组织开展本部门的整体安全生产工作。
② 结合公司制定的应急预案及事故处理程序，组织制定部门内部应对突发事件的组织程序。
③ 负责制定地铁行车组织工作的安全操作规程和安全管理制度。
④ 对本部门的安全工作进行定期总结，针对发现的问题，及时进行组织改进。
⑤ 负责部门内部岗位安全责任制的落实，并确保完成部门安全指标。
⑥ 组织对部门所管辖范围内 B 类一般事故、安全事件（涉及单个部门）的调查处理，落实事故管理"四不放过"原则，坚决贯彻重特大事故行政责任追究的有关制度，发生重特大事故时必须向上级领导及时汇报。

（4）客运组织部门负责人安全职责。

① 贯彻执行国家、地方政府及公司安全生产的方针、政策、法律、法规和制度，负责组织开展本部门的整体安全生产工作。

② 结合公司制定的应急预案及事故处理程序，组织制定部门内部应对突发事件的组织程序。

③ 组织监管部门安全检查，及时整改检查中发现的问题，对存在重大安全隐患的设备设施要停止使用。

④ 负责制定车站行车组织工作的安全管理制度和安全操作规程。

⑤ 参加所辖车站的新建、改建、扩建及大修、技术改造工程项目的安全"三同时"监督审查。

⑥ 对各种直接作业环境进行安全监督，检查各项安全管理制度的落实情况。

⑦ 参加公司安全工作的考核评比，对在部门安全生产中有贡献者提出奖励意见，对事故责任者和违章人员提出处罚意见。总结安全生产先进经验，开展安全技术研究，推广安全生产先进技术及现代安全管理方法。

⑧ 协助人事部门对车站值班员及站务员进行安全技能培训考核，对员工进行安全教育，确保员工充分了解工作中存在的危险；确保员工熟练使用消防器材；确保员工执行公司的安全管理规定。

⑨ 对本部门的安全工作进行定期总结，针对发现的问题，及时进行组织改进。

⑩ 负责部门内部岗位安全责任制的落实，组织对部门所管辖范围内 B 类一般事故、安全事件（涉及单个部门）的调查处理，落实事故管理"四不放过"原则，坚决贯彻重特大事故行政责任追究的有关制度，发生重特大事故时必须向上级领导及时汇报。

（5）人事管理部门负责人安全职责。

① 贯彻执行国家、地方政府及公司安全生产的方针、政策、法律、法规和制度，负责组织开展本部门的整体安全生产工作。

② 结合公司制定的应急预案及事故处理程序，组织制定部门内部应对突发事件的组织程序。

③ 在公司管理总体规划中突出"安全第一、预防为主、综合治理"的安全生产方针。

④ 负责监督并考核岗位责任制落实情况，重点检查以岗位责任制为核心的班组各项制度的执行情况。

⑤ 负责公司的服务器、计算机等信息设备和公司办公自动化网络的安全管理。负责公司各种网上信息安全保密管理，防止各类病毒造成的严重后果。

⑥ 按规定及时缴纳劳动保险和意外伤害保险。

⑦ 负责公司特种人员安全技术培训和考核工作。

⑧ 组织新员工进行岗前体检，不得将有禁忌事项的工人分配到所禁忌的岗位工作。

⑨ 负责公司员工的安全培训，对新员工（包括实习、代培人员）及时组织安全教育和考核，经"三级安全教育"考核合格后，方可分配上岗。

⑩ 负责组织公司员工工伤认定、上报、处理工作。把安全工作业绩纳入干部晋升、员工晋级和奖励考核的重要内容。参与安全部门组织的事故调查处理工作，负责部门内部岗位安全责任制的落实，并确保完成部门的安全指标。

3. 其他人员安全职责

（1）各级安全员安全职责。

① 贯彻国家的安全法律法规。执行公司和部门的各项安全制度，同时做好本部门人员的安全教育工作。

② 结合公司制定的应急预案及事故处理程序，制定实施部门内部应对突发事件的组织程序，并定期组织演练。

③ 负责修订部门所辖区域内有关安全管理制度和安全操作规程，并检查执行情况。

④ 组织实施部门安全检查，及时整改检查中发现的问题，对存在重大安全隐患的设备设施要停止使用。

⑤ 按照安全技术规范、标准的要求，参加本区域内新建、改建、扩建工程项目的设计、竣工验收和设备制造、工艺条件变更方案的"三同时"审查，监督装置检修、停工、开工的安全措施的落实。

⑥ 负责本部门所辖区域内消防器材、劳动防护用品和急救器具的管理。

⑦ 参加本区域内各类事故的调查处理，负责统计分析，按时上报。

⑧ 建立健全本部门各种安全管理档案资料的整理、保存工作。

（2）班组长安全职责。

① 班组长负责本班组的安全生产工作，是安全生产法律、法规和规章制度的直接执行者。

② 贯彻执行本单位对安全生产的规定和要求，督促本班组的工作人员遵守有关安全生产规章制度和安全操作规程。

③ 切实做到不违章指挥，不违章作业，遵守劳动纪律。

（3）其他人员安全职责。

① 各级工程技术人员、职能科室和生产一线人员，在各自的职责范围内应对安全运营工作负相应的责任。

② 贯彻国家的安全法律法规，执行公司、部门和本室的各项安全规章制度。

③ 负责评审本专业安全操作规程，明确安全隐患及采取的安全措施，并监督各相关岗位的执行情况。

④ 负责本专业系统、设备安全隐患的改造。

⑤ 按照安全技术规范、标准的要求，参加本专业新建、改建、扩建工程项目的设计、竣工验收和设备制造、工艺条件变更方案的"三同时"审查，监督装置检修、停工、开工的安全措施的落实。

⑥ 协助上级开展各项安全活动及安全宣传工作，对本室安全管理工作提出合理化建议。

⑦ 正确佩戴、使用劳动防护用品和消防器材。

（二）建立、健全和贯彻执行全员安全生产责任制

1. 修改完善

（1）提高各级管理者对安全运营的思想意识，增强其贯彻执行安全生产责任制的自觉性。

（2）要根据本企业、部门、班组及岗位的实际情况制定并修改完善，既明确、具体，又具有可操作性。

（3）在执行过程中，要随着生产的发展和科学技术水平的提高，不断地修改和完善。

2. 检查修订

认真总结安全生产工作的经验教训，根据不同人员、工作岗位和生产活动情况，明确规定具体的职责范围。对各级安全生产责任要定期、不定期进行检查，尤其在企业结构发生变化时应及时修订岗位安全职责。

3. 全员参与，认真总结

制定和贯彻执行过程中，要发动全员参与讨论，广泛听取大家意见。在制度审查批准后，要使全体工作人员都知道，以便监督检查。对执行好的单位和个人，应当给予表扬。对不负责或因失误造成人员伤亡事故的单位和个人，应予以批评和处置。

二、安全生产目标制管理

安全目标管理是目标管理在安全管理方面的应用，具体是指企业内部各个部门以至每个职工，从上到下围绕企业安全生产的总目标，层层展开各自的目标，确定行动方针，安排安全工作进度，制定实施有效组织措施，并对安全成果严格考核的一种管理制度。安全目标管理是参与管理的一种形式，是根据企业安全工作目标来控制企业安全生产的一种民主的、科学有效的管理方法，是我国企业实行安全管理的一项重要内容。

（一）安全目标管理的步骤

安全目标管理的实施过程可分为4个阶段，即安全管理目标的制定、建立安全目标体系、安全管理目标的实施、目标的评价与考核。

（二）安全管理目标的制定

安全管理目标是实现企业安全化的行动指南。目标管理是以各类事故及其资料为依据的一项长远管理方法，是以现代化管理为基础理论的一门综合管理技术，必须围绕施工企业生产经营目标和上级对安全生产的要求，结合施工生产的经营特点，科学分析，按如下原则制定安全目标：

1. 突出重点，分清主次，不能平均分配、面面俱到

安全目标应突出重大事故、负伤频率、施工环境标准合格率等方面的指标，如重点管理惯性事故及频发事故。同时注意次要目标与重点目标的有效配合。

2. 安全目标具有先进性，即目标的适用性和挑战性

也就是说，制定的目标一般略高于实施者的能力和水平，使之经过努力可以完成，应是"跳一跳，够得到"，但不能高不可攀，令人望目标兴叹，也不能低而不费力，容易达到。

3. 安全管理目标的制定使目标的预期结果做到具体化、定量化、数据化

如负伤率比去年降低百分之几，以利于进行同期比较，易于检查和评价。

4. 目标要有综合性，又有实现的可能性

制定的企业安全管理目标，既要保证上级下达指标的完成，又要考虑企业各部门、各项目部及每个职工的承担目标能力，目标的高低要有针对性和实现的可能性，以便各部门、各项目部及每个职工都能接受，努力去完成。

5. 坚持安全目标与保证目标实现措施的统一性

为使目标管理具有科学性、针对性和有效性，在制定目标时必须有保证目标实现的措施，使措施为目标服务，从而有利于目标的实现。

（三）建立安全目标管理体系

安全目标管理涉及企业各个部门、各项目部及各单位，是关系安全生产全局的大问题，为此应建立安全目标管理体系。

1. 安全目标体系

安全目标体系就是安全目标的网络化、细分化，是安全目标管理的核心。按企业管理层次，由总目标、分目标、子目标构成一个自上而下的目标体系。企业所需要达到的安全目标为总目标，各项目部（职能科室）为完成企业总目标而导出分目标，施工队为完成项目部分目标而提出子目标，班组和个人为完成施工队子目标提出孙目标。

2. 安全目标的内容

安全目标的内容包括：安全管理水平提高目标，安全教育达到程度目标，伤亡事故控制目标，施工环境达标率提高目标，事故隐患整改完成率目标，现代化科学管理方法应用目标，安全标准化班组达标率目标，企业安全性评价目标，经理任职安全目标，各项安全工作目标。

为实现企业安全生产总目标，应将总目标分解到各职能部门和项目部，做到横向到边，纵向到底，纵横交错，形成网络。横向到边就是把企业安全总目标分解到机关各职能部门；纵向到底就是把企业总目标由上而下按管理层次分解到项目部、施工作业队、班组直到每个职工，如图 5-13 所示，实现多层次安全目标体系。

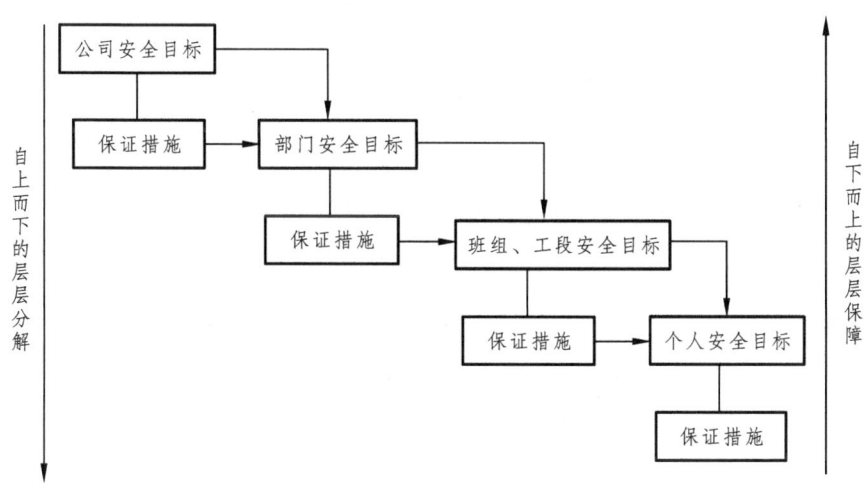

图 5-13 安全生产目标

（四）安全目标管理的实施

企业安全目标管理是一项长期任务，必须始终不渝地进行决策、实施、检查、整改、总结、提高的循环管理。实施目标管理要做到：

（1）要把企业的安全目标列为领导任期内目标，作为企业稳定生产秩序的既定方针。

（2）要赋予安全部门一定的职权，能保证对各职能部门实施安全目标监督检查的功能和作用。

（3）要求各职能部门对自身安全工作发挥主观能动作用，自觉地对安全管理工作进行密切的配合与协调。

（4）要明确各级安全责任制，实行安全一票否决原则以保证措施的贯彻落实。

（5）要动员人人参与管理，要有个人的责任目标，一级抓一级，层层落实，共同保证安全目标的实施。

（五）安全目标管理的注意事项

1. 加强各级人员对安全目标管理的认识

企业领导对安全目标管理要有深刻的认识，要深入调查研究，结合本单位实际情况，制定企业的总目标，并参加全过程的管理，负责对目标实施进行指挥、协调；加强对中层和基层干部的思想教育，提高他们对安全目标管理重要性的认识和组织协调能力，这是总目标实现的重要保证；加强对员工的宣传教育，普及安全目标管理的基本知识与方法，充分发挥员工在目标管理中的作用。

2. 企业要有完善的、系统的安全基础工作

企业安全基础工作的水平，直接关系着安全目标制定的科学性、先进性和客观性。如：要制定可行的伤亡事故频率指标和保证措施，需要企业有完善的工伤事故管理资料和管理制度；控制作业点尘毒达标率，需要有毒、有害作业的监测数据。只有建立和健全安全基础工作，才能建立科学的、可行的安全目标。

3. 安全目标管理需要全员参与

安全目标管理是以目标责任者为主的自主管理，是通过目标的层层分解、措施的层层落实来实现的。将目标落实到每个人身上，渗透到每个环节，使每个员工在安全管理上都承担一定的目标责任。因此，必须充分发动群众，将企业的全体员工科学地组织起来，实行全员、全过程参与，从而保证安全目标的有效实施。

4. 安全目标管理需要责、权、利相结合

实施安全目标管理时要明确员工在目标管理中的职责，没有职责的责任制只会流于形式。同时，要赋予他们在日常管理中的权力。权限的大小，应根据目标责任大小和完成任务的需要来确定。还要给予他们应得的利益，责、权、利的有机结合才能调动广大员工的积极性和持久性。

5. 安全目标管理要与其他安全管理方法相结合

安全目标管理是综合性很强的科学管理方法，它是企业安全管理的"纲"，是一定时期内企业安全管理的集中体现。在实现安全目标过程中，要依靠和发挥各种安全管理方法的作用，如建立安全生产责任制、制订安全技术措施计划、开展安全教育和安全检查等。只有将两者有机结合，才能使企业的安全管理工作做得更好。

三、安全生产监督与检查

安全生产的核心是防止事故，事故的原因可归结为人的不安全行为、物（生产设备、工具、物料、场所等）的不安全状态和管理的缺陷。预防事故是从防止人的不安全行为、防止物的不安全状态和完善安全生产管理3个方面着手。生产是一个动态的过程；在生产过程中，正常运行的设备可能会出现故障，人的操作受其自身条件（如安全意识、安全知识技能、经验、健康与心理状况等）的影响可能会出差错，管理也可能会有失误，如果不能及时发现这些问题并解决，就可能导致事故，所以必须及时了解生产中人和物以及管理的状况，以便及时纠正人的不安全行为、物的不安全状态和管理中的失误。

（一）安全生产监督检查的目的

安全检查的目的是查隐患、抓整改、堵漏洞、保安全。安全生产检查是为了能及时地发现事故隐患，及时采取相应的措施消除这些事故隐患，从而保障生产安全进行。它是安全生产管理的重要手段。

（二）安全生产监督检查的内容

针对检查的目的，安全生产检查的内容可分为以下几个方面：

1. 检查物的状况是否安全

检查生产设备、工具、安全设施、个人防护用品、生产作业场所以及生产物料的存储是否符合安全要求。

重点检查危险化学品生产与储存的设备、设施和危险化学品专用运输工具是否符合安全要求。检查在车间、库房等作业场所设置的监测、通风、防晒、调温、防火、灭火、防爆、泄压、防毒、消毒、中和、防潮、防雷、防静电、防腐、防渗漏、防护围堤和隔离操作的安全设施是否符合安全运行的要求，通信和报警装置是否处于正常使用状态，危险化学品的包装物是否安全可靠，生产装置与储存设施的周边防护距离是否符合国家的规定，事故救援器材、设备是否齐备、完好。

2. 检查人的行为是否安全

检查是否有违章指挥、违章操作，违反安全生产规章制度的行为。重点检查危险性大的生产岗位是否严格按操作规程作业，危险作业是否有执行审批程序等。城市轨道交通运营过程中还必须检查动火证、临时用电证、施工许可证等。

3. 检查安全管理是否完善

检查安全生产规章制度是否建立健全，安全生产责任制是否落实，安全生产管理机构是否健全，安全生产目标和工作计划是否落实到各部门、各岗位，安全教育是否经常开展。安全生产检查是否制度化、规范化，检查发现的事故隐患是否及时整改，实施安全技术与措施计划的经费是否落实，是否按"四不放过"原则做好事故管理工作。重点检查所使用的危险化学品储存、运输、废弃处置的人员和装卸管理人员是否都经过安全培训并考核合格取得上岗资格，储存危险化学品装置是否按要求定期进行安全评价并对评价报告提出的整改方案予以落实，危险化学品的运输、装卸、出入库核查登记和剧毒化学品流向和储量记录，以及仓储保管与收发是否符合《危险化学品安全管理条例》的规定，是否制定了事故应急救援预案并定期组织救援人员进行演练。

（三）安全生产检查的形式

安全检查的形式要根据检查的对象、内容和生产管理模式来确定，可以有多种多样的形式。城市轨道交通运营企业的安全检查形式主要有以下几种：

1. 运营一线岗位的日常检查

运营一线岗位员工每天操作前，要对自己岗位进行自检，确认安全才操作，以检查物的状况是否安全为主。主要检查内容如下：

（1）设备状态是否完好、安全，安全防护装置是否有效。

（2）工具是否符合安全规定，个人防护用品是否齐备、可靠。

（3）作业场所和物品放置是否符合安全规定。

（4）安全措施是否完备，操作要求是否明确。

（5）检查中发现的问题应解决后再作业，如自己无法处理或无把握，应立即向班组长报告，待问题解决后才可作业。

2. 安全人员日常巡查

专业安全工程师、安全员等专兼职安全管理人员每日、每班深入对现场进行巡视，检查安全生产情况。主要检查内容如下：

（1）作业场所是否符合安全要求。

（2）操作人员是否遵守安全操作规程，是否有违章违纪行为。

（3）协助生产岗位的员工解决安全生产方面的问题。

3. 定期综合性安全检查

全公司的综合性安全生产检查以企业和车间、部门负责人为主，安全管理人员、职工代表参加组成检查组，按事先制订的检查计划进行，主要检查各车间、部门的安全生产工作开展情况，以检查管理为主。

从检查范围讲，包括企业组织对全公司各车间、部门进行检查，以及车间组织对本车间各班组进行检查，检查周期根据实际情况确定。一般全公司性的检查每年不少于 2 次，车间的检查每季度1次。

检查安全生产责任制的落实情况，检查领导思想上是否重视安全工作，行动上是否认真贯彻"安全第一、预防为主"的方针。检查安全生产计划和安全技措计划的执行情况，安全目标管理的实施情况，各项安全管理工作（包括制度建设、宣传教育、安全检查、重大危险源安全监控、隐患整改等）的开展情况，检查各类事故（包括未遂事故）是否按"四不放过"的原则进行处理，事故应急救援预案是否落实，是否有组织演练。对设备的安全状况进行检查，对主要危险源、安全生产要害部位的安全状况要重点检查。检查应按事前编制好的安全检查表的内容逐项检查，对检查情况做出记录。对检查发现的隐患要发出整改通知，规定整改内容、期限和责任人，并对整改情况进行复查。检查组应针对检查发现的问题进行分析，研究解决办法，同时根据检查所了解到的情况评估企业、车间的安全状况，研究改善安全生产管理的措施。车间对班组的检查也大体一致。

4. 专业安全检查

有些检查内容的专业技术性很强，需由懂得这方面知识的专业技术人员进行，如锅炉压力容器、起重机械、电扶梯等特种设备的安全检查，电气设备的安全检查，消防安全检查等。这类检查往往还要依靠一些专业仪器来进行，检查的项目、内容一般由相应的安全技术法规、安全标准做出规定，这些法规、标准是专业安全检查的依据和安全评判的依据。专业安全检查可以单独组织，也可以结合定期综合性检查进行。

5. 季节性安全检查

不同季节的气候条件会给安全生产带来一定的影响，比如：春季潮湿气候会使电气绝缘性能下降而导致触电、漏电起火、绝缘击穿短路等事故；夏季高温气候易发生中暑；秋冬季节风高物燥易发生火灾；雷雨季节易发生雷击事故。季节性检查是检查防止不利气候因素导致事故的预防措施是否落实，如：雷雨季节前，检查防雷设施是否符合安全标准；夏季检查防暑降温措施是否落实等。事故主要发生在一线岗位上，一线岗位日常检查和安全人员日常巡查的周期短、检查面广，能够及时发现一线岗位上的不安全问题，对预防事故有重要作用，因而要认真做好安全检查。

（四）检查工作的组织领导

安全检查要取得成效，不流于形式，不出现疏漏，必须做好检查的组织领导工作，使检查工作制度化、规范化、系统化。

1. 明确检查职责

安全检查的面广、内容多、专业性强，有不同的检查主体和检查周期，如果职责不清，检查工作就难以落实。

要通过制度明确规定各项检查的责任人。比如，岗位日常检查工作可纳入岗位安全操作规程，由操作工负责。安全人员日常巡查工作在安全人员岗位责任制中有具体规定。专业安全检查的职责可按"管生产必须管安全，谁主管谁负责"的原则，按设备设施的管辖确定检查职责，如设备维修部门管的起重设备的专业检查由设备维修部门负责。

2. 有可行的检查方案

检查要有方案，具体规定检查的目的、对象、范围、项目、内容、时间和检查人员，从而保证检查工作高效、有序进行，避免漏检。检查方案由检查的组织者制定，检查的具体项目、内容、要求、方法等专业技术方面的内容应先编制安全检查表。检查时对照检查表逐项检查，做好检查记录，以保证检查质量，提高工作效率，避免漏检。检查人员要熟悉业务，在现场检查中能识别危险源和事故隐患，并掌握相应的安全技术标准。

3. 做好跟踪验证

要做好整改和分析总结工作，对整改中发现的问题要提出具体的整改意见（包括整改内容、期限和责任人），并对整改结果进行复查和记录。要根据检查所了解的情况、发现的问题进行分析、研究、评估，以便对总体的安全状况、事故预防能力有一个正确的认识，制定进一步改善安全管理、提高安全防护能力的具体措施。

（五）安全检查表

安全检查表是安全检查的工具，是一份检查内容的清单。使用检查表进行检查有利于提高检查效率和保证检查质量，防止漏检、误检。

1. 检查表的种类

（1）按检查的内容分类。

① 检查安全管理状况的检查表。这类检查表还可细分为安全制度建设检查表、安全教育检查表、事故管理检查表等。主要检查安全生产法规贯彻执行情况，检查管理的现状、管理的措施和成效，以便发现管理缺陷。

② 检查安全技术防护状况的检查表。按专业还可分为机械安全检查表、电气安全检查表、消防安全检查表、职业危害检查表等。主要检查职业安全卫生标准执行情况；检查生产设备、作业场所、物料存储是否符合安全要求；检查危险源是否采取了有效的安全防护措施，安全防护设施是否运转正常，使危险源得到可靠的控制，以便发现物的不安全状况。

（2）按检查范围分类。

按检查范围分类，可分为全公司的检查表，车间的、班组的、岗位的检查表。

（3）按检查周期分类。

按检查周期分类，可分为日常检查的检查表和定期检查的检查表。

2. 检查表的编制

安全管理状况的检查表是依据国家安全生产法规，并结合企业安全生产规章制度编制的，检查内容就是法规对企业安全生产管理的要求，即检查企业安全生产的各项管理工作是否都按法规的要求做好。安全技术防护状况检查表的编制，是一项专业性很强的工作，要编制一个能全面识别检查对象各种危险性的检查表，需做好以下工作：

（1）组织熟悉检查对象情况的人员，包括设备、工艺方面的专业技术人员、管理人员、操作人员共同参与编制工作。

（2）全面详细地了解检查对象的结构、功能、运行方式、工艺条件、操作程序、安全防护装置，以及常见故障和已发生事故的过程、原因、后果。

（3）以检查对象为一个系统，按其结构、功能划分为若干个单元，逐个分析潜在危害因素，将危险源逐个识别出来并列出清单。

（4）依据安全技术法规、职业安全卫生标准、技术规范的要求，对识别出来的危险源逐个确定危害控制的安全要求、安全防护的措施以及危险状况识别判断的方法。

（5）综合危险源分布状况和危险源危害控制的要求列出检查表。安全检查时将列的全部危险源逐一检查，看其安全防护措施是否符合安全要求，不符合的予以整改。编制出的检查表还需经实践检验，不断完善。

（六）安全检查技巧

要达到安全检查的应有效果，就必须在"懂、活、新、细、严、狠、恒"上下功夫。

1. 懂，即要懂业务

检查组成员必须是安全管理、安全生产技术方面的内行。常言道："行家一伸手，就知有没有""内行看门道，外行看热闹"。

2. 活，即方法要活

安全检查要能及时发现问题，并找出存在问题的关键，其中很重要的一点就是，检查的方式方法要灵活多变，做到常规检查与突击检查、专项检查与全面检查、平时检查与节日检查、纵向检查与横向检查交替进行，不固守一种模式，以增强检查的实效性。

3. 新，即人员要新

检查组成员要不断调整，采用各检查组之间相互交流和经常补充替换的办法，保证每一次检查都有新人出现，从而能在检查中打破常规的思维定式，体现新思想、新办法、新要求。

4. 细，即检查要细

要坚持做到不检查则已，要检查就要做到认认真真、仔仔细细，远与近兼顾、重点与一般兼顾、条件好的地方与条件差的地方兼顾，横向到边，纵向到底，不留死角，全面覆盖。

5. 严，即要严谨分析

对查出的问题，要进行严谨科学的分析，找出存在问题的根源，分析存在问题可能带来的后果，提出防范再次出现类似问题的办法，让大家从中掌握知识，学到经验，吸取教训。

6. 狠，即要狠抓整改

对查出的事故隐患，要落实整改措施、整改时间、整改标准和整改责任人，建立整改反馈和复查考核制度，狠抓整改不放松，不达目标不罢休，绝不让安全隐患有藏身之处，用制度和机制来提高安全检查的执行力。

7. 恒，即要持之以恒

安全工作的长期性、复杂性、艰巨性和反复性，决定了安全检查必须做到持之以恒，切不可忽冷忽热，想起来就做一次，工作闲下来就抓一回，上级督促安排了就动一下。如果这样就难以达到警钟长鸣的目的，就难以形成稳定的安全生产环境。

【复习思考题】

1. 简述安全系统理论。
2. 现代企业安全管理模式的特点是什么？
3. 简述城市轨道交通运营企业安全管理结构。
4. 简述城市轨道交通运营安全管理模式的总体方针。
5. 简述城市轨道交通运营安全管理模式的基本要素。
6. 简述轨道交通安全管理体系的原理。
7. 城市轨道交通运营企业安全宣传管理制度有哪些？
8. 简述城市轨道交通企业安全文化的基本特征及结构模式。
9. 城市轨道交通企业安全生产责任制的内容有哪些？
10. 城市轨道交通企业安全管理信息的内容有哪些？
11. 简述城市轨道职业健康职业危害因素及其防范措施。

项目六 城市轨道运营安全保障系统

【问题导入】

本章主要使学生熟悉城市轨道交通运营安全保障系统的特征,掌握运营人员安全保障子系统、运营设备安全保障子系统、运营环境安全保障子系统的结构与内容。

【教学目标】

1. 能力目标

能阐述城市轨道交通运营安全保障系统的组成、城市轨道交通运营安全保障系统的结构与内容;掌握轨道交通安全管理体系安全设计的原则。

2. 知识目标

熟悉运营人员安全保障子系统中的行车组织过程安全、行车调度安全、列车驾驶安全、车站作业安全、接发列车作业安全、调车作业安全、客运服务过程安全系统组织流程;掌握线路、车辆、供电、通信、机电、消防等运营设备安全保障子系统的组织与管理;熟悉运营环境安全因素保障措施。

3. 素质目标

牢固树立安全第一的责任意识、问题意识、风险意识;具备熟练掌握城市轨道交通运营安全保障系统的理论素质;具有良好的城市轨道交通职业安全综合实践能力。

任务一

城市轨道交通运营安全保障系统的特征

城市轨道交通运营系统是一个在时间、空间上分布相对广泛、开放，又相对密闭的动态系统。城市轨道交通运营安全影响因素错综复杂，涉及面广。

城市轨道交通运营安全保障系统是指配置在运营系统上，起保障运营安全作用的所有方法和手段的综合，一方面要保障运营系统内人员和设备的安全性，另一方面要保证运营系统不会受到外部环境的威胁。

城市轨道交通运营安全保障系统从构成运营系统的最基本元素出发，从事故的最根本原因着手，具有普遍意义。

充分体现安全是一项全员、全要素、全过程的活动。因为系统中的"人"，是指作为工作主体的人，"机"是指人所控制的一切对象的总称，"环境"是指人、机共处的特定的工作条件，考虑了人、机、环境对安全的影响，尤其考虑了三者之间的相互作用，包括人—人、人—机、机—机、机—环境以及人—机—环境等。

以管理作为控制、协调手段，协调人、机、环境之间的相互关系，并通过反馈将系统状态的信息反馈给管理系统。

从本质上讲，城市轨道交通运营安全保障系统是一个以"管理"为中枢、以"人"为核心、以"机"为基础、以"环境"为条件组成的总体，并以保障城市轨道交通运营安全为目的的人—机—环境系统。

城市轨道交通运营安全保障系统是反馈控制和前馈控制的综合，即前馈—反馈耦合控制系统。

一、城市轨道交通运营安全保障系统的组成

城市轨道交通运营的致灾因素包含在人、设备、环境、管理4大系统内部及其之间的相互作用、相互影响之中。城市轨道交通运营致灾机理体系如图6-1所示。

4大要素的每一要素中的各内部因素亦表现为一定的结构和秩序，即内部因素构成一个小系统。

城市轨道交通运营致灾过程是结构化的，它由4大致灾要素构成，而4大要素又由各自的致灾因素组成，且这些致灾因素也是由更具体的致灾因子构成的，且表现为稳定的互动关系。

对致灾因子及其相互关系的研究，可以揭示城市轨道交通运营事件的成因与发展过程，也可以摸索城市轨道交通运营安全保障的组成。

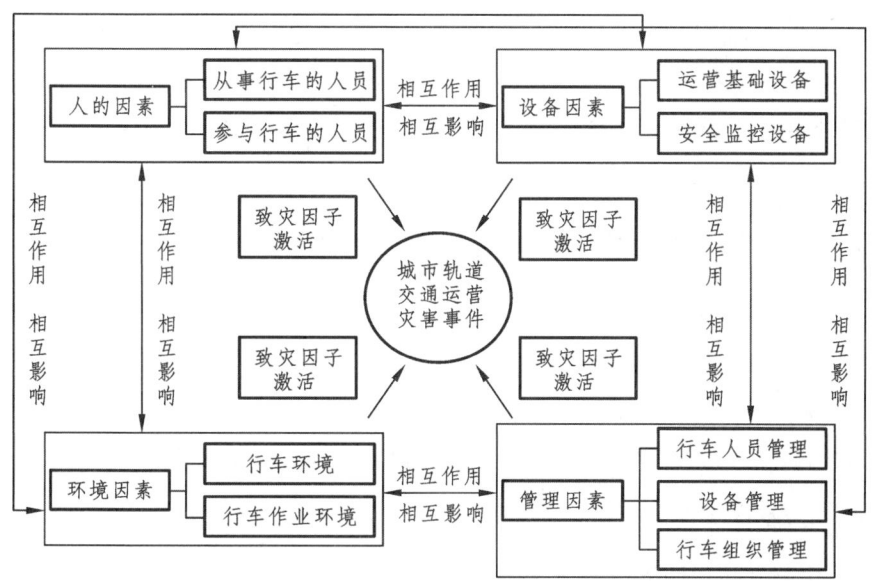

图 6-1 城市轨道交通运营致灾机理体系

从管理的对象和要素出发,可将城市轨道交通运营安全保障系统划分为不同层次的两个子系统:安全总体管理子系统和安全对象管理子系统。

(一) 安全总体管理子系统

1. 安全组织

安全组织是安全管理的一个职能实体,所有安全保障措施的制定与落实均离不开组织的支持。安全组织管理的职能包括:制定安全管理的方针、政策和目标;分配责任和权限;提供决策沟通和协调配合;安全监察及整改;分析处置事故;其他组织工作。

2. 安全规章

建立健全安全规章的目的就是使人、机、环境的安全管理活动做到有章可循,有规可依,即起到规范人、机、环境安全管理的作用。其功能的主要表现:完善运营安全法规;建立健全规章制度;完善安全标准体系;监督与考核规章制度、作业标准的执行。

3. 安全信息

一切安全管理活动,都离不开安全信息的支持。安全信息管理子系统的功能包括:收集、记录、整理、传输、存储系统安全信息;提供系统安全分析工具、评价方法与决策支持;追踪先进安全科技与管理信息。

4. 安全技术

安全技术管理的内容包括对运营安全硬件技术设备的安全管理和对运营安全技术的研究、开发和利用。主要包括:安全分析、评价和管理方法的研究与应用;事故管理方法的研究与应用;各种安全作业方法、工艺过程的研究与应用;制定与完善安全技术规范的方法的研究与应用。

5. 安全宣教

城市轨道交通运营单位为了规避种种危险，防止事故发生，必须通过各种形式和方法，加强对内、对外进行经常性的安全教育和宣传，从而促进安全相关行为或改进人的行为状态。

6. 安全投入

安全资金是做好运营安全管理工作必要的物质条件，其主要内容包括对保障运营安全资金的筹集、调拨、使用、结算和分配等。

（二）安全对象管理子系统

单独针对人员、设备、环境的安全管理称为安全对象管理。安全对象管理子系统细分为人员安全保障子系统、设备安全保障子系统和环境安全保障子系统。

1. 人员安全保障子系统

人员安全保障是指保障人员安全性的所有措施，即保障不因人的差错而导致事故或隐患。在排除设备和环境因素之后，人员安全保障包括提高人员安全素质和加强人员安全管理两部分。提高人员安全素质的措施又被称作人员直接安全保障，提高人员安全素质最有效的途径即安全教育和培训，包括针对不同岗位职工进行的不同内容的安全教育培训和对影响运营安全的外部人员的安全宣传教育。加强人员安全管理的目的是防止因间接原因而产生人的差错，又被称作间接安全保障，包括加强安全劳动管理和加强行为管理。

2. 设备安全保障子系统

设备安全保障子系统包括：设备安全设计，选用具有较高安全性（包括人机工程设计、可靠性、可维修性、先进性等）的设备；设备的保养、检修及更换，保障设备始终处于良好运行状态，对于超过服役期的设备要及时更换；设备及工作情况的检测和监控管理，有效获得各种设备安全性能的实时动态信息；设备的故障安全对策，保证故障发生后能够导向安全，不致产生非安全的连锁反应。

3. 环境安全保障子系统

环境安全保障子系统包括内部小环境和外部大环境，因此，环境安全保障子系统可细分为内部环境安全保障和外部环境安全保障两部分。

（1）内部环境安全保障。通过改善影响运营安全的内部环境，落实运营安全保障系统的重要内容，包括作业环境安全保障、内部企业环境安全保障。

（2）外部环境安全保障。外部环境即不可控环境。外部环境安全保障就是指为了淡化外部环境对运营安全的负面影响，强化其正面影响，而对运营系统进行调节的所有管理手段，包括自然环境安全保障、外部社会环境安全保障。

二、城市轨道交通运营安全保障系统的结构与内容

城市轨道交通运营安全保障系统的结构与内容如图 6-2 所示。

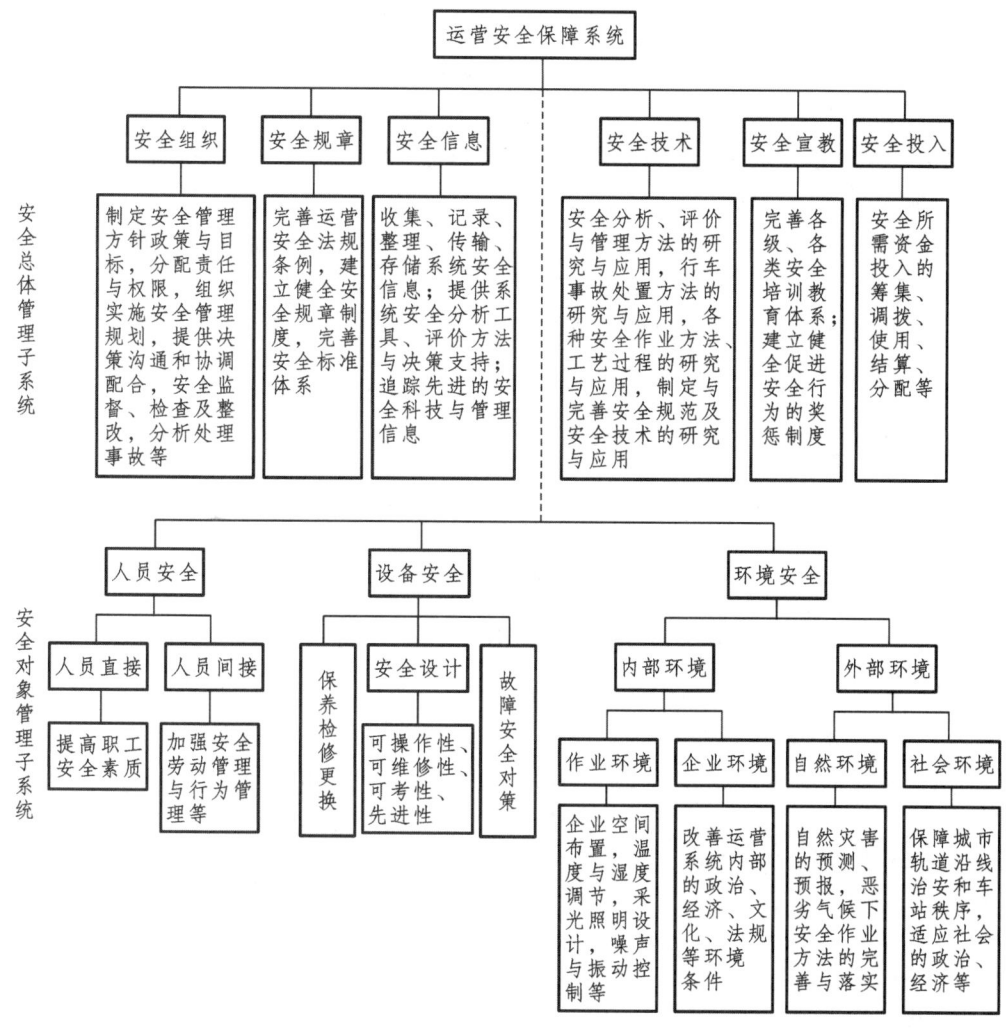

图 6-2 城市轨道交通运营安全保障系统结构

三、轨道交通管理体系安全设计的原则

（一）城市轨道交通安全工程设计目标

城市轨道交通安全工程设计目标，应以下述要求为目标，在正常使用时：
（1）必须防止因乘客使用系统而造成对乘客的伤害与危险。
（2）必须防止系统对运营人员及其他人员的伤害与危险。
（3）必须防止运营设施及车辆遭受损害与损失。

（二）城市轨道交通车辆和运营设备的选择

城市轨道交通车辆和运营设备的选择，必须技术成熟、安全可靠、满足功能、维修方便、经济合理。
（1）乘客使用或操作的设备，必须易于识别，设置在便于触及的地方，并保证不当的操作或使用也不会导致系统发生危险。

（2）在车辆与运营设备中必须提供必要的措施与手段，保证在发生误操作时，避免导致人身伤害或设备损坏。

（3）必须提供可以及时采取妥善处理各种不当行为、故障及防止事故发生的措施及手段。

（4）车辆及运营设备发生的任何故障或问题，必须能及时指示给运营人员或控制中心。

（5）必须为残疾人、老人、孕妇及带领儿童的人在使用该系统时提供安全舒适的措施。

（6）应当在轨道线路、隧道及车站站台、站厅、疏散通道、出入口、通风亭、列车车厢内及其他运营场所的醒目位置设置保障城市轨道交通安全运营的各类发光导向、疏散、提示、警告、限制、禁止等安全标志。

（三）城市轨道交通系统材料和部件防火技术

城市轨道交通系统中，所使用材料和部件的防火技术必须采用当前先进的工艺技术。共有技术设计应满足以下要求：

（1）材料和部件必须具有良好的阻燃性能。

（2）应加强安全控制，以防蓄意破坏的行为。

（3）对于起火风险大的设施必须加以围护，减少可能的火情蔓延。

（4）在对火情及有害燃烧气体与热量控制的基础上，应保障有效疏散措施。

（5）铺设在地下车站、隧道及车辆上的电缆应不含卤化物，并避免燃烧时产生有毒气体。

（6）所有电气回路必须有熔断保险或其他保护，防止由于过热和短路、接地等产生的危险。

（7）在正常运行或故障情况下，容易产生表面高温的设备或元件，或可能产生严重故障的设施应进行隔离，以减少发生火灾的危险。

（8）一旦发生火灾，通风排烟系统应能进入火灾运行模式，以保障人员疏散或灭火。

城市轨道交通安全工程的设计工作，需要给予重点关注。这样做的目的在于，强化城市轨道交通安全工程设计的重要性，使城市轨道交通安全工程的设计更加系统化、程序化、规范化。为实现这一目的，只研究设计导则还不够，还应该建立一套安全工程的设计评价体系。一个城市的健康快速发展离不开交通，而轨道交通是城市交通的骨干，所以确保城市轨道交通的安全是现代城市安全工程的基础。

任务二

运营人员安全保障子系统

一、行车组织过程安全保障

通常把列车的组织和运行工作统称为行车工作。行车工作是轨道交通运营系统的主要工作，也是最容易产生不安全因素的工作环节。城市轨道交通运营过程中所出现的大部分不安全现象都发生在行车工作中。因此，从某种程度上说，保证行车工作安全的同时，也就保证了城市轨道运营的安全。

行车安全一般是指城市轨道交通列车在运送乘客的过程中对行车人员、行车设备以及乘客产生重要和影响的安全。行车安全工作包括：行车调度安全、列车驾驶安全、车站作业安全、接发列车作业安全、调车作业安全等。

二、行车调度安全

城市轨道交通系统是一个大联动机，具有高度集中、统一指挥、各个工作环节紧密联系和协同运作的特点。城市轨道交通行车工作是一个由互相联系、相互影响、多单位所组成的完整的系统。在这个系统中，各部门、各单位、各工种间的紧密联系和协调一致对于保证行车安全和提高运输效率有着决定性的意义。行车调度（简称"行调"）是为适应城市轨道交通运输特点而设置的行车工作系统，在保证行车安全的大系统中具有重要的地位和作用。

【案例】调度员违规操作导致事故

事件经过：2011年9月27日下午2：37，上海地铁10号线豫园至老西门下行区间两列车发生追尾，造成295人受伤，40多人轻伤，无重伤，无死亡。事发后，由上海市安全生产监督局牵头成立事故调查组，展开调查分析。

原因分析：

（1）直接原因：

①电话闭塞时，地铁行车调度员在未确定故障区间全部列车位置的情况下，违规发布电话闭塞命令。

②接车值班员在未严格确认区间是否空闲的情况下，违规同意发车站的电话闭塞请求。

（2）间接原因：

①交通集团维修保养中心供电公司在未进行风险识别、未采取针对防范措施情况下，签发停电作业工作票。

②电工在进行地铁10号线新天地站电缆孔洞封堵作业时，造成供电缺失，导致10号线新天地集中站信号失电。

从上述案例可以看出，城市轨道交通行车调度工作由调度控制中心实施，实行高度集中、统一指挥，以使各个环节紧密配合，协调动作，保证列车安全、正点地运行。行车调度工作是城市轨道交通系统的核心，直接影响行车安全及运输质量。

（一）行车调度工作的基本任务及作用

1. 行车调度工作的基本任务

（1）组织指挥各部门、各工种严格按照列车运行图工作。

（2）监控列车到达、出发及途中运行情况，确保列车运行秩序的正常。

（3）当列车运行秩序不正常时，及时采取措施，尽快恢复正常运行秩序。

（4）及时、准确地处理行车异常情况，防止行车事故的发生。

（5）随时掌握客流情况，及时调整列车运行方案。

（6）检查监督各行车部门执行运行图的情况，发布调度命令。

（7）当发生行车事故时，按规定程序及时向上级主管部门汇报，并采取措施防止事故扩大，积极参与组织救援工作。

2. 行车调度在行车安全工作中的作用

行车调度贯彻集中领导、统一指挥的原则，组织协调行车有关各部门、各单位、各工种的工作，指挥和监督行车工作的全过程，保证行车工作均衡协调、安全准确地运行。在日常运输工作中，行车调度负责编制日常运输工作计划，发布各种有关行车的调度命令，组织行车各部门协同动作，保证列车按列车运行图运行，实现日（班）计划规定的各项任务；负责监督、检查行车各部门执行运输工作日常计划和规章制度的情况以及列车运行情况，及时组织处理和排除各种危及或有可能危及行车安全的意外情况；遇发生行车事故或灾害而中断行车时，采取积极有效的措施，组织事故救援，迅速恢复行车，保证运输畅通。

概括起来，行车调度在安全工作中的作用有以下几个方面：

（1）指挥行车人员完成各项行车作业，保证列车安全正点运行。

（2）组织、协调、监督、检查行车各有关部门的安全生产，纠正各种违章现象，及时处理行车中发生的问题，消除事故隐患，防止发生行车事故。

（3）发生事故后，积极组织救援，减少事故损失。

（二）行车调度安全指挥工作的基本要求

调度指挥必须遵循安全生产，正确及时地指挥列车运行，防止因指挥不当造成事故隐患。遇突发紧急事件时，要冷静、正确、及时处理，提高业务水平和应变能力。

1. 城市轨道交通行车组织工作必须严格执行单一指挥的原则

行车各有关部门必须服从所在区段行车调度的集中统一指挥，各级领导对列车运行的指示必须通过行车调度下达，坚决禁止令出多口或多头指挥，维护调度命令的严肃性和权威性。

2. 行车调度要具备较高的业务水平和紧急处理能力

熟练掌握调度工作技术是做好安全指挥工作的基础。行车调度必须熟悉主要行车人员情况，掌握车辆、线路、设备等方面的知识，熟知各项规章制度和各种行车作业的程序，掌握与其他调度的工作衔接，掌握处理各种行车意外情况和行车事故的方法，做到调度指挥胸有成竹、沉着冷静。

3. 发布调度命令要正确、完整、清晰

调度命令是城市轨道交通运输工作实行集中领导、统一指挥的具体体现和保证之一。具体要求如下：

（1）凡是指挥列车运行的命令和口头指示，只能由行车调度发布，有关行车人员必须坚决执行，不得违反。

（2）发布调度命令前应详细了解现场情况，听取有关人员意见。发布调度命令时应严格按行车相关规章办理，必须先拟后发，不得边拟边发。

（3）发布调度命令应按"一拟、二签、三发布、四复诵核对、五下达命令号码和时间"的程序办理。

（4）制定对常用的行车调度命令格式和用语的统一规定，使调度命令发布规范化、用语标准化，调度命令内容更加准确、简练、清晰、完整。

（5）发布调度命令时为确保命令的传达准确无误，行车调度应指定其中一人复诵其口头命令内容，其他人核对，确保无误，书面调度命令须填写记录。

三、列车驾驶安全

列车驾驶安全是整个城市轨道交通行车安全工作的关键环节之一，是把好行车安全的最后一道关口。

【案例】地铁司机被自己驾驶的列车撞伤

事件经过：2012年4月30日8:30左右，某地铁2号线一列车由油坊桥站开往经天路站，在南大仙林站正常上下客后，司机启动发出按钮，同时由于该站站台门有被挤开的信号，出于安全设计，系统未输出动力。当值司机随即下车检查异常，但瞬间站台门又迅速复位，列车起动。司机发现列车启动后，立即上车，但在上车过程中，未能站稳，跌落轨区，导致头部等部位摔伤。事发后，地铁运营控制中心启动救援预案，由接班司机驾驶。车站工作人员拨打120急救电话，随后与保安等合力将受伤司机用救护车送往医院。万幸救助及时，司机无生命危险。

原因分析：

（1）系统设计原因。当司机按下发车按钮时，由于收到站台门被挤开的信号，系统没有输出动力，列车未启动。当司机下车查看异常情况时，被挤开的站台门又瞬间复位，导致列车突然启动。

（2）司机原因。当值司机看到列车突然启动时，就赶紧上车，在上车的过程中，缺乏安全意识，造成跌落轨道，头部重伤。

事件延伸：

北京日报报道：2015年9月21日，北京地铁13号线列车司机廖明再次创下安全行车记录，安全行车里程已达到980 000 km，相当于绕地球赤道近23圈。对于安全，廖明一直秉承着"安全行车无小事"和"运营一分钟，安全六十秒"的理念，工作中严守规章制度，精力高度集中，未发生过一次安全事故。

对于服务，他深知自己的岗位是北京地铁的窗口，一言一行都代表着北京地铁的形象，"文明执乘为乘客，安全位移保正点"是他始终坚守的服务信条，不仅从未发生过一起责任服务纠纷，还经常收到锦旗和表扬信；对于学习，廖明从不肯"吃老本"，注重自身的学习和提高，坚持终身学习，不断谦虚求教，努力提高自身的业务技能。

（一）影响列车驾驶安全的主要因素

（1）行车纪律松弛、制度执行不严。纪律松弛，出乘标准化作业不落实，责任制贯彻不力，是影响安全行车的一大顽症。

（2）疲劳行车、带情绪开车。列车司机睡眠不足、将受外界环境影响而产生的情绪带入运行作业中，会产生生理、心理疲劳，从而导致精力不济、精神不集中，给安全行车带来隐患。

（3）业务素质不高。由于技术问题及缺乏经验，列车司机业务水平不精，不能及时处理运行中的突发事件和故障。

（4）安全意识不强。列车司机思想波动大、情绪不稳定、责任心不强、行车纪律观念淡薄、臆测行车是造成行车事故的重要原因。

（5）行车技术、设备不完善。行车设备老化，技术结构不合理，使之不能适应实际行车的需要。

（6）风、雪、雷、电等恶劣气候及环境的影响。风、雪、雷、电等恶劣天气对安全运行的影响是不可低估的。列车司机对气候环境变化及对突发事件能否正确处置直接影响城市轨道交通运输的安全。

（7）安全管理及制度、规章的适用性存在缺陷。安全管理归根结底是对人的管理，而各项制度的健全和完善是行车安全的基础，是行车安全的依据，没有完整有效的制度与规定是制约安全行车的重要因素。

（二）不安全因素的控制

从安全运行管理的角度分析，行车事故是各种不安全因素相互作用的结果。

因此，对行车不安全因素的控制是行车安全的重要环节。

（1）加强对列车司机的违章行为造成行车事故的管理与控制。许多行车事故案例表明，人的不安全行为是引起行车不安全的因素及行车事故的直接原因。因此，对列车司机进行教育、培训、考核、惩戒等，可促使列车司机安全行车。

（2）不断做好对列车司机的技术业务培训。司机的技术知识不足，特别是安全行车知识的缺乏、没有经验是引发行车不安全的重要原因。通过加强安全行车知识和业务技术知识的学习，司机在技术和经验上能得到提高，成为合格的操纵者。

（3）强化和改善对行车设备的管理。许多行车事故的发生都留下了行车设备技术状态不良的痕迹，因而应不断进行相关行车设备的技术改造，使行车设备功能符合运营要求。

（4）提高列车司机适应环境变化与处置突发事件的应变能力。运行环境的变化和行车中产生的突发事件难以预测，因而提高列车司机在发生意外事件时的应变能力是防止与减少行车事故的重要因素。应在不断学习的基础上，以各类预案和规定为依据，开展定期和不定期的讲解、演练、培训，以提高列车司机的应变能力。

（三）列车安全驾驶的基本规定

（1）列车司机必须牢记"安全第一"的宗旨，严格按照安全制度、行车规则执行驾驶任务，驾驶列车时做到"三严格"。

① 严格遵守各种规章制度，正确执行各种作业程序，确保列车运行安全。

② 严格按照运营时刻表及信号显示行车，工作时严守岗位，不得擅自离岗。

③ 动车前认真确认"行车三要素"：进路、信号、道岔。

（2）列车司机必须掌握列车（车辆）的基本构造、性能，具有一般的故障处理能力，熟悉城市轨道交通线路和站场等基本设施情况，包括必须明确驾驶区段、站场线路纵断面等情况。

（3）列车司机必须掌握其他相关的业务知识并具有一定的应变能力。在列车运行的过程中，一般情况下只有司机一个人值乘，而运行中的突发事件有着不可预测性，在事件的初期往往只有司机能够最早发现异常，所以一名职业素质较好的司机应该而且必须掌握有关事件初期的处理方法，使事件能够在初期阶段得到控制和处置，减小损失，稳定现场局面。

（4）列车司机上岗值乘的必要条件。鉴于列车司机在整个运行过程中的重要作用，城市轨道交通管理部门规定了列车司机上岗值乘的必要条件。首先，司机必须经过考试合格，并取得列车驾驶证后方准独立驾驶列车；其次，脱离驾驶岗位6个月以上，如需再驾驶列车必须对业务知识和安全运行知识等进行再培训，并且考核合格，对其纪律性和身体状况、心理状况由相关管理部门及有关领导做出鉴定。

（四）列车驾驶作业安全准则

列车司机的操作应在正常情况下确保"准确"，在非正常情况下确保"安全"，所有操作均动作紧凑、快速正确。列车驾驶作业包括调车作业、整备作业、正线作业、折返作业、站台作业等。具体的作业安全准则包括以下内容：

1. 调车作业安全准则

（1）设置铁鞋防溜时，不拿出铁鞋不动车。
（2）凭自身动力动车时，没有制动不动车。
（3）机车、车辆制动没有缓解不动车。
（4）调车作业目的不清不动车。
（5）调车作业没有联控不动车。
（6）没有信号或信号不清不动车。
（7）道岔开通不正确不动车。
（8）侵限、侵物不动车。

2. 整备作业安全准则

（1）整备作业前必须了解列车停放位置及列车状态。
（2）检查列车走行部时，必须确认列车已降下受电弓。
（3）严禁跨越地沟，进行车底检查时戴好安全帽，应注意空间位置，避免碰伤。
（4）受电弓升起后，严禁触摸电气带电部分、进行地沟检查及攀登车顶。
（5）检查列车时必须佩戴检查灯、一字旋具，并严格按要求整备列车，列车没有经过整备严禁动车。
（6）车库内动车前，必须确认地沟无人和两侧无侵限物后方可动车。

3. 列车运行安全准则

（1）列车司机在取得驾驶证并经鉴定合格后，方准独立驾驶。

（2）严格遵守各种规章制度，按照要求操作使用设备，正确执行各项作业程序，确保列车运行安全。

（3）严格按运营时刻表动车，动车前必须确认行车凭证。列车退行或推进运行时，运行前端必须有人引导。

（4）班前注意休息，班中集中精力，保持不间断瞭望。严禁在列车运行中打盹、看书或做与工作无关的事。

（5）接受调度命令或行车指示时，列车司机必须认真逐句复诵并领会命令内容。

4. 折返作业安全准则

（1）严格遵守交接班制度。

（2）关门前必须确认行车凭证、道岔、进路正确。

（3）动车前确认所有人员均在安全区域。

5. 站台作业安全准则

（1）开关屏蔽门、车门时，必须严格执行开关门作业程序。

（2）列车到站停稳后，应先确认列车停在规定的范围内。

（3）跨出站台开关屏蔽门、车门时，应注意列车与站台间的空隙，避免摔伤。

（4）关闭屏蔽门、车门前，应先确认车载信号或进路防护信号开放或者具有行车凭证。

（5）动车前，列车司机应确认屏蔽门、车门关好，同时确认屏蔽门与车门间空隙无人无物，方可进驾驶室。

6. 人身安全准则

（1）升弓前，必须确认所有人员均在安全区域。

（2）严禁擅自带无关人员进入驾驶室，因工作需要有人登乘驾驶室时必须确认其相关登乘证件。

（3）在正线或出入场（段）线，禁止未经行车调度员同意擅自进入线路。

四、车站作业安全

车站的行车组织工作是在调度统一指挥下，合理运用车站的各项技术设备，负责车站行车控制指挥、施工及其他作业。

（一）车站安全工作的基本任务

（1）建立健全各类行车作业、管理的规章制度。这些制度包括车站行车控制室的管理制度、交接班制度、行车值班员岗位责任制等，对车站的行车组织工作进行规范管理，确保行车安全。

（2）进行车站各项安全检查，检查车站安全隐患并落实整改。

（3）建立各类事故预案，开展演练，以提高车站员工的应急处理能力，有效处理车站突发事件。

（4）通过明确职责、落实责任、加强安全管理，确保车站行车、施工、治安、消防等工作以及车站员工、乘客人身安全和车站所辖设备运行安全。

（二）车站行车安全工作的基本要求

车站行车工作包括列车运行控制、车站的施工组织、接发列车作业等，其中各项作业均涉及行车安全。车站各项作业情况下的具体行车安全要求如下：

1. 列车运行控制

车站的列车运行控制，根据整个系统列车运行控制方式的变化而变化。

（1）在调度集中控制方式下，车站行车组织的主要工作是监护行车运营状态。

（2）在自动控制方式下，车站应对列车的运营状态进行监护，如中控因故放权而由车站进行控制，则在有集中控制设备的车站应负责对列车的折返、进路排列等人工作业。

（3）在半自动控制方式下，车站负责列车运行控制的工作，人工操作信号设备进行接发车、调车等行车作业，并根据行车调度员的指令对列车运行进行调整。

（4）在非正常情况下，车站根据调度的指令，按规定的作业办法要求负责列车在车站的接车、发车、调车等作业。

2. 设备施工组织

在车站管辖范围内的任何施工均应在车站行车控制室登记，在得到行车值班员的签字确认后方可进行；对影响运营的施工检修作业，如信号设备检修、道岔检修等作业，必须得到调度的同意后方可进行。施工结束后必须销记，查明施工作业区域线路出清，即施工人员、器具、材料等撤离，设备恢复正常及防护撤除。

3. 接发列车作业

车站员工应确保在各种控制方式下车站的接、发列车组织工作安全、有序。

五、接发列车作业安全

接发列车是城市轨道交通行车工作中最重要的环节之一。接发列车的作业安全直接关系到城市轨道交通的行车安全。因此，所有参与接发列车的作业人员，均应以高度的工作责任感认真履行岗位职责，严格执行规章规范，保证接发列车作业安全。

【案例】非正常接发列车险些造成列车相撞

事件经过：2007年2月2日17：53，行车调度员通过ATS工作站发现海光寺联锁区信号显示红光带，信号和道岔失去显示，无线调度台失去部分功能。行车调度员立即通知维修调度派人前去维修。17：55，控制中心行车调度员向西北角至南楼各站下达调度命令：西北角至南楼上下行区间行车方式改为电话闭塞。收到调令同时，244次列车到达鞍山道站台，后经各站正确办理电话闭塞后运行至小白楼站台。246次列车在到达营口道车站后，小白楼车站台有244次列车，不同意营口道车站闭塞请求，导致246次（102组）列车站在营口道站停约6 min，后244次列车办理闭塞从小白楼驶出。246次列车办理闭塞后行至小白楼，行车值班员办理电话闭塞并填写路票（电话记录第1810号），交换路票时，司机发现路票中"小白楼"错写为"小白木数"，按规定不能发车，要求车站重新填写，行车值班员A再将修改路票（电话记录第1810号）交与客运值班员发车。小白楼同意营口道248次列车闭塞。结果248次（103组）列车在接近小白楼站台时，发现前方小白楼站台仍有列车［即246次（102组）列车］占用，司机操作列车紧急制动，停在小白楼小站台下路轨楼梯口处，距前方列车尾部约45 m。246次（102组）列车由小白楼车站值班站长手信号正常发车。248次凭调令驶入小白楼站台，站停约6 min。小白楼行车调度员未向下瓦房车站申请闭塞，自拟路票，由站务员用手信号将248次列车发出。248次列车在246次列车驶出下瓦房约2 min后，进入下瓦房站台。

原因分析：

（1）车站人员紧急应对能力欠缺是造成此次事件的主要原因，小白楼值班员在车站线路有车占有的情况仍然同意营口道闭塞，自拟路票，违反电话闭塞"保证两站两区间空闲"的原则。

（2）其他车站行车人员行车时间观念较差，未能理解报点的真正含义。

（3）南楼至西北角所有车站，《车站值班员行车日志》填写混乱，存在严重的涂改记录现象；路票中电话记录号码全部填写错误，站名、车站值班员姓名等处亦有填写错误的问题。

（4）信号维修人员违规操作和设备抢修响应时间过长也是造成此次事件的原因之一。

整改措施：

（1）加强培训提高车站行车人员的业务能力和应急处置能力。

（2）规范车站行车人员电话闭塞接发列车的作业标准。

（3）加强运营有关人员的应急演练。

（4）进一步完善突发设备故障应急响应机制。

（一）接发列车作业安全基础知识

车站在办理接发列车作业时，列车车次、列车运行方向及运行指挥系统等，都是安全保证体系中的重要条件。

1. 列车车次与行车安全

列车车次具有区别列车种类、作业性质及其运行方向等重要作用，同时与行车安全密切相关。接发列车作业中，列车车次的误听、误传、误抄、误填，往往是造成行车事故的直接原因。为此，办理接发列车时，列车车次必须传准听清，复诵无误，防止误听误传；抄写或填记行车簿册、命令及行车凭证时，要认真核对，防止误抄误填。车次不清楚时，必须立即询问，严禁臆测行车。

2. 列车运行方向与行车安全

列车运行方向也是保证接发列车及行车安全的重要条件之一。尤其是一端有两个及以上列车运行方向的车站更需引起注意,在办理列车闭塞及下达接发车进路命令等作业事项时,均应冠以邻站方向或线路名称,以防止列车开错方向。

3. 列车运行指挥与行车安全

行车工作必须坚持集中领导、统一指挥、逐级负责的原则。为安全顺利地组织列车运行,列车运行的指挥工作应注意两点,即正确指挥和服从指挥。列车运行的指挥工作首先应强调其安全正确性。日常行车作业中,行车调度错发、漏发调度命令,盲目指挥列车运行,或车站值班员错发、漏发接发列车命令,盲目指挥及错误操纵控制台等,往往都是造成列车事故的重要因素。因此,在指挥列车运行工作时,行车调度在发布命令之前,应详细了解现场情况,并听取有关人员的意见,以便正确下达指挥列车运行的调度命令和口头指示。

车站值班员在指挥及办理接发列车作业时,须认真遵守行车有关规章要求,严格执行接发列车作业规定,正确下达接发列车的有关命令,确保列车运行安全。

(二)接发列车作业惯性事故的种类及主要原因

接发列车事故是指车站在办理接车、发车和列车通过作业程序中发生的一切行车事故。

1. 接发列车作业惯性事故的种类

(1)向占用区间发出列车。
(2)向占用线路接入列车。
(3)未准备好进路就接发列车。
(4)未办或错办闭塞就发出列车。
(5)列车冒进信号或越过警冲标。
(6)错误办理行车凭证发车或耽误列车。

2. 发生接发列车惯性事故的主要原因

(1)当班人员离岗、打盹或做与接发列车作业无关的事情。
(2)办理闭塞时没有确认区间处于空闲状态。
(3)不按规定检查确认接发列车进路。
(4)不认真核对行车凭证。
(5)错办或未及时办理信号。
(6)取消、变更接发列车进路时联络不彻底。

3. 接发列车作业安全要求

接发列车作业,从办理闭塞、准备进路到开放信号、交递凭证,直至列车由车站发出或通过,其间任何一个环节的漏洞都可能埋下事故隐患,任何一项作业的差错都往往危及列车安全。因此,日常办理每一趟列车,均须高度重视,认真作业。国内外城市轨道交通均采用信号系统控制列车运行,监控列车运行安全。列车正常行车时,由信号系统自动控制,信号正常时车站不需要接发列车，只需由车站值班员、站台人员完成站台安全监控和乘客乘降的服务工作。遇到特殊情况（如信号系统出现故障，需要人工排列进路组织列车运行或列车退回车站等）须办理接发列车时，应注意以下安全要求：

（1）办理闭塞作业的安全要求。

办理列车闭塞是接发列车的首要作业环节，是列车取得区间占用权的重要环节，也是较易发生列车事故的关键环节。

办理闭塞前，必须认真确认区间已空闲。车站值班员在办理闭塞时，为防止向占用区间发出列车，在确认区间空闲时必须认真做好以下工作：

① 检查确认前一列车是否完整到达。
② 通过闭塞设备确认区间空闲。
③ 检查确认区间是否有列车占用。
④ 检查确认区间是否封锁。
⑤ 检查确认区间是否遗留车辆。
⑥ 检查确认有关记录情况。
⑦ 检查确认其他占用区间的情况。
⑧ 办理闭塞时，车次必须准确清晰。
⑨ 办理闭塞时，用语必须准确完整。

现场作业中，有的车站值班员承认闭塞时，仅简化回答"同意"两字而未复诵，未起到与相邻站互控、联控的作用，极易错办车次。为此，办理闭塞及承认闭塞时，均须完整按照行车标准用语执行。

（2）准备进路作业的安全要求。

准备进路，泛指将列车经由车站所运行的线路安全开通。准备进路是接发列车工作中一项极为重要的作业环节，应引起注意的方面主要有以下几点：

① 确认接车线路空闲。车站在准备列车的接车进路或通过进路时，首先必须确认接车（通过）的线路空闲，以防止线路上存有机车、车辆及其他危及列车运行安全的障碍物等。车站值班员和现场作业人员必须对接车（通过）进路线路是否空闲进行检查和确认。设有轨道电路及控制台上设有股道占用标识的，通过控制台对股道是否占用进行确认。

② 确认接发车进路正确无误。接发列车进路的正确与否，直接关系列车的运行安全。因此，在接发列车作业中，对列车进路的确认极为重要，切不可疏忽。联锁设备正常时车站可通过信号设备的显示来确认接发车进路；遇有联锁设备停用时，对列车进路的现场检查则更需严密细致，对进路上的道岔逐个确认，确认道岔位置正确及按要求加锁后，方可报告接发车进路准备妥当。

③ 确认影响进路的其他作业已经停止。

（3）办理及交付行车凭证的安全要求。

行车凭证是列车占用区间的依据，包括信号机显示、路票、调度命令等。有关作业人员办理行车凭证时，必须认真严谨，注意防止因差错而造成行车事故。

① 防误操作信号设备。信号是指示列车运行的命令。信号正常时，信号机上显示的准许列车运行的各种信号均为列车行车凭证。信号的开放和关闭至关重要。因此，车站值班员、信号员在操作信号设备时，必须全神贯注，精力集中，遵章守纪，严格坚持"眼看、手指、

口呼"一致的确认操纵制度，确保信号指示准确无误。

② 防误填写行车凭证。使用路票、调度命令等书面凭证办理行车时，对其使用日期、区间、车次、地点、电话记录号码或调度命令号码等应特别注意。书面凭证填写后，必须逐字逐项复诵，认真核对，经确认无误后，方可交付使用，以防止因填写错误而导致行车事故。

（4）接发列车作业程序及用语要求。

为确保接发列车作业的安全稳定，尤其在应急处理中，车站接发列车作业应按规定程序办理，并使用规定用语。随意简化，甚至颠倒或遗漏作业程序及用语，将危及行车安全。

（5）接送列车及指示发车作业的安全要求。

接送列车及指示发车直接关系到接发列车作业安全。在信号正常的情况下，车站原则上不办理接发列车作业，遇特殊情况（如信号联锁故障需要人工排列进路组织列车运行时，或列车开到区间因故障要退回车站等情况）须接发列车时，车站接发列车人员应严格执行接发列车作业程序。

① 确认列车整列到达。

② 严密监视列车运行安全状态。站台岗人员随时注意站台乘客动态，当客车进站时应于站台扶梯口靠近紧急停车按钮附近站岗，防止乘客在关门时冲上车被夹伤，维护站台秩序，监督司机按规范动作关门。发车时，站台岗（或司机）若发现站台或屏蔽门异常，应立即用对讲机通知司机（或站台岗）并及时处理。

③ 确认列车发车条件无误后，方可指示发车。

六、调车作业安全

【案例】列车连挂发生撞钩

事件经过：2005年12月1日6：55，南京地铁小行—安德门上行区间，距安德门站300 m处，2526列车故障。7：40，行车调度员指令基地内1314出库连挂故障车2526车，8：05，1314车组出库，采用洗车模式与2526车连挂时，因列车处于小半径曲线位置，车钩对位不正，连挂失败，车钩发生碰撞。此次事故造成2526A端的防爬器轻微擦伤，2526A端车头右侧的导流罩损坏。

原因分析：

（1）编写技术文件时，考虑得不充分，没有将明确"小半径曲线连挂作业要求"。

（2）作业人员和调度员安全意识不强，经验不足，缺乏特殊情况下的应变处理能力。

整改措施：事件后，南京地铁重新修订了技术规程，在2007年版中，对"小行基地内道岔区段及其300 m以下曲线半径线路，原则上不得进行电客车连挂作业等"做了比较详细的规定。

调车作业是指除列车在正线运行、车站（车厂）到发以外的一切机车、车辆或列车的有目的的移动。在调车作业中发生的事故被称为调车事故。一般来说，调车作业惯性事故分为撞、脱、挤、溜4种类型，即冲突、脱轨、挤岔、机车车辆溜逸。

(一)调车作业事故的常见原因

1. 调车作业计划不清或传达不彻底

调车作业计划是信号员、调车组等调车作业相关人员统一的行动计划,如果调车作业计划本身不清,造成调车进路排错,机车车辆进入线路;或调车作业计划传达不彻底,造成信号员及调车司机行动不一致,极易发生事故。

2. 作业前检查不彻底,准备不充分

调车作业前,必须按规定提前排风,摘解风管,核对计划,确认进路,检查线路、道岔和停留车辆情况,手闸制动时要选闸、试闸,铁鞋制动时要准备足够、良好的铁鞋。

3. 误排进路或未扳、错扳、临时扳动道岔或错误转动道岔

信号员误排进路或未扳、错扳、临时扳动或错误转动道岔,调车员和司机不认真确认信号及道岔位置,极易造成冲突、脱轨和挤岔事故。

4. 调车手信号显示不标准

调车手信号显示不标准有3种情况:一是未按规定的要求显示信号;二是错过了显示信号的时机;三是错误地显示信号。上述情况都有可能导致事故的发生。

5. 前端无人引导推进运行或推进车辆不试拉

推进作业时,前端无人引导,调车司机无法确认线路和停留车情况,极易造成撞车和挤岔事故。推进车辆不试拉,一旦车辆中有假连接,制动或停车时车辆脱钩发生溜逸,也容易发生撞车、脱轨、挤岔和溜逸等事故。

6. 没按规定采取防溜措施

调车作业在线路上停放车辆时,如不按规定采取防溜措施,极易发生车辆溜逸事故,一旦车辆溜入区间,后果不堪设想。

(二)调车作业安全的基本要求

1. 调车作业指挥及各岗位作业要求

(1)场(段)调车工作由场(段)调度员集中领导、统一指挥,场(段)值班员负责办理接发列车、排列列车进路和调车作业进路控制,调车作业人员应按相关标准和调车作业计划单执行。

(2)场(段)调度员应根据机车车辆(包括客车,下同)、线路、设备检修计划和现场作业情况,科学、合理地编制调车作业计划,组织调车人员安全、及时地完成调车任务。

(3)调车作业由调车员单一指挥,根据调车作业计划单,正确、及时地显示信号,指挥调车司机,并注意行车安全。

(4)调车司机应根据调车员的信号准确、平稳地操纵机车,时刻注意确认信号,不间断进行瞭望,正确、及时地执行信号显示要求,负责调车作业安全。

(5)场(段)值班员根据调车作业计划单和现场作业情况、机车车辆停放股道,正确、

及时地排列调车进路、开放调车信号，做到随时监控机车车辆运行、逐一勾画。

2. 编制和布置调车作业计划的基本要求

（1）编制调车作业计划。

编制计划必须在确保安全的前提下，充分考虑调车效率，做到有调车机车名称，有编解或摘挂车次，有作业起止时间，有编制人员姓名、日期。一批作业超过 3 钩或变更计划超过 3 钩时，应使用调车作业通知单。

（2）布置调车作业计划。

调车作业计划要正确、及时地布置。调车领导人要将调车作业计划亲自传达给调车员，调车员亲自传达给参加调车作业的司机。调车员必须确认有关人员均已了解调车作业计划后方可开始作业。

（3）变更调车作业计划。

变更计划时，调车领导人必须停止调车作业，将变更内容重新传达给每一名作业人员，确认无误后方可作业。

3. 调车作业前准备工作的基本要求

认真检查线路、道岔、停留车情况：一是检查进行调车作业的线路上有无障碍物；二是检查停留车位置；三是检查防溜措施；四是检查确认道岔开通位置；五是检查"道沿"距离，检查确认无误后方可作业。

4. 调车作业显示信号的基本要求

目前，有部分城市轨道交通企业在场（段）内调车作业和正线工程车推进运行时已采用无线调车电台进行现场指挥。正常情况下，使用无线调车电台指挥调车作业及进行调车作业人员相互间的联系，但在该设备发生故障时，则改用手信号指挥调车作业。因此，调车作业人员不但要熟悉信号显示内容，还必须熟练掌握显示方法。显示信号时，应严肃认真，做到位置适当，正确及时，横平竖直，灯正圈圆，角度准确，段落清晰。

（1）正确选择显示信号的位置。

调车员应站在易于瞭望，能确认前方进路又能使司机看见信号的位置上显示信号。

（2）正确显示连挂信号。

在推进车辆连挂作业时，为了使司机及时了解调车车辆与停留车之间的距离，调车员应显示连挂信号和距离信号，以做到平稳连挂。没有显示连挂信号和距离信号不准挂车。调车员显示信号后，没有听到司机鸣笛回示信号时，要立即显示停车信号。机车车辆接近被连挂的车辆不少于 1 m 处应一度停车，确认车钩位置正确后再连挂。确认连挂好后，推动车辆前应指挥司机进行试拉。

5. 调车运行安全的基本要求

（1）设备或障碍物侵入线路设备限界时，禁止调车作业；禁止提活钩溜放调车作业；客车转向架液压减振器被拆除但空气弹簧无气时，禁止调车作业；禁止两组车组或列车同时在同一条股道上相对移动。

（2）场（段）值班员正确、及时地排列调车进路、开放调车信号，做到随时监控机车车辆运行。调车作业中，司机与场（段）值班员保持联系，严格执行呼唤制度。

（3）调车作业中，司机要准确掌握速度，在瞭望条件差、天气不良等非常情况下应适当降低速度。

（4）在尽头线上调车时，距线路终端应有 10 m 安全距离，遇特殊情况需小于 10 m 时，应与司机联系，严格控制速度并采取防溜措施。

（5）在机车、车辆移动中，作业人员禁止有下列行为：在平板车的侧板或端板、支架上坐立；站在车梯上探身过远；在装载易窜动货物的车辆间和货物空隙间站立或坐卧；骑坐车帮，跨越车辆；进入线路内摘车或调整钩位；在机车前后端坐立。

6. 车辆停留、防溜及止轮器存放的规定

（1）连接线、牵出线、洗车线、走行线（接发列车时除外）、试车线、咽喉道岔区禁止停放机车车辆。在其他线路存放车辆时，应经场（段）调度员同意后方可占用。机车车辆应停在线路两端信号机内一侧。

（2）工程机车、轨道车停放在带电区时，应在上车顶扶梯处悬挂"高压电，禁止爬上"标志牌。

（3）调车作业，应做到摘车时先做好防溜（电客车应恢复气制动和停车制动，工程车拧紧手闸，必要时放置铁鞋）后再摘车；挂车前应首先检查防溜措施状况，确认无误后才能挂车，挂妥后再撤除防溜。

（4）铁鞋应统一放置于机车车辆一侧的车轮下，撤除防溜后，铁鞋应及时放归原位。

七、客运服务过程安全

【案例】乘客晕厥跌落站台

事件经过：2012 年 12 月 8 日晚上 8：58，在八通线起点站四惠站候车时，突然有一名中年男子掉下地铁站台。男子脸部朝下横卧在紧靠着站台一侧的一根铁轨上，两腿上下颤抖，疑是被铁轨上的电击所致。2 min 后，一辆从四惠站开往土桥方向的地铁列车开进四惠站，车站内气氛陡然紧张，候车乘客几乎异口同声地朝着徐徐开进站台的地铁挥手、喊叫，示意其停车，还有不少乘客不顾自身安危到站台边缘挥手、呐喊，试图阻止列车开来。大约 2s 后，司机发现站内的异常情况，立即紧急制动，列车距离坠下站台男子约 20 m 处停下来，站内乘客一片哗然。这时，有乘客想下去施救，有人反复高喊："轨道上有高压电，先断电！"21:01，该站站务人员赶来排险施救。在乘客的帮助下，将遇险乘客抬至站台上。救援工作持续大约 3 min，被救上来的乘客仰面躺在站台地上，满脸是血，几位工作人员一边帮助止血，一边呼叫救护车。由于救护及时，该乘客身体无大碍，经救治后自行离开。经调查，该乘客在站台等车的过程中，因身体不适突然晕厥，随后跌下站台。该乘客身体没有触及另一根带电的轨道，因此没有造成更大的伤害。这起意外事件造成列车晚点和乘客滞留。

原因分析：乘客身体不适，跌落站台，险些酿成伤亡事故。

由案例可以看出，旅客在地铁各个车站进站、购票、检票、候车、乘车、下车、出站（中转）等环节中，突发事件或是潜在的危险，会对乘客人身造成伤害，也会影响地铁的正常运营秩序，造成列车晚点、乘客滞留，甚至引起乘客恐慌而引发严重的拥挤踩踏事件。因此，城市轨道交通为乘客提供客运服务的过程中，除舒适、便捷、准时、速达外，其前提是必须保证乘客的安全。

（一）乘车导航

1. 乘车导航的作用与适用范围

乘车导航的作用是方便乘客，预告乘客在轨道交通系统内的重要事项及设备使用方法，便于车站组织旅客乘车，从而减少危险。乘车导航主要适用于旅客进站、购票、入闸、候车、乘车、出闸等环节。

2. 乘车导航的内容

（1）进站。

旅客进站，轨道交通运营部门应设置告知牌，提示旅客注意安全事项：

① 站内禁止携带易燃、易爆、有毒、有放射性等危险物品。

② 禁止携带腐败、变质、有异味的物品以及宠物。

③ 携带大型行李的乘客请勿乘坐地铁（轻轨）。

④ 禁止在车站内随意张贴广告，摆摊设点，从事未经允许的商业、娱乐活动，以及乞讨行为。

⑤ 禁止在车站内奔跑、嬉戏。

⑥ 禁止在车站、车厢内吸烟。

⑦ 禁止擅自进入企业非公共区域。

⑧ 身患传染性疾病和酒醉者请不要进站等。

在旅客使用设备时，提示旅客合理使用。如乘客在使用自动扶梯时，应靠近扶梯右侧站立，握紧扶梯扶手，小心摔倒；避免贴近自动扶梯边缘，以免脚或衣物被卡在夹缝中；身患疾病及老、幼、病、残、孕等人士，乘坐自动扶梯应有人陪同；禁止非法操作自动扶梯的紧急停机按钮等。

（2）购票。

旅客购票，轨道交通运营部门应设置告知牌，提示旅客注意购票安全事项。

旅客购票需了解企业票务政策及购票使用设备注意事项：

① 乘客可到车站客服中心处办理储值卡的购买和充值业务。

② 乘客可免费带领一名身高 1.1 m 以下（含 1.1 m）儿童免费乘车，带领两名以上儿童者，其他儿童应另行购票。

③ 身高 1.1 m 以下（含 1.1 m）的儿童不能单独乘车。

④ 乘客应持有效的车票入闸，禁止翻越，攀爬闸机。

⑤ 乘客乘车应一人一票，禁止任何形式的逃票行为。

⑥ 乘客从入闸开始，须在 120 min 之内搭乘完地铁，超出 120 min 尚未出闸的视为超时。超时须按最高单程票价补交超时车费。

⑦ 乘客应按实际车程购买车票，如乘客所使用的车票不足以支付所达到车站的实际车费时，须补交超程车费。

⑧ 乘客在入闸以后，禁止饮食。

如乘客到自动售票机处购买单程票，按照自动售票机使用规则正确操作，禁止损坏自动售票机；乘客在自动售票机上购买车票时，如遇到异常现象不要擅自解决，可找工作人员帮助解决。

（3）入闸。

旅客入闸，轨道交通运营部门应设置告知牌，提示旅客注意入闸安全事项：

① 确使用储值卡和单程票入闸。

② 乘客遗失车票须到车站客服中心处办理补票业务。

③ 按进站指示牌指引进站，禁止在入口处逗留，以免阻塞通道等。

（4）候车。

旅客入闸后进入车站站台候车，轨道交通运营部门应设置告知牌，提示旅客注意候车安全事项：

① 切勿在站台上奔跑、嬉戏。

② 按照地面上候车指示标志排队候车。

③ 候车时站在安全门外，不得用手触摸安全门，不得擅自将手伸进安全门内进行操作，禁止向安全门内投掷物品。

④ 列车车门开启或关闭时禁止碰触车门。

⑤ 使用座椅、果皮箱等公共设施时，应该注意爱护公共设施，禁止踩踏座椅、损坏果皮箱等。

⑥ 非紧急情况下，禁止非法操作站台上的紧急制动按钮等。

（5）乘车。

旅客上下车，轨道交通运营部门应设置告知牌，提示旅客注意上下车安全事项：

① 上车时应注意先下后上，在车门关闭指示灯亮或是车门关闭提示音响起时禁止抢上抢下。

② 上下车时请小心站台与车门之间的空隙。

③ 在车厢内禁止踩踏座椅，请给老、幼、病、残、孕等有需要的人士让座。

④ 禁止在车厢内进食，禁止乱扔垃圾，保持车厢卫生清洁。

⑤ 列车行进中，禁止倚靠车门，应根据列车广播提示，在指定开启的车门一边下车。

⑥ 非紧急情况下，禁止随意碰触列车内紧急通话按钮等。

（6）出闸。

旅客出闸，轨道交通运营部门应设置告知牌，提示旅客注意出闸安全事项：

① 正确使用储值卡和单程票出闸。

② 遗失车票应到客服中心处补办车票。

③ 按出站指示牌指引出站，禁止在出口处逗留，以免阻塞通道。

（二）客运广播

客运广播是引导乘客、进行车站客运组织的重要手段，要使用正确的态度对待客运广播，正确使用客运广播设备与用语。

1. 客运广播的分类与发布原则

（1）客运广播分类。

客运广播按照广播区域分为车站广播、列车广播；按照广播方式分为自动广播、人工广播；按照广播内容分为正常广播、应急广播。

（2）客运广播的发布原则及注意事项。

发布原则：客运广播的发布以"符合客观实际、服务大众乘客、精练、通俗、易懂"为原则。

客运广播发布注意事项：

① 客运广播人员须经过专业培训。
② 所有自动广播均为双语广播，普通话在前，英语在后。
③ 在发布广播时，要语调适中，语速保持在每秒4~6字（词）。
④ 有咽喉病症人员不得发布人工广播。

2. 客运广播的使用规定

正常情况下，车站发布自动广播，广播频率依据乘客需求自主掌握。

（1）客运广播使用人员在使用人工广播系统完毕后，应立即将其关闭，不得利用广播传播私事。

（2）各车站应制定严密的广播管理制度，无关人员禁止开启和使用广播系统。

（3）对广播系统的调试等维护工作，应在晚间运营结束之后进行。

（三）自动广播

1. 安全提示

在旅客进出站时，要提示安全注意事项用语，如："为了您的安全，请不要携带易燃、易爆等危险品进站乘车，谢谢您的合作！""为了您的安全，请不要在车站内追逐打闹！""为了您的安全，请不要携带大件行李乘坐自动扶梯！""请您注意乘车方向，到指定的站台等候列车！""为了营造一个良好的出行环境，请不要在站台上吸烟、吐痰、乱扔杂物，谢谢您的合作！""请您注意乘车方向，避免上错列车！"

2. 票务提示

在旅客进出站时，要提示票务事项用语，如："购完票的乘客请您注意入闸方向，排好队按秩序检票入闸，入闸时请在右边的闸机检票！""使用储值票的乘客请您刷卡出闸后保存好您的车票，您的车费将从车票中扣除！""本站今天的最后一班列车即将到达，没有购票的乘客请您抓紧时间购票候车！"

3. 应急提示

当出现特殊情况时，应发布车站应急广播。如列车晚点超过 3 min，列车越站通过，大客流爆满，雨、雪等恶劣天气，暑运，突发公共卫生事件暴发，火灾、爆炸，投毒，人质劫持，地震及其他危急状况等需要旅客理解、配合完成运营任务时，需要使用相关的应急提示用语。如："乘客朋友们请注意，开往××方向的列车将晚点到达，请您注意安全，不要倚靠安全门。由此带来的不便，我们向您表示歉意！""为了您的安全，请不要拥挤，按秩序购票入闸！""为了您的安全，请不要拥挤。候车时请保护好您的个人财物！""由于路面湿滑，请您不要拥挤，小心慢行，注意安全，照顾好同行的老弱病残孕人士！""请您按秩序乘坐自动扶梯，乘坐时请注意脚下安全！""乘客朋友们请注意，请您不要慌乱，按照工作人员指挥和紧急疏散标志的指示尽快出站！""乘客朋友们请注意，本站所有的自动扶梯和电梯已经关闭，为了您的安全，请您从楼梯往外疏散。疏散过程中请照顾好同行的老弱病残孕人士！""乘客朋友们请注意，本站闸机现在已经全部开启，您可以不必刷卡，尽快出站！""乘客朋友们请注意，为了您的安全，本站现在临时关闭。请您抓紧时间出站，不要在车站内逗留！"

（四）列车广播

列车客运广播分为上行列车广播和下行列车广播，其中所列时间为普通话广播时间和英语广播时间。列车广播时间控制在乘客可接受的水平，约占列车运行时间的 30%。列车客运广播依据广播内容分为安全提示、卫生提示、公德倡导、企业宣传 4 类。安全提示用语如"下一站，××，请下车的乘客做好准备，下车时请注意列车与站台之间的空隙"。在遇到紧急情况如事故停车、火灾/爆炸、投毒、发现疑似爆炸物、紧急疏散、改变运行方向、突发公共卫生事件、延长站停时间、越站通过、清客等，要及时告知旅客，并采取相应的措施与方法。

任务三

城市轨道交通运营设备安全保障子系统

利用先进可靠的运输技术设备，可以排除或减少人为错误所产生的严重后果。城市轨道运营安全设备包括：防止和排除人为错误的设备，对各种固定和移动设备的技术状态进行检测、诊断的设备，兼有扩能、保证安全的装置和救援抢险设备。通过提高作业自动化程度，实训短边的控制环节，优化人—机系统的安全可靠度。车辆、线路、供电、通信信号、机电等行车基础设备是城市轨道交通运营的基础，行车基础设备和城市轨道交通重大及大事故的关系总结如下：

车辆是影响安全运营的最重要因素，车辆在运营线路上发生故障，可能导致列车中断运行，也可能导致列车颠簸、脱轨，对乘客的人身安全造成影响。所以，车辆故障对城市轨道交通系统运营安全的影响最大。

线路是轨道交通行车的主要设备，如果线路出现问题，可能导致车辆脱轨等重大事故发生，影响乘客安全。需要线路检测、维修，以保证及时发现伤损情况，并进行处理。

供电设备故障可导致长时间停运，长时间停运本身不会导致乘客的伤亡，但是如果疏散不当，可能导致拥挤踩踏事件。

机电设备故障本身不会导致乘客安全问题，但是一旦发生意外突发事件，机电设备尤其是通风排烟系统对于抢险救灾意义重大。

通信信号系统是列车安全运行的重要辅助设备，是列车正常运行的保障。通信信号系统故障本身不会导致发生乘客伤亡的事故；若不能在短时间排除，可以采用电话闭塞法行车，但会拉大行车间隔，降低运行效率。在运营服务过程中，须定期对系统中的设备、物料进行更新、维护、维修、更换等施工作业。做好施工组织工作、确保施工安全，从而保证城市轨道交通系统设备、物料等符合技术标准，保证城市轨道交通系统的正常运营。在维修施工作业中一旦发生事故，势必会影响城市轨道交通系统的运行，因此，要高度重视维修施工作业安全管理，从而为城市轨道交通安全运营提供良好的基础和保证。

在城市轨道交通运营中，与行车相关的设备由站台安全门、轨道线路、供电、机电、信号、通信、防淹门等 10 多个专业组成。由于运营维修施工作业都集中在夜晚运营结束后至第二天首班车运营前 1 h 内进行，在维修施工过程中，有的施工需要工程车配合，有的施工需要其他专业配合，有的施工是不同专业交叉作业，有的施工需要封锁区间等，这就要求城市轨道交通运营维修施工管理部门必须制定一套严格的、行之有效的维修施工管理办法，编制合理的、科学的施工组织计划。有了施工管理制度和施工计划后，还必须有一个施工组织管理机构。

一、运营线路设备维修施工组织与管理

（一）运营线路设备维修施工流程

在城市轨道交通运营单位，一般由行车组织部门担任维修施工组织的管理部门。其行车计划分析室负责受理运营线路施工作业申请，安排各项运营线路施工计划；调度指挥中心负责按施工计划统一组织、协调、指挥全线各项维修施工计划，并审批临时调整的运营线路的施工计划，以确保施工作业做到安全、合理和高效。运营线路维修施工组织管理流程如图 6-3 所示。

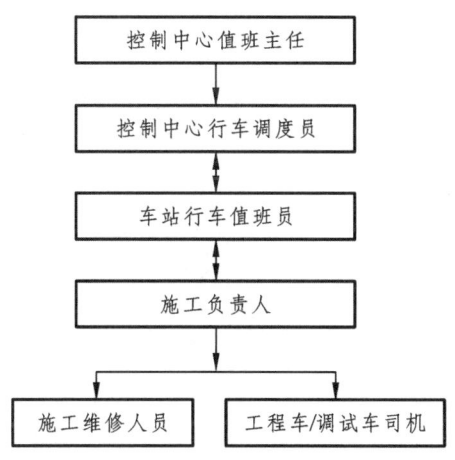

图 6-3 运营线路维修施工组织管理流程

（二）运营线路设备维修施工组织原则

运营线路维修施工组织管理必须以"安全第一"为中心，坚持高度集中、统一指挥、逐级负责的原则。施工组织要高效、合理地安排运营线路的各种施工计划，确保全线列车的正常运行。采用接触轨供电方式时（又称"第三轨供电"），运营线路施工必须在接触轨停电之后，具备下路轨条件后才能进行。在特殊情况下，因行车设备故障或事故影响列车正常运行时所进行的各种抢修施工作业，在做好各种安全防护的前提下，才可以在接触轨不停电的情况下进行。为了保证地铁运营安全，任何人在任何时间内进入运营线路时，都必须向调度指挥中心申请。

【案例】两名维修人员被撞身亡

事件经过：2016年3月22日11时左右，新加坡地铁系统接获信号设备报警，行车调度员立即通知维修部门，前往事故地点维修查验设备。维修施工获批准后，15名检修人员进入巴西立站附近轨道检查设备。15名维修人员进入地铁正线赶往事故地点，一行人走在地铁轨道旁的维修专用道上，不幸的事件发生了，11：10，2名年轻的维修人员被迎面驶来的列车撞击身亡。该列车上当时有35名乘客，乘客均未受伤。该起事件造成东西线地铁，也就是丹那美拉到巴西立的那条线停止运行超过2 h。

原因分析：

（1）安全培训和安全教育不到位，两维修员刚加入地铁系统两个月，事发时正接受在职培训。

（2）主管和安全员没有起到提醒监督的责任。2名维修员跟着主管，分别走在第二和第三位，后面尾随有12人。行进中，2名维修人员想抄捷径，越过轨道，出现违规行为却没有人提醒和监督。

（3）运营时间进入正线检查维修，安全措施存在疏漏。由案例可知，运营线路设备维修必须坚持施工组织原则，思想上不能马虎大意，行动上不能"三违"，作业上要严格执行标准化作业，管理上要扣紧"安全第一"这根弦。

二、车辆运行与维护安全保障

车辆是城市轨道交通系统的旅客运载工具，在保证运行安全、准点、快速的基础上，还要为乘客提供良好的服务条件。车辆部门与运营部门有着非常密切的关系。车辆的技术状态良好是保证列车运行安全的基本条件。

（1）针对设备老化的问题，在没有更新车辆设备之前，加强对职工的安全教育，强化质量问题就是安全问题的意识，对重点部位死看死守。检修部门加强对车辆的监控，制定严格的维修养护措施；派出专人在运营线上对车辆进行监控，及时向车间反馈故障信息。

（2）针对容易发生事故的隐患，认真贯彻"抓小防大、安全关前移"的思想，制定和完善各种规章制度及作业标准。

（3）对老化车辆进行更换，以此提高车辆的安全性、可靠性、稳定性，降低车辆的故障率。

（4）在客室内安装与司机对讲装置，以保证在紧急情况下，乘客能与司机交流。

（5）在列车上安装安全监控设备，提高车辆自动化水平，以防止在运营过程中司机误操作和车辆故障造成行车事故。

（6）提高备品备件质量，应选取有资质的生产厂家，统一进货，以保证备件质量安全可靠。

【案例】列车故障影响正常运营

事件经过：2013年1月17日，2033次TP401车担当运营任务。列车运行至北苑路北站TMS显示时间7：53，距离停车标约30 cm时，列车紧急制动。司机试验RM模式、EUM模式推牵引，均显示EB紧急制动不缓解。断开ATP保险1、2，ATO保险5s后闭合。再次试验RM模式、EUM模式仍显示EB紧急制动不缓解。7：54，与行车调度员联系说明情况，处理故障，同时打开车门让乘客乘降。7：55，司机接行车调度员预清客命令。接到预令后司机先查看紧急按钮、查看风压表均显示正常。使用ATP切除仍不缓解，牵引制动控制保险断开后重新闭合仍不缓解。闭合ESS闸刀试验，仍显示EB紧急制动不缓解。闭合关门旁路、常用制动不缓解保险、开门旁路、带铅封闸刀破铅封后试验故障依然存在。7：58，TP401车2033次司机接行车调度员命令TP401车在北苑路北站清客。司机向行车调度员请求救援。清客完毕后司机关闭车门，8：00，将头尾开关打到"尾"位，跑到尾车将头尾开关打到"头"位，进行尾车牵引制动试验，尾车试验正常。8：11，2034次司机使用电台联系不到行车调度员，立即给行车调度员打电话，接调度命令在北苑与2033次连挂，2034次北苑清客。北苑路北站至天北回段，车次为2701。复诵调度命令无误后2034次司机向乘客做好相应广播，使用风闸，建立RM模式，以3 km/h的速度进行连挂并进行了试拉。同时，2033次司机返回头车，与救援列车司机联系，通知改按站间自动闭塞，对标停车后清客。救援车司机听从被救援车司机指挥按信号、线路情况走车。8：20，连挂列车凭出站信号机闪动绿色灯光发车。

原因分析：

（1）事故发生直接原因：司控器警惕按钮行程开关接线存在断点，接线已断裂。

（2）间接原因：

① 管理和维修人员对5号线车辆隐患重视不足，此类故障已经发生多次，未引起相关人员足够重视。

② 未能完善单司机制实行后车辆故障的应急处置措施。

③ 部分维修人员对提高车辆维检修质量和水平认识不足，未能避免此类故障再次发生。

整改措施：

（1）完善5号线车辆维修维护规程和标准，加强日常检查、测试等工作。

（2）完善相关车辆故障应急处置办法。

（3）结合1月其他事故开展安全大讨论。

上述案例说明，车辆的日常检修作业非常重要，车辆的安全状态是保证地铁运营安全的基础。正线运行的列车如果发生机电故障、脱轨、撞车等事件，轻者影响地铁运行，造成运行中断、晚点，给广大乘客出行带来不便；重者会损害广大乘客的生命安全，使国家财产受到损失。所以，车辆维修维护要严格遵守规程和标准，落实检修工艺标准，加强日常检查、测试等工作。

三、供电系统运行与维护安全保障

城市轨道交通供电系统，尤其是地铁供电系统，是保障运营的动力能源，是安全运营的重要设施。若断电，地铁列车将不能运行。停电本身不会导致乘客的人身安全问题，但是若疏散引导不力，会造成乘客的拥挤踩踏。主要检查的问题有：设备服役期限、设备老化情况、设备技术水平、设备与环境的适应性、设备结构设计、备件备品情况等。

【案例】供电设备出现故障造成车辆"趴窝"

事件经过：2013年9月8日晚，杭州地铁1号线近江站至江陵路站区间发生了开通以来最惊险的1 h，地铁行驶至近江站至江陵路站区段时，突然停了下来，无法行驶，而它的上方正是汹涌的钱塘江。原因是"供电系统故障"，导致其中一辆列车停在隧道无法运行，结果导致地铁全线延误48 min，25趟列车受到不同程度的影响。除了113名乘客在隧道里走了10 min才出站外，各站点数百名乘客出行也受到影响。

原因分析：

（1）供电设备故障，导致供电短路、跳闸；隧道潮湿导致接触网腐蚀，从而使装置断开。

（2）地铁设计存在瑕疵，隧道环境影响地铁安全；考虑不够周全。

（3）日常检修发现问题，要求厂家更换，但厂家没有及时处理。

制定完善的供电系统安全管理制度和维护检修制度，对供电的重点部位加强监护，保证各系统持续、稳定、可靠地供电；及时改造存在火灾隐患的供电设备，从而保障城市轨道交通供电系统的正常运行。

对维修人员的安全要求如下：

（一）基本要求

（1）值班人员必须熟悉电气设备。单独值班人员或值班负责人还应有实际工作经验。

（2）设备不停电时工作人员应保持安全距离。

（3）不论高压设备带电与否，值班人员不得单独移开或越过遮栏进行工作。

（4）变、配电室内应有良好的照明设备，值班室内安装长明灯，事故照明应与普通照明分开，且切换功能良好。

（二）高压设备的巡视

（1）允许单独巡视高压设备的值班员，巡视高压设备时，不得进行其他工作，不得移开或越过遮栏。

（2）雷雨天气，需要巡视室外高压设备时，应穿绝缘靴，并不得靠近避雷器和避雷针。

（3）高压设备发生接地时，室内不得接近故障点4 m以内，室外不得接近故障点8 m以内。

（4）巡视配电装置，进出高压室，必须随手将门锁好。

（三）倒闸操作

（1）发布命令应准确、清晰，使用正规操作术语和设备双重名称，即设备名称和编号。

（2）发令人使用电话发布命令前，应先和受令人互报姓名。

（3）值班调度员发布命令的全过程（包括对方复诵命令）和听取命令的报告时，都要录音并做好记录。

（4）倒闸操作由操作人填写操作票；每张操作票只能填写一个操作任务。

（5）停电拉闸操作必须按照断路器（开关）→负荷侧隔离开关（刀闸）→母线侧隔离开关（刀闸）的顺序依次操作，送电合闸操作应按与上述相反的顺序进行。严防带负荷拉合刀闸。

（6）在发生人身触电事故时，为了解救触电人，可以不经许可，即行断开有关设备的电源，但事后必须立即报告电力调度员和上级。

（四）悬挂标示牌和装设遮栏

（1）在一经合闸即可送电到工作地点的断路器（开关）和隔离开关（刀闸）的操作把手上，均应悬挂"禁止合闸，有人工作！"的标示牌。

（2）如果线路上有人工作，应在线路断路器（开关）和隔离开关（刀闸）操作把手上悬挂"禁止合闸，线路有人工作！"的标示牌。标示牌的悬挂和拆除，应按调度员的命令执行。

（3）部分停电的工作，安全距离小于规定距离以内的未停电设备，应装设临时遮栏。临时遮栏与带电部分的距离，不得小于规定数值。临时遮栏可用干燥木材、橡胶或其他坚韧绝缘材料制成，装设应牢固，并悬挂"止步，高压危险！"的标示牌。

（4）在室内高压设备上工作，应在工作地点两旁间隔、对面间隔的遮栏上和禁止通行的过道上悬挂"止步，高压危险！"的标示牌。

（5）在室外地面高压设备上工作，应在工作地点四周用绳子做好围栏，围栏上悬挂适当数量的"止步，高压危险！"标示牌，标示牌必须朝向围栏里面。

（6）在工作地点悬挂"在此工作！"的标示牌。

（7）严禁工作人员在工作中移动或拆除遮栏、接地线和标示牌。

四、通信信号系统运行与维护安全保障

（一）通信信号系统

通信信号系统是轨道交通企业迅速、准确、可靠地传递和交换语音、图像、数据信息的内部通信网，是列车安全运行的重要辅助设备。城市轨道交通必须配备专用的、完整的、独立的通信系统，以集中统一指挥，构成城市轨道交通各部门之间的有机联系，保证城市轨道交通列车运行的安全、可靠、准点，实现行车调度和列车运行自动化。

（二）城市轨道交通信号系统

城市轨道交通信号设备是城市轨道交通的主要技术装备，它担负着指挥列车运行、保证行车安全、提高运输效率的重要任务。城市轨道交通的信号系统通常由列车运行自动控制系统（ATC）和车辆段信号控制系统两大部分组成，用于列车进路控制、列车间隔控制、调度指挥、信息管理、设备工况监测及维护管理，如图6-4所示。

列车自动控制（ATC）系统是城市轨道交通信号系统的重要组成部分，它实现了行车指挥和列车运行自动化，最大限度地保证了列车运行安全，提高了运输效率，减轻了运营人员的劳动强度，提高了城市轨道交通的通过能力。ATC系统运用了许多重要的科技成果，技术含量高。信号设备是保障顺利运营的重要设备之一，在自动信号系统下，列车的运行、停站和发车等都是靠信号设备来控制的。

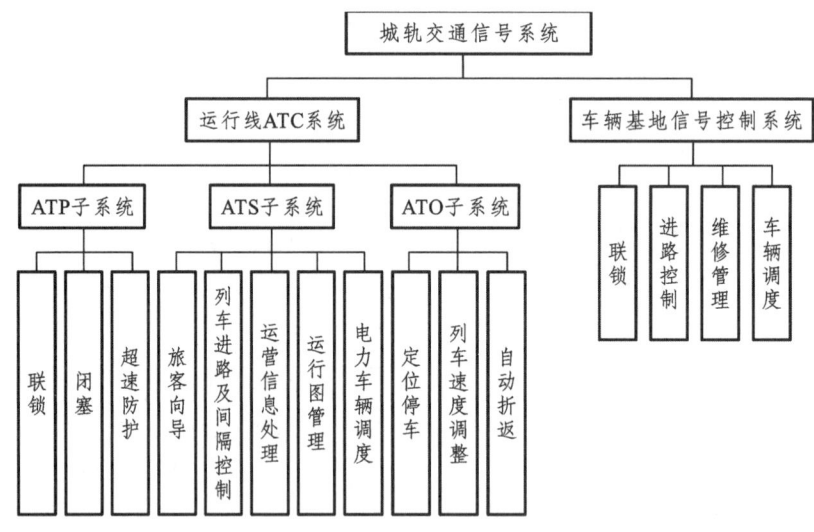

图6-4 城市轨道交通信号系统

1. 正常情况下的列车运行安全措施

（1）防止撞车。

防止撞车即防止撞上前面的列车，防止进入未开通的进路，防止冲出尽头线，防止进入封锁区段，防止进入发生故障的进路。

（2）防止超速。

防止超速即防止超过线路限速，防止超过列车允许最高速度，防止超过道岔限制通过速度，防止超过限速区段限速，防止超过临时限速，防止超过其他限速。

（3）安全门控。

安全门控由信号和车辆共同完成。列车不在指定位置停车，不允许打开车门；列车未停稳，不允许打开车门；列车停车后车门没关好，不允许发车。

（4）联锁。

防止排列敌对进路；排列进路后必须锁闭道岔；列车占用道岔区段后应锁闭道岔；列车

接近时实施延时解锁；紧急停车按钮；其他联锁功能。

（5）其他防护。

其他防护是指某些特殊气候和情况，如台风、地震、暴风雪等，一旦发生影响列车运行安全的情况，可以通过 ATC 系统使列车停止运行，以保障旅客生命和国家财产安全。

2. 建立设备故障报修程序

设备故障报修程序如图 6-5 所示。

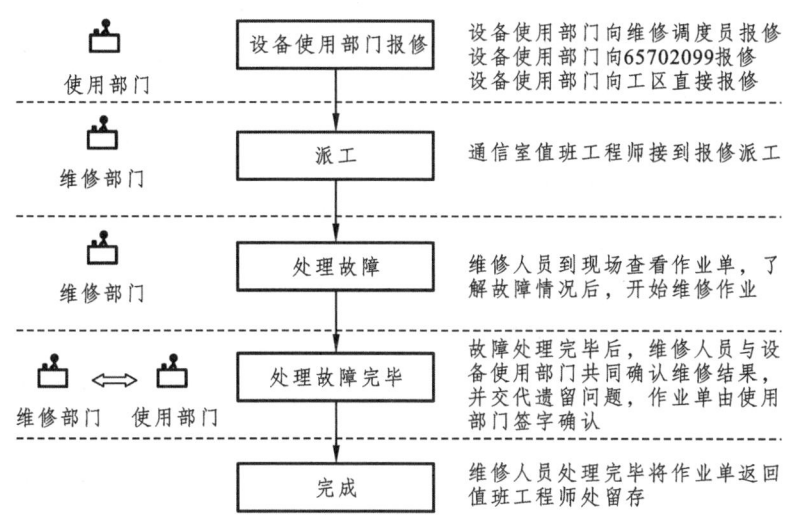

图 6-5　设备故障报修程序

五、线路桥隧设施运行与维护安全保障

线路与桥隧是轨道运输的基础设施，是连接各个车站，跨越、穿越城市，将城市轨道交通连接成网络的重要组成部分，是列车运行的基础，是安全运输的保障。线路的安全应对措施如下：

（1）对于线路不满足现行规范要求的问题，通过制定列车限速标准，设置标识，以保证行车安全。

（2）按钢轨探伤周期，严格执行《工务维修规则》，以保证及时发现轨道的各种伤损情况，及时采取各种措施进行处理。

（3）对道床开裂、破损地段定期进行监测，及时进行修复，及时处理线轨枕墩松动等问题。

【案例】道岔故障影响列车运行

事件经过：2012 年 6 月 25 日上午 8：41，某地铁四惠东站 1、2 号道岔发生故障，导致列车无法正常进出站，部分列车在四惠、王府井折返，四惠东站采取临时限流措施。该事件导致换乘乘客积压至四惠站，地铁在王府井站折返，导致王府井站从西向东方向上车客流增大。5 min 后故障排除，地铁恢复运行。

原因分析：四惠东站1、2号道岔故障，导致列车无法正常进站，造成客流积压。道岔作为线路的重要部分，担负着列车折返、换线任务，由于构造因素，道岔存在很多薄弱环节。该设备的状态是否良好安全，直接关系到行车是否安全。

六、机电系统运行与维护安全保障

机电设备主要包括低压配电、照明系统，通风、空调系统，给、排水系统，环控自动化系统，防灾自动报警系统，自动灭火系统，自动扶梯等。机电设备数量繁多，种类复杂，主要考察通风和排烟设施、管路锈蚀问题、电缆阻燃能力、区间隧道应急照明等设备。对于老化设备及其地铁最初设计、布局造成的一些有安全隐患的历史遗留问题，通过加强对设备的巡视，提高巡检、维修质量来确保设备的安全运行。机电公司除了加强平时的巡视、巡检、巡查，还要不断加强安全管理方面的建设，完善、演练应急救援预案，修改维修、操作规程，确保机电设备处于良性运行状态。机电系统包括低压配电及照明系统、电梯系统、空调系统、消防系统、环控系统、BAS系统、屏蔽门、安全门系统。

【案例】地铁自动扶梯逆行造成事故

事件经过：2011年7月5日上午9：36，北京地铁4号线动物园站A出口上行自动扶梯突然逆行，人全往下倒，致使一名12岁男童在运送医院过程中抢救无效死亡，29名乘客受伤，其中3人伤势较重，其余乘客均无生命危险。自动扶梯故障示意图如图6-6所示。

图6-6 自动扶梯故障示意图

原因分析：
（1）电梯逆行，在自动扶梯往上走的过程中，扶梯上有很多人，且几十人在往上行。
（2）自动扶梯在行驶过程中，突然停止，由于乘客及电梯本身的重力作用，电梯加速往下滑，上边的人往下倒，最下边的人被压下来，相当于踩踏事件。

任务四

城市轨道交通运营环境安全保障子系统

【案例】伦敦地铁遭受恐怖袭击

事件经过：2005年7月7日早上8：50，一辆地铁驶离伦敦最繁华的国王十字车站——圣潘克拉斯地铁站（King's Cross-St. Pancras）。忽然间，第三节车厢里砰然一声巨响，随即浓烟密布，车厢里到处都是惊恐万分、头破血流的乘客。几分钟后，另一枚炸弹在刚离开埃其维尔路站（Edgware）的216次地铁上爆炸。第三枚炸弹在311次地铁离开国王十字车站1 min后爆炸。3枚炸弹总共造成了43名地铁乘客不幸遇难（包含3名袭击者），上百人受伤。

原因分析：袭击者是自杀式攻击，炸弹被袭击者随身携带；一个"基地"组织的分支机构声称对此负责，并播出了几名袭击者生前录下的视频片段，并说这是为了报复。英国警方随即展开了一系列的搜捕行动，抓获多名恐怖分子，并查获了大量用于制造爆炸物的化学物质。

整改措施：

（1）要加强对重点部位、重点场所的安全管理，关注可疑人、可疑物，对可能出现的恐怖袭击事件进行预判，确保紧急情况下应急处置工作的顺利开展。

（2）车站应按要求认真组织开展安检工作，排查并及时发现可疑人员、可疑物品。

（3）车站应积极开展反恐演练，加强与外部相关单位的协调联动，确保紧急情况下处置及时、得当。

一、外界环境影响

（一）乘客（人文环境）对城市轨道交通系统安全的影响

乘客是城市轨道交通运营企业服务的对象，同时也是城市轨道交通运营的参与者。乘客的素质及对城市轨道交通运营安全要求的了解，给运营安全工作带来不同的影响。从近年来地铁运营安全事故致因可知，因乘客不了解或不遵守乘车守则等种种原因，携带禁带品乘坐城市轨道交通工具、乱动设备设施、人为故意破坏（主要表现为恐怖袭击、蓄意破坏、偷盗等）、无应急技能或应急技能低（主要表现为发生突发事件时不能自救，不能在工作人员指引下沉着冷静、紧张有序地疏散等）、跳轨自杀等，严重威胁轨道交通系统的运营安全。乘客禁止携带的物品种类主要有：笨重物品、危险化学品、动物、超长物品、易燃易爆危险品、易碎物品、危险工具等。

(二)水、电、气、热等生命线工程对安全的影响

城市轨道交通系统，特别是地铁，修建于地下，周边敷设大量的水、电、气、热管网。但由于轨道交通运营企业无法掌握详细资料，所以无法对周围管网的安全进行监控。外界停电会导致地铁运营的中断，若疏散不力，可能导致乘客拥挤、踩踏等事故发生。外界停电，将引起地铁大面积停电停运；水管发生意外泄漏，可能导致轨道受淹而停运，用电设备进水而短路、起火；煤气管道泄漏，有导致地铁发生火灾的可能。

线路下的过管工程较多，可能造成桥隧沉降、轨道变形，给运营工作造成一定的困难，且后期的恢复难度很大。

轨道交通建设要与城市规划的稳定性相一致，应统筹规划、分步实施，不允许城市规划的随意性。要以人为本，资源共享，以绿色环保进行规划、设计、建设和经营管理。

(三)自然环境对安全的影响

温度、湿度、风雪、照明、视野、噪声、振动、通风、色彩等环境因素都会引起设备故障或人员失误，这也是发生失控事件的关键因素。

(四)社会环境对安全的影响

社会环境主要是指通过组织管理所营造的系统内的协调关系和通过法律、行政法规构筑的系统外部环境。任何事件的发生都是由外因和内因共同作用产生的。任何灾难的发生都不是孤立的偶然事件，它是在各种内在的或外在的因素共同作用下发生的。因此，防止突发事件必须进行综合整治。城市轨道交通运营企业必须制定良好的预防措施，才能最大限度地降低自然环境和社会环境对运营的影响。

(五)其他城市交通环境对城市轨道交通运营安全的影响

当发生交通类突发事件时，不能有效疏导市民、不能快速安全地疏散乘客是其他公共交通工具给城市轨道交通运营安全带来的一大隐患，尤其是上下班高峰期城市其他道路交通不便时（如暴、风、雪天气）。市民交通主要依靠城市轨道交通运输工具时，大客流的爆满同样会给城市轨道交通运营安全带来隐患。

二、运营环境安全因素保障措施

企业安全环境是安全生产的根本。

(一)关注和掌握城市轨道交通企业所在区域的地理、人文、风俗

充分研究分析城市轨道交通企业所在地域地形环境、地理因素、气候环境等是城市轨道交通运营安全风险预控的前提。

(二)加强内外安全宣传教育工作

普及安全常识,强化全社会的安全意识以及乘客的自我保护意识,营造运营安全大环境是确保城市轨道交通运营安全的根本。

(三)建立灾害环境的预警、预报系统及灾后救援和修复系统

地质条件、地震灾害等所带来的损坏不言而喻,为了降低其危害需建立灾害环境的预警、预报系统及灾后救援和修复系统。同时雷电造成的运营设备损坏事件也时有发生,因而应该时常对雷电防护设备设施进行检查。

三、运营环境安全因素保障措施

针对噪声、振动等环境影响因素问题,国家研究出一套解决的思路,要求新建、扩建、改建城市轨道交通项目必须严格执行环境影响评价、城市轨道交通安全评价制度,从设计、施工、竣工验收,直至运营管理等方面进行全过程控制,减少城市轨道交通对环境的影响。城市轨道交通运营项目在验收时,必须进行安全验收评价,对于自然灾害类的地震、暴风雪、洪涝灾害等问题必须建立完善的应急救援体系,确保突发事件下的紧急应对。城市轨道交通运营项目在对外运营前,必须做好法规制定、社会宣传和乘客引导,同时与上级管理部门制定好综合管理措施,建立好包括公安、消防、急救中心、公共交通客运管理、电力、自来水等部门组成的完善的社会支援体系,确保运营过程中没有或减少因社会因素造成的环境不安全因素。城市轨道交通运营企业在筹备阶段就必须制定好相应的运营管理流程,保证职责明确、架构清晰、管理有序,杜绝企业管理环境问题对运营安全的不利影响。

(一)环境因素安全评价

城市轨道交通运营单位应定期进行运营安全评价。环境因素安全评价主要分为内部环境安全评价和外部环境安全评价。内部环境安全评价包括安全管理评价、运营组织与管理评价、设备设施系统评价、环境监控系统评价等。外部环境安全评价包括基础设施安全评价、土建安全评价、自然灾害和保护区安全评价等。

(二)城市轨道交通环境安全影响因素评价

国家规定城市轨道交通项目建设前,必须进行环境、劳动卫生与安全预评价。要规范城市轨道交通安全预评价工作,做好安全设施"三同时"工作,科学评价城市轨道交通安全生产的条件和能力,促进城市轨道交通的安全建设与运营。

根据城市轨道交通建设与运营的特点,结合污染特性和环境特征,国家对轨道交通工程建设项目环境影响评价的原则、内容、方法和要求做出全面的规定,力求原则系统性、内容完整性、程序规范性、方法科学性,为从事轨道交通建设、运营、环境影响评价的单位,以

及行业主管部门、环境保护主管部门,实施轨道交通建设项目环境影响评价和环境监督管理提供依据。城市轨道交通虽然在城市客运交通中发挥了骨干作用,但其对环境的负面影响,尤其是轨道交通在施工期与运营期所产生的噪声和振动影响,引起了社会广泛的关注。对于地面或高架线路,噪声对环境的影响最为突出;而对于地下线路,其振动影响是首要的环境问题。因此,在城市轨道交通环境影响评价中,噪声环境影响评价和振动环境影响评价通常作为评价重点被列为专题,它是环境影响报告书的重要组成部分。

对于评价范围内的环境保护目标应进行充分的调查,从敏感保护目标的类型、功能、时间、区域、分布及特点等方面,做到内容全面、调查充分。噪声环境影响和振动环境影响的评价范围根据评价等级来确定。评价范围内的声环境保护目标分为受列车噪声影响和风亭、冷却塔噪声影响两类。受列车噪声影响的保护目标一般分布在高架线和地面线尤其是区间线路两侧,或出入段线两侧及车辆段或停车场周围;而受风亭、冷却塔噪声影响的保护目标一般分布在地下线路车站周围。评价范围内的振动环境保护目标基本分布在地下线路或高架线路,尤其是区间线路两侧。因此,对于高架线路和地面线路,其线路两侧的环境保护目标在评价中可同时作为声环境保护目标和振动环境保护目标;而对于地下线路,声环境保护目标和振动环境保护目标分别为不同的保护目标。

地上线路包括高架线、地面线、出入段线及车辆段或停车场,对环境保护目标的噪声影响主要是列车行驶过程中所产生的,并且受到车辆、运营、轮轨、轨道、桥梁、行车组织,以及敏感点与声源的相对位置关系等因素的影响;地下线路对地面建筑物的噪声影响主要是风亭、冷却塔等设备设施所产生的噪声,并且受到设备及其运行与安装方式、安装位置、设备数量、运行时间、敏感点至噪声源的距离、高度等因素的影响。地下线路对环境保护目标的振动影响主要是列车在隧道中运行而产生的,并且受到车辆、运营、轮轨、轨道、隧道、桥梁、土壤、建筑物结构类型,以及敏感点与振源的相对位置关系等因素的影响。

(三)环境影响安全因素评价

1. 内部环境影响安全因素

企业安全管理因素,包括安全管理机构与人员、安全生产责任制、安全管理目标、安全生产投入、事故应急救援体系、安全培训教育、安全信息交流、安全生产宣传、事故隐患管理、安全作业规程、安全检查制度11个项目。

(1)安全管理机构与人员,包括安全管理机构、安全管理专职和兼职人员、安全管理人员资质。

(2)安全生产责任制,包括主要责任人、安全管理人员、安全生产责任制档案管理等。

(3)安全管理目标,包括安全生产控制指标、各级安全生产目标、目标事项所需要的资源等。

(4)安全生产投入,包括安全投入保障制度、安全投入落实、安全奖惩制度等。

(5)事故应急救援体系,包括预案制定情况,应急救援组织机构、应急救援设备和应急救援人员配备情况，救援设备的维护体系、事故应急培训与应急救援演练、预案管理情况及当年紧急事故处置等。

（6）安全培训教育，包括安全培训教育制度、特种作业人员安全培训、临时工安全培训、租赁承包人员安全培训等。

（7）安全信息交流，包括信息交流机构、乘客意见反馈、员工意见处理。

（8）安全生产宣传，包括安全法规宣传、安全规章宣传、安全生产技能宣传、安全信息宣传、典型事故案例宣传、安全文化宣传、安全思想宣传、安全道德宣传等。

（9）事故隐患管理，包括事故隐患清查、隐患治理、隐患监控、事故隐患档案管理。

（10）安全作业规程，包括作业过程安全注意事项、作业安全管理规定等。

（11）安全检查制度，包括检查制度、复检制度、检查档案等。

城市轨道交通运营组织与管理因素，包括系统负荷、调度指挥、列车运行、客运组织 4 个项目。

（1）系统负荷，包括线路负荷、车站设施负荷等。

（2）调度指挥，包括调度规章、指挥系统、调度人员培训、调度人员素质等。

（3）列车运行，包括列车运用规章、列车操作规程、列车司机培训、列车司机素质等。

（4）客运组织，包括乘客安全管理、乘客安全监控、乘客安全宣传教育、站务人员培训、站务人员素质等。

城市轨道交通设备设施因素，包括车辆系统、供电系统、消防系统与管理、线路与轨道系统、机电设备系统、通信系统、信号设备、环境与设备监控系统、自动售检票系统、车辆段与维修基地、土建设施 11 个项目。

（1）车辆系统，包括车辆安全性能与安全防护设施、车辆防火性能、车辆可靠性、维修制度、维修人员、维修配件等。

（2）供电系统，包括主变电站设备、主变电站安全防护设施、运作与维护，牵引变电站设备、牵引变电站安全维护设施、运作与维护，降压变电站设备、降压变电站安全维护设施、运作与维护，接触网，电力电缆，维修配件等。

（3）消防系统与管理，包括火灾自动报警系统及联动控制、气体灭火系统、消防给水系统、应急照明及疏散指示、灭火器配置与管理、车站消防管理、消防值班人员与设备管理、建筑与附属设施防火等。

（4）线路与轨道系统，包括线路及轨道系统、维护管理和维修配件等。

（5）机电设备系统，包括自动扶梯、电梯与自动人行道设备、屏蔽门系统设备、防淹门系统设备安全防护标识、给水系统、排水系统、通风和空调设备、风亭、管理与维护、维修配件等。

（6）通信系统，包括通信系统技术、传输系统、公务电话系统、专用电话系统、无线通信系统、图像信息系统、广播系统、通信电源、通信系统接地、管理与维护、维修配件等。

（7）信号设备，包括信号系统技术、安全防护设施、管理与维护、维修配件等。

（8）环境与设备监控系统，包括环境与设备监控系统、安全防护标识、维护与管理、维修配件等。

（9）自动售检票系统，包括自动售检票系统、维护与管理、维修配件等。

（10）车辆段与维修基地，包括车辆段与综合维修基地设施、防灾设施等。

（11）土建设施，包括地下、高架结构与车站建筑和车站设计等。

2. 外部环境影响安全因素

外界环境包括防自然灾害和保护区两个项目。

（1）防自然灾害，包括防风灾、防雷电、防水灾、防冰雪、防地震、防地质灾害6个分项。

（2）保护区，包括城市轨道交通运营线路附近界定区域的管理。

（四）环境影响因素控制措施

城市轨道交通噪声振动采取措施的基本原则：对初期、近期、远期分别进行预测，根据近期预测结果采取措施，按远期预测结果预留。夜间运营时段轨道交通噪声的实际贡献量超标与否，是城市轨道交通工程是否需要采取措施的判定依据。城市轨道交通噪声振动值超标，环境本底值不超标，则必须考虑采取措施，其降噪量为城市轨道交通噪声振动的超标值。城市轨道交通噪声振动值超标，环境本底值也超标，根据两者超标量的差值大小，若城市轨道交通超标量大于环境本底超标量5 dB以上，或超标量相同，则必须考虑采取措施，其降噪量为城市轨道交通噪声振动的超标值；若考虑城市轨道交通与背景噪声的叠加作用，降噪量也可在超标值的基础上再减去3 dB。对需要采取的措施，必须进行明确说明。对于声屏障降噪措施，应明确给出保护目标的名称、与线路的相对位置关系，声屏障的地段、里程、位置、长度、高度、形式、形状、单侧或双侧以及达标效果、资金投入等。对于轨道减振措施，应明确给出保护目标的名称、与线路的相对位置关系，减振措施的地段、里程、位置、长度、种类、方式、单线或双线以及达标效果、投资等。代表性敏感点处的声屏障插入损失能满足要求，则该区域的声屏障插入损失亦能满足要求。代表性敏感点通常是环境影响最严重的点位。

城市轨道交通噪声振动控制措施的指导原则为，在建成的城市轨道交通区域，根据城市轨道交通噪声和振动的影响，从环境保护的角度，论证线路选线、站段选址、设备选型及设施布置，以及建设方案的合理性。根据城市轨道交通噪声和振动的实际预测结果，包括影响程度、范围及超标情况，提出噪声和振动环境保护措施。从经济技术角度论证拟采取的噪声和振动环境保护措施的可行性，根据轨道交通噪声和振动的实际预测结果，分析工程设计中提出的环境保护措施的适用性。区分工程设计的环保措施和环评增加的环保措施，并分别进行投资预算。在未建成的城市轨道交通区，对于城市轨道交通线路穿越的待规划区域，通过对轨道交通噪声和振动影响进行预测［如噪声（水平或垂直）等值线］，根据各环境功能区的环境标准，提出建筑物防护距离的要求，为城市建设规划与城市环境规划提供依据。根据城市轨道交通噪声和振动影响的预测结果，结合城市区域规划，进一步对建筑物的类型、功能、楼层、朝向等提出要求，以达到环境保护的目的。对于尚未做规划的区域，对未来的环境保护目标应考虑采取环保措施，并为可能采取的环保措施预留实施的条件。

【复习思考题】

1. 简述城市轨道交通运营安全保障系统的组成。
2. 轨道交通安全管理体系安全设计的原则是什么？
3. 运营人员安全保障子系统的内容有哪些？
4. 如何保障行车调度安全？
5. 如何确保列车驾驶安全？
6. 如何保障车站作业安全体系？
7. 接发列车作业安全的保障措施有哪些？
8. 简述调车作业安全的关键要素。
9. 简述客运服务过程安全的流程。
10. 简述运营线路设备维修施工组织保障措施。
11. 简述供电、通信、信号系统运行与维护安全保障措施。
12. 简述城市轨道交通环境安全影响因素。
13. 环境影响因素控制措施有哪些？

项目七 城市轨道交通行车安全

【问题导入】

本章主要是让学生认识行车安全的重要意义，学会分析城市轨道交通行车安全的影响因素，熟悉行车安全管理的内容，了解行车事故的分类、调查、处理及预防；掌握非正常情况下的行车组织。

【教学目标】

1. 能力目标

能阐述城市轨道交通行车安全的影响因素；掌握行车事故的分类、调查、处理及预防措施。

2. 知识目标

熟悉行车安全管理的内容；掌握非正常情况下的行车组织。

3. 素质目标

树立城市轨道交通"安全第一、预防为主、综合治理"的思想意识和理念；具有良好的城市轨道交通职业安全道德，做安全懂法、守法、执法的模范。

任务一

城市轨道交通行车安全的概念

行车安全就是在城市轨道交通运营过程中,员工的人身安全、设备安全和乘客人身安全。对于运营本身而言,行车安全不仅是运营生产的基本要求,而且也是运营分公司产品质量的第一重要特征。乘客在全部行车过程中,除了不可抗的天灾和乘客本身的机能而无法防止外,城市轨道交通必须保证不使乘客造成心理和生理机能的损伤。运营过程中发生的人员伤亡、设备破损等任何事故,都必然在造成生命财产损失的同时,降低地铁在公众中的声誉。

一、行车安全的意义

安全是城市轨道交通运营的生命线,而行车安全又是城市轨道交通运营安全中最重要、最核心的部分。行车安全是衡量城市轨道交通运营管理水平和各部门工作质量的主要指标之一。

城市轨道交通发生行车事故,轻则造成城市轨道交通财产损失、影响乘客出行和城市交通;重则危及人民的生命和财产安全、影响社会安定、损害城市和国家声誉。

因此,城市轨道交通运营安全对整个社会生活具有重要的意义和重大的影响。认真贯彻"安全第一、预防为主、综合治理"的方针,时时、事事、处处讲安全,是城市轨道交通运营单位应尽的职责,也是每一位城市轨道交通员工应该履行的责任和义务。

二、行车安全的影响因素

现代安全理论认为,导致事故的原因有:人的不安全行为和物的不安全状态。近年来,国内外的城市轨道交通事故统计分析表明,人、车辆、轨道、供电、信号、社会灾害及自然灾害等是诱发城市轨道交通事故的主要因素。

(一)人的因素

统计分析表明,一般事故的发生多是乘客未遵守安全乘车规则而导致的,而危险性事故则多是工作人员疏忽大意引发的。人员因素始终是引发轨道交通事故的主要因素。人员因素包括以下几种:

(1)拥挤。国内部分城市轨道交通线路均发生过拥挤造成乘客坠轨伤亡,以及上下车期间因拥挤踏空,掉落站台与列车之间的缝隙而受伤的事件。

(2)乘客不慎落入和故意跳入轨道。在未安装屏蔽门的轨道交通车站,每年都会发生乘客落入和故意跳入轨道事件。据统计,某城市地铁2008年全年乘客掉落或不经意进入轨行区期间就发生过 8 起。

（3）工作人员处理措施不当或工作中注意力不集中。工作人员处理措施不当或工作中注意力不集中，疏忽大意也是造成城市轨道交通事故的主要人员因素之一。例如，美国马萨诸塞州波士顿地铁系统 2009 年 5 月 8 日发生列车追尾事故，造成 49 人受伤，大约 100 人被疏散。经了解，追尾发生时列车司机正在向女友发送手机短信。

（二）车辆因素

（1）导致地铁列车发生大事故的是列车脱轨，而其主要因素一方面是轨道问题，另一方面是车辆走行部存在问题。

（2）其他车辆因素，如车钩问题、车门问题、空调盖板不牢等，往往导致发生人身伤害和设备损坏事故。

（三）轨道因素

轨道因素主要是指轨道存在裂缝、轨道偏移，导致中断行车及列车脱轨等事故。

（四）供电因素

供电因素主要是指地铁供电系统或城市供电网络发生大面积停电等造成列车中断和乘客被困隧道后，从隧道疏散乘客时发生人身伤害等事故。

（五）信号因素

信号因素主要是指信号系统发生故障，造成行车水平降低。而有时会因为信号系统故障采用人工排进路组织行车，人为因素而发生挤岔、列车冲突等事故，检修人员错接线路导致标示错位等造成列车冲突等事故。

（六）人为灾害

社会灾害主要是指恐怖袭击，如故意纵火、毒气袭击、爆炸等造成人员伤害的事故。

（七）自然灾害

自然灾害主要是指恶劣天气、地震等自然灾害造成人员伤害及设施损害等。

三、行车安全管理的内容

行车安全管理是城市轨道交通运营安全管理的重要组成部分。它是以控制危险、防止行车事故发生，最大限度地减少事故损失为目标而进行的决策、组织与控制等一系列活动。行车安全管理涉及以下内容：

（一）技术设备选型

技术设备主要包括车辆、供电设备、信号设备、线路等。由于城市轨道交通的特殊性，火灾始终是轨道交通的第一天敌。因此，轨道交通设备的选型应优先满足防火的要求，同时在资金预算能满足的条件下，尽可能采用较为先进的技术设备。

（二）作业招聘人员

统计数据表明，人的失误在城市轨道交通系统发生的事故中占70%以上，人的感觉知觉、记忆思维、能力、气质、性格、情绪、疲劳等因素对工作人员的行为有着重要影响。因此，在人员招聘中，要重点考虑个人的性别、年龄、学历和身体条件等生理、心理素质是否与岗位要求相适应。

（三）规章制度的制定

轨道交通运营单位的各部门应根据各自的工作特点及工作职责和范围制定一套完善的规章制度。规章制度应包括安全管理规章制度、各岗位作业指导书、人员绩效考核及奖惩等管理制度，用于规范人员作业的要求。

（四）应急预案编制与演练

当列车在运行中遭遇各种突发情况，处于非正常运营或紧急运营状态时，总是伴随着相应的事故发生。因此，必须针对各种突发情况制定相应的应急预案，对应急机构、人员职责、通报程序、应急资源、事故抢险等程序进行规定。同时，定期进行相关的演练，确保人员准确掌握预案的流程和要求。

（五）安全教育与检查

从业人员的安全意识、安全理念、作业技能、应急技能等必须通过不断地教育、培训及演练，才能得以巩固和提高，因而安全教育工作要贯穿于运营的全过程。针对规章制度的执行情况、人员的在岗状态情况，开展安全检查是较为有效的手段。

（六）事故调查处理

安全是相对的，事故是不可避免的。事故发生后需要做大量的调查和处理工作，总结经验教训，采取防范措施等，以防止同类事故的重复发生。另外，事故发生后，及时的调度、指挥、抢险等一系列处置工作，可以有效减少事故的影响范围，降低损失，因此事后的处置也是安全管理的一项重点工作。2009年12月22日，上海地铁1号线发生接触网故障，故障修复后因列车调整造成列车冲突。此次虽未造成人员伤亡，但组织不力引起广大市民的不满，运营公司也因此负上管理失职的责任。

（七）安全状况分析

事故发生有其必然性和偶然性，通过历史数据的收集、分析和总结，对安全状况做出准确判断，提出有针对性的措施，能有效地防止事故的发生。

任务二

城市轨道交通行车事故等级划分

一、行车事故的定义

凡因违反规章制度、违反劳动纪律和作业纪律、设备不良及其他原因,在行车工作中造成人员伤亡、设备损坏、经济损失,影响正常行车或危及行车安全的事件,均构成行车事故。

二、行车事故的分类

按照事故性质、损失及对行车造成的影响,对行车事故进行分类。

(1)按照事故损失及对运营造成的影响和危害程度,一般分为特别重大事故、重大事故、较大事故、一般事故。

(2)按事故类别,分为行车事故、设备事故、工伤事故、火灾事故等。

三、事故等级划分

根据事故损失及对运营造成的影响和危害程度,基本按照《安全事故报告和调查处理条例》制定了事故调查处理规则,将事故由高至低依次分为特别重大事故、重大事故、较大事故、一般事故。

(1)特别重大事故:造成30人以上死亡,或者100人以上重伤,或者直接经济损失1亿元以上的。

(2)重大事故:造成10人以上30人以下死亡,或者50人以上100人以下重伤,或者直接经济损失5 000万元以上1亿元以下,或者连续中断行车24 h以上的。

(3)较大事故:造成3人以上10人以下死亡,或者10人以上50人以下重伤,或者直接经济损失1 000万元以上5 000万元以下,或者连续中断行车6 h以上24 h以下的。

(4)一般事故:造成3人以下死亡,或者10人以下重伤,或者直接经济损失50万元以上1 000万元以下,或者连续中断行车2 h以上6 h以下的。

注:上述分级标准有关数量的表述中,"以上"含本数,"以下"不含本数。

任务三

行车事故的调查处理

一、事故报告流程

事故报告流程,如图 7-1 所示。

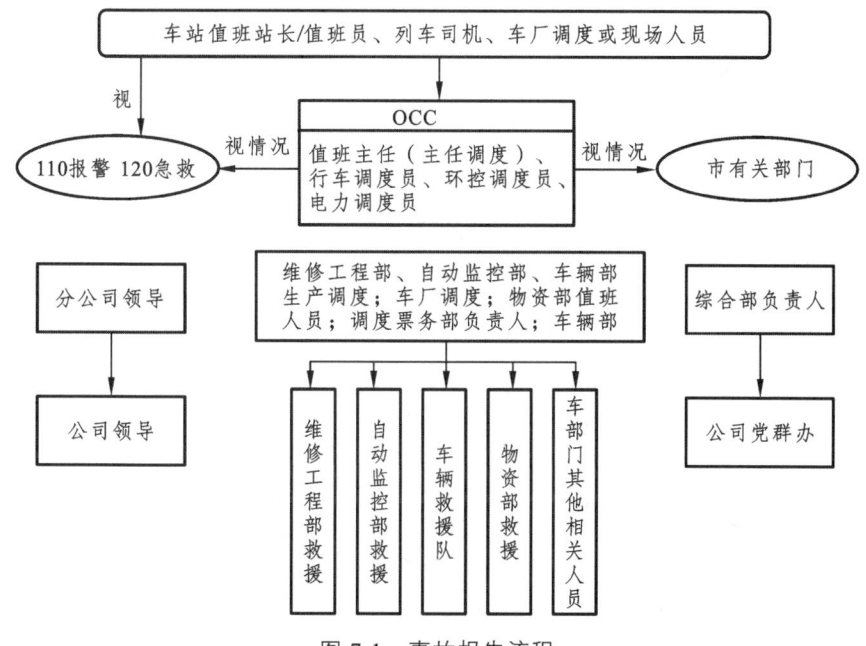

图 7-1 事故报告流程

(1) 发生行车事故时,有关人员按流程图规定报告。

① 如果发生在车站时,由车站行车值班员或现场人员立即向行车调度员报告;

② 如果发生在车辆段时,由事发归属部门生产调度(车务部门为车厂调度、物资部为值班员)或现场人员立即向行车调度员报告;

③ 如发生在区间时,由司机或现场工作人员立即向行车调度员或通过车站行车值班员向行车调度员报告;

④ 供电系统发生影响运营的故障,由现场值班人员立即向电力调度员报告,电力调度员接到报告后立即报告主任调度员,并向行车调度员通报。

(2) 按就近处理原则,发生立即需要外部支援的运营事故(如火灾、爆炸、人员伤亡等)时:

① 现场人员有条件时应立即报 110、120;

② 控制中心当值人员接到报告后立即报 110、120;

③ 控制中心接到报告后视情况通知市有关部门。

控制中心所通知的市有关部门是指应急指挥中心、市交通局、市公安局、市急救中心等政府组织机构，由专人调度决定通知范围或执行分公司领导指示。

各生产部门调度负责向部门相关人员进行通报。

（3）发生影响运营事故时由控制中心根据接报情况填写事故上报单"运营事故概况"，并将内容逐级口头报告。报告后要进一步了解事故情况，及时补填事故上报单，其他事故由责任部门填报。

（4）符合一般事故A类以上事故特征的事故发生后，相关部门要立即将事故上报单填写完整报分公司领导、安全技术部，符合一般事故A类以下事故特征的事故，相关部门要将事故上报单填写完整报在事故发生后6h内报分公司领导、安全技术部，其中原件由安全技术部存档。

二、行车事故通报内容

（1）报告人姓名、单位。
（2）发生时间（月、日、时、分）。
（3）发生地点（车厂、车站、区间、百米标和上、下行线）。
（4）列车车次、车组号、关系人员姓名、职务。
（5）事故概况、人员伤亡、设备损坏及对运营的影响。
（6）是否需要支援。
（7）是否影响邻线运行。
（8）其他必须说明的内容及要求。

三、行车事故处理原则

事故的分析、调查与处理是事故发生后的重要工作，目的是尽快恢复正常运营，以及为了查明事故发生的原因和形成机制，及时制定相应的措施、方法和手段，以减少和杜绝日后同类事故再次发生。行车事故处理原则如下：

（1）必须执行"高度集中，统一指挥"的原则。
（2）分级处理原则。
（3）坚持"先救人，后救物；先全面，后局部；先正线，后其他"的原则。
（4）坚持"就近处理"原则。
（5）员工要反应迅速，做到早发现、早报告、早控制。
（6）兼顾现场保护的原则。员工在行车事故处理过程中，应兼顾做好现场保护工作，以利于公安、消防和调查部门现场取证。
（7）事故发生后，要以事实为依据，以有关法规、规章为准绳。按照"四不放过"原则（即事故原因没查清楚不放过，事故责任者没有严肃处理过不放过，广大职工没有受到教育不放过，防范措施没有落实不放过）处理事故，分清责任，吸取教训，制定措施，防止同类事故再次发生。
（8）坚持对外宣传归口管理的原则，不得擅自发布相关信息。

四、事故现场处理

（1）行车事故发生时，在上一级行车事故处理负责人到达现场前，现场负责人按就近处理原则担任现场临时事故处理负责人，在上一级行车事故处理负责人到达现场后，则由上一级行车事故处理负责人担任现场指挥，并配合上一级事故处理负责人开展救援工作。

（2）行车事故处理调查小组，运营单位行车事故调查处理非常设机构，负责人为事故现场处理城市轨道交通运营安全单位最高负责人，负责行车事故现场的统一指挥。

（3）发生行车事故时，控制中心在行车事故调查处理小组统一指挥下负责行车事故工作中的行车、电力和环控调度工作，承担事故信息集散功能，并按行车事故现场负责人的指令提供支持。

（4）行车事故救援队为事故现场处理的具体实施机构，接到行车事故发生的通报后，迅速赶赴现场，在行车事故调查处理小组指挥下，负责实施事故现场处理，并提供相关技术支持。

任务四　行车事故应急预案及预防

一、行车事故应急预案

行车事故应急预案是针对各种可能发生的行车事故或突发事件所需的应急行动而制定的指导性文件，是应急救援系统的重要组成部分。其目的是指导行车事故应急行动按计划有序进行，防止因行动组织不力或现场救援工作混乱而延误事故应急救援，从而减少人员伤亡和财产损失。

（一）制定行车事故应急预案

制定应急预案应分层次、分级别。

（1）城市轨道交通特大事故和突发事件应急预案应由当地政府组织制定。当地政府应组织城市轨道交通运营单位、公安、消防、供电、通信、供水、交通和医疗等单位建立统一、完善的灾害救援指挥机构和抢险救灾体系，制定故障、火灾、爆炸、化学恐怖袭击、灭火抢险等应急处理工作预案。

（2）城市轨道交通运营单位应组织制定运营机构应对城市轨道交通事故和突发事件应急救援预案。该预案应遵循统一指挥、逐级负责、快速反应、配合协同的原则。该应急预案包括以下子预案：

① 控制中心应急处理预案。城市轨道交通运营单位应组织制定控制中心应急处理预案。该预案应规定控制中心各岗位在运营组织中，遇到各类突发事件时的应急处理预案；规定控制中心各调度岗位在运营组织中，遇到各类突发事件时的应急处理程序。

② 车站应急处理预案。城市轨道交通运营单位应组织制定车站应对各类事故和突发事件的应急处理预案。车站现场应急处理预案均应遵循及时报警、疏散乘客、抢救伤员的原则，周密制定相关岗位职责、工作流程和设施器材配置标准及操作规程。

③ 车站其他预案。为确保城市轨道交通运营安全，除火灾应急预案外，运营单位还应制定毒气、爆炸、劫持人质等突发事件应急预案。

④ 乘务安全应急处理预案。城市轨道交通运营单位应组织制定乘务安全应急处理预案，该预案应规定车站、列车司机及车厂行车有关人员对乘客服务、行车组织、调车作业等工作中有可能发生的各种应急事件、事故的处理程序。

⑤ 乘客疏散预案。因发生火灾等突发事件需要疏散乘客时，各岗位工作人员应密切配合、协调动作，根据指挥进行乘客疏散作业。

（二）应急预案的基本内容

制定应急预案时应明确以下内容：

（1）运营单位确定抢险指挥领导小组的人员组成和职责，抢险指挥领导小组应负责抢险救援的组织、指挥、决策，并指挥各部门实施各自应急预案，尽快恢复轨道交通运营。

（2）抢险信息的报告程序，应遵循迅速、准确、客观和逐级报告的原则。

（3）现场处置过程中各部门的组织原则及相关职责。

（4）不同事故情况下的抢险救援策略和人员疏散方案。

（5）提供救援人员、通信、物资、医疗救护和生活保障。

（三）应急预案的分类

针对不同的事故类型，将应急预案分为3种：故障应急预案、事故应急预案、突发事件应急预案（见图7-2）。

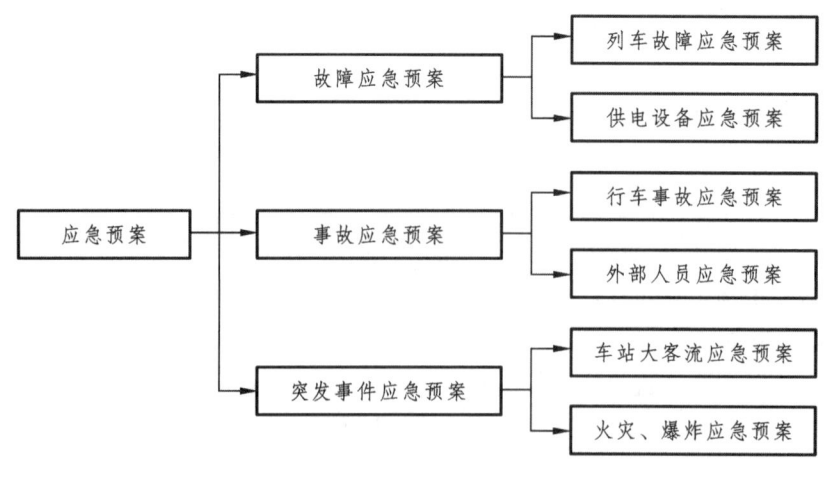

图7-2 应急预案的分类

（四）应急预案的使用

应急预案编制完成后，应安排工作人员熟悉演练。首先，应急预案必须及时发放给相关工作人员，包括应急处置指挥人员、参与应急处置人员、可能与事故直接有关人员、可能会受到事故影响的人员。其次，应急预案必须通过模拟演练与培训来强化。通常，应急预案中规定的救援办法都需要多单位、多部门的人员配合使用，因此，应急预案在编制完成后，应安排预案中提及的人员配合模拟演练。

二、行车事故预防途径

（一）建立完善的安全规章制度，安全生产有章可循

完善的安全规章制度是抓好行车安全工作的保障。规章制度是安全管理工作的基础，建立科学、完善、全面的安全生产管理制度，使安全生产有章可循。在地铁开通运营前，狠抓安全规章制度建设，用规章制度约束员工的行为，为员工提供安全生产指引。在严格执行国家、省、市各项安全法律法规的同时，建立健全《安全生产管理办法》《安全奖惩法》《行车组织规章》等制度和各类操作规程，涵盖公司的各个专业、运营生产环节，保证各专业的安全生产管理有章可循，从而促进运营生产工作向规范化、制度化迈进。

（二）建立三级安全网络，落实全员安全生产责任制

坚持"安全第一、预防为主、综合治理"的工作方针，全面贯彻《安全生产法》，强化制度化、规范化、科学化的安全管理。坚持管生产必须管安全、安全生产各级主要负责人亲自抓的原则，有效发挥"纵管到底、横管成线、群管成网"的安全管理网络作用，形成安全工作一级抓一级、一级保一级、一级监督一级的网络化安全监督管理体系，狠抓安全生产责任制的落实，上自总经理，下至基层员工，逐级签订安全生产目标责任状和社会综合治理目标责任状，将安全生产目标纳入考核内容，明确各层级的安全职责和安全生产目标，有效落实全员安全生产责任，形成安全生产、人人有责的良好氛围。

（三）建立安全检查制度，预防运营事故发生

加强监督检查机制是抓好运营安全工作的关键。安全检查是对安全工作实施有效管理的一项重要内容。建立班组每周一查，中心每旬一查，专业管理系统每月一查，公司每季度一查的制度，采取定期检查与不定期抽查相结合、综合检查与专项抽查相结合的形式，坚持安全检查以自查自纠为重点，自下而上，查找不足。严抓隐患整改，严格任务落实、经费落实、力量落实、时间落实，按期整改完成；在做好安全检查工作的同时，逐级建立安全隐患管理机制，将安全检查和隐患管理统一起来，并落实到工作制度中，形成健全的检查网络，实施有效监控。

（四）建立安全培训制度，营造安全文化氛围

提高员工的安全意识和技能是抓好运营安全工作的基础。认真开展安全生产知识培训教育工作，组织各单位负责人和安全生产管理人员参加《安全生产法》培训，取得安全生产资格证，对新员工实行三级（公司级、中心级、岗位级）安全教育；除国家规定的特殊工种外，规定内部特种作业项目，如计算机联锁区域操作员工作站 LOW 操作、列车四级证等；制定特种作业人员安全管理办法和特种作业人员培训上岗制度；利用安全宣传月、119 消防日等活动，在车站、列车等宣传阵地，向市民派发安全实用手册，不断提高员工和市民的安全意识；广泛开展各类生产培训教育活动，提高干部职工的安全文化素质。

（五）建立应急救援体系，增强应急处置能力

根据国内外地铁运营抢险的经验和突发事件的特点，建立健全应急预案体系，针对轨道交通运营线路发生火灾、列车脱轨、列车冲突、大面积停电、爆炸、自然灾害以及因设备故障、客流冲击和地方发生紧急事件、疫病传播情况时，制定相关应急预案。另外，还有部分预案需经政府组织相关部门、专家进行评审，报市政府。

组织员工对各种预案进行学习，按计划进行演练，演练方式包括培训式、桌面式、突发式。在演练过程中，每个安全点都安排评估人员把关，使演练活动有序、安全地进行。定期实战演练可以及时暴露预案的缺陷，发现救援设备是否足够、发现运营设备是否完好、发现员工是否熟练掌握各种规章，提高各部门间的协调作战能力，提高员工的安全意识；通过演练检验规章、设备和预案，提高员工的业务技能，增强员工对事故事件的应急处理能力。

（六）建立事故处理机制，落实责任追究制度

建立健全事故处理机制，"按照四不放过"原则和"安全奖惩办法"，定因、定性、定责，严格惩处。通过教育和处罚使员工吸取教训，提高认识，增强岗位意识、责任意识和纪律意识；将降低故障率、事件率作为一项长效工作机制专题研究，开展地铁事故案例研究，学习先进一流的运营安全管理，博采众长，取长补短，用"投石头原理"防止员工思想麻痹大意，不断在"平静水面上荡起水花"，让每个工作人员认识到任何时候都不要把安全生产形势估计得过好，要始终保持危机感和忧患感；同时，转变观念，对发生的事故由此及彼，由表及里，透过现象看本质，从领导层、管理层上剖析深层次原因，从加强管理上，研究制定有针对性的措施，解决安全工作中的问题，变被动管理为主动管理，变事后惩处为事前预防，不断提高事故分析处理能力。

（七）建立警地联动机制，共保运营一方平安

目前，国内地铁大多组建了相应的公安部门，地铁运营单位要加强与地铁公安的合作，充分依靠公安的力量，保障地铁的运营安全，制定《警地联动工作实施办法》，落实联动例会制度、工作联系机制及联动应急机制。双方精诚合作，共保运营平安。

任务五

非正常情况下的行车组织

一、ATC 设备故障时的列车运行组织

（一）ATS 故障时的行车组织

当中央 ATS（Automatic Transfer Switching Equipment，自动转换开关电器）发生故障时，影响区域内的故障处理及行车组织原则如下：

（1）当中央 ATS 系统发生故障时，如 C-LOW 可正常使用时，行调应通过 C-LOW 监视全线列车运行状态。

（2）行调授权给影响区域内的联锁站控制（如 OCC 与车站无法正常交接控制权，经行调同意车站可操作"强行站控"取得联锁控制权）。

（3）影响区域内的联锁站行车值班员使用 LOW 监控列车进路与车站运营停车点。

（4）行调必须向全线各次列车发布 ATS 故障影响范围的信息。

（5）正常联锁区的进路排列方式，由行调决定是否改用追踪方式排列；各次列车从影响区域进入正常区域时，行调必须检查各次列车的目的地码，发现错误时及时使用 MMI 修正。

（6）影响区域内的客车凭地面及车载信号显示，以 ATO 模式驾驶列车，进站改 SM 模式对标；按 DTI 倒计时显示的时间停站，遇 DTI 无显示时，中间站按 30 s 的时间停站，折返站站台按 90~180 s 的时间停站。

（7）影响区域内的行车值班员在 LOW 上无法取消运营停车点时，必须及时报告行调，由行调通知司机改用 RM 模式（Restrited Mode，限速人工驾驶模式）出站，客车出站后收到速度码时，司机应及时恢复 SM/ATO 模式驾驶。

（8）影响区域内的追踪进路不能自动排列时，负责监控 LOW 的行车值班员必须立即人工介入，在 LOW 上人工排列进路。

（9）ATS 故障初期（30 min 内）无须铺画列车运行图，影响区域内的车站无须向行调报点；故障发生 30 min 后，影响区域内的联锁站应向行调报点，行调应以联锁站为单元铺画运行图，以掌握和控制列车运行间隔。

（10）故障期间，各站应记录各次列车的到发时刻并及时填记《行车日志》。

（二）列车自动防护系统 ATP 故障时的行车组织

ATP 系统主要包括轨旁 ATP 和车载 ATP 两种。

1. 轨旁 ATP 故障

（1）轨旁 ATP 设备发生故障时，行调必须通知全线各次司机在影响区域内改用 RM 模式维持运营，行车凭证为地面信号机显示。客车在出清影响区域后收到速度码时，司机应自行恢复 SM/ATO 模式驾驶；如到达正常区域的首个车站后仍未收到速度码时，应向行调报告并按其指令处理。

（2）行调必须重点监控影响区域内的列车运行情况，原则上一站一区间内（各轨道公司的规定不尽相同）只允许一列车占用；遇两列车距离少于一站一区间时，行调必须采取措施保证安全间隔。

2. 车载 ATP 故障

（1）在站列车车载 ATP 故障且无法修复时，原则上清客退出服务；区间列车车载 ATP 故障时，司机报告行调并按其指令以 URM 模式（限速 45 km/h）驾驶列车至前方站，列车到达前方站（或在车站发生故障）不能修复时，原则上清客退出服务。但属末班车的运营客车车载 ATP 故障且无法修复时，由行调安排车站的列车引导员添乘列车（双司机驾驶时可不安排车站人员添乘）继续运营至终点站退出服务。

（2）车站的列车引导员进驾驶室添乘监控的程序：

① 接受行调的命令；

② 携带 800 M 无线便携台；

③ 向司机报告 URM 监控，并报发令行调的代号；

④ 司机在听到列车引导员的报告时，确认其身份和核对行调代号后，记下其员工号，允许其进驾驶室监控后开车；

⑤ 列车到达前方终点站退出服务后，列车引导员要向行调报告沿途运行情况再返回所属车站。

（3）行调必须严密监控 ATP 车载设备故障列车的运行情况，确保与前方列车至少有一个区间线路空闲。前方列车因故停车时，行调必须采取措施保证安全间隔。

（4）因车载 ATP 故障改用 URM 驾驶的列车的运行路径，行调应在不影响正常行车的情况下，一次排列进路至停车待令地点后向司机布置清楚，并应将进路保护区段的前方道岔电子锁定在开通进路保护区段的位置。

（三）列车自动驾驶系统 ATO 故障时的行车组织

（1）列车自动驾驶系统 ATO 故障时，司机立即报行车调度员，经行车调度员同意后，切换相应的列车运行降级模式（列车自动防护系统 ATP 监控下的人工驾驶模式）运行。

（2）若有备用车，行车调度员则安排列车自动驾驶系统 ATO 故障列车运行至终点站退出运营服务，然后替换备用车运行。

二、车站联锁设备故障时的行车组织

（一）联锁死机（显示正常，但不能操作）

（1）报告行车调度员和信号维修人员。

（2）行车值班员对联锁主机电源复位，同时行车调度员接收该联锁区的控制权，在人机界面 MMI 上监控。

（3）如复位故障不能恢复，且人机界面 MMI 不能监控，报告行车调度员，行车调度员通知相关信号人员组织抢修。

（二）联锁工作站全部灰显

（1）报告行车调度员和信号维修人员。

（2）行车调度员接收该联锁区的控制权，报告行车调度员，行车调度员通知相关信号人员组织抢修。

（三）联锁区故障行车组织规定

（1）一个联锁区发生联锁故障时，采用电话闭塞法组织行车；两个及以上联锁区发生联锁故障时，在故障影响区域要停止列车服务，改用地铁公交接驳，其他区域采用小交路运行。

（2）单个联锁区发生联锁故障时，行调必须立即扣停开往该故障区域的列车，确认故障区域内各次列车的具体位置并指令其原地待令。遇列车已占用站线时，行调指令司机改用 RM 模式进站待令或退行至车站待令；遇列车迫停区间时，在确认停车位置到前方站站线末端之间线路无列车占用且无道岔后，指令司机改用 RM 模式进站待令，否则按下述第 3 点有关规定执行。故障区域内列车位置确认工作按以下规定执行：

① 已占用车站站线列车位置由行调与车站共同确认，区间列车位置由行调与司机共同确认。

② 确认列车位置时以呼车体号为主。

③ 区间列车司机向行调报告列车位置时，必须报上、下行，区间，百米标。

④ 行调确认列车位置时，根据司机报告内容，结合故障前运行图记录，借助模拟板等辅助工具，准确判断列车位置。

（3）中间联锁站联锁设备故障时，必须待故障区域内的正线道岔人工钩锁且所有列车到达站线后，方可采用电话闭塞法组织行车；两端折返站联锁设备故障时，必须待所有列车到达站线或折返线后，方可采用电话闭塞法组织行车。迫停区间的列车遇前方站线有列车占用或有道岔时按以下规定执行：

① 停车位置到前方站站线末端之间线路无列车占用但有道岔时，行调必须在道岔人工钩锁后，方可指令司机改用 RM 模式进站后待令，遇列车前方有红灯时必须同时发布冲灯命令，司机应加强瞭望和广播安抚乘客。

② 停车位置到前方站站线末端之间线路有列车占用且有道岔时，行调必须依序组织（分别从线路端点站开始）前方站站线列车出清前方站线并将道岔人工钩锁后，方可指令司机改

用 RM 模式进站后待令，遇列车前方有红灯时必须同时发布冲灯命令，司机应加强瞭望和广播安抚乘客。

③ 停车位置到前方站站线末端之间线路有列车占用但无道岔时，行调必须依序组织（分别从线路端点站开始）前方站站线列车出清前方站线后，方可指令司机改用 RM 模式进站后待令，司机应加强瞭望和广播安抚乘客。

（4）当故障区域内列车均已组织到达站线或折返线时，由主任调度员和行调双岗作业再次与车站确认列车的位置正确无误后，方可向全线司机和有关车站发布口头命令：从×时×分起，在上行线×站至×站间采用电话闭塞法组织行车，在下行线×站至×站间采用电话闭塞法组织行车。

（5）采用电话闭塞法，每一站间区间及前方站接车站线为一个闭塞区段。一个闭塞区段只允许一个列车占用（各公司规定不尽相同），客车驾驶模式为 RM，行车凭证为行车许可证。

（6）有关站值班站长或行值接到调度命令后，采用就地级控制、组织行车；在每个需接发列车的站台头端墙屏蔽门端门外方分别派站务人员负责接发列车。接发列车作业按以下规定执行：

① 所有行车许可证由车控室办理。
② 车控室办理行车许可证、接发列车手续时，由值班站长和行车值班员双岗作业，实现安全互控。
③ 上、下行列车行车许可证分别指定两名站务人员专职领取后交司机。
④ 采用电话闭塞法行车的各车站不得办理通过列车。
⑤ 车站接车人员接车时，必须在司机立岗处显示停车手信号。
⑥ 接车站行车值班员确认站内接车线路及区间空闲，办理好接车进路后向发车站给出电话记录号码，同意接车。
⑦ 发车站行车值班员接到前方接车站同意接车的电话记录号码，确认发车进路准备妥当后，填写行车许可证安排人员交指定上行或下行接车站务员，站务员核对无误后交司机。
⑧ 司机确认行车许可证正确后，依次关闭好屏蔽门、车门后发车。
⑨ 列车停稳后，接发车人员向司机收回行车许可证并及时打"×"作废，行车许可证保存 1 个月备查。

（7）在执行电话闭塞法行车时，当信号系统恢复正常或客车进入正常联锁区时，客车收到速度码后，司机自行转换为 SM/ATO 模式行车，并在前方站交回行车许可证。如到达正常联锁区首个车站后仍未收到速度码时，司机报告行调并按其指令处理。

三、电话闭塞法时的接发列车

（一）电话闭塞法的模式

城轨电话闭塞法是当城轨线路的基本闭塞设备或联锁设备故障不能使用时，由车站行车值班员利用站间行车电话，以电话记录的方式办理闭塞以维持列车运行的一种代用行车闭塞法。其主要作用是，当设备因故障而无法保证列车运行的安全间隔时，通过人工的方式拉开同向运行的两列车之间的间隔，维持城轨列车的运行。

在国内城轨运营单位中使用的电话闭塞法有"两站两区间"和"一站两区间"等不同模式。本模块以"两站两区间"为例对城轨电话闭塞法在行车组织工作中的运用进行阐述。

"两站两区间"对于一般车站的含义如图7-3（a）所示，B站行车值班员只有在接车进路准备完毕，前方2号车出清C站站台后才能同意A站1号车的闭塞，并与A站行车值班员办理相关手续；对于折返站的含义如图B站7-3（b）所示，B站行车值班员只有在接车进路准备完毕，前方2号车已完成折返后才能同意A站1号车的闭塞，并与A站行车值班员办理相关手续。当1号车到达B站后，由于没有临站，所以列车进出折返线不需要办理路票，行车值班员只要安排有关人员将折返进路上的道岔人工加锁后列车即可折返。

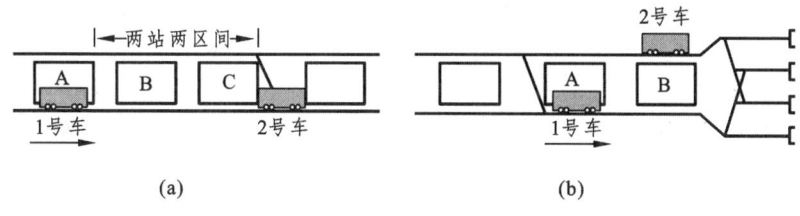

图7-3 "两站两区间"示意图

当单个联锁区联锁设备故障，故障区车站向相邻非故障区车站发车时，办理电话闭塞采用的是"一站两区间"的模式，这是因为列车出故障区后可以恢复正常运行模式，行车安全得到足够保证。如图7-4所示，B站行车值班员在B站站台和A站—B站区间空闲，B站接车进路准备完毕后，即可同意下行2号车闭塞。但需要注意的是，当3号车从非故障区的B站上行站台向故障区的C站发车，由于发车时就要采用切除ATP的人工驾驶模式，所以仍然需与前行4号车保持"两站两区间"的行车间隔。

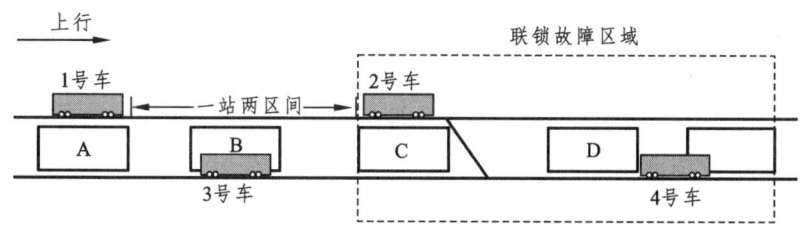

图7-4 单个联锁区故障时"一站两区间"示意图

改用电话闭塞法（或电话联系法）或恢复基本闭塞法行车，必须要有行车调度员的命令。在停止使用基本闭塞法，改用电话闭塞法（或电话联系法）行车时，控制权下放，实行车站控制，即由车站行车值班员办理接发列车作业。由于电话闭塞法（或电话联系法）行车时无设备控制，为了防止因疏忽向占用区间发车，造成同向列车尾追，要求车站行车值班员在接发列车作业过程中，严格按照规定的作业程序进行，以确保接发列车作业安全和组织调整后的列车运行计划不间断地接发列车。

（二）电话闭塞法的作业程序

由于设备条件不同，国内各城市城轨公司颁布的《行车组织规则》和有关规定中，有关电话闭塞法行车的作业程序与办法并不相同。此处简单介绍一般办理电话闭塞的作业程序与办法。

1. 办理闭塞

由发车站向接车站请求闭塞，接车站在确认接车区间、接车线路空闲，接车进路准备妥当后，向发车站发出承认某次列车闭塞法的电话记录号码。进路是指列车到达、出发或通过所需占用的一般站内线路。进路准备妥当是指列车进路空闲、有关道岔位置正确和影响列车进路的调车作业已经停止。

2. 发出列车

发车站接到接车站承认闭塞的电话记录号码后，向列车显示手信号发车。列车出发后，发车站向接车站通报列车车次、出发时分，并向行车调度员报点，填写《行车日志》。

3. 闭塞解除

列车整列到达并发出或进入折返线，以及接车进路准备妥当后，接车站可向发车站发出到达列车闭塞解除电话记录号码，并向行车调度员报点，填写《行车日志》。

4. 取消闭塞

闭塞办妥后，因故不能接车或发车时，立即发出停车手信号进行防护，由提出一方发出电话记录号码作为闭塞取消的依据。列车由区间退回发车站时，由发车站发出电话记录号码作为闭塞取消的依据。取消闭塞应及时向行车调度员报告。

5. 行车凭证

电话闭塞法行车时，列车占用区间的行车凭证是路票，凭助理行车值班员的手信号发车。

四、轨道电路故障时的行车组织

（1）站内轨道电路故障时，列车收不到速度码，司机转换限制人工 RM 驾驶模式，车站行车值班员采用引导方式接发列车。

（2）区间轨道电路故障时，列车可在故障区段前停车，经司机与行车调度员确认后，转换成限速人工驾驶模式后继续行车，在列车越过故障区段后再转换为列车自动防护系统 ATP 监控下的人工驾驶模式或自动驾驶系统 ATO 模式运行。

多个区间轨道电路故障时，应改变行车闭塞方式，启用自动站间闭塞法。启用自动站间闭塞法或电话联系法组织行车，列车采用人工驾驶模式。

五、案例分析

某日 10：20，行调发现监控设备上 P 站联锁区故障，立即通知设修调度及值班调度主任。
10：20，N 站、O 站、P 站报：本站联锁设备故障。
10：20，行调 1：各站加强观察。
10：20，1206 次司机报：1206 次在 O 站—P 站区间紧急制动，列车无速度码。
10：20，0609 次司机报：0609 次在 O 站下行站台收不到速度码，无法动车。
10：20，行调 2：0609 次 O 站下行待令。1206 次确认前方进路，以 RM 模式动车，进入

P 站待令。0908 次 M 站多停 2 min。各车做好乘客安抚工作。0908 次复诵，行调 02。

10：21，行调 2 在调度中心 ATS 设备上试验从 M 站向 N 站排列进路，进路不能排列，判断为 P 站联锁区故障。

10：21，行调 2 向值班调度主任报告：P 站联锁区联锁设备故障。1206 次停在 O 站—P 站区间，0609 次在 O 站下行站台无速度码。

10：21，值班值班调度主任：各调，现 P 站联锁区联锁设备故障，启动联锁设备故障应急处理程序。

10：22，设修调度通知信号检修人员到故障区段检修。故障下线路运行情况如图 7-5 所示。

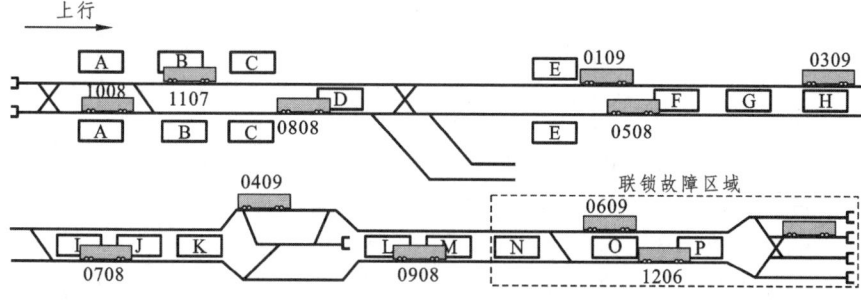

图 7-5 故障下线路运行情况

10：22，行调 2：全线列车注意，由于 P 站联锁区联锁设备故障，各次列车在各站多停 30 s。自 10：22 起，M 站—P 站间采用电话闭塞法组织行车，上行列车自 M 站开出时自行切除 ATP，采用 URM 模式动车，下行列车到达 M 站时恢复 ATP 运行。P 站固定采用Ⅳ道折返，0908 次复诵。行调 02。

10：22，行调 1：全线各站注意，由于 P 站联锁区联锁设备故障，各次列车在各站多停 30 s。自 10：22 起，M 站—P 站间采用电话闭塞法组织行车，列车 URM 模式动车。M 站准备站务员登乘列车引导。P 站固定采用Ⅳ道折返。P 站做好人工办理进路及使用钩锁器锁闭道岔准备。各站加强乘客服务工作。P 站复诵。行调 01。

10：23，行调 2：1206 次、0609 次列车汇报目前位置。

10：23，司机报：1206 次停在 P 站上行站台、0609 次停在 O 站下行站台。

10：23，行调 1：N 站、M 站共同确认上行区间是否空闲。N 站、O 站共同确认下行区间是否空闲。

10：23，N 站、M 站：上行区间空闲。N 站、O 站：下行区间空闲。

10：24，P 站报：人工办理进路及使用钩锁器锁闭道岔准备完毕。

10：24，行调 2：0609 次、0908 次按电话闭塞法行车，前方区间空闲。O 站准备站务员登乘列车引导。1206 次折返到下行站台。0609 次复诵。行调 02。

10：24，M 站与 N 站办理电话闭塞，O 站与 N 站办理电话闭塞。

10：25，0609 次、0908 次收到路票后，凭人工信号动车，O 站、M 站各派 1 名站务员登乘列车。

10：26，P 站人工办理进路，1206 次折返到下行站台。

10：27，0609 次、0908 次到达 N 站，N 站报点，行调 2 铺画列车运行图。故障处理过程线路运行情况如图 7-6 所示。

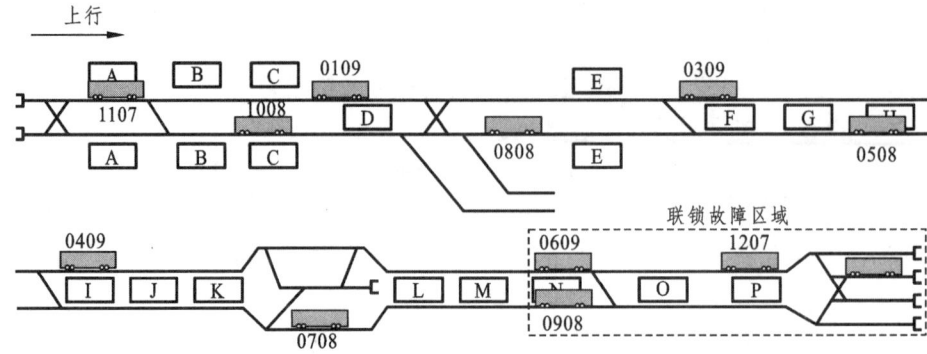

图 7-6　故障处理过程线路运行情况

10：27，N 站与 O 站办理 0908 次电话闭塞，与 M 站办理 0609 次电话闭塞。

10：28，0609、0908 次收到路票后，凭人工信号动车。N 站报点。

10：29，0609 次出站后，P 站与 O 站办理 1207 次电话闭塞。

10：30，1207 次收到路票后，凭人工信号动车。P 站派 1 名站务人员登乘列车。

10：31，0609 次到达 M 站，站务人员下车，列车恢复 ATO 驾驶模式。0908 次到达 O 站。故障处理过程线路运行情况如图 7-7 所示。

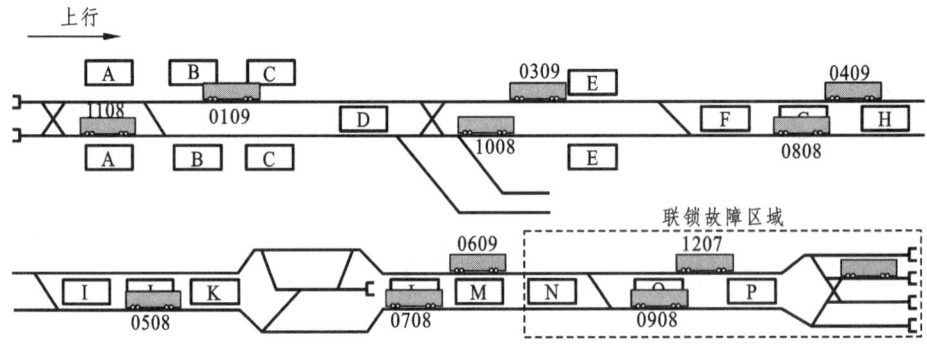

图 7-7　故障处理过程线路运行情况

10：32，经信号专业人员抢修，调度中心 P 站联锁区联锁设备恢复正常，N 站、O 站、P 站站报：联锁设备恢复正常。

10：33，信号检修人员报设修调度：机房主板损坏，已更换完毕，现 P 站联锁区联锁设备恢复正常。

10：33，行调 2：全线列车注意，P 站联锁区已恢复正常，现决定全线恢复正常行车，前发电话闭塞法行车命令取消。M 站—P 站区段内列车恢复 ATP 运行。0908 次复诵。行调 02。

10：33，行调 1：全线各站注意，P 站联锁区已恢复正常，现决定全线恢复正常行车，前发电话闭塞法行车命令取消。P 站复诵。行调 01。

10：34，行调开始进行运营调整。

六、特殊情况下的行车组织

(一) 扣 车

(1) 扣车时,行调可在 MMI 上直接操作并通知司机和车站,或指令车站操作后通知司机。

(2) 当车站需要扣车时,由车站值班站长(值班员)按压 LCP 盘上的扣车按钮并报行调,由行调通知司机。

(3) 扣车原则上要求"谁扣谁放"。只有在 ATS 故障时,对原在 MMI 扣停的列车,经行调授权后由相关车站放行;车站或 OCC 取消扣车放行时,应及时由行调通知有关司机。

(4) 如取消扣车作业时,行车调度员或车站行车值班员应确认列车已停稳后方可操作。

(二) 列车反方向运行

(1) 在没有列车自动防护系统 ATP 保护的情况下,除降级运营时,组织单线双方向运行或开行救援列车外,载客列车原则上不能反方向运行。

(2) 在列车自动防护系统 ATP 正常使用时:

① 列车反向运行在各站不能通过、自动停车、没有跳停功能,停站时刻由司机掌握。

② 列车须反向运行时,在人机界面 MMI(计算机联锁区域操作员工作站 LOW)上排列进路,列车根据列车自动防护系统 ATP 允许速度以列车自动驾驶系统 ATO 或受监控的人工驾驶 SM 模式运行。

(3) 列车自动防护系统 ATP 轨旁设备故障时,行车调度员通知司机以限制人工驾驶 RM 模式运行。

(4) 工程车需在明确行车计划和进路排列好的情况下,方可反方向运行。

【案例】

如图 7-8 所示,由于 D 站—E 站间 0607 次列车故障救援,为了维持 F 站—A 站间的运营,行调命令 0908 次 F 站清客后从 F 站—D 站间反方向运行,到 D 站后经渡线至 D 站下行站台再恢复正向运行至 A 站,从而在对故障列车进行救援的同时维持了受影响区段的运营。

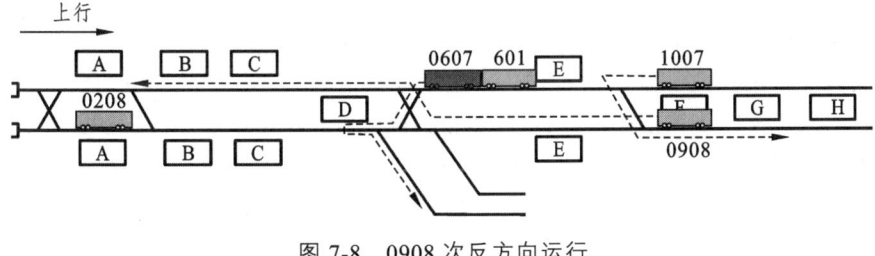

图 7-8 0908 次反方向运行

(三) 列车退行

1. 列车退行的定义

列车退行是指非正常情况下,列车越过停车标退回对标停车或列车从区间返回发车站运行的情形。它既可以是推进也可以是牵引运行。

2. 列车退行规定

（1）列车因故在站间停车需要退行时，司机必须及时报告行车调度员，在得到行车调度员的命令后，方可退行。行车调度员应及时通知有关车站。

（2）列车退行进入车站时，车站接车人员应于进站站台端处显示引导信号，列车在进站站台端外必须一度停车，确认引导信号正确方可进站（后端推进退回车站难以确认时，车站应做好站台防护工作）。需要强调的是，列车退行时司机一般会换端反方向牵引列车回始发站，但如果后端推进退回车站，由于难以确认引导信号，一般前端应有人引导，车站应做好站台防护工作。

（3）退行列车到达车站后，司机应及时向行车调度员报告，同时根据行车调度员的命令处理。

【案例】

如图7-9所示，当1号车因接触网失电停在C站，2号车在B站停车，而此时3号车已经进入区间，如果停电故障短时难以修复，将导致3号车会较长时间在区间停车。为了避免区间清客带来的各种问题，行调会命令3号车退回A站。

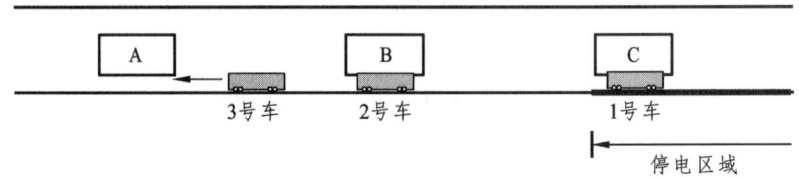

图7-9　列车退行

（四）列车推进运行

1. 列车推进运行的定义

列车推进运行是指在列车尾部驾驶室操纵列车运行或救援列车在前端驾驶室推送被救援客车运行。

2. 列车退行规定

（1）列车推进运行，必须得到行车调度员的调度命令，应有引导员在列车头部引导。

（2）因天气影响，难以辨认信号时，禁止列车推进运行。

（3）在3‰及以上的下坡道推进运行时，禁止在该坡道上停车作业，并注意列车的运行安全。

（4）单列车的推进运行限速10 km/h，电客车连挂推进运行时，司机需在后列车前端司机室（运行方向）驾驶。前列车前端司机室需有监控员进行引导，运行限速25 km/h。

（五）单线双向运行

1. 单线双向运行的定义

单线双向运行是指在一条固定进路上同一时间内只有一趟列车往返运行，是城轨行车组织中一种有效的调度调整方式。因列车运行交路类似于拉风箱的动作，又被形象地称为"拉风箱"运行。

2. 单线双向运行适用条件

当信号系统、接触网设备等发生故障不能正常使用时，单线双向运行就成为一种非常必要的调度调整方式。

【案例】

如图 7-10 所示，当列车因接触网失电停在 C 站—E 站区段时，行调命令在 A 站—F 站间单线双向运行，P—F 站间开行小交路。这样在非正常情况的条件下，就能维持故障区段的降级运营。

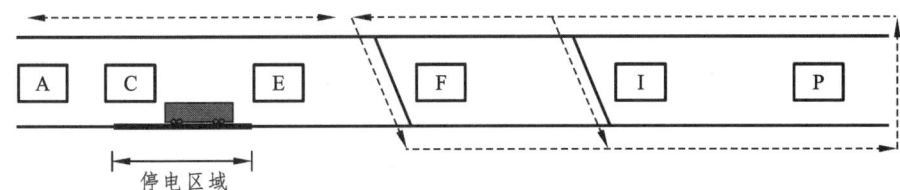

图 7-10 单线双向运行

在单线双向运行过程中，需要车站、司机、行调通力配合做好乘客服务和行车安全工作，确保降级运营的顺利进行。

（六）列车在站通过

1. 列车在站通过的定义

在行车工作中，如车辆、设备故障、事故及客流突变等原因造成运行晚点或特殊原因需要时，准许客运列车在站不停站。

2. 列车在站通过规定

调度员应及时通知司机和相关车站做好客运服务工作。但考虑到客运服务的质量，以下几种情况不准列车在站通过：

（1）不影响后续列车正点运行或折返后能够正点始发的晚点列车，原则上不得通过。
（2）末班车或乘客无返程条件的列车，不得通过。
（3）不准 3 列及其以上客运列车在同一车站连续通过。
（4）始发站不准 2 列及其以上客运列车连续放空。

（七）开放引导信号

在排列进路时，当主体信号机不能正常开放时，则需要开放引导信号。列车在该信号机前停车后，司机应立即用无线车载台报告行调。行调与联锁站行车值班员共同确认进路正确无误后，行调在行车调度员工作站上或授权车站在 LCW/LOW 现地控制工作站上开放引导信号。具体规定如下：

（1）需要开放引导信号。如果该进路的监控区段出现红光带或者粉红光带，车站应立刻派人到现场检查（如有杂物立即清除），确认无杂物侵限后，开放引导信号。

（2）开放引导信号发车时，当列车占用起始信号机之前的轨道电路，在 LOW/LCW 或者 C-LOW/C-LCW 工作站操作"开放引导"命令，进路防护信号机开放引导信号后客车要在 60 s 内进入该进路。

（3）列车在关闭状态的护信号机前方停车后，方可开放引导信号。

（八）运行秩序紊乱时的行车组织

当发生设备故障或突发事件，造成运行秩序紊乱时，行调应报告主任调度，并尽快查找原因。当列车延误 3 min 以上时，应通知沿途各站，如在下一个往返不能恢复正点时，可利用备用列车在始发站开行正点的方式调整列车运行。同一方向多个列车发生运行秩序紊乱时，除按上述办理外，还可安排个别列车到折返线退出服务或中途折返，或在始发站调整列车服务号（改车次）恢复按图运行。如遇列车晚点折返后走不上该列车运行线时，采用抽线停运调整列车运行时，经值班调度主任同意，行调向有关车站和司机发布抽线列次停运命令。

由于信号机、轨道电路故障不能开放信号时，在不影响安全的情况下可不采用非正常行车办法组织行车，在进路准备正确后凭调度员命令行车。

（九）隧道内线路积水时的处理

（1）巡道、巡检人员、司机在作业中发现隧道线路积水时，应立即报行调。

（2）行调接到隧道线路积水的报告时，及时通知维调组织处理，并通知司机在该区段改用人工驾驶模式并按规定速度运行。

（3）当积水浸到道床时，该区段限速 25 km/h。

（4）当积水浸到轨腰时，该区段限速 15 km/h。

（5）当积水漫过轨面时，该区段不得通过。

（十）恶劣天气时的行车组织

（1）在恶劣天气条件下组织行车，以确保行车安全为原则，采取降低运行速度、严格控制一个站间区间只准同方向一列车占用的办法组织行车。

（2）当遭遇恶劣气候影响运营时，车站（高架及地面）应做到以下几点：

① 各岗位要按照分工，加强对各自负责区域的检查和巡视，发现危及运营安全情况时，立即向控制中心行车调度员、设修调度员汇报。

② 车站值班站长要立即赶赴现场了解情况，并组织人员、物资进行先期处理。

（3）遇恶劣气候影响司机瞭望或危及运营安全时，司机立即向行车调度员汇报。特殊地段（出入基地、进站、区间弯道）操纵列车，应采取减速运行、加强瞭望等安全措施，确保列车运营正常。

（4）控制中心根据气象预报的预警信息，立即向运营公司领导和有关部门、中心通报，当大雾、暴风、雨、雪、严寒等恶劣天气来临时，提供不同等级的预警、预报。

（5）控制中心根据各类天气的影响程度和相应级别向运营公司领导报告，经同意后，指挥机构和现场处置机构自然成立。

（6）控制中心对现场恶劣气候条件下的防范措施进行检查、指导，及时向车站发布运营信息。

（7）控制中心要执行指挥机构指令，对不具备安全运营的车站下达关闭命令，启动公交接驳方案。

（8）控制中心组织具备运行条件的区段维持运营。

【复习思考题】

1. 阐述行车安全的重要意义。
2. 城市轨道交通行车安全的影响因素有哪些？
3. 行车安全管理的内容包含哪些？
4. 简述行车事故的分类及等级划分。
5. 行车事故处理原则是什么？
6. 简述事故处理应急预案及预防途径。
7. 简述大面积停电行车应急处置预案措施。
8. 简述地铁火灾行车应急处置预案措施。
9. 非正常情况下的行车组织方案有哪些？
10. 简述特殊情况下的行车组织措施。

项目八 城市轨道交通客运安全

【问题导入】

本章主要是使学生熟悉城市轨道交通客运安全的含义，分析客运事故的主要原因；熟悉客运票务安全、客运设备安全、乘客安全知识；掌握客运突发事件的处理原则及流程。

【教学目标】

1. 能力目标

能阐述分析客运事故的主要原因；掌握客运突发事件的处理原则及流程。

2. 知识目标

重点掌握客运票务安全、客运设备安全、乘客安全知识。

3. 素质目标

坚持城市轨道交通"安全第一、预防为主、综合治理"安全生产方针，筑牢安全红线意识和底线思维，时刻牢记为旅客服务的理念；具有良好的城市轨道交通职业安全道德，做安全懂法、守法、执法的模范。

任务一
城市轨道交通客运安全概述

一、城市轨道交通客运安全的概念

城市轨道交通系统一般都处在地下或高架桥的半封闭空间里,具有隐蔽性、封锁性、人员和设备高度密集等特点,一旦发生重大事故、灾害等突发事件,人员疏散和救援困难,处置不当将导致巨大的人身和财产损失。

城市轨道交通安全的概念涵盖了乘客乘车的全过程。在乘客乘车途中,城市轨道运营公司应对乘客的人身、财产安全负责,因此,制定和完善安全制度、应急措施预案、不断提高每个员工的应急处理能力等是城市轨道运营公司的一项重要工作。

二、客运事故的主要原因

客运事故的主要原因大体可分为3个方面:人为因素、设备因素、社会或自然灾害。很多事故都是以上几种因素综合在一起导致的。

(一) 人为因素

人为因素方面,主要有两类:一类是乘客未遵守安全乘车规则导致事故发生,另一类是工作人员工作措施不当或疏忽引发事故。如地铁车站发生的乘客不慎掉入或故意跳入轨道事件就属于前者;至于后者,从韩国大邱市地铁2003年那场大火中可反映出,在前方车站已经发生火灾的情况下,当事行车调度员仍然命令另一辆列车司机驾驶列车驶入烟雾弥漫的站台,在车站已经断电、列车不能行驶时,司机没有采取果断措施将车门打开,疏散乘客,却紧闭车门,因而地铁司机和控制中心有关人员对灾难的发生就负有不可推卸的责任,属于工作人员工作措施不当引起的安全事故。

(二) 设备因素

设备因素方面,城市轨道交通系统是一个大的联动机,由几十个专业系统组成,设备包罗万象,任何一个系统设备尤其是与行车有关的设备发生故障,都可能导致地铁无法正常运转,甚至造成巨大的生命财产损失。如2003年8月28日,英国首都伦敦和英格兰东南部分地区突然发生重大停电事故,伦敦近2/3的地铁停运,大约25万人被困在地铁中。

(三) 社会或自然灾害因素

社会或自然灾害因素方面,地铁车站及地铁列车是人流密集的公众聚集场所,一旦发生爆炸、毒气、火灾等突发事件,势必造成群死群伤或重大经济损失,严重影响社会秩序的稳定。近年来，地铁接连不断地发生爆炸、毒气、火灾等社会灾害。另外，强降雨、强台风、地震等自然灾害也很可能对城市地铁运营造成严重影响。比如：1995年3月20日，日本东京地铁遭受邪教组织施放沙林毒气，造成10多人死亡；南京地铁因设备遭雷击造成地铁停运事件。

由此可以看出，一个事故的发生，往往是多种因素综合作用导致的结果。当突发事件在地铁车站发生时，地铁员工如果能迅速、高效、妥善地处置，则能有效预防或减少事故造成的损失。

任务二 城市轨道交通客运安全的分类

城市轨道交通客运安全包括票务安全、设备安全、人身安全，其中首先要保证乘客的人身安全。

一、客运票务安全

票务安全主要是指乘客的乘车凭证在乘车过程中因设备或人为因素而导致出现错误，影响乘客的正常乘车或给乘客造成了经济损失，因而应该在系统设备或人工操作方面保证乘客的票务安全。

目前，我国各大中城市轨道系统采用的票务设备不同，与之对应的票制也有不同，如有些城市的轻轨还在使用人工发售的纸制车票，但大部分城市的地铁或轻轨都使用有磁介质的车票。对有些车站来讲，销售最多的是单程票，如从火车站转入地铁的乘客绝大部分是购买单程票。纸制票、磁介质单程票因为没有特殊的个性信息，因此当车票发生丢失、被盗时票务系统无法保证其安全。而其他已经进行赋值个性信息的车票如储值票、次票等一旦出现丢失、被盗的情况时，如果乘客及时办理挂失手续，票务系统能够识别挂失车票，如相关信息进入黑名单，系统会自动进行处理以保证乘客的财产安全。黑名单的技术管理如下：

（一）黑名单的产生

黑名单是指因某种因素，如员工票、计次票、城市一卡通、储值票等丢失而办理挂失或金额（次数）异常而办理登记，登记后该车票会被AFC系统禁止使用。票卡发行系统将对其发行的票卡进行异常检查设定和黑名单数据库的管理。

对票卡的异常检查应包括：交易时间异常、交易计数器异常、车票余额异常、车票编号异常、车票票种异常等。

（二）黑名单数据库的结构及更新

黑名单是由票卡发行单位设置，并通过中央计算机系统下发到各类相关的自动售检票设备中去的。在黑名单上的票卡一旦使用将被系统立即锁住，禁止使用。系统相关设备同时将相关记录信息及时上传至中央计算机系统。

黑名单数据库的数据结构通常为票卡唯一号和设置时间及状态控制等级，经过严格授权后可对数据进行修改。

必要时，黑名单数据可以从黑名单数据库中删除，以保证黑名单数据表不会无限制膨胀。通常以下两种情况可将黑名单数据从数据库中删除：

（1）数据库中对应的票卡已经明确被禁用，即在售检票设备上使用时被禁用。

（2）黑名单票卡号数据停留在数据表中时间达到或超过有效期。

（三）黑名单数据的发布与更新

黑名单数据通过计算机网络或其他通信方式及时传送至相关终端设备。

下发黑名单数据通常包括票卡编号和状态控制等级。状态控制等级是指示售检票设备是否允许进站、出站或者仅可进站，但不允许出站等。

黑名单更新通常采用差值传送方式，即每次只传送与上一次下发的不同黑名单数据而非全部，从而提高传输效率及传输的可靠性。

轨道交通自动售检票系统有关设备应能及时将黑名单票卡的使用记录上传中央计算机系统。对于黑名单票卡，可根据有关规定进行锁卡等操作方式处理。

（四）车站被劫时的票务处理

（1）在没有危及人身安全的前提下，被劫人员或任何目击被劫现场的车站工作人员须立即通知车控室，向坐台人员简要汇报被劫情况。汇报情况包括：案发地点，歹徒的人数、特征、逃走方向，被劫物品及有无人员受伤等。

（2）坐台人员在收到车站被劫的信息后，立即打电话报警，汇报歹徒逃走方向；通知站长和相关领导。

（3）等公安人员到场后，各人员须尽量配合公安人员的工作。待公安人员处理完毕后，在票务稽查部门的监督下，由车站值班员负责清点车站所有现金及车票，计算被劫金额。

（4）清点完毕后，被劫现金记入当天"车站营收日报"的差额栏，被劫车票数量记入"售/存票日报"设备故障的右边一栏，并须附一份由公安或保卫部出具的车站被劫证明及票务稽查部出具的对现金、车票的清点证明，随报表上交票务室。

（5）注意事项：

① 车站人员在紧急情况下，要保持头脑冷静，尽量看清歹徒特征及逃走方向；

② 值班站长（站长）须视当时情况，尽量保持案发现场，直至公安人员赶到；

③ 相关领导接到票款被劫通知后，须立即赶到被劫车站；

④ 车站各位员工须严格听从值班站长（站长）的指挥；

⑤ 如票务处被劫，则停止被劫票务处的售票工作，保护案发现场，引导乘客到另一票务处购票；

⑥ 被劫车站的当事员工及在场人员，在公安人员、票务稽查部等人员到达现场前，不得下班或离开，以协助调查；

⑦ 如点钞室被劫导致无法正常进行结账工作，则由值班员安排售票员到站长室结账，票款立即解行（如银行关门，则票款暂时锁在站长室，钥匙由站长负责保管，站长未赶到前由值班员保管）；

⑧ 如点钞室被劫导致没有车票及备用金使用，则安排进行站间借票、借备用金，其他车站应尽量予以配合。

（6）夜间非运营时间内的注意事项：

① 站控室的门要上锁；

② 坐台人员要提高警惕，随时利用监控屏，监视车站动态；

③ 将对讲机放在手可以接触的地方；

④ 站台的护卫必须将对讲机拿在手中，遇到紧急情况立即按压通话键，保持与车控室的联系；

⑤ 如遇情况紧急，在时间上不允许车站人员通过电话报警时，坐台人员（或车站其他人员）须在最短的时间内按下对讲机的紧急呼叫键。

（7）OCC 的人员在收到车站的紧急信息（包括车站人员报告和紧急信号）后，应：

① 用最快的速度确定报警车站；

② 通过无线电、直线调度电话或内线电话询问报警车站情况，若车站无人应答或有人应答并报告车站被劫，则立即通知地铁分局指挥中心；

③ 利用 CCTV 监控车站情况，如歹徒在摄像范围之内活动，则对其进行录像。

（五）车站出现火灾情况时的票务处理

（1）车站人员通过 SC 菜单或紧急按钮设置"紧急模式"，并将信息汇报 OCC。

（2）执行该模式后，车站 BOM、TVM 将全部自动关闭，进出闸机全部自动转为只出不进状态（扇门式闸机为常开）。

（3）票务处人员应立即停止票务处的售票、兑零工作，收拾票款和车票并放在票务处内乘客不能触及的位置，锁好票务处，疏导乘客从边门或闸机处离开车站。

（4）车票的处理如下：

① 出闸时无须使用车票；

② 对受影响的储值卡及一卡通，在规定期限内可以在设备上正常使用，超过期限的须经车站人员确认为受火灾影响的车票后，给予免费更新处理；

③ 对受影响的单程票，在规定期限内可以在设备上正常使用，或经车站人员确认为受火灾影响的车票后按实际余值办理退款，超过期限的不予办理；

④ 达到恢复正常运营条件后，由值班站长取消紧急模式，恢复正常运营模式，并将信息汇报至 OCC。

二、客运设备安全

（一）AFC系统故障的自动应急处置

AFC系统在自动售检票终端设备发生故障时，将自动进入设备故障状态，并自动向上一级系统报告（比如：检票机故障，向车站计算机系统报告故障信息；车站计算机系统故障，向中央计算机系统报告故障信息）。在故障消除后，设备再自动向上一级系统报告后自动进入正常服务模式或关闭模式。车站计算机系统保存相关的故障和修复信息，并形成相关的报表。

为保证运营的正常进行，AFC设备应设计故障状态的降级运营模式。

1. 离线运行状态

车站设备应能在本机上保存相关的参数设置，并由车站计算机系统定期更新。当车站终端设备与车站计算机系统或车站计算机系统与中央计算机系统、中央计算机系统模块间网络中断或无网络连接时，设备可在离线状态下运行。

在离线状态下运行时，车站终端设备能保存一定周期（如7天）的设备运行数据（包括交易数据、寄存器数据和设备运行状态）；车站计算机系统能保存一定周期（如30天）的设备运行数据（包括交易数据、寄存器数据和设备运行状态），并可通过数据载体上传/下载设备的交易/参数数据。当网络恢复连接时，可自动检测未上传/下载的信息数据，并自动上传/下载相关数据。

2. 运营故障模式

当出现运营故障，部分车站暂时中止运营服务时，暂停服务的车站需根据相关规定设置运营故障模式。具体可通过中央计算机系统、车站计算机系统将车站终端设备设置为运营故障模式，并做好相关记录，以最近设置为准。

（1）设备的表现。

中央计算机系统工作站上要明显地显示该车站名称及模式，如字体或颜色闪烁等，以便进行监控。

设置了该模式的车站计算机系统应在显著的位置用明确的文字或符号显示所设置的模式，并用明确的文字或符号显示车站内的哪些设备已进入该模式。

在收到车站计算机系统下达的命令后，车站终端设备按模式要求进入相应的状态，按模式要求对车票进行处理。

（2）对车票的处理。

设置运营故障模式的出站检票机应根据车票的票种及进站地点做不同的处理：

① 对本站进的单程票及计次票不扣除车费或乘次，单程票不回收，并写入此模式的标志信息；

② 对本站进的其他车票不扣任何车费，并写入出站码和此模式的标志信息；

③ 对其他车站进站的单程票及计次票不扣除车费或乘次，单程票不回收，并写入此模式的标志信息；

④ 其他车站进站的其他类型车票不扣车费，写入出站码和此模式的标志信息。

模式结束后，所有车站检票机对车票的处理：

① 若单程票或计次票具有运营故障模式标志信息，并在规定时间段内（系统设置），则应允许任何车站进站使用，出站时根据实际车费进行检查，车费不足应到补票机进行超程更新处理；

② 储值票等其他车票正常使用和扣费。

3. 进出站免检模式

在进站乘客拥挤或车站全部进站检票机故障的情况下，应及时设置进出站免检模式，允许乘客不通过检票机检票进站。可通过中央计算机系统、车站计算机，将车站终端设备设置为进出免检模式，并做好相关记录，以最近设置为准。

（1）设备的表现。

中央计算机工作站上要明显地显示设置为该模式的车站名称，如字体或颜色闪烁等，以便进行监控。

设置了该模式的车站计算机应在显著位置用明确的文字或符号显示所设置的模式，并用明确的文字或符号显示车站内的哪些设备已进入该模式。

在收到车站计算机下达的命令后，车站终端设备按模式要求进入相应的状态，按模式要求对车票进行处理。

（2）对车票的处理。

在设置此模式的车站，所有进站检票机开放，不检验所有车票，乘客可直接进站。

无进站信息的车票在其他车站或本站出站时，由出站检票机根据清分系统、线路中央计算机下载的设置信息，其进站地点为此次进出车站，并按免检模式进行扣费。

无进站信息的车票在其他车站或本站出站时，由出站检票机根据清分系统、线路中央计算机下载的设置信息，其进站地点为此次进出车站，并按免检模式进行扣费。

若有大于两个车站设置此模式，出站检票机按扣费最低的车站进行扣费。

对车票余额不足的车票要到服务点进行超程更新处理。

如果所有车站都设为进出免检模式，则对所有车票都不检查出站次序，储值票将被扣最短程车费，乘次票被扣除一个乘次，单程票将被收回，并且不检查车票余值。

4. 时间免检模式

列车延误、时钟错误或其他原因导致大量持票乘客超时无法出站，应及时设置时间免检模式。可通过中央计算机系统和车站计算机系统，将车站终端设备设置为时间免检模式，并做好相关记录，以最近设置为准。

（1）设备的显示。

中央计算机工作站上要明显地显示设置为该模式的车站名称，如字体或颜色闪烁等，以便进行监控。

设置了该模式的车站计算机应在显著位置用明确的文字或符号显示所设置的模式，并用明确的文字或符号显示车站内的哪些设备已进入该模式。

在收到车站计算机下达的命令后，车站终端设备按模式要求进入相应的状态，按模式要求对车票进行处理。

（2）对车票的处理。

设置此模式的车站的出站检票机对所有车票不检查车票上次的进站时间，但是仍检查车票余值、进站码、日期等，所有车票按正常票价扣费。

5. 日期免检模式

若由于轨道交通运营的原因，车票过期，根据运营工作的需要及相关规定的要求设置日期免检模式。若终端设备时钟出现故障，系统能自动避免对车票时间及日期方面的检查，而不需要设置时间及日期免检模式。可通过中央计算机和车站计算机系统，将车站终端设备设置为日期免检模式，并做好相关记录，以最近设置为准。

（1）设备的表现。

中央计算机工作站上要明显地显示设置为该模式的车站名称，如字体或颜色闪烁等，以便进行监控。

设置了该模式的车站计算机应在显著位置用明确的文字或符号显示所设置的模式，并用明确的文字或符号显示车站内的哪些设备已进入该模式。

在收到车站计算机下达的命令后，车站终端设备按模式要求进入相应的状态，按模式要求对车票进行处理。

（2）对车票的处理。

设置此模式的车站的出站检票机对所有车票不检查车票上的有效日期，但是仍检查车票的其他信息，如进站码、车票票值等，所有车票按正常票价扣费。

6. 超程免检模式

某个车站因事故或者故障关闭，列车越过该站后才停车，可根据相关规定的要求设置超程免检模式。可通过中央计算机系统和车站计算机系统，将车站终端设备设置为超程免检模式，并做好相关记录，以最近设置为准。

（1）设备的显示。

中央计算机工作站上要明显地显示设置为该模式的车站名称，如字体或颜色闪烁等，以便进行监控。

设置了该模式的车站计算机应在显著位置用明确的文字或符号显示所设置的模式，并用明确的文字或符号显示车站内的哪些设备已进入该模式。

在收到车站计算机下达的命令后，车站终端设备按模式要求进入相应的状态，按模式要求对车票进行处理。

（2）对车票的处理。

设置此模式的车站的出站检票机对所有车票不检查车票上的余值，但是仍检查车票的其他信息，如车票的进站码、时间、日期等，储值票扣最低票价，次票扣一个乘次，轨道交通专用票回收。

7. 紧急放行模式

当车站或设施发生紧急情况时，设置紧急放行模式。可通过中央计算机系统、车站计算机系统、车站控制室紧急按钮及检票机本机控制等多种方式实现，并做好相关记录，将车站终端设备设置为紧急放行模式。

（1）设备的显示。

中央计算机工作站上要明显地显示设置为该模式的车站名称，如字体或颜色闪烁等，以便进行监控。

设置了该模式的车站计算机应在显著位置用明确的文字或符号显示所设置的模式，并用明确的文字或符号显示车站内的哪些设备已进入该模式。

在收到车站计算机下达的命令后，车站终端设备按模式要求进入相应的状态，按模式要求对车票进行处理。

半自动售票机可正常运作，但操作员显示器上显示紧急状态的信息。自动售票机应处于暂停服务的状态。

检票机所有转杆可自由转动或落杆，保证乘客无阻碍地离开付费区。同时，所有检票机（包括进、出站检票机）的乘客显示器显示紧急信息，所有面向付费区的导向指示器闪烁显示"通行"标志，所有面向付费区的导向指示灯闪烁显示"禁止通行"标志。

（2）对车票的处理。

所有检票机不对车票进行写处理。如有车票放于读卡器上，不对车票进行写操作，轨道交通专用票不回收。

8. 其他模式

有些意外情况不是单独出现而是联合出现时，就需要设置联合模式。比如：①超程免检模式+时间免检模式（相互独立运作，出站检票机扣费方式按照超程免检模式下的扣费方式处理）；②超程免检模式+日期免检模式（相互独立运作，出站检票机扣费方式按照超程免检模式下的扣费方式处理）；③超程免检模式+进出站免检模式（相互独立运作，出站检票机扣费方式按照超程免检模式下的扣费方式处理）；④日期免检模式+时间免检模式（相互独立运作）；⑤日期免检模式+进出站免检模式（相互独立运作）；⑥进出站免检模式+时间免检模式（相互独立运作）；⑦日期免检模式+时间免检模式+超程免检模式（相互独立运作，出站检票机扣费方式按照超程免检模式下的扣费方式处理）；⑧进出站免检模式+时间免检模式+超程免检模式（相互独立运作，出站检票机扣费方式按照超程免检模式下的扣费方式处理）；⑨日期免检模式+时间免检模式+进出站免检模式（相互独立运作，出站检票机扣费方式按照超程免检模式下的扣费方式处理）；⑩日期免检模式+时间免检模式+超程免检模式+进出站免检模式（相互独立运作，出站检票机扣费方式按照超程免检模式下的扣费方式处理）。

组合模式情况下各模式情况均单独作用。

（二）车站全部自动售票机（TVM）故障

当车站全部自动售票机故障时，车站需及时启动设备故障应急预案。

1. 一般处理流程

（1）当车站发现或接到全部自动售票机（TVM）故障报告，经客运值班员或值班站长到现场进行确认后，立即安排给各售票窗口配备预制单程票进行出售或通过BOM出售单程票。

（2）在自动售票机（TVM）前设置"暂停服务"标志牌，引导乘客到售票窗口购票，维持好乘客购票秩序。

（3）向票务设备维修部门报障，维修人员到达后派人配合其工作。

（4）当现有窗口售票能力不能满足需要时，及时启用临时售票亭。

（5）监控车站各售票窗口的售票速度，当设备仍未修复而预制单程票仅可维持售卖 2 h 时，及时向票务部门申请配发预制单程票。

（6）故障修复后，撤除"暂停服务"标志牌，引导乘客到自动售票机（TVM）前购票，各岗位恢复正常工作。

2. 有关岗位作业

（1）站务员或巡视岗。

发现车站全部自动售票机（TVM）出现故障，立即向车控室或值班站长报告。

在自动售票机（TVM）前放置"暂停服务"标志牌。

引导乘客到售票问询处购票，维持好乘客购票秩序。

必要时，根据值班站长的安排，进入售票问询处或临时售票亭售卖预制票。

故障修复后，撤除自动售票机（TVM）前的"暂停服务"标志牌和故障告示，引导乘客到自动售票机（TVM）上购票。

（2）售票员或站务员。

按值班站长的安排，向乘客出售预制票。

向客运值班员报告预制票的售卖及结存情况。

（三）车站全部出站闸机故障

1. 一般处理流程

（1）当车站发现或接报全部出站闸机无法使用时，应立即派客运值班员或值班站长现场检查确认，并报告相关部门、车站站长。

（2）确认后，开启员工通道门让出站乘客出闸，并回收出站乘客手中的单程票，指引持储值票的乘客到售票问询处处理或告知其可在下次乘车时在任意站处理，做好相关解释工作。

（3）在全部故障出站闸机前设置"暂停服务"标志牌，派人引导乘客从边门出闸。

（4）待故障修复后，撤除"暂停服务"标志牌和隔离带，关闭员工通道门，引导乘客从出站闸机出闸。

2. 有关岗位作业

（1）站务员或巡视岗。

发现车站全部出站闸机出现故障，立即向值班站长报告。

在故障出站闸机前设置"暂停服务"标志牌及隔离带。

协助客运值班员，引导乘客从边门出站，回收乘客的单程票，并做好乘客解释工作。

故障修复后，撤离"暂停服务"标志牌及隔离带，引导乘客从出站闸机出站。

（2）售票员或站务员。

办理乘客相关事务，做好乘客解释工作。

（四）车站全部进站闸机故障

1. 一般处理流程

（1）当车站发现或接报全部进站闸机无法使用时，立即派客运值班员或值班站长现场检查确认，并报告行调、相关部门、车站站长。

（2）确认后，开启员工通道门让持票进站乘客进闸，进行人工检票，并告知乘客在出站时需到售票问询处处理，同时做好乘客相关解释工作。

（3）在全部故障进站闸机前设置"暂停服务"标志牌，派人引导乘客从员工通道门进闸。

（4）待故障修复后，撤除"暂停服务"标志牌和隔离带，关闭员工通道门，引导乘客从进站闸机进闸。

2. 有关岗位作业

（1）站务员或巡视岗。

发现车站全部进站闸机出现故障，立即向值班站长报告。

在故障进站闸机前设置"暂停服务"标志牌及隔离带。

协助客运值班员，引导持票进站乘客从员工通道门进站，进行人工检票，并做好乘客解释工作。

故障修复后，撤离"暂停服务"标志牌及隔离带，引导乘客从进站闸机进闸。

（2）售票员或站务员。

办理乘客相关事务，做好乘客解释工作。

（五）车站全部票务处理机（BOM）故障

1. 一般处理流程

（1）车站发现和确认全部票务处理机（BOM）故障后，立即在售票窗口设置"暂停服务"标志牌，引导需对储值卡充值的乘客到自动充值机（AVM）上办理充值业务。

（2）派人在各进、出站闸机处看护，对不能正常进出闸的乘客，开启车站边门并指引其从车站边门进出，同时回收出站乘客的单程票。

（3）将故障情况报告票务设备维修部门、轮值监控员、行车调度员、车站站长。

（4）故障修复后，撤除售票窗口"暂停服务"标志牌，关闭车站边门，恢复售票窗口正常工作。

2. 有关岗位作业

（1）售票员或站务员。

发现全部票务处理机（BOM）出现故障，无法使用，立即报告值班站长，并设置"暂停服务"标志牌和张贴故障告示。

待值班站长或客运值班员确认故障后，根据值班站长的安排，在售票问询处前引导需充值的乘客到自动充值机（AVM）上办理充值业务。

看护售票问询处旁的进、出站闸机，对不能正常进出闸的乘客，开启员工通道门（边门），指引其从员工通道门（边门）进出，同时回收出站乘客的单程票。

在售票问询处窗口张贴告示牌，向前来购票的乘客做好解释工作，告知乘客到 AVM 充值。做好钱票的保护工作。

（2）站务员或巡视岗。

引导乘客在 AVM 上进行充值；

经值班站长授权后打开边门，安排非付费区无法正常进闸的持票乘客从边门进站；

安排付费区无法正常出闸的持票乘客从边门出站，并回收乘客手中的单程票。

（六）车站全部 AFC 设备故障

车站全部 AFC 设备故障一般是指车站的自动售票机、自动增值机、自动验票机、票务处理机、进出站闸机全部无法使用。

1. 一般处理流程

（1）车站接报 AFC 设备故障后，由客运值班员以上人员到现场进行检查确认。

（2）确认全部 AFC 设备故障后，车站及时报告行车调度员、维修相关部门、票务部门、站长等。

（3）在故障设备前及时设置故障告示牌，并引导乘客到售票问询处购买纸票。

（4）经请示行调同意后，及时组织员工售卖纸票，根据车站人员情况，将进、出站各一组闸机中若干闸机通道设为常开状态，进行人工检票，同时做好乘客解释工作。

（5）设备故障修复后，组织员工恢复正常运营服务。

2. 有关岗位作业

在值班站长或值班员的安排下，各岗位的工作如下：

（1）站务员或巡视岗。

发现 AFC 设备故障后，及时报告车控室，并设置故障和暂停服务告示牌。

根据安排，引导乘客到售票问询处购买纸票，并做好乘客解释工作。

将进、出站各一组闸机中若干闸机通道设为常开状态，在进站闸机处进行人工检票，或在出站闸机处对出站乘客的单程票进行回收。

必要时，进入售票问询处担任售票员工作。

配合维修人员的工作。

故障修复后，恢复岗位正常工作。

（2）售票员或站务员。

发现票务处理机（BOM）故障后，及时报告车控室，并设置故障告示牌。

根据安排，及时售卖纸票，并做好乘客的解释工作。

故障修复后，恢复岗位正常工作。

（七）全站停电

1. 一般处理流程

（1）全站停电后，立即报告行调和相关部门、站长。

（2）如有列车停靠车站，广播注意事项，并派人拿应急灯到站台照顾乘客上下车。

（3）接到行调疏散命令后，通知车站员工停止车站服务，打开全部闸机和员工通道，执行车站疏散程序。

2. 有关岗位作业

在值班站长或值班员的安排下，各岗位的工作如下：

（1）站务员或巡视岗：

打开员工通道门，拿手电筒或应急灯、手提广播到站台协助乘客上、下车，确保安全；或在站厅维持秩序，引导乘客疏散，并做好乘客解释安抚工作。

乘客疏散完毕后，关闭相应出入口。

修复正常供电后，恢复岗位正常工作。

（2）售票员或站务员：

锁好票款，停止售票兑零，在站厅负责相关区域乘客的疏散。

乘客疏散完毕后，关闭相应出入口。

修复正常供电后，恢复岗位正常工作。

（八）水浸出入口（地铁）

暴雨期间，各岗位应加强巡视，发现车站出入口水浸，应及时设置防洪设施，防止雨水涌入站内，及时向上级汇报。

1. 一般处理流程

（1）加强车站出入口巡视，发现出入口外严重积水（一般当水漫至出入口外三级台阶时视为严重积水），立即报告行调及有关部门。

（2）设置相关警示牌，组织保洁员工进行积水清扫，组织人员搬运沙袋，必要时设置防洪设施。

（3）视情况关闭相应出入口，设置多级防洪设施。

（4）当出入口水浸得到彻底消除后，组织员工恢复正常工作。

2. 有关岗位作业

在值班站长或值班员的安排下，各岗位的工作如下：

（1）按要求到该出入口查看，设置"小心地滑"告示警示牌或隔离带、防护栏等，提醒乘客注意安全，将情况报告车控室或值班站长。

（2）如有需要，根据安排协助搬运沙包等防洪物品，设置防洪设施，防止雨水涌入站内。

（3）视情况停止该出入口自动扶梯运行，如有需要，协助关闭相应出入口。

（4）加强巡视，如水将涌入车站，报告值班站长，并做好防淹排水工作。

（5）该出入口关闭后，引导乘客由别的出入口出站。

（6）配合维修部门的排水工作。

（7）水退后，协助撤除防淹设施，开启相应出入口。

（九）电梯困人

1. 一般处理流程

（1）车站接到被困电梯乘客求助后，立即派人前往现场安抚乘客，并疏散围观乘客，同时向维修部门、电梯厂家报告。
（2）将情况报告行调、站长等有关人员。
（3）到达现场后在事发垂直电梯前设置停用标志和隔离带。
（4）维修人员到达现场后，车站派人协助其工作。
（5）待乘客救出后，与维修人员确认电梯状态，决定是否开启，并向行调汇报具体情况。
（6）如乘客受伤则按客伤程序处理。

2. 有关岗位作业

站务员岗位（一般为巡视岗）在值班站长或值班员的安排下：
（1）立即前往现场协助值班站长安抚乘客，疏散围观乘客，并在垂直电梯前设置停用标志和隔离带。
（2）维修人员到达后，协助其工作。
（3）如乘客受伤则按客伤程序处理。

三、乘客安全

（一）列车车门/屏蔽门夹人夹物（针对设有站台屏蔽门的车站）

列车车门/屏蔽门夹人夹物（针对设有站台屏蔽门的车站）时，有关岗位作业如下：

1. 站台保安

（1）发现列车车门/屏蔽门夹人夹物，按动紧急停车按钮，向司机显示停车手信号。
（2）立即报告车控室和值班站长，并赶赴现场查看有关情况。
（3）示意司机重新打开车门/屏蔽门，通知不到时，报告车控室。
（4）将人或物撤出后，向车控室报告，并向司机显示"好了"信号。
（5）值班站长到场后，协助调查处理。

2. 行车值班员

（1）接到报告后，向行调汇报。
（2）利用有关设备观察现场情况。
（3）需要时，通知地铁公安到场协助。
（4）接到人或物撤出通知后，取消紧停，恢复正常运作。

3. 值班站长

（1）赶赴现场，调查事件原因。

（2）如发生客伤事故，按《客伤处理程序》办理。

（3）如是乘客抢上抢下造成时，寻找目击证人，并记录详细资料。

（4）事件处理完毕后，将有关情况通报行调。

4. 司　　机

（1）接到报告或观察到夹人夹物后，应重新打开车门和屏蔽门。

（2）凭站台保安"好了"信号关闭车门和屏蔽门。

5. 行　　调

（1）接到报告后，通知司机重新将车门和屏蔽门打开。

（2）事件处理完毕后，了解有关情况向相关人员通报。

（二）轻微客伤的处理

轻微客伤是指在地铁范围内发生的地铁外部人员及非在岗作业的地铁员工发生的不需送往医院抢救、检查和治疗，可在现场简单包扎处理的轻微伤害。

轻微客伤的现场处理流程：

（1）车站现场工作人员发现或接到受伤乘客求救时，须立即汇报当班值班站长（或站长），并疏散围观群众，安抚和救助受伤乘客，保护事故现场，寻找目击证人，劝留证人或留下证人联系方式。当班值班站长（或站长）担任临时应急处理负责人，应立即安排其他员工携带急救医药箱赶赴现场。

（2）值班站长（或站长）在对伤者进行必要的现场急救的同时，应尽量对现场进行取证，询问当事人、证人了解事情经过，填写有关调查表，并由当事人、证人签字确认。如有必要，可采取录音、拍照、录像等方式进行记录。

（3）若伤者伤势较轻可以行走，可陪护伤者到车站会议室休息安抚或包扎上药，若伤者需要可协助拨打120急救电话。

（4）若初步判断乘客受伤属于地铁责任时，车站应立即向有关部门、单位报告。伤者提出要求去医院检查时，车站可安排车站员工，陪同伤者前往医院。伤者在医院所花费用，经请示同意后，由车站用有关处理经费垫付（费用较小时车站可自主支付）。伤者提出索赔时，车站应配合相关部门人员与当事人协商处理。

（三）客伤的处理

客伤是指在地铁范围内发生的地铁外部人员及非在岗作业的地铁员工发生的人身伤害及伤亡事件的总称。

1. 乘客人身伤害的范围

（1）乘客自检票进入闸机时起至出闸机时止，对运输期间发生的乘客人身伤害，地铁承担运输责任，包括（但不仅限于）以下情况：

地铁设备设施损坏未及时修复且未设置警示、防护造成的；

地铁施工作业造成的；

列车紧急制动造成的；

地铁范围内的垂直电梯、自动扶梯突然停止运行或启动造成的；

屏蔽门、车门夹人造成的（属乘客强行上下列车的情况除外）；

地铁设备设施（垂直电梯、自动扶梯、屏蔽门、车门、闸机等）发生故障造成的；

车站或列车内湿滑未及时清理或设置防护警示造成的（因不可抗力造成的除外）；

闸机夹人造成的（乘客强行出闸，无票尾随出闸等情况除外）。

（2）其他非乘客自身责任在付费区内造成的：

无票人员在地铁付费区内发生的人身伤亡，比照乘客办理。

无票人员（包括已购票但未验票入闸的人员）在地铁非付费区内发生的人身伤亡，因地铁设备设施或管理所致的，比照乘客办理；因其自身原因所致的，原则上不予承担责任。

（3）有下列情形之一造成的乘客人身伤害，地铁不承担运输责任：

乘客违反《地铁运营管理办法》而造成的乘客本人或他人伤害；

不可抗力造成的乘客人身伤害；

乘客自身健康原因造成的乘客本人或他人伤害；

能证明是乘客故意、重大过失造成的乘客本人或他人伤害；

因第三者责任（包括斗殴或制止斗殴）造成乘客人身伤害时，受害者直接向施害的第三者索赔，地铁公司原则上不予承担责任；

利用地铁站通道穿行或在车站逗留、休息等无票人员因自身原因造成的伤亡，地铁车站只提供基本援助（如拨打120等），原则上不予承担责任。

2. 客伤事件处理原则

（1）车站在处理客伤事件时，要以维护地铁公司形象、保护地铁公司最大利益为原则，以人为本，给予乘客必要的帮助。

（2）车站在处理客伤事件时，要第一时间进行取证，尽可能得到旁证及当事人签字确认。以事实为依据，客观记录，充分留下原始资料。

（3）及时将（前期）处理结果报告相关部门，以备后续处理。

3. 客伤处理流程

（1）一般处理流程。

车站接报或发现乘客发生客伤后，应第一时间派人赶到现场，了解情况，掌握乘客发生客伤的原因，并及时做好记录。

视伤（病）者的情况，询问伤（病）者是否需车站协助致电120急救中心，征得同意后帮助伤（病）者致电120。如伤（病）者伤（病）势很严重，不及时救护可能会有生命危险，车站应及时致电120急救中心，同时车站需致电行调、车站站长及运营单位客伤主管部门。

寻找目击证人，并设法留下其联系资料，对现场进行拍照，必要时对有关区域进行隔离。

询问伤（病）者家人联系电话，设法联系其家人尽快来车站。

伤（病）者家人到站后，由其家人将其接走，如车站已致电120急救中心，救护人员到达后，车站协助将伤（病）者送至救护车上。

如乘客认为是车站原因导致其受伤，要求车站派人陪同其去医院时，车站人员应请示站长及运营单位客伤主管部门获允许后方可陪同去医院。

（2）有关岗位作业。

站务员或巡视岗应在值班站长或值班员的安排下，做好以下工作：

现场发现乘客客伤后立即报告车控室，或接值班站长通知后赶赴现场，了解伤（病）者情况及初步原因；

如因地铁设备造成事故，应停止该设备运作（影响列车运行的设备除外），并报告车控室；

疏散围观乘客，并寻找目击证人，收集有关资料，记录证人有关资料，以便协助调查；

需要时，协助对乘客外伤进行简单包扎处理；

如调查需要，应保护好现场，协助设置隔离带，并用照相机记录现场有关情况；

必要时，根据值班站长安排，到紧急出入口引导急救中心人员进站；

必要时协助进行事故调查。

4. 伤亡紧急处理经费管理

（1）为保证乘客出现伤亡时的及时抢救和快速处理，地铁公司应设置乘客伤亡紧急处理经费。

（2）各站所配经费由车站站长负责处置，值班站长保管，并遵照公司规定管理。

任务三 城市轨道交通客运突发事件处理

地铁车站及地铁列车是人流密集的公众聚集场所，一旦发生爆炸、毒气、火灾等突发事件，势必造成群死群伤或重大经济损失，严重影响社会秩序的稳定。近年来，地铁接连不断地发生爆炸、毒气、火灾等社会灾害。当突发事件在地铁车站发生时，地铁员工如果能迅速、高效、妥善地处置，将有效预防或减少事故导致的损失。

一、突发事件的处理原则

（1）参与应急事件处理的各岗位员工都应紧急行动起来，及早汇报，及时抢救，迅速开展工作。

（2）坚持"先救人，后救物；先全面，后局部"的原则，优先组织人员疏散、伤员抢救，同时兼顾重点设备和环境的防护，将损失降至最低限度。

（3）兼顾现场的保护工作，以利于公安、消防和事件调查部门现场取证。

（4）员工在应急事件处理时应沉着冷静，反应迅速，做到早发现、早报告、早控制。严格执行规定的标准和程序，做好乘客疏导和安抚工作，维持乘客秩序和减少乘客恐慌，通知车站员工执行紧急疏散程序时，应使用统一代号，以免引起恐慌。

（5）员工处理在应急事件时，应坚持对外宣传归口管理的原则，不得擅自发布相关信息。

（6）坚持就近处理的原则：发生突发公共事件时，在上一级应急处理负责人到达现场前，员工按表8-1中的规定担任现场临时应急处理负责人；在上一级应急处理负责人到达现场后，则由上一级应急处理负责人担任现场指挥。

表8-1 应急处理负责人

序号	发生处所	现场临时负责人
1	列车上（列车在区间）	本列司机
2	列车上（列车在车站）	所在站值班站长
3	车站	所在站值班站长
4	区间线路上	行车调度员指定的值班站长
5	车厂	车厂调度
6	其他场所	现场职务最高的员工

二、信息通报的原则、内容及流程

突发公共事件信息通报应遵循迅速、准确、完整的原则，任何员工发现或接到突发公共事件信息，均应立即执行规定的通报流程，不得延误、中断或缺漏。

在进行突发公共事件信息通报时，一般应通报如下内容：

（1）报告人姓名、职务、单位。

（2）事件发生类别、时间、地点。

（3）事件发生概况、原因（若能初步判断）及影响运营程度。

（4）人员伤亡情况、设施设备损坏情况。

（5）已采取的措施。

（6）任何需要的援助（包括救援、救护、支援）；

（7）其他必须说明的内容及要求。

地铁运营场所发生突发事件时，员工发现后应迅速报告，以便各有关方面积极采取措施，高效调动地铁公司有利资源，确保能有效控制事件的发展态势，将损失降到最低限度。因此，地铁公司内部必须建立起一套行之有效的信息通报流程。一般来说，地铁的信息通报遵循以下流程：

突发公共事件现场 ⟶ 控制中心 ⟶ 应急处理专业机构和外部支援。

具体通报流程如图8-1所示。

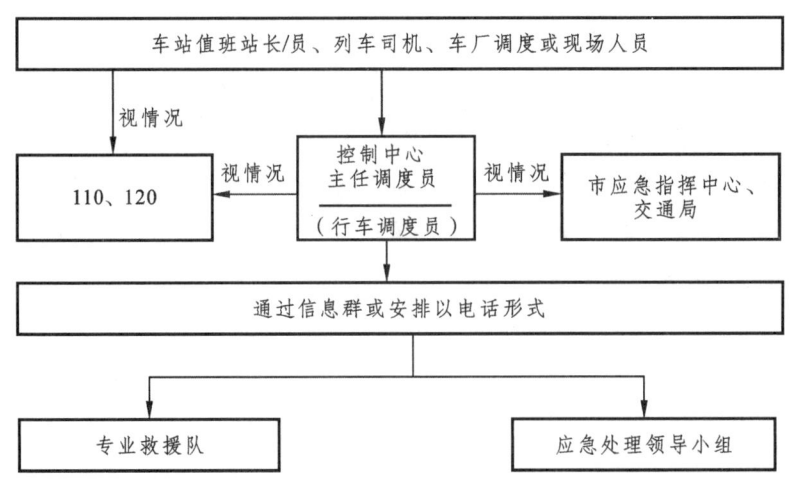

图 8-1 应急信息通报流程

在进行信息通报时,发生立即需要外部支援的突发事件(如火灾、爆炸、人员伤亡、治安/刑事案件等)时,应坚持就近迅速通报的原则。

如突发事件发生在车站或车厂,现场人员有条件时应立即致电 110 报警中心或 120 急救中心。车厂调度或车站值班站长/行车值班员接报后(车厂、车站其他值班人员接报也应问清并立即转报车厂调度或车站值班站长/行车值班员)应问清现场报告人员是否已经致电 110 报警中心或 120 急救中心:若无,应立即致电报告;若有,亦应致电复核。

如突发事件发生在区间,行车调度员接现场人员报告或设备监控报警后,由行车调度员或主任调度员致电 110 报警中心或 120 急救中心。

如突发事件发生在区间的列车上,司机(接现场人员报告后)立即报告行车调度员,由行车调度员或主任调度员致电 110 报警中心或 120 急救中心。

控制中心所通知的外部支援是指地铁公安分局、公交公司、交通局、本市应急指挥中心、本市民防委员会办公室(地震局)等,本市有关防灾抗震和紧急事务的政府组织机构,具体由主任调度员决定通知范围。

各专业救援队接到突发事件通报后,应按照本专业部门内部先前制定的通报流程分别向本部门相关人员进行通报。

三、突发事件列车隧道疏散程序

突发事件列车隧道疏散程序适用于因地铁设备故障、自然灾害等造成列车停在区间,需将乘客尽快从列车疏散到车站等安全地方时的应急处理。

有关岗位处理流程如下:

(一)司 机

(1)列车在区间被迫停车后,立即报告行调具体停车位置,并做好防溜措施。
(2)按行调的指示启动隧道疏散程序。
(3)广播安抚乘客。

（4）根据情况打开前端或广播通知乘客打开后端疏散门组织乘客从前端或后端或双端疏散；若无法与行调联系时，应尽量使用前端疏散。

（5）疏散完毕后，做好自身安全保护的前提下检查是否还有乘客滞留，并报告行调。

（6）在确保自身安全的前提下，对灾害采取必要的扑救措施，如危及自身安全时，应迅速撤离现场。

（二）行　调

（1）报告主任调度员，接到主任调度员的通知后，通知司机执行疏散程序。
（2）扣停相关列车，通知车站派人到现场协助疏散。
（3）视情况致电119、110、120，请求支援。
（4）调整列车运行，通知线上司机和其他车站相关车站停止服务，做好乘客广播。

（三）主任调度员

（1）下令执行隧道疏散程序。
（2）按有关程序进行通报。
（3）制定列车调整方案并布置实施。
（4）需要时，执行公交接驳预案。

（四）环　调

（1）将环控系统授权站控方式，如有需要开启隧道通风。
（2）检查、监视通风情况。

（五）电　调

按照行调的供电安排，尽可能维持接触网供电。

（六）值班站长

（1）接到行调或列车司机列车需要隧道疏散报告后，通知各岗位员工执行《车站疏散程序》，指定客运值班员负责组织指挥疏散车站乘客。
（2）开启隧道灯，带领站务员/保安，穿好装备，到疏散现场负责引导乘客往车站疏散。
（3）疏散完毕后负责检查确认人员出清隧道。

（七）客运值班员

（1）组织车站员工执行《车站疏散程序》。
（2）安排员工在端门处接应疏散的乘客。

（八）行车值班员

（1）通知地铁公安到场维持秩序。

（2）需要时，开启相应环控通风模式。

（3）按动 AFC 紧急按钮，使闸机为常开，将 TVM 和 AVM 设为暂停服务。

（4）通过乘客资讯显示系统发布疏散信息；通过广播通知银行、商铺工作人员和乘客疏散。

（5）向站长通报有关情况。

四、突发事件隧道清客程序

有关岗位处理流程如下：

（一）司 机

（1）被迫停车后，报告行调停车位置，做好防溜措施和乘客广播。

（2）接行调清客命令清客后，确定清客方向，到清客一端接应车站员工，打开疏散门。

（3）车站员工到场后，打开司机室通道门，组织乘客按顺序下隧道。

（4）如有行动不便的乘客应安排车站员工或自愿协助的乘客陪同。

（5）列车清客完毕后，检查是否有滞留乘客，确认无滞留，恢复列车状态，报告行调，等候行调的指示。

（二）行 调

（1）根据司机停车位置，通知环调做好隧道通风，将情况报告主任调度员。

（2）扣停有关列车，确保清客线路安全。如有需要，停止另一线运行。

（3）通知司机停止列车运作，前往清客一端做好准备，待车站员工到达后即可清客。

（4）通知两端车站安排员工到现场协助清客，如需外部支援时，应通知车站派人接应。

（5）清客完毕后，确认区间出清，尽快恢复正常运营服务。

（三）主任调度员

（1）决定是否需要执行隧道清客程序，并确定清客线路。

（2）按照故障原因决定是否通知相关救援队出动救援。

（3）需要时请求外部支援。

（4）将情况向有关人员通报。

（四）电 调

按照行调命令做好供电安排。

（五）环 调

（1）做好隧道通风。

（2）检查、检视通风情况。

（六）值班站长

（1）接到隧道清客通知后，确定列车停车位置，开启隧道灯。
（2）安排人员在站台与轨道之间的楼梯处引导乘客上站台。如清客线路上乘客可能进入邻线，则还应安排人员到该处作引导。
（3）如有需要，安排站务员/站厅保安到紧急出入口等候和引导救援人员进站。
（4）经得行调同意后，带领站务员/站台保安，穿好荧光衣，带齐备品，做好安全防护后，到列车现场引导乘客。
（5）如需要停止车站服务，安排客运值班员组织车站员工执行《车站清客程序》。
（6）如有支援人员或救援队进入隧道救援，协助其工作。
（7）确认列车乘客清客完毕，沿途检查线路是否有滞留乘客或遗留物品。人员出清后，报告行调。

（七）行车值班员

（1）利用好广播安抚乘客。
（2）按动紧急停车按钮，防护有关区域。
（3）若需要执行《车站清客程序》，通知车站其他员工做好车站清客，并做好乘客广播。
（4）根据行调的指示，安排外部支援人员进入隧道救援。

（八）到场车站员工

（1）引导乘客撤离。
（2）协助有困难乘客。
（3）确认列车乘客清客完毕，沿途检查线路是否有滞留乘客或遗留物品。

五、火灾应急处理

根据火灾发生的地点不同，地铁火灾分为车站火灾和列车火灾。车站火灾又分为站台火灾、站厅火灾、设备区火灾；列车火灾又分为列车头部火灾、列车中部火灾、列车尾部火灾。

（一）火灾一般处理流程

（1）现场确认发生火灾后，立即致电 110 报警中心和行车调度员，视情况致电 120 急救中心、地铁公安。
（2）如火势较大，立即请求行车调度员执行车站疏散程序，按行车调度员指令执行车站疏散程序。
（3）启用车站排烟模式。
（4）乘客疏散完毕后，关闭出入口（紧急出入口除外）。
（5）如火势很大，应组织员工撤离车站，到紧急集合地点集中，并做好消防人员进入灭火现场的导向标志，引导消防人员到现场灭火。

（6）消防人员到场后，汇报有关情况，将灭火工作交给消防人员，加入应急处理救援工作。

（7）协助事故调查工作。

（8）接到可以恢复运营的指令后，清理现场，恢复运营。

（二）有关岗位作业

1. 站务员或巡视岗

接到火灾情况报告，如有需要，根据值班站长的安排，到现场确认是否发生火灾。

如未发生火灾，报告车站控制室。如确认发生火灾，向行车值班员通报有关情况的同时，在保障自身安全的前提下组织车站员工尝试灭火。

当火势较大，接值班站长要求执行车站疏散程序时，在车站站厅做好相关区域的乘客疏散工作，或根据值班站长的安排到站台进行疏散。

若列车因火灾停在隧道，如需前往隧道进行疏散，值班站长一起前往隧道组织疏散。

若站厅发生火灾，站台乘客疏散完毕后，根据安排到站厅协助有困难乘客出站。

乘客疏散完毕后，根据要求关闭出入口（紧急出入口除外）并张贴告示。

如火势很大，应根据安排撤离到紧急集合地点集中，协助做好消防人员进入灭火现场的导向标志，引导消防人员到现场灭火。

消防人员到场后，在值班站长的安排下，配合救援抢险和外部支援人员的工作，并加入应急处理救援工作。

接到值班站长可以恢复运营的指令后，协助清理现场，恢复本岗位工作。

2. 售票员或站务员

当火势较大，接值班站长要求执行车站疏散程序时，立即停止服务，锁好票款，到车站站厅相关区域进行乘客疏散工作，或根据值班站长的安排到出入口引导消防人员进站。

乘客疏散完毕后，根据要求关闭出入口（紧急出入口除外）并张贴告示。

如火势很大，乘客疏散完毕后根据安排撤离到紧急集合地点集中。

协助做好消防人员进入灭火现场的导向标志，引导消防人员到现场灭火。

消防人员到场后，如有需要，根据值班站长的安排，配合救援抢险和外部支援人员的工作。

接到值班站长可以恢复运营的指令后，协助清理现场，恢复本岗位工作。

【复习思考题】

1. 阐述城市轨道交通客运安全的重要含义。
2. 说明造成客运事故的主要原因。
3. 简述客运票务安全管理的内容。
4. 客运设备安全管理的措施有哪些？
5. 乘客安全保障措施有哪些？
6. 客运突发事件的处理原则有哪些？
7. 简述突发事件列车隧道疏散程序。
8. 简述客运列车火灾应急处理程序。

项目九 城市轨道交通施工作业安全

【问题导入】

本章主要是使学生了解城市轨道施工中存在的危险有害因素，熟悉城市轨道建设、勘察、设计、施工、监理、工程监测、质量检测单位安全质量责任；了解安全施工管理交底内容及工程项目部安全管理要点；掌握城市轨道建设工程质量风险管控及安全事故应急预案。

【教学目标】

1. 能力目标

能分析城市轨道地铁施工中存在的危险有害因素；熟悉并妥善处理检修施工作业事故；在日常工作中自觉地贯彻、执行检修施工作业安全制度。

2. 知识目标

熟悉城市轨道工程五大伤害、安全施工管理交底内容及工程项目部安全管理要点、城市轨道建设工程质量事故应急预案。

3. 素质目标

坚持城市轨道交通工程建设"安全第一、预防为主、综合治理"的方针；筑牢施工安全红线意识、底线思维；具有应对城市轨道交通检修施工作业事故的能力和心理适应能力。

任务一

城市轨道地铁施工中存在的危险有害因素

一、城市轨道交通施工安全管理的地位和作用

城市轨道交通安全工程,是影响城市轨道交通安全建造与安全运营的全部工作的总称。

在城市轨道工程施工中,安全才能生产、生产必须安全。由于施工企业生产设备的临时性,工作环境的多变性,人机作业的流动性,所以施工企业存在着多种危险因素,直接从事施工操作的人和相关人员面临多重危险因素。做好安全管理工作,实现安全生产是工程施工的核心,是工程顺利的基础,是工程效益的保障。

城市轨道工程安全生产管理,应贯彻"安全第一、预防为主、综合治理"的方针,始终把安全放在首要位置。千方百计预防事故的发生,做到防患于未然,将事故消灭在萌芽状态。标本兼治,重在治本:思想认识,制度保证,技术支撑,监督检查,事故处理。

从事城市轨道交通工程建设活动必须坚持先勘察、后设计、再施工的原则,严格执行基本建设程序,保证各阶段合理的工期和造价,加强全过程安全质量风险管理。

二、城市轨道地铁施工中存在的危险有害因素

(1)城市轨道地铁施工受地质与水文等诸多因素影响,施工过程容易引起坍塌、冒顶、涌砂、涌水、透水等事故。地铁沿线多为市区繁华主干道,建(构)筑物纵横交错,道路两侧分布有煤气管道、照明及动力电缆、通信电缆、给排水管、污水管等各种类型的地下管道及线路,其埋藏情况错综复杂,且周边环境不确定因素多。施工过程容易引起:煤气管道的破裂引发火灾和爆炸;电力线、电信线破残造成停电、停止通信,甚至引发触电事故;给排水管道、污水管道断裂造成停水或低洼积水;地表面塌陷或隆起,造成周边建(构)筑物产生裂缝或坍塌等事故。

(2)在城市轨道地铁建设施工阶段,采用明挖、暗挖、盾构等施工方法和辅助工法进行基坑或区间隧道开挖时,易发生不均匀沉降、地面塌陷或隆起,其主要原因是地层周围岩土体的原始应力变化和受扰动或受剪切破坏的重塑土的再固结。因此,选择错误的施工方法和围护方案可能造成附近地下管线断裂或引起周围建筑物的开裂、倾斜甚至倒塌。

(3)城市轨道地铁建设施工期间现场施工管理及安全防护措施中存在的不安全因素,也会对地铁施工产生影响,甚至引发安全事故。如:被拆迁建筑的外接管线特别是电源、燃气等的切断检查不到位;各种改移管线管位的不确定;管线施工的沟槽安全防护和周边建筑物保护不当;燃气管线的切割防护不当;由于施工场地狭小,运输车辆乱行及场地各区不设临

时交通标志、标线和指示灯等或设置不当；施工作业区边界不清，无栅栏挡板和保安人员等易造成车辆，非施工人员进入现场影响施工安全；施工人员携带火种、打火机等可引起火灾的物品进入施工现场，易引起爆炸、火灾等事故；施工机械噪声、振动过大，会妨碍对话，影响信号联络，进而妨碍作业安全，还会使作业人员感到不适；作业人员长期吸入作业产生的粉尘、废气和烟雾，会引发矽肺病或缺氧症；未妥善处理开挖出的弃土、在基坑顶部堆放弃土及增加其他附加荷载，可能造成坍塌事故；施工降水不当可能造成地面不均匀沉降；机械设备失检、电气设备过载、施工机具违章操作等会造成机具控制失灵、调件坠落、塔架倒塌、设备损害、起火触电等风险。

三、城市轨道交通高架桥工程施工存在的危险有害因素

（一）施工现场安全管理制度不完善

随着城市交通的快速发展，城市轨道交通高架桥工程施工项目的数量越来越多，对促进城市的发展有着极大的作用。当然，为保证城市轨道交通高架桥施工的安全性，需要针对施工现场制定相应的安全管理制度。但是，就当前城市轨道交通高架桥工程的施工现场管理制度运行情况来看，有很多管理环节不够完善，而管理制度的欠缺将会对施工现场的安全管理效率带来极大的影响，甚至会引发施工安全事故。

（二）没有做好施工现场危险源分析工作

危险源主要是能够引发危险的源头，在城市轨道交通高架桥工程施工之前，需要做好施工现场的危险源分析工作，确保城市轨道交通高架桥工程施工的安全性。但是，从当前城市轨道交通高架桥工程施工的现场危险源分析工作来看，很多危险源以及危险因素都未能明确，也经常会出现工作人员忽略一些危险源的现象，而这些危险源以及相关的危险因素，都将会给城市轨道交通高架桥的工程施工安全带来极大的影响。

（三）施工人员的安全意识不强

施工人员是城市轨道交通高架桥工程施工的主体，虽然近些年来机械自动化的发展极为迅速，在城市轨道交通高架桥工程施工中也得到了广泛的应用，但是，后台操作还是需要人工完成，而且很多施工环节采用机械是无法完成的，必须有相关人员对其施工才能完成。然而，当下城市轨道交通高架桥工程施工人员的安全意识却有待增强，缺乏安全风险意识、危险因素的分析，再加上安全防范技能不高等，势必会对施工的安全管理质量带来极大的影响，甚至引发人身安全事故。

（四）施工现场监督工作不全面

城市轨道交通高架桥工程施工的过程中，监督管理人员要对施工现场进行监督管理，确保施工现场各方面的施工工作严格按照规范操作进行，是工程施工安全管理的重要组成部分。但是，就当前城市轨道交通高架桥工程施工现场监督工作来看，监督工作不够全面，一方面

是因监督管理人员的监督管理意识偏低，很多环节都未能按照规范操作进行；另一方面则是施工现场监督规范制度不全面，对此必须采取有效的完善措施。

四、城市轨道工程易发和多发事故的类别

（1）高处坠落：人员从临边、洞口、预留洞口等处坠落；从脚手架上坠落；龙门架（井字架）物料提升机和塔吊在安装、拆除过程坠落；安装、拆除模板时坠落；结构和设备吊装时坠落。

（2）触电：对或靠近施工现场的外电线路没有或缺少防护，在搭设钢管架、绑扎钢筋或起重吊装过程中，碰触这些线路造成触电；使用各类电器设备触电；因电线破皮、老化，又无开关箱等触电。

（3）物体打击：人员受到同一垂直作业面的交叉作业中和通道口处坠落物体的打击。

（4）机械伤害：垂直运输机械设备、吊装设备、各类桩机等对人的伤害。

（5）坍塌：现浇混凝土梁、板的模板支撑失稳倒塌，基坑边坡失稳引起土石方坍塌，拆除工程中的坍塌，施工现场的围墙及在建工程屋面板质量低劣坍落。

任务二

城市轨道建设工程施工安全管理责任

城市轨道建设工程施工安全管理责任，主要包括建设单位、勘察单位、设计单位、施工单位、监理单位、监测单位等单位安全管理责任。

一、建设单位安全质量责任

建设单位对工程项目管理负总责。

建立健全安全质量责任制和管理制度。设置安全质量管理机构，配备与建设规模相适应的安全质量管理人员，对勘察、设计、施工、监理、监测等单位进行安全质量履约管理。

在初步设计阶段，组织开展城市轨道交通工程安全质量风险评估（含建设工期、造价对工程安全质量影响性评估）并组织专家论证，同时按照有关规定组织专家进行抗震、抗风等专项论证。

建设单位在进行发包勘察设计、施工、监理及其他铁路建设业务时，应考察承包单位的安全生产情况，选择综合素质好、具有相应资质等级的单位。

建设单位在工程招标资格审查时，应检查施工企业的安全生产许可证原件，审查拟任项目负责人、专职安全管理人员的安全记录和安全培训合格证。

建设单位及时向设计、施工、监理、监测等单位提供气象水文和地形地貌资料，工程地

质和水文地质资料,施工现场及毗邻区域内的建筑物和构筑物、地下管线、桥梁、隧道、道路、轨道交通设施等(以下简称"工程周边环境")资料;依法将施工图设计文件(含勘察文件)报送经认定具有资格的施工图审查机构进行审查。施工图设计文件未经审查或审查不合格的,不得使用。

建设单位及时组织勘察单位向设计单位进行勘察文件交底,在施工前组织勘察,设计单位向施工、监理、监测等单位进行勘察、设计文件交底。

建设单位委托工程监测单位和质量检测单位进行第三方监测和质量检测。

建设单位应将建设工程安全作业环境及安全施工措施费用,通过工程承包合同拨付施工企业,不得挪作他用。

建设单位不得明示或者暗示施工单位购买、租赁、使用不符合安全施工要求的安全防护用具、机械设备、施工机具及配件、消防设施和器材。

建设单位不得对勘察、设计、施工、工程监理等单位提出不符合建设工程安全生产法律、法规和强制性标准规定的要求,不得压缩合同约定的工期。

二、勘察、设计单位安全质量责任

勘察、设计单位从事城市轨道交通工程勘察、设计业务,必须具备相应资质,不得转包或者违法分包所承揽的工程勘察、设计业务。

勘察、设计单位对工程项目的安全质量承担勘察、设计责任。

勘察、设计单位的主要负责人对本单位勘察、设计安全质量工作全面负责。项目负责人应当具有相应执业资格和城市轨道交通工程勘察、设计工作经验。项目负责人对所承担工程项目的勘察、设计安全质量负责。从事工程勘察、设计的执业人员应当对其签字的勘察、设计文件负责。

勘察、设计单位必须建立健全安全质量责任制和管理制度,设置或明确安全质量管理机构,对工程勘察、设计的安全质量实施管理。

勘察单位提交的勘察文件应当真实、准确、可靠,符合国家规定的勘察深度要求,满足设计、施工的需要,并结合工程特点明确说明地质条件可能造成的工程风险,必要时针对特殊地质条件提出专项勘察建议。

设计单位提交的设计文件应当符合国家规定的设计深度要求,并应根据工程周边环境的现状评估报告提出设计处理措施,必要时进行专项设计。

设计单位应当对安全质量风险评估确定的高风险工程的设计方案、工程周边环境的监测控制标准等组织专家论证。

三、施工单位安全质量责任

施工单位从事城市轨道交通工程施工活动,必须具备相应资质,依法取得安全生产许可证,不得转包或者违法分包。

施工单位对工程项目的施工安全质量负责。

施工单位主要负责人对本单位施工安全质量工作全面负责,项目负责人对所承担工程项目的施工安全质量负责。

施工单位主要负责人、项目负责人和专职安全生产管理人员应当依法取得安全生产考核合格证书。项目负责人应当具有相应执业资格和城市轨道交通工程施工管理工作经验。建筑施工特种作业人员应当持证上岗。

施工单位必须建立健全安全质量责任制和管理制度，加强对施工现场项目管理机构的管理。项目安全质量管理人员专业、数量应当符合相关规定，并满足项目管理需要。

施工总承包单位对施工现场安全生产负总责。

总承包单位依法将工程分包给专业分包单位的，专业分包合同应当明确各自的安全责任。总承包单位和专业分包单位对专业分包工程的安全生产承担连带责任。

总承包单位和专业分包单位依法进行劳务分包的，总承包单位和专业分包单位应当对劳务作业进行管理。

施工单位应当按照合同约定的工期要求编制合理的施工进度计划，不得盲目抢进度、赶工期。施工单位不得以低于成本的价格竞标。

施工单位应将安全措施费用用于施工安全防护用具及设施的采购和更新、安全施工措施的落实、安全生产条件的改善等，不得挪作他用。

施工单位应当按照有关规定对危险性较大分部分项工程（含可能对工程周边环境造成严重损害的分部分项工程，下同）编制专项施工方案。对超过一定规模的危险性较大分部分项工程专项施工方案应当组织专家论证。

专项施工方案应当根据设计处理措施、专项设计和工程实际情况编制，并经施工单位技术负责人和总监理工程师签字后实施，不得随意变更。

工程施工前，施工单位项目技术人员应当就有关施工安全质量的技术要求向施工作业班组、作业人员详细说明，并由双方签字确认。

施工单位应当指定专人保护施工现场地下管线及地下构筑物等，在施工前将地下管线、地下构筑物等基本情况、相应保护及应急措施等向施工作业班组和作业人员详细说明，并在现场设置明显标识。

施工单位应当对工程支护结构、围岩以及工程周边环境等进行施工监测、安全巡视和综合分析，及时向设计、监理单位反馈监测数据和巡视信息。发现异常时，及时通知建设、设计、监理等单位，并采取应对措施。

施工单位应当按照施工图设计文件和施工技术标准施工，落实设计文件中提出的保障工程安全质量的设计处理措施，不得擅自修改工程设计，不得偷工减料。施工单位应当按照规定和合同约定对建筑材料、建筑构配件、设备等进行检验。未经检验或检验不合格的，不得使用。

建筑起重机械安装完成后，施工单位应当委托具有相应资质的检测检验机构进行检验，经检验合格并经验收合格后方可使用。施工单位应当按规定向工程所在地建设主管部门办理建筑起重机械使用登记手续。

施工单位应当按照有关规定对管理人员和作业人员进行安全质量教育培训，教育培训情况记入个人工作档案。教育培训考核不合格的人员，不得上岗。

施工单位在提交工程竣工验收报告时，应当向建设单位出具质量保修书，明确保修范围、保修期限和保修责任等。保修范围、保修期限应当符合国家有关规定。

施工单位应当为施工现场从事危险作业的人员办理意外伤害保险。

施工单位安全施工措施费用，应当用于施工安全防护用具及设施的采购和更新、安全施工措施的落实、安全生产条件的改善，不得挪作他用。

施工单位应当在施工危险部位，设置明显的安全警示标志（现场入口处、施工起重机械、临时用电设施、脚手架、出入通道口、电梯井口、孔洞口、桥梁口、隧道口、基坑边沿、爆破物及有害危险气体和液体存放处等）。

施工单位应当在施工现场建立消防安全责任制度，确定消防安全责任人，制定用火、用电、使用易燃易爆材料等各项消防安全管理制度和操作规程，设置消防通道、消防水源，配备消防设施和灭火器材，并在施工现场入口处设置明显标志。

特种作业人员（垂直运输机械作业人员、安装拆卸工、爆破作业人员、起重信号工、登高架设作业人员）必须按照国家有关规定经过专门的安全作业培训，并取得特种作业操作资格证书后，方可上岗作业。

四、监理单位安全质量责任

监理单位从事城市轨道交通工程监理业务，必须具备相应资质，不得转让所承担的工程监理业务。监理单位不得与被监理工程的施工单位以及建筑材料、建筑构配件和设备供应单位有隶属关系或者其他利害关系。

监理单位对工程项目的安全质量承担监理责任。监理单位主要负责人对本单位监理工作全面负责。项目总监理工程师对所承担工程项目的安全质量监理工作负责。项目总监理工程师应当具有相应专业的注册监理工程师执业资格和城市轨道交通工程监理工作经验。

建筑材料、建筑构配件和设备未经注册监理工程师签字，不得在工程上使用或安装，施工单位不得进行下一道工序的施工。

监理单位在实施监理过程中，发现施工单位有下列情况之一的，应当要求施工单位立即整改。情况严重的，应当要求施工单位暂时停止施工，并及时报告建设单位。

（1）工程施工不符合工程设计和标准规范要求的。

（2）不按批准的施工组织设计专项施工方案或施工监测方案组织施工或监测的。

（3）未落实安全措施费用的。

（4）施工现场存在安全质量隐患的。

（5）项目主要管理人员不到位或资格、数量不符合要求的。

（6）其他违法违规行为。

施工单位拒不整改或者不停止施工的，监理单位应当及时向建设单位报告，建设单位应当责令施工单位整改或停止施工，施工单位仍不整改或不停止施工的，建设单位应当向工程所在地建设主管部门报告。

五、工程监测、质量检测单位安全质量责任

从事城市轨道交通工程第三方监测业务的工程监测单位(以下简称"监测单位"),应当具有相应工程勘察资质,并向工程所在地建设主管部门办理备案手续。监测单位不得转包监测业务,不得与所监测工程的施工单位有隶属关系或者其他利害关系。

从事城市轨道交通工程质量检测业务的质量检测单位,应当具备相应资质。质量检测单位不得转包检测业务,不得与所检测工程项目相关的设计单位、施工单位、监理单位有隶属关系或者其他利害关系。

监测单位对工程项目的安全质量承担监测责任。监测单位主要负责人应当对本单位监测工作全面负责。项目监测负责人对所承担工程项目的安全质量监测工作负责。

项目监测负责人应当具有相应执业资格和城市轨道交通工程监测工作经验。

监测单位必须建立健全安全质量责任制和管理制度,加强对施工现场项目监测机构的管理。项目监测人员专业、数量应当满足监测工作的需要。

质量检测机构应当按照工程建设标准和国家有关规定进行质量检测。在检测过程中发现有结构安全检测结果不合格、严重影响使用功能等情况时,应当及时向建设、监理单位反馈。

监测、质量检测单位应当按规定对监测、检测人员进行安全质量培训,培训考核合格后方可上岗。

任务三

地铁施工组织安全管理

为科学有效地组织施工,提高维修、施工的效率,保证设备维修质量,确保维修和施工的安全,必须加强施工的计划性,成立有效的施工管理组织,加强对维修、施工作业的管理。施工组织管理的主要内容:组织对工程施工方案进行审核;协调各单位的作业计划,处理作业计划变更事宜,跟进作业计划实施情况;编制、发布施工行车计划;组织对工程质量进行检查和验收;组织对外单位人员进行轨道施工安全培训;定期对施工工作的开展情况进行分析、总结,并有针对性地改进工作。

一、施工计划的分类

城市轨道交通系统施工计划可以按时间分类,也可以按施工作业地点和性质不同分类。

(一)按时间分类

施工计划按时间可分为月计划、周计划、日补充计划和临时补修计划。

（二）按施工作业地点和性质分类

按施工作业地点和性质不同，可分为影响正线、辅助线行车的施工，在车辆段内的施工和在车站内不影响行车的施工 3 类。

二、施工计划申报程序

（一）签订安全协议

外单位施工负责人须接受培训后方能够申请在城市轨道施工作业中担任负责人。施工作业编制部门与外单位施工负责人签订安全协议。

（二）提报、执行计划

施工单位、内部相关部门应按规定时间向施工计划编制部门提报计划。施工计划编制部门平衡协调后发相关部门执行。

（三）填报施工计划

施工单位、内部相关部门应填写施工计划申报单，其中包括作业日期、作业部门、作业时间、作业区域、作业内容、供电安排、申报人、防护措施、备注（列车编组、配合部门及详细配合要求、联系电话等）。

三、施工进场作业令

凡进行计划施工，都必须领取施工进场作业令，以此作为施工的凭证。施工计划编制部门负责施工进场作业令的管理工作。

四、施工组织管理

由于城市轨道交通施工作业牵涉面广，外单位人员参与作业的较多，对次日的行车作业存在安全隐患，所以必须加强施工组织管理。施工组织管理包括设立施工领导小组，施工组织实施，运营时间内特殊情况的施工规定及施工前教育等。

（一）设立施工领导小组

为加强对维修、施工作业的管理，城市轨道交通运营公司须成立施工计划领导小组，对施工进行协调、管理。小组成员主要包括行车、设备、车辆、安全监察等部门人员。施工领导小组的职责是负责审批、发布施工计划，组织召开施工协调会，协调解决施工、运输及安全问题，并负责施工现场的组织协调工作。

（二）施工组织实施

施工组织实施主要涉及确定施工责任人、施工批准权限、具体施工时间点的登记及注销（施工请销点）、施工过程中的安全防护和施工时间的安排等方面。

1. 施工责任人

城市轨道交通企业施工项目必须确定施工负责人，同时施工队伍必须具备相关资质认证，有一定的专业技能。每项施工作业须设立一名施工负责人，若同一施工在多个作业点进行，则该项目除配备施工负责人外，还需配备各点（输站）施工责任人。两者须经过培训后取得安全资格证书，并实行持证上岗制度。由于轨道交通行业的特殊性，所以所有劳务工上岗前必须经过安全教育，并对所从事的工序进行培训，经施工负责人签字认可后方能上岗作业。

施工负责人/施工责任人的职责：施工负责人负责在请点站办理进场作业登记和该项作业的组织、安全和管理；施工责任人在辅站办理进场作业登记和负责该作业点施工的组织、安全和管理。

（1）负责作业人员设备的管理。

（2）办理请/销点手续。

（3）作业过程的组织指挥。

（4）及时与车站、车厂联系作业有关事项。

（5）组织设置/撤销作业安全防护设施。

（6）出清作业区域/设备状态恢复正常。

2. 施工批准权限

根据施工作业地点和作业性质，城市轨道交通施工前必须办理相应批准手续才能动工。影响正线、辅助线行车的施工作业，须经行车调度批准；在车辆段内的施工作业须经车辆段调度批准，如影响正线行车须报行车调度批准；在车站内不影响行车的施工作业运营内部的施工项目须经车站批准，外部单位施工作业按外单位施工作业管理，须经车站批准。

3. 施工请点及销点规定

（1）请点规定。

施工负责人须持施工作业令原件（非作业请点登记可用施工作业令复印件）到车站或车辆调度处填写"施工登记表"请点，待行车调度（或车辆段调度）同意，请点生效后方可施工。

（2）销点规定。

与请点过程相反，施工负责人负责施工区域的出清后销点。须异地销点的施工作业，施工负责人（责任人）应在"车站施工登记表"备注栏中注明异地销点的地点和人数。登记进入施工的车站要及时通知异地销点的车站值班员。当施工结束后，施工负责人向登记的销点站登记销点，销点站经与施工负责人核对销点的施工内容、施工人数、地点，并向请点站核对无误后，准予销点。请点站负责向行车调度报告。

五、施工防护

施工作业的一个重要内容是对施工区域进行安全防护,确保施工作业人员的人身安全。

(一) 一般要求

轨道交通施工事故有很大一部分是施工防护疏漏造成的,因此,对于在施工作业过程中由谁具体负责施工防护应有明确的规定。施工防护的一般要求如下:

(1) 接触网停电检修或需接触网停电配合挂地线时,由供电操作人员负责在该作业地段两端挂接地线。

(2) 站内或站间线路施工时,由施工负责人在施工区域两端轨道上设置红闪灯防护。

(3) 在折返线、存车线、联络线上施工时,须在作业区域的可能来车方向处设置红闪灯防护。

(4) 车站值班人员到站台检查红闪灯是否按规定摆放,并监督红闪灯状态是否良好。

(5) 施工作业时除严格执行以上规定外,还要按施工部门的有关施工操作程序的防护规定执行。

(6) 凡在运营时间内进行作业的,必须做好防护措施,确保城市轨道交通乘客的安全,最大限度地减少对乘客的影响。

(二) 具体要求

施工作业时,由于施工作业人员和工程车都在轨道上,安全因素比较复杂。人(施工作业人员)、车(工程车)在同一区域作业时,轨道交通企业均有严格规定,以确保人员安全。具体要求如下:

(1) 人、工程车在同一区域作业时,由施工负责人与车长根据现场情况协调。

① 按施工前进方向(列车在前,人员在后)作业,原则上不得颠倒或列车运行前后皆有作业。

② 非随车施工人员与列车应有 50 m 以上的安全间隔距离,原则上列车不得随意后退,如需要动车时,须施工负责人和车长协商后才能动车,以确保人身安全。

③ 作业人员应在现场作业区的来车方向设置红闪灯防护。

(2) 组织工程车运行时,在工程车到达站前方必须保证至少有一个站间区间空闲。

(3) 在开行工程车进行作业的封锁作业区前后方必须保证至少有一个站台区或站间区间空闲。

(4) 在开行高速调试列车的作业区前后方必须保证至少有一个站间区间空闲。

(5) 凡进入线路施工作业人员必须按要求穿荧光衣,并根据作业性质及作业要求使用其他安全防护用品。

(6) 施工作业过程中如要进行动火作业,必须事前办理有关动火手续,严禁在未办理动火手续的情况下进行动火作业。

(7) 外单位施工由主办部门或主配合部门负责安全管理、安全监督。

（8）各施工单位、部门在申报施工计划时应严格按照相关规定，结合施工作业过程中的实际情况，提出安全防护要求和配合要求。在施工作业过程中，施工单位、部门应严格遵守安全规定和施工进场作业令中的要求。

任务四 城市轨道交通工程关键节点风险管控

地铁建设施工既要满足人们的出行需求，也要保证工程施工安全。然而，地铁施工必然存在一定的安全风险。因此，建设单位和施工单位都应关注地铁施工的安全风险管理问题，从而保证工程建设的安全性和高效性。

一、地铁施工安全风险来源

地铁施工安全风险来自多方面，涉及人员、设备、材料等多个方面。

（一）土方施工

地铁线路是埋在地下的，所以土方施工是非常重要的。然而，在土方施工中，可能会出现地面塌陷，对施工人员和周围居民构成威胁。

（二）隧道施工

隧道施工需要截面加固和防水处理，如果处理不当，就会出现洞顶坍塌、顶板倒塌等安全问题。

（三）地下管道冲突

在地下施工过程中，很难避免与城市下水道、电力管道、燃气管道等地下管线冲突的情况。如果未通过探测手段及时发现，就会给施工人员和周围居民带来安全隐患。

（四）机电设备安全风险

地铁建设中，吊装机械、支撑结构、施工工具等机电设备也存在安全隐患。特别是吊装高度要求，对吊装机械的质量要求非常高，应避免出现吊装事故。

二、关键节点风险管控原则

关键节点是指轨道交通工程开（复）工或施工过程中风险较大、风险集中或工序转换时容易发生事故和险情的关键工序、重要部位。关键节点风险管控要坚持全面识别、重点管控、各负其责、强化落实的原则。要将开展关键节点施工前条件核查作为关键节点风险管控的重要手段。

（1）规范开展关键节点风险管控。应严格依据《城市轨道交通工程安全质量管理暂行办法》（建质〔2010〕5号）、《城市轨道交通地下工程建设风险管理规范》（GB 50652—2011）等制度规定和标准规范，对城市轨道交通工程施工关键工序和重要部位实施风险管控。

（2）强化关键节点风险管控责任落实。各地城市轨道交通工程质量安全监管部门和建设单位等参建各方要高度重视关键节点风险管控工作，全面落实企业主体责任和政府监管责任，不断加强关键节点施工前条件核查，严格控制施工风险。

三、地铁施工安全风险管理的内容

（一）施工前准备工作

在施工前，需要制定详细的施工技术方案和安全管理方案，并针对施工方案和安全管理方案对施工人员进行培训和教育，让施工人员了解并遵守相关规定。

同时，还需做好施工前的各项准备工作，如做好地质勘察和地下管线探测工作，并将勘察结果和探测结果报告给相关部门，以事先了解地下情况，增加施工的安全保障。

（二）施工现场安全控制

对于施工现场的安全控制，必须加强操作规程的制定、检查和落实。具体措施如下：

（1）建立安全管理机构和管理人员，明确各项责任和要求。
（2）做好现场防火和电气安全管理，防止火灾和人员触电事故。
（3）对施工区域进行隔离和标识，使其符合安全标准。
（4）严格执行安全操作规程和操作规定，注意检查和纠正每个施工人员的操作行为。
（5）及时排查和处理施工现场的安全隐患。

四、明确地铁施工关键节点风险管控重点

要按照城市轨道交通工程自身风险和周边环境特点及危险程度确定关键节点风险管控的具体内容。关键节点风险管控的内容主要包括：勘察和设计交底完成情况；专项施工方案编制、审批和专家论证情况；监测方案编制审批及落实情况；施工安全技术交底情况；安全技术措施落实情况；周边环境核查和保护措施落实情况；材料、施工机械准备情况；项目管理、技术人员和劳动力组织情况；应急预案编制审批和救援物资储备情况；相关工程质量检测资料；法规、标准及合同约定的其他情况。

（一）工程施工风险

1. 明挖法施工风险

主要从工程及水文地质、围护结构施工、基坑降水、支撑架设及拆除、土方开挖、主体

结构施工等方面进行风险分析，重点分析永久结构、围护结构（围护桩、连续墙等）、边坡、支撑构件（锚索、围檩、钢支撑）、模板支架的稳定性，以及基坑进水、基底隆起的风险。

2. 盾构法施工风险

主要从工程及水文地质、盾构吊装、盾构始发和到达、盾构开仓及换刀、管片拼装、电瓶车运输、联络通道施工等方面进行风险分析，重点分析进出洞土体的稳定性、开仓过程中土体稳定性及有害气体、盾构进水的风险。

3. 矿山法施工风险

主要从工程及水文地质、竖井开挖、隧道开挖、爆破作业、联络通道施工、初支及二衬结构施工等方面进行风险分析，重点分析冒顶、片帮、涌水、模板支架坍塌的风险。

4. 高架段施工风险

主要从工程及水文地质、基础施工、墩身施工、架桥机架设作业、桥面铺装作业、预应力张拉等方面进行风险分析，重点分析模板支架的稳定性。

5. 轨行区及机电安装施工风险

主要分析轨行区吊装、铺轨、安装、装修等作业以及机电设备吊装、运输及安装调试作业的操作风险。

6. 其他施工风险

主要分析工程施工过程中（含施工前场地"三通一平"及房屋拆迁、管线拆改迁、临时建筑物搭建、临时电路架设等前期工作）可能造成设备倾覆、起重伤害、机械伤害、触电、脚手架垮塌、物体打击、高空坠落、火灾、车辆伤害、爆炸伤害（锅炉、容器、瓦斯、炸药）等风险。

（二）自然环境与周边环境风险

1. 自然环境风险

自然环境风险主要包括：天气灾害风险、地震灾害风险、地质灾害风险以及河湖海洋灾害风险等。

2. 周边环境风险

周边环境风险主要包括：工程邻近的建（构）筑物、地下管线、桥梁、隧道、道路、轨道交通设施等风险。

五、严格执行关键节点风险管控程序

关键节点风险管控由建设、监理、施工、勘察、设计、第三方监测等单位相关负责人参加，按以下程序进行：

（1）施工单位根据《关键节点分类清单》编制《关键节点识别清单》，报监理单位审批。

（2）施工单位对照经监理单位批准的《关键节点识别清单》，对关键节点施工前条件进行自检自评，符合要求的报监理单位。

（3）监理单位对关键节点施工前条件进行预核查，通过后报建设单位。

（4）建设单位（或委托监理单位）依据相关制度规定和标准规范组织开展关键节点施工前条件核查。

（5）通过核查的，方可进行关键节点施工；未通过核查的，相关单位按照核查意见进行整改，整改完成后由建设单位重新组织核查。

六、强化地铁施工风险管控保障措施

（一）安全责任

（1）施工单位应建立健全安全生产责任制，明确各级人员的安全职责，确保各项安全措施落实到位。

（2）施工单位项目负责人为本工程安全生产第一责任人，对施工过程中的安全负总责。

（3）各部门、各岗位人员应按照职责分工，认真履行安全职责，确保施工安全。

（二）安全管理制度

（1）施工组织设计与专项安全施工方案编审制度：施工组织设计必须包含安全技术措施，专项安全施工方案须经相关部门审查批准后方可实施。

（2）安全技术措施计划执行制度：施工单位应根据施工特点，制订安全技术措施计划，并严格执行。

（3）安全技术交底制度：施工前，必须对施工人员进行安全技术交底，确保其了解施工过程中的安全风险及应对措施。

（4）施工机具进场验收与保养维修制度：施工机具必须符合安全标准，进场前进行验收，使用过程中定期保养维修。

（5）安全生产检查制度：定期开展安全生产检查，发现问题及时整改，确保施工安全。

（6）安全教育培训制度：对施工人员进行安全教育培训，提高其安全意识和操作技能。

（7）伤亡事故快报制度：发生伤亡事故，必须立即上报，并启动应急预案。

（8）考核奖罚制度：对安全生产表现突出的单位和个人给予奖励，对违反安全规定的单位和个人进行处罚。

（9）班组安全活动制度：定期开展班组安全活动，提高班组安全意识。

（10）门卫值班和治安保卫制度：加强施工现场治安保卫，确保施工安全。

（11）消防防火责任制度：建立健全消防设施，定期检查维护，确保消防通道畅通。

（12）卫生保洁制度：保持施工现场整洁，预防传染病发生。

（13）不扰民措施：在施工过程中，尽量减少对周边环境的影响。

（三）施工安全管理重点

（1）施工场地管理：合理规划施工场地，设置安全警示标志，确保施工场地安全。

（2）施工设备管理：定期检查、维护施工设备，确保设备安全运行。

（3）施工材料管理：合理堆放施工材料，防止材料损坏、丢失。

（4）施工人员管理：加强对施工人员的管理，确保其遵守安全操作规程。

（5）高处作业管理：严格控制高处作业，确保作业人员安全。

（6）起重作业管理：严格执行起重作业安全操作规程，确保起重作业安全。

（7）施工用电管理：确保施工现场用电安全，防止触电事故发生。

（四）施工作业安全风险管控

（1）工程应按照施工总平面图设置各项临时设施。应当在规定的施工场地内组织施工，必须采取全封闭式管理。需要租（占）用城市道路或其他交通设施的，应事先依法办理有关手续，并提前通知，方可进行。场内堆、放大宗材料、成品、半成品、机械设备等，不得侵占道路和安全防护设施。

（2）施工应严格按施工组织设计的要求，场地内存放的所有物品，均应按照施工总平面图的布置、定位堆放，分类堆码整齐并标识，各种管线、线路按施工组织设计进行架设，严禁任意铺设。施工过程中，应经常对施工现场进行整理和调整。做到"三通一平"，工完料尽、现场整洁，材料堆码整齐，彻底清除脏、乱、差。

（3）施工现场必须设置明显的"五牌一图"标牌。"一图"即施工总平面布置图。"五牌"即工程概况牌、文明施工管理牌、组织网络牌、安全纪律牌、防火须知牌。"五牌一图"应设于大门旁醒目位置。

（4）工作人员必须统一着装，凡进入施工现场，必须佩戴地铁工程施工工作卡。管理人员应佩戴证明其身份的证卡。

（5）施工现场的用电线路、用电设备的安装和使用必须符合安装规范和安全操作规程，严禁任意拉接电源，乱接插座。严格遵守用电"五不准"，必须做到"三相五线制""一机一闸制"，禁止多机一闸。

（6）施工现场必须保证道路畅通，排水系统处于良好的使用状态，随时清理建筑垃圾和生活垃圾，保持场容场貌的整洁。

（7）施工机械、车辆应按施工总平面图规定的位置和线路行驶，不得任意侵占场内道路。各种机械进场必须进行严格的安全检查，检查合格的方能使用。坚持驾驶人员持证上岗，禁止无证人员操作、酒后上班。

（8）严格执行国家有关安全生产和安全防护的法规、法令。做好安全技术交底，上好安全技术课，对新工人进行三级安全教育。特殊工种必须持证上岗，施工现场的各种安全设施和劳动保护器具应齐全，并定期组织检查和维护。

（9）临时房屋的布置应符合防火安全及工地卫生的规定，修建前应报消防及有关部门审批同意。集体宿舍室内高度不小于 2.5 m，通风通畅，门窗严密，通风采光良好，门应向外开。住房周围应按要求设置临时排水沟，保持排沟畅通。不准随地吐痰，乱扔垃圾；严禁私自接电线路；禁止使用大功率电器设备。

（10）劳务工宿舍应符合安全、通风、明亮及工地卫生要求，应有醒目的安全通道指示标志，并配设安全、防火等有关设施。

（11）坚持"预防为主，防消结合"的方针，严格遵守防火"十不准"，教育职工，不要随地吐痰、乱丢烟头、杂物、做到室内、室外环境整洁，争创"三优"文明工地。

（12）认真做好施工现场安全保卫工作，建立门卫制度，进入现场实行登记制。施工现场周边设置的围护设施要牢固，禁止非施工人员擅自进入施工场地。经常对职工进行法纪和文明教育，严禁在施工现场打架斗殴及进行黄、赌、毒等非法活动。

（五）强化地铁施工风险重点管控

（1）城市轨道工程地质情况具有难见性，应尽快收集完整地铁沿线相应的水文、地质、地下管线、地下障碍物、土质特性等勘探资料；从系统总平面布置到每一个局部结构都要按照相关规程规范和技术标准进行详细设计，并按规定讨论、评审、审核、批准。

（2）施工期间应制定并执行全员安全生产责任制，明确安全生产管理机构、职能部门和从业人员的安全职责；制定事故管理及隐患排查等安全生产管理制度；制定动土、动火、断路、吊装、进入受限空间等安全作业规程和作业许可制度。同时，加强多工种同时施工时场地和专业的配合协调等。

（3）依据地铁工程相关设计在施工前选择适当的施工方法、辅助工法、结构材料和加固保护措施，制定切实可行的《施工组织计划》《施工安全风险控制措施》《安全操作与安全作业规程》，经报上级和安全监理确认后实施。在施工中根据施工单位和第三方监测所发现的新情况，及时做出相应的设计变更或应急处置，经安全监理确认后实施。在施工中要进行详细技术交底，确保施工安全。应聘请具有专门技术等级要求的技术人员，对大型设施吊装、主要模板工程、施工主体变形、地表沉降、地下水位变化、建筑物沉降进行严密观测，并根据观测数据调整施工方案，确保施工周边建筑物安全。

（4）由于地铁工程施工的隐蔽性、复杂性和岩土工程的不确定性，应针对地铁工程施工中可能发生的各类事故制定《地铁工程施工突发事故应急预案》。在险情发生时采取有效控制和实施抢险，防止事故蔓延，挽救生命和财产安全，最大限度地降低损失。成立常设的抢险组织，并定期组织演练。

（5）应发挥地铁工程安全监理单位的作用。安全监理应结合地铁工程实际，制定《城市轨道工程安全生产监理工作的要点》，细化地铁工程监理的安全管理工作，强化监理第二道安全防线的作用。

（6）工程实施前，应对参与工程施工的全体职工（包括外包工）进行专业技能和安全教育培训。并要求作业人员熟悉应急预案，在施工中严格遵守有关安全操作规程和安全作业规程。

（7）施工期间应根据《安全标志》（GB/T 2893.5—2020）和《安全标志使用导则》（GB 16179—2019）的规定，制作和设置安全警示标志、警示说明。在施工、维修、吊装等作业现场设置警戒区域和临时交通等警示标志；在易燃易爆、有毒有害场所的醒目位置设置警示标志；在可能产生职业危害的场所设置公告栏，公布有关职业危害防治的规章制度、操作规程，职业危害事故应急救援措施和作业场所职业危害因素检测结果。

（8）施工期间应妥善保管建筑材料、易燃易爆危险化学品等；完成隧道施工照明、排水及通风；减少施工机具产生的噪声、振动、粉尘，以及施工机械产生的废气和烟雾，确保施工期间从业人员的安全与健康。根据设计要求，采取有效减振、降噪措施，合理排弃废土和污水，减少地铁施工对周边环境的影响。

（9）工程施工期间，应在重要建（构）筑物四周设置监测点，严密注视其位移和沉降。当位移和沉降量或变化频率超过规定的报警值时，应立即采取有效的加固措施，可采取对建筑物地基土进行跟踪注浆的措施，且必须对称均匀注浆。同时可采取改变基坑开挖顺序、加快支撑速度等技术措施，避免建筑物发生沉降、开裂。

（10）施工前必须要探明地下管线埋藏情况，确切弄清地下管线的标高、埋深、走向、规格、容量、用途、性质、完好程度等。在编制工程施工组织设计时，把保护地下管线工作列为施工组织设计的主要内容之一，并在施工总平面布置图上标明影响施工和受施工影响的地下管线。施工期间主要应防止作业机械对管线的损伤，基坑开挖阶段主要应防止开挖引起地表沉降造成管线断裂、破损。应定期观测管线的沉降情况，发现沉降量达到极限值时，及时对管线下地基进行注浆，防止管线过量沉降。对已确定受施工影响较大的管线，应根据具体情况进行加固或改移。施工过程中对可能发生意外情况的地下管线，事先制定应急措施，配备好抢修器材，以便在管线出现险兆时及时抢修，做到防患于未然。施工过程中发现管线现状与交底内容、样洞资料不符或出现直接危及管线安全等异常情况时，立即通知建设单位和有关管线单位到场研究，商议补救措施，在未得出统一结论前，不得擅自处理或继续施工。

（11）各种地铁施工方法和辅助工法的选择不仅需要考虑工程的地质情况、结构类型、设计要求、受力条件和荷载特性，还要综合考虑施工单位的机械配备情况、工程的经济效益以及当地周围的环境等各方面因素。选择施工方法和辅助工法的基本原则是要保护围岩稳定，充分调动和发挥围岩的自承载能力。

（12）在进行支撑支护时，应严格遵循设计和施工规范，加强各工序间的衔接，加快各分部开挖和初期支护施工进度，做到随挖随撑，及时施加轴向预应力，并根据监测对支撑复加应力，以此减小围护结构变形。支撑类型与规格的选用必须符合设计要求、设计轴力及《基坑工程设计规范》（GB 50201—2018）的要求。支撑施工时应连接牢固，发现变形、松动或支撑体系出现故障时，必须及时处理，以免围护结构失稳。

（13）要制定特殊气候条件或特殊作业条件下施工的措施，确保在安全的前提下进行特殊条件下的施工。

（14）要积极构建专家参与的中介安全服务平台，充分发挥社会安全中介机构或专家的力量，以保障地铁工程的安全施工。

七、消防安全管理措施

（一）施工现场防火措施

（1）施工现场应划分防火区域，明确用火、用电、用气等作业区域。

（2）施工现场应设置消防水池、消防栓、灭火器等消防设施，并确保其完好有效。

（3）施工现场应设置临时消防车道，保证消防车辆畅通行驶。

（4）施工现场动火、动焊作业，必须经总包单位统一审批，并配备灭火器具，明确现场看火人。

（5）施工现场应定期进行防火检查，发现火险隐患，立即整改。

（二）施工现场用电、用气管理

（1）施工现场用电应严格按照施工现场临时用电安全技术规范执行。

（2）施工现场应设置临时配电箱，并定期检查、维护。

（3）施工现场用气应遵守相关安全规定，严禁使用明火加热。

（三）施工现场易燃易爆物品管理

（1）施工现场应设置易燃易爆物品专用库房，并配备防火、防爆设施。

（2）易燃易爆物品应按照规定分类存放，并采取隔离措施。

（3）易燃易爆物品使用前，应进行安全评估，并采取必要的安全防护措施。

（四）消防安全教育与培训

（1）施工单位应定期对施工人员进行消防安全教育培训，提高施工人员的消防安全意识和自防自救能力。

（2）施工单位应组织施工人员进行灭火器、消防栓等消防设施的操作演练。

（3）施工单位应将消防安全教育与培训纳入施工人员的考核内容。

（五）火灾事故处理

（1）施工现场发生火灾事故时，应立即组织扑救，并迅速报告消防部门。

（2）施工单位应积极配合消防部门开展火灾事故调查，查明事故原因，落实整改措施。

（3）施工单位应做好火灾事故善后处理工作，保障受伤人员权益。

任务五 城市轨道建设工程质量安全事故应急预案

一、应急预案管理原则

（1）应急预案管理应当遵循综合协调、分级负责、属地为主、企地衔接、动态管理的原则。

（2）应急预案应当符合有关法律、法规、规章和上级预案的规定，符合工作实际和工程项目实际情况。

二、预案编制和内容

应急预案体系包括综合应急预案、工程项目应急预案和现场处置方案。各类应急预案编制内容各有侧重。

（1）建设主管部门应当编制本部门综合应急预案。

综合应急预案是对城市轨道交通建设工程质量安全事故应对工作的总体安排。主要规定工作原则、组织机构、预案体系、事故分级、监测预警、应急处置、应急保障、培训、演练与评估等，是应对城市轨道交通建设工程各类质量安全事故的综合性文件。

（2）建设单位应当编制本单位综合应急预案，并按照影响工程周边环境事故类别编制工程项目应急预案。

工程项目应急预案是指针对某一类型或某几种类型城市轨道交通建设工程质量安全事故而预先制定的方案。主要规定应急响应责任人、风险防范和监测、信息报告、预警响应、应急处置、人员疏散组织和路线、可调用或可请求援助的应急资源情况以及实施步骤等，体现自救互救、信息报告和先期处置特点。

（3）施工单位应当编制所承担工程项目的综合应急预案，并按工程事故、影响周边环境事故类别编制工程项目应急预案，同时制定事故现场处置方案。

现场处置方案是指针对某一特定城市轨道交通建设工程事故现场处置工作而预先制定的方案。主要规定现场应急处置程序、技术措施及实施步骤。侧重于细化企业先期处置，明确并落实生产现场带班人员、班组长和调度人员直接处置权和指挥权；严格遵守安全规程，科学组织有效施救，确保救援人员安全，并强化救援现场管理。现场处置方案是工程项目应急预案的技术支持性文件。

编制应急预案应当在开展风险评估、应急资源调查和能力评估的基础上进行。建设主管部门、建设单位、施工单位编制的应急预案应当相互衔接，并与所涉及的其他部门和单位应急预案相衔接。

三、应急资源管理信息系统

应急组织机构、应急救援队伍、应急装备物资储备清单、应急集结路线图等应急资源信息应当及时更新，确保信息准确有效。建设主管部门、建设单位、施工单位可根据实际需要建立应急资源管理信息系统，实现应急资源信息的及时更新与管理。

四、预案评审和发布

（一）预案评审

建设主管部门、建设单位、施工单位应当对各自编制的综合应急预案组织进行评审。工程项目应急预案和现场处置方案可视情况组织评审。

评审人员应当包括城市轨道交通工程安全生产或应急管理方面的专家，预案涉及的其他部门和单位相关人员。

评审人员与应急预案编制单位不得存在隶属关系。

评审的主要内容包括：

（1）应急预案是否符合有关法律、行政法规等，是否与有关应急预案进行了衔接。

（2）主体内容是否完备，组织体系是否科学合理，责任分工是否合理明确。

（3）风险评估及防范措施是否具有针对性。

（4）响应级别设计是否合理，应对措施是否具体简明、管用可行。

（5）应急保障资源是否完备，应急保障措施是否可行。评审后应形成书面评审意见。

（二）预案发布

应急预案发布前，编制单位应当征求预案涉及的其他部门和单位意见。应急预案应经编制单位主要负责人或分管城市轨道交通工程质量安全的负责人审批。审批方式根据实际情况确定。

应急预案发布后，编制单位应当将预案送达预案涉及的其他部门和单位。

五、预案备案

（一）预案备案要求

应急预案编制单位应当在综合应急预案印发后 20 个工作日内，向有关单位备案：

（1）建设主管部门综合应急预案报送本级人民政府和上一级行政主管部门备案。

（2）建设单位综合应急预案报送建设主管部门备案。

（3）施工单位综合应急预案报送工程所在地建设主管部门和建设单位备案。

（二）应急预案备案应提交的材料

（1）应急预案文本及电子文档。

（2）应急预案评审意见。

六、演练和培训

（一）应急演练

应急预案编制单位应当建立应急演练制度，根据实际情况采取实战演练、桌面推演等方式，组织开展联动性强、形式多样、节约高效的应急演练。

（1）建设主管部门、建设单位、施工单位应当制订应急预案演练计划，结合实际情况定期组织预案演练。建设主管部门每 3 年至少组织一次综合应急预案演练；建设单位、施工单位应当有针对性地经常组织开展应急演练，每年至少组织一次，视情况可加大演练频次。

（2）建设主管部门、建设单位、施工单位应当对应急预案演练进行评估，并针对演练过程中发现的问题，对应急预案提出修订意见。评估和修订意见应当有书面记录，并及时存档。

（二）应急预案培训

建设单位、施工单位应当定期开展应急预案和相关知识的培训，至少每年组织一次，并留存培训记录。应急预案培训应覆盖预案所涉及的相关单位和人员。建设主管部门应当监督检查培训开展情况。

七、评估和修订

应急预案编制单位应当建立定期评估制度，分析评价预案内容的针对性、实用性和可操作性，实现应急预案的动态优化和科学规范管理。

对组织指挥体系与职责、应急处置程序、主要处置措施、分类分级标准等重要内容进行修订的，应当按本办法的规定进行评审和备案。

任务六 工程列车的开行条件

一、工程车的作用

工程车的主要工作一方面是进行车辆基地日常的调车作业，另一方面是在城市轨道交通线路的施工养护中用来运载工具和人员。为了保证城市轨道交通线路中正线的运营秩序，一般情况下工程车担当的施工养护工作都在夜间运营结束后进行。只有在执行行车设备故障应急抢修或列车故障救援的任务时，才会在正常运营时间内出动进入正线作业。

一般城市轨道交通运营企业的工程车都停在车辆基地，日常工作由车辆检修调度员和车辆基地信号楼调度员负责指挥。工程车在日常工作中的调度运用指挥层次如图9-1所示。

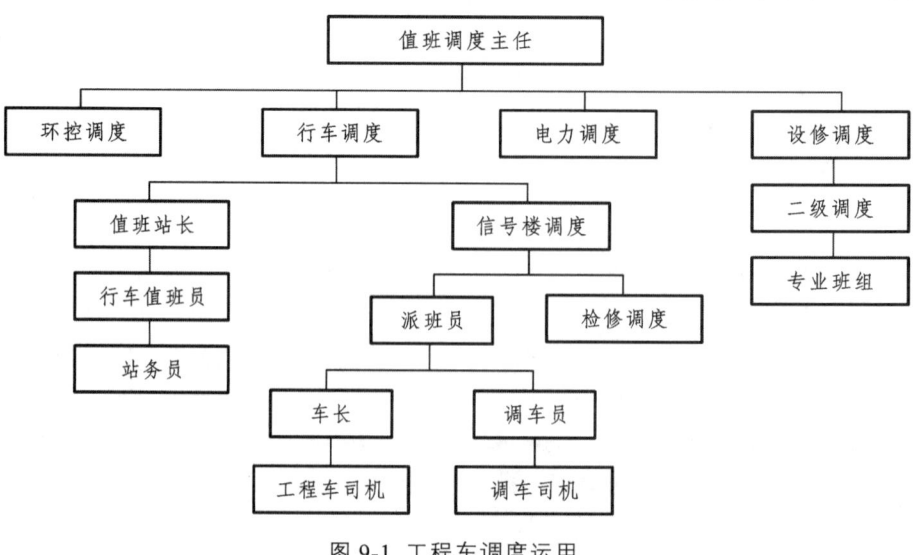

图9-1 工程车调度运用

二、工程车开行规定

（1）工程车必须配备1名司机及1名车长。工程车可牵引运行，也可推进运行，各站按正常列车办理。

（2）工程车中车辆编组条件由车长负责检查确认。当装载货物时，由装载负责人检查确认，车长负责再次检查确认。工程车装载货物顶部距轨面超过3 800 mm时，接触网须停电。

（3）工程车在正线及辅助线运行时，凭地面信号及调度命令行车。一个联锁区同一线路原则上只准有一列工程车运行。同一联锁区必须开行多辆工程车或间隔不能满足时，须应经值班主任同意。

（4）工程车进出正线及辅助线的规定：

① 最后一列电客车出清的线路可安排工程车运行，进入正线及辅助线运行的工程车须与电客车间隔4个及以上区间；须接触网停电的，应在确认相应区域接触网停电后，工程车方可进入。

② 夜间施工开行的工程车回段时，必须在次日运营开行的第一列车出段前规定的时间（如50 min）出清正线及辅助线。

（5）工程车停车后再开或在车站始发时，司机要确认地面信号并按行调命令行车。

（6）工程车开行时，车站不用接发列车。工程车运行中，司机、车长通过电台加强与行调联系，掌握运行计划，确认运行进路。开行超长、超限、集重货物的工程列车时，车站必须派人在站台监督列车运行，发现危及安全时应及时显示停车手信号，通知司机（车长）停车并报告行调。

（7）工程车到达指定的施工作业区域后，行调应根据施工计划及时发布书面命令封锁该作业区域。待施工结束后，再发布调度命令开通有关线路，安排工程车回车辆段。

（8）工程车编挂有平板车时，原则上在区间不准甩下作业。因施工或装卸货物的需要，可以在中途站甩下作业，但要做好安全防护及防溜措施，返回时应全部挂走。

（9）工程车司机须掌握运行速度，按规定驾驶运行。某轨道公司带动力工程车牵引定数如表9-1所示，工程车运行限速如表9-2所示，工程车挂有其他车辆时的运行速度如表9-3所示。

表9-1　带动力工程车牵引定数

序号	车型	坡度	牵引定数（t）					自重/t
			10 km/h	20 km/h	30 km/h	40 km/h	50 km/h	
1	内燃机车	5‰	800	370	220	160	100	52
		35‰	120	30	—	—	—	
2	轨道车	5‰	660	290	170	110	70	46
		35‰	90	20	—	—	—	
3	接触网检测车	5‰	400	180	110	35	30	46
		35‰	40	—	—	—	—	
4	接触网维修作业车	5‰	440	210	125	90	50	26
		35‰	60	—	—	—	—	

表 9-2 工程车运行限速表

序号	区域	车辆	最高限制速度/（km/h）	自重/t	自带动力	说明
1	正线及辅助线	内燃机车	80	52	有	正线运行限速40 km/h；辅助线运行限速25 km/h；通过车站40 km/h；车辆段线25 km/h
2		轨道车	70	56	有	
3		接触网检测车	80	40	有	
4		接触网维修作业车	80	28	有	
5		钢轨打磨车	80	88（2节总重）	有	
6		接触网放线车	80	22	无	
7		轨道检测车	80	40	无	
8		平板车	80	17	无	
9		隧道清洗车	80	56	无	
10	基地内	各种机型	80	—	—	限速25 km/h，但是推进运行限速15 km/h

表 9-3 工程车挂有其他车辆时的运行速度

序号	项目	速度（km/h）
1	在正线上牵引运行	35
2	在正线上推进运行	20
3	大件货物运输列车的运行	15
4	进存车线、折返线	15
5	进入尺头线	10

三、工程车车体号编制规定

工程车车体号通常由"线路号+动力标识号+车辆序号" 6 位数字组成（各轨道公司的规定不尽相同），如表 9-4 所示。其中，线路号为 2 位数，如 3 号线为 "02"，依次编号；动力标识号为 2 位数，"00" 表示无动力，"01" 表示有动力；车辆序号为 2 位数。

表 9-4 工程车车体号编制

序号	编号	工程车型	备注
1	030101	内燃机车 1	有动力
2	030102	内燃机车 2	有动力
3	030103	轨道车 1	有动力

续表

序号	编号	工程车型	备注
4	030104	轨道车2	有动力
5	030105	钢轨打磨车1	有动力
6	030106	钢轨打磨车2	有动力
7	030107	接触网检测车	有动力
8	030108	接触网维修作用业车	有动力
9	030109	隧道清洗车	无动力
10	0301010	轨道检测车	无动力
11	0301011	接触网放线车	无动力
12	0301012	随车吊平板车1	无动力
13	0301013	随车吊平板车2	无动力
14	0301014	平板车1	无动力
15	0301015	平板车2	无动力

四、工程车开行的组织原则

（一）工程车参与检修、施工的行车组织方法

行车调度员应按以下作业办法要点对夜间检修、施工时列车运行进行组织。

（1）行车调度员应认真核对当夜检修、施工计划，对检修、施工内容、地点和时间等做到心中有数。在确认进行夜间检修、施工后，行车调度员应下达调度命令给有关车站的行车值班员、车辆基地信号楼调度员和检修、施工作业负责人，布置检修、施工内容、地点、起止时间及注意事项等。在检修、施工过程中，行车调度员应与行车值班员和检修、施工作业负责人等保持联系，掌握检修、施工进度。

（2）向检修、施工区间开行工程车，按电话闭塞法行车办理或根据调度命令办理。施工列车在进入运营线路前，必须对其技术状态进行全面检查，以确保行车和设备安全。检修、施工地点的每一端只准进入一列工程车。工程车推进运行时，应在列车前部设专人引导。到达检修、施工地段后，应在防护人员显示的停车手信号前停车，然后再按调车作业办法进入指定地点。

（3）当一个区段一条线路上，只有一列工程车往返多次运行时，可采取封闭区间运行的办法。

（4）行车调度员应在满足检修、施工要求的前提下，尽量缩小线路封锁或封闭的范围，减少施工列车占用正线的时间。

（5）在检修、施工中发生设备损坏、人员伤亡或不能按时完成检修、施工作业时，行车调度员应立即报告值班调度主任，采取有效措施确保次日运输生产能正常进行。

（6）检修、施工结束后，行车调度员根据行车值班员的报告，在确认行车设备完好、检修、施工人员和机具撤离后，下达调度命令同意注销检修、施工。

（二）工程车参与故障抢修的行车组织方法

当城市轨道交通线路在运营中出现断轨、挤岔、接触网断线等严重影响行车安全的设备故障（事故）时，需要出动工程车进行紧急抢修。数据统计，在需要工程车出动参与抢修的故障（事故）中，发生频率最高的是接触网断线等室外供电设备故障。

在需要工程车出动执行抢修任务时，一般由设备维修调度员向行调提出使用工程车的计划（包括需要跟车人员、设备的数量和上车地点等），行调收到设备维修调度员的计划后立即向车辆基地信号楼调度员发布调车指令，信号楼值班员根据行调的要求在 10 min 内组织工程车开行到车辆基地内指定地点待令，抢修工作执行部门在工程车到达后 10 min 内完成装载设备、物品等工作，并安排跟车人员上车。

当需要工程车执行抢修任务时，由于工程车无 ATP 保护，可能会影响后续列车的行车安全，因而行调必须发布封锁工程车作业区间的调度命令。向封锁区间发出执行任务的工程车时，不办理行车闭塞手续，以行调命令作为进入该封锁区间的许可。在未接到开通封锁区间的调度命令前，不得将执行任务的工程车以外的其他列车开往该区间。

工程车执行设备抢修任务时，行调负责组织工程车从车辆基地至封锁区间一端车站的运行，在封锁区间一端车站把工程车交给设备维修调度员指挥，同时命令该站向工程车交付封锁命令。设调负责通知现场指挥指派一名联络员登乘工程车驾驶室，将进入区间的作业计划交给车长，由车长引导进入封锁区间，并按计划指挥动车。如封锁区间内有道岔、辅助线时，由车长与车站联系调车进路计划，车站排好进路后通知车长，由车长指挥动车。工程车使用完毕，由联络员引导回到原交接站，由设调向行调交出。

【案例】

当 0506 次列车由于接触网断线故障被迫停在 E 站~F 站上行区间时（见图 9-2），电调经检查后确认必须出动接触网检修车才能修复故障。此时行调必须立即根据设备维修调度员的用车计划通知车辆基地信号楼做好接触网检修车出动的准备。

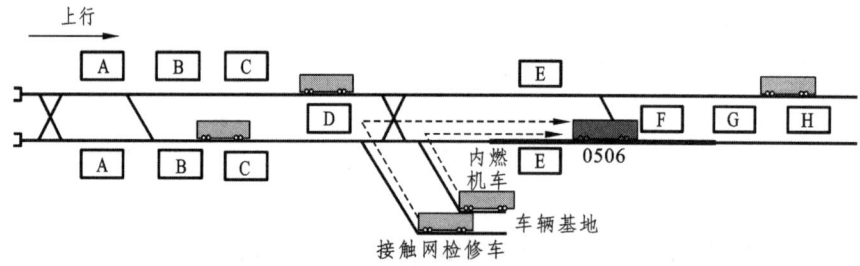

图 9-2　接触网断线故障列车区间停车

对于这种故障的处理还可能出现两种情况：一种情况是接触网检修车单独出动到达失电区段后很快完成抢修工作，电调对失电区段送电成功，0506 次列车升弓继续运行；另一种情况是由于种种原因必须先出动工程车将 0506 次列车推进至 F 站后，再出动接触网检修车到达故障地点进行抢修。显然，后一种情况对于运营工作的影响相对于前一种情况要大得多。

【复习思考题】

1. 简述城市轨道地铁施工中存在的危险有害因素。
2. 简述城市轨道工程易发和多发事故的类别（五大伤害）。
3. 试述施工、监理单位安全质量责任。
4. 安全施工管理交底的内容是什么？
5. 工程项目部安全管理的要点有哪些？
6. 简述城市轨道工程关键节点风险管控程序。
7. 简述城市轨道建设工程质量安全事故应急预案的程序。
8. 简述工程车使用的条件。

项目十 城市轨道交通消防安全管理

【问题导入】

引入地铁火灾事故案例,通过对地铁火灾事故的分析,学生应了解城市轨道交通火灾的特点、危害及存在的主要问题;重点掌握防火安全管理的具体措施以及城市轨道交通车站、列车火灾自救与逃生的方法,强化落实逐级岗位防火安全职责。

【教学目标】

1. 能力目标

具备制定基本防火措施的能力、组织一般火灾救援的能力,使用消防设施、设备的能力,组织乘客自救与逃生的能力。

2. 知识目标

重点掌握城市轨道交通火灾的特点、危害;重点掌握防火安全管理的具体措施;重点掌握地铁火灾救援的方法;重点掌握城市轨道交通车站、列车火灾自救与逃生的方法;掌握逐级岗位防火安全职责;了解城市轨道交通中常用的设施和消防器材的使用方法。

3. 素质目标

坚持城市轨道交通"预防为主、消防结合"的消防方针,具备良好的城市轨道交通消防职业安全风险防范意识和不能牺牲以人的生命为代价的理念。

任务一

城市轨道交通消防安全基础

地铁作为大型公共交通工具，日常乘坐人数众多，发生突发火灾等紧急情况的可能性也较大。因此，提高地铁乘客和工作人员的消防安全意识非常重要，可以有效减少火灾事故的发生，保护人民的生命财产安全。

一、消防安全知识

从业人员有必要懂得和掌握火焰燃烧、火灾扑救的相关知识。

（一）火灾的特性

1. 普遍性

火灾的普遍性是指火灾不论在哪个地方，不论在什么单位和部位，都会发生；火灾不限于发生在火灾危险性较大的单位和场所，从居民住宅到一般的大小单位（包括公共场所）都可能发生。

2. 随机性

火灾的随机性是指随时、随地都可能会发生火灾，人们无法事先确定在何时、何地、何场所会发生。同时，也无法判断火灾的规模程度大小，具有一定的不可预测性。

3. 必然性

火灾的必然性是指在放松警惕、没有任何预防的情况下，火灾的发生是必然的，只要具备了起火条件，火灾的发生便是确定无疑的。

（二）火灾燃烧的要素

发生火灾必须同时具备可燃物、氧化剂和引火源3个要素。

1. 可燃物

可燃物包括气体、液体和固体物质。凡是在标准状况下能够在空气（氧）或其他氧化剂中燃烧的物质，一般都称为可燃物。少部分无机物和绝大部分有机物都是能够燃烧的。

常见的有机物有天然气、液化石油气、汽油、煤油、煤、木材、塑料、橡胶、棉花、麻、化学纤维等。

2. 氧化剂

氧化剂是指与可燃物相结合导致燃烧的物质，俗称助燃物。可燃物燃烧必须与氧化剂发生反应，否则燃烧不会发生。氧化剂主要是空气、氧气、氯气、硝酸等。

3. 引火源

引火源是指能够使可燃物与氧化剂发生燃烧反应的能量来源。引火源常见的是热能，还有其他如电能、化学能、光能及机械能等。这些能多以热能的形式表现出来。

常见的引火源如下：

（1）"明火"是比较强的热能，它能点燃任何可燃物质。因为明火的火焰温度为 700~2 000 °C，高于一般可燃物质的自燃点。

（2）"火星"是在铁与铁、铁与石、石与石之间强力摩擦、碰撞时产生的高温渣粒，或者是从烟囱中飞出来的、施焊作业中溅出来的高温渣粒。这种火星的温度高达 1 200 °C，虽然热量不大，但可以引燃可燃气体和液体蒸气，也可以引燃某些固体物质，如棉花、干草、锯末等松软物质。

（3）"电弧"和"电火花"是两极间放电产生的火花，或者是电击产生的电弧光，还有静电释放的电火花。这种引火源普遍存在于生活、生产之中，所以是易被人们忽视的危险的引火源。

（4）"化学反应热"和"生物热"，即化学变化或生物作用产生的热能。这种热能如不及时散发掉，就有可能引发火灾或者爆炸事故。

（三）火灾事故的类型

1. 按火灾损害的程度分类

按照一次火灾事故所造成的人员伤亡、受灾户数和财物损失金额划分，可把火灾分为以下 3 个等级：

（1）特大火灾：死亡 10 人以上；重伤 20 人以上；死亡、重伤 20 人以上；受灾户 50 户以上；烧毁财物损失 100 万元以上。

（2）重大火灾：死亡 3 人以上；重伤 10 人以上；死亡、重伤 10 人以上；受灾户 30 户以上；烧毁财物损失 30 万元以上。

（3）一般火灾：不具有前两项情形的燃烧事故。

2. 按照物质及其燃烧特性划分

根据物质及其燃烧特性划分，可将火灾分为以下 4 种类型。这种分类表明燃烧物质的种类属性，以及扑救火灾时选择相应的灭火剂。

（1）A 类火灾，指的是固体物质火灾，如木材、棉、毛、麻、纸张、塑料制品、化学纤维等火灾。

（2）B 类火灾，指的是液体和可熔化固体物质的火灾，如汽油、柴油、酒精、植物油、变压器、油、各种溶剂、沥青、石蜡等火灾。

（3）C 类火灾，指的是气体火灾，如煤气、天然气、氢气、沼气、氨气、一氧化碳等火灾。

（4）D 类火灾，指的是金属火灾，如钾、钠、铝、镁等火灾。

二、现场消防处置

火灾事故警示我们,在起火初期的十几分钟,是扑灭火灾的关键时刻。因此,应急处置必须要把握好两点:一是使用现场灭火器材及时扑救;二是要立即报火警。不管火势大小,要立即报警,报警早,损失小。

(一)灭火的基本方法

1. 火灾报警方法

发生火灾时,首先要拨打"119"火警电话,及时准确地报警是火灾施救的关键。

(1)火警电话接通后,报警人应讲清着火单位,所在区县、街道、门牌号码或乡村的详细地址。

(2)报警人要讲清什么东西着火,起火部位,燃烧物质和燃烧情况,火势如何。

(3)报警人要讲清自己的姓名、工作单位和电话号码。

(4)报警后要有专人在街道路口等候消防车到来,引导消防车去往火场,以便迅速、准确地到达起火地点。

2. 冷却灭火法

根据可燃物质发生燃烧时必须达到一定温度这个条件,将灭火剂直接喷洒在燃烧着的物体上,使可燃物质的温度降到燃点以下,使其停止燃烧。

3. 窒息灭火法

根据可燃物质燃烧需要足够的助燃物质(空气、氧)这一条件,采取阻止空气进入燃烧区的措施,或断绝氧气而使燃烧物质熄灭。为将火灾熄灭,需将水蒸气、二氧化碳等惰性气体引入着火区,以稀释着火区空间的氧浓度。当着火区空间的氧浓度低于12%,或水蒸气的浓度高于35%,或二氧化碳的浓度高于30%~35%时,燃烧一般都会熄灭。若可燃物本身含有化学氧化剂物质,则不能采用窒息灭火法灭火。

4. 隔离灭火法

根据发生燃烧必须具备可燃物质这一条件,将燃烧物质与附近的可燃物隔离或疏散,中断可燃物的供应,使燃烧停止。

5. 化学抑制灭火法

使灭火剂参与到燃烧反应中去,起到抑制反应的作用。具体而言就是使燃烧反应中产生的自由基与灭火剂相结合,形成稳定分子或低活性的自由基,从而切断自由基的连锁反应链,使燃烧停止。

(二)常用灭火器的类型

起火十几分钟(15 min)初起阶段利用灭火器材及时扑救是最有效的灭火手段。

按充装灭火剂的种类不同,常用灭火器可分为水型、空气泡沫型、干粉型、卤代烷型、二氧化碳型、7150 型等灭火器具。

（1）储压式干粉灭火器。使用灭火器时应注意，先使灭火器上下颠倒并摇晃几下，使内部干粉松动并与压缩气体充分混合。然后摆正灭火器，拔出手压柄和固定柄（提把）间的保险销，右手握住灭火器喷射管，左手用力压下并握紧两个手柄，使灭火器开启。待干粉射流喷出后，右手根据火灾情况，上下左右摆动，将干粉喷于火焰根部即可灭火。

（2）外储气瓶式干粉灭火器。此种灭火器主要由二氧化碳钢瓶、筒身、出粉管及喷嘴组成。使用时，用力向上提起储气钢瓶上部的开启提环，随后右手迅速握住喷管，左手提起灭火器，通过移动和喷嘴摆动，将干粉射流喷于火焰根部即可灭火。

（3）水是最常用的灭火剂，木头、纸张、棉布等起火，可以直接用水扑灭。

（三）火灾现场逃生方法

火灾逃生是避免伤亡事故的关键环节。在火灾发生时，一定要想方设法逃生。人们在同火灾作斗争的同时，总结出火灾逃生的 15 种方法。有效掌握这些方法，有助于顺利逃出火海，减少伤亡。

1. 逃生预演，临危不乱

每个人对自己工作、学习或居住所在的建筑物结构及逃生路径要做到心中有数，必要时可按逃生路线图进行消防训练。

2. 熟悉环境，牢记出口

处于陌生环境，如入住酒店、商场购物、进入娱乐场所时，务必留心疏散通道、安全出口及楼梯方位等，以便在关键时刻能尽快逃离现场。

3. 保持冷静，明辨方向

保持冷静，不要盲目出逃。要了解自己所处的环境位置，及时掌握当时火势的大小和蔓延方向，然后根据情况选择逃生方法和逃生路线。

4. 迅速撤离，不贪财物

逃生时不要为穿衣服或寻找贵重物品而浪费时间，也不要为带走自己的物品而身负重压影响逃离速度，更不要贪财，避免已逃离火场而又重返火海。

5. 简易防护，匍匐前进

逃生时经过充满烟雾的路线，可采用毛巾、口罩蒙鼻，匍匐撤离的办法，开门窗前用手巾探查门窗温度以防烫伤；穿过烟火封锁区时，可向头部、身上浇冷水或用湿毛巾、湿棉被、湿毯子等将头、身裹好，再冲出去。

6. 胆大心细，善用通道

发生火灾时，除可以利用楼梯，还可以利用建筑物的阳台、窗台、天面屋顶等攀到周围的安全地点，再沿着落水管、避雷线等滑下楼脱险。

7. 高楼火灾，忌乘电梯

逃生时，一般不要坐电梯（消防电梯要在救护人员的指挥下使用），应从安全出口逃生。其原因是：一是火灾中，易断电而使电梯"卡壳"，给救援带来难度；二是电梯直通楼房各层，火灾的浓烟易涌入电梯中形成"烟囱效应"。人在电梯里随时都有可能被浓烟毒气熏呛或窒息而死亡。

8. 巧妙逃生，滑绳自救

用绳子或把床单、被套撕成条状连成绳索，紧拴在窗框、暖气管、铁栏杆等固定物上，用毛巾、布条等保护手心，顺绳滑下或下到未着火的楼层脱离险境。

9. 堵塞门户，固守待援

若用手摸房门已感到烫手，说明大火已经封门，不能再开门逃生。此时应关紧迎火的门窗，打开背火的门窗，用湿毛巾、湿布塞堵门缝或用水浸湿棉被蒙上门窗，然后不停地用水淋透房门，防止烟火渗入，固守在房内，直到救援人员到达。

10. 缓晃轻抛，寻求援助

被烟火围困暂时无法逃离的人员，要立即返回室内，用打手电筒、挥舞衣物、呼叫等方式向窗外发出求救信号等待救援。

11. 走投无路，厕所避难

当逃离烟火区已无可能又无其他条件可利用时，应冲向浴室、卫生间等。这些房间既无可燃物，又有水源。进入后，应闭门堵缝，向门泼水，打开排气扇，打开背火的窗子等待救援。

12. 身上着火，切勿惊跑

如果身上着火，应及时脱去衣服或就地打滚进行灭火，也可向身上浇水，用湿棉被、湿衣物等把身上的火包起来，使火熄灭。

13. 辨明情况，低层跳离

火场中切勿轻易跳楼，在万不得已的情况下，住在低楼层（一般2层以下）的居民可采取跳楼的方法进行逃生。但首先要根据周围地形选择高度差较小的地面作为落地点，然后将床垫、沙发垫、厚棉被等抛下做缓冲物，并使身体重心尽量放低，做好准备以后再跳。

14. 互相帮助，利己利人

要发扬互助精神，帮助老人、孩子、病人优先疏散。对行动不便者可用被子、毛毯等包扎好，用绳子、布条等吊下。逃生过程中如看见前面的人倒下，应立即将其扶起，对拥挤的人应给予疏导或选择其他疏散方法予以分流，减轻单一疏散通道的压力，竭尽全力保持疏散通道畅通，以最大限度地减少人员伤亡。

15. 既已出逃，不要回头

一旦逃离危险区，受灾者就必须留在安全区域并及时向救助人员反映火场情况，即使发现还有人没撤出来,也不能贸然返回。正确的做法是,由消防人员组织营救。

三、城市轨道交通火灾的特点

对地铁这种特殊地下建筑与交通工具进行详尽分析发现,人员密度大、流量多是其最显著的特征。地铁一旦发生火灾等灾害,与在地面建筑发生同样事故相比,其状况要更加难以控制,后果也会更加严重。地铁是通过挖掘的方法获得的建筑空间,隧道外围是土壤和岩石,只有内部空间而无外部空间,且仅有与地面连接的通道作为出入口,不像地面建筑有门、窗,可与外界连通。由于地铁隧道存在上述构造上的特殊性,与地面建筑相比,发生火灾时的特点主要表现在以下几个方面:

(一)浓烟和高温灾害性大

(1)地铁发生火灾时,电缆、装修材料等燃烧会产生大量的烟雾和热量,由于相对封闭,有毒烟雾会很快充满隧道和建筑。根据在地铁站台层模拟 2.8 MW 火灾的结果,点火 6 min 后站台层就充满浓烟,能见度几乎为零,烟雾的平均扩散速度为 1 m/s。在此条件下,人员水平步行速度平均 0.33 m/s,楼梯段的步行速度平均 0.29 m/s。人员从地下车站向地面疏散,热烟雾也从地下向上升腾,与疏散人流同方向,更增加了烟雾对疏散人员的影响。高温浓烟还会对人的生理、心理造成强烈的刺激,往往会让人失去理智,向逃生通道一拥而上,造成混乱拥挤。烟雾还会引起人们的中毒窒息,当烟雾到达人的头部,一氧化碳含量达到 0.5%,烟热温度超过 43.3 ℃,空气氧含量低于 14%~18%时就会使人有生命危险。

(2)火灾时产生的发烟量与可燃物的物理化学特性、燃烧状态、供气充足程度有关。地铁列车的车座、顶棚及其他装饰材料大多是可燃性材料,地下隧道发生火灾时,新鲜空气供给不足,气体交换不充分,产生不完全燃烧反应,一氧化碳(CO)等有毒有烟气体大量产生,不仅降低了隧道内的可见度,同时加大了疏散人群窒息的可能性。

(二)氧含量急剧下降

地铁火灾发生时,由于隧道的相对封闭性,大量的新鲜空气难以迅速补充,致使空气中氧气含量急剧下降。有研究表明,空气中氧含量降至 15%时,人体肌肉活动能力下降;降至 10%~14%时,人体四肢无力,判断能力低,易迷失方向;降至 6%~10%时,人即会晕倒,失去逃生能力;当空气中含氧量降到 5%以下时,人会立即晕倒或死亡。

(三)排烟排热差

被土石包裹的地下隧道,热交换十分困难。发生火灾时不能像地面建筑那样有 80%的烟可以通过破碎的窗户扩散到大气中,而是聚集在建筑物内,无法扩散,易使温度骤升,较早地出现"爆燃";烟气形成的高温气流会对人体产生巨大的影响。这些流动性很强的烟和有毒气体,若不加以控制或及时排除,则会在地下通道内四处流窜,短时间内充满整个地下空间,给现场遇险人员和救灾人员带来极大的生命威胁。

（四）火情探测和扑救困难

（1）地铁的火灾比地面建筑的火灾扑救要困难得多,其难度相当于扑救超高层建筑最顶层的火灾。这是因为当地面建筑发生火灾时,可以直接在建筑外从产生的火光、烟雾判断火场位置和火势大小;而地铁发生火灾时究竟在哪个部位,则无法直观火场,需要详细查询和研究地下工程图,分析可能发生火灾的部位和可能出现的情况,从而制定灭火方案。同时,由于地铁的出入口有限,而且出入口又经常是火灾时的冒烟口,消防人员不易接近着火点,扑救工作难以展开。再加上地下工程对通信设施的干扰较大,扑救人员与地面指挥人员通信联络困难,亦为消防扑救工作增加了难度。

（2）地铁失火后,由于热烟气长久积聚不散,能见度低,会给消防人员侦查带来困难,无法很快发现被困乘客、找到火点,以致很难迅速有效地组织灭火。地铁失火后,事故区缺氧,必须佩戴隔绝式空（氧）气呼吸器才能进放火场。这些防护装具会影响消防救援人员的观察联络和战术动作并增大体力的消耗,给灭火行动带来极大的不便。地铁内部各类无线通信器材功率的衰减,甚至无法使用,使火场指挥联络困难。这些都加大了地铁灭火救援工作的难度。

（五）人员疏散困难

（1）地铁隧道内很狭窄,一般每条隧道宽 4 m,除客车占去 2.56 m 外,两侧只留有 67.5 cm 的空隙。如果客车发生事故停在两站区间的隧道中,乘客即使能够打车门窗跳车,由于人多拥挤,几乎无站脚之地。特别是行车方向的左侧,有带电三轨,如不切断电源,跳车后还会发生触电危险。在有烟火的情况下,站台的立柱、检票口、台阶等都成为障碍物影响人员疏散。

（2）地下隧道完全靠人工照明,致使正常电源照明就比地面建筑自然采光差,加之火灾时正常电源被切断,人的视觉完全靠事故照明和疏散标志指示灯保证。此时如果再没有事故照明,隧道、站台内将是一片漆黑,人员根本无法逃离火场。再加上浓烟,员疏散极为困难。火场中产生的一些刺激性气体也会使人睁不开眼睛,看不清逃离路线。

（3）地铁发生火灾时只能通过站台出口逃生。地面建筑内发生火灾时,人员的逃生方向与烟气的自然扩散方向相反,人往下逃离就可以脱离烟气的危害。而在地铁里发生火灾时,人只有往上逃到地面上才算安全,而人员的逃生方向与烟气的自然扩散方向一致,烟的扩散速度一般比人的行动快,所以人员疏散异常困难。

四、地铁火灾发生的危险性

火灾具有瞬间性、强烈性和快速蔓延性的特点,不仅会造成人员伤亡和财产损失,还可能对地铁运营造成严重影响,甚至引发社会恐慌。

（1）地铁已逐渐成为大城市里的一种重要交通工具,客流量大,人员集中,一旦发生火灾,极易造成群死群伤的严重后果。

（2）城市轨道交通系统是由车站、地下隧道区间、设备用房、控制中心、主变电站和车辆段等部分组成,其中控制中心、主变电站和车辆段一般位于地上,车站站厅、站台、车站控制室、车站变电所等设备用房和地下隧道区间都位于地下。由于大部分工程处于地下，只有室内空间，且空间连续性强，防火分隔困难；地铁内人员密集，空间相对狭小；地铁工程出入口少，一旦发生火灾，出入口还具有排烟、散热、人员疏散和消防队员扑救的入口等功能，在火灾发生的混乱时刻，各项功能必受影响和牵制。

（3）由于地铁本身独有的特点，一旦起火容易造成火势的蔓延扩大和有毒浓烟的产生。这是由于地铁列车内的车座、顶棚及其他装饰材料，大多是可燃材料，有些塑料、橡胶等新型材料不仅易燃而且在燃烧时会产生毒性气体。这些可燃物起火后，由于地下供氧不足，往往处于不完全燃烧状态，烟雾浓，发烟量大，加上地铁的出入口少，大量烟雾只能从一两个洞口向外涌，与地面空气对流速度缓慢，并且地下洞口固有的吸风效应，向外洞口扩散的烟雾，部分又从洞口被卷吸进去，特别是火灾的初期阶段火势不甚猛烈时，这种现象尤为显著。

（4）由于车站位于地下，通风不畅，氧气供应量不足，火灾时发生不完全燃烧产生浓烟，并致使一氧化碳、二氧化碳、二氧化硫等有毒气体的浓度迅速升高，高温烟气的扩散流动，使地铁内的环境迅速恶化，能见度降低，给人员逃生造成更大障碍。而人员逃生的唯一出路——出入口在火灾时必然成为喷烟口。因为高温浓烟的流动方向与人员逃生的方向一致，都是自下而上，且烟气的扩散速度比人的逃生速度快得多，使人笼罩在高温浓烟中，造成更多伤亡。

（5）地铁内空间过大，火灾报警和自动喷淋等消防设施配置不完善，并且一旦起火，地下电源可能会自动被切断，通风空调系统失效，失去了通风排烟作用。

（6）大量有毒烟雾、黑烟给疏散和救援工作带来困难。

五、地铁火灾因素分析

火灾发生的主要原因有人为因素和电气故障两大类。

（一）人为因素

人为因素包括：工作人员违章操作、行车隧道施工维修中进行焊接切割作业、生产生活中用火用电不慎引燃可燃物；地铁客流量大，人员复杂，乘客违反规定携带易燃易爆危险品、乘客在地铁内吸烟用火、一些人的极端行为、人为纵火等原因。

（1）地铁内存在违禁和易燃物品：这些物品多由乘客携带进入，若能在事故发生前查出，则可以防止火灾事故的发生。

（2）地铁工程及车辆材料选用不当：如车站建筑装修材料没有采用阻燃无烟材料，地铁列车车身和座椅材料没有进行防火处理，电缆电线没有采用耐火阻燃低烟无卤材料等。

（3）消防设施设置不当：如没有设置火灾探测器和报警器，缺乏足够的消防设备，对火情反应不灵敏而造成火势发展。

（4）附属设施及装备没有重视安全化处理：为了给乘客在乘车过程中提供便利，地铁内布置了很多附属设施，包括车站内的垃圾箱、公共厕所等，极易成为蓄意制造火灾和爆炸的渠道。

（二）电气故障

地铁电气设备存在隐患：这多是由于设计存在缺陷、设备老化或没有定期检修。

城市轨道交通系统电力、电气设备很多，系统的用电量也很大，电气设备引起的火灾约占 50%。电气设备故障引起的火灾具有一定的隐蔽性。由于通常漏电与短路都发生在电气设备及电缆电线的内部，着火时一般看不到起火点，普通的烟感和温感探测器很难实现对电气火灾的早期报警，只有当火灾已形成并发展成大火后才能被发现。但此时扑救已十分困难，且不能用水来扑救。

（三）地铁隧道发生火灾的原因

1. 地铁隧道火灾的特殊性

（1）隧道内设备设施、列车等各种电缆、配电柜因短路、绝缘不良着火冒烟。

（2）轨道因绝缘不良等原因造成电气短路引起橡胶件着火冒烟。

（3）外来物着火冒烟。

（4）人为纵火。

2. 地铁隧道火灾的特殊性分析

与地面建筑火灾相比，地铁隧道火灾具有危害性大、损失严重、救援空间狭小等特点，引起了全社会的高度关注。其特殊性表现在以下方面：

（1）地铁客流量大，与外界联系主要是出入口，人员较为集中。一旦发生火灾，极易造成群死群伤的安全事故。

（2）地下供氧不足导致燃烧不完全，烟雾浓，易产生有毒气体。

（3）地铁的出入口较少，与地面空气交换速度慢，且洞口"吸风效应"使部分烟雾重新卷吸进来，易导致乘客窒息。

（4）隧道内电源可能因烧损而自动切断，隧道通风系统可能因火灾而失效，黑暗环境和有毒烟气会给疏散救援带来一定困难。

（5）乘客疏散方向与烟气扩散方向一致，隧道口是乘客的逃生出口，也可能是喷烟口，有毒的高温烟气会令人窒息而死。

六、危险源控制

城市轨道交通运营单位应根据当地实际情况和轨道交通的设施状况、人员特点等制定相应的火源控制管理规定。城市轨道交通严格限制可燃物品的使用，并制定可燃物品安全使用的管理规定。

（一）限制可燃物

（1）车站内应严格控制可燃材料，车站建筑装修材料和列车车厢内装饰材料的选用应符合相关的设计规范。

（2）车站站厅乘客疏散区、站台及疏散通道内不得设置商业经营场所。

（3）车站站厅内严格按相关消防安全技术规范限制商业经营场所占用面积的比率和数量，并加强消防安全管理。

（4）车站站厅、站台、列车车厢和管理用房内的垃圾应及时清理，可燃垃圾堆积时间不应超过一昼夜。

（二）吸烟管理

（1）车站站厅、站台、列车车厢、管理用房和隧道内严禁吸烟。

（2）在车站站厅、站台、列车车厢、管理用房内应张贴写有"严禁吸烟"的标志。

（三）明火（动火）管理

车站站厅、站台、列车车厢、管理用房和隧道内严禁使用明火，必须使用明火作业时，应在动火前按程序申报并采取必要的消防监护措施。

（四）电气火源控制

（1）机电设备设施中的变压器、带油电气设备应定期巡检和维护。

（2）各级配电设备应安装完善的过负荷、漏电、欠压、过压等保护电路和报警装置，各类电气设备应加装防止打火、短路的装置。

（3）定期对运行车辆上的电气设备、电气线路进行检查维修，及时清除列车运行线路上的导电体，防止受流器、电缆电线短路放弧引起列车火灾。

（五）燃气控制

车站站厅、站台、列车车厢、管理用房和隧道内严禁使用可燃燃气，工程作业中必须使用燃气设备时，应按程序申报并采取必要的消防监护措施。

（六）采暖控制

车站站厅、站台、列车车厢和管理用房内不得采用明火、电炉和电热采暖器采暖，采暖散热器表面平均温度不应超过 80 ℃。

（七）用油系统控制

（1）城市轨道交通中的用油系统应按操作规程操作，并应定期巡检和维护。

（2）废油应密闭在专用的防火容器内并及时清运出去，溅洒在地板上的油应及时清理干净，防止废油流入下水道。

（八）易燃易爆化学危险品控制

（1）车站入口处应张贴有劝阻乘客携带易燃易爆化学危险品进入车站内或乘坐列车的警告标志。工作人员对发现有携带易燃易爆化学危险品的乘客，应责令其出站。

（2）工作人员因工作需要携带时，应按程序申报并采取必要的消防监护措施。易燃易爆化学危险品的携带、使用和剩余用量应采取严格的登记制度。

（3）工作人员因工作需要携带的易燃易爆化学危险品应与乘客分开进出车站和乘坐专用列车。

（4）对于车站内无主或无人认领的包裹、行李应立即转移至远离乘客的安全区域。

任务二 城市轨道交通消防管理制度

城市轨道交通运营单位消防安全教育的内容主要包括消防工作的方针和政策教育、消防安全法规教育、消防科普知识教育、火灾案例教育、消防安全技能教育等。

各运营单位必须结合各自的岗位实际，对员工开展消防安全教育，每季度不少于一次。

新员工上岗前必须进行消防安全教育，使他们懂得基本的消防安全知识，熟悉重点部位的灭火方案和消防设施、器材的分布，掌握使用扑救方法，熟悉本岗位安全操作规程和本岗位消防器材的分布。

运营单位各部门每半年组织一次消防培训，相关人员要认真研究、充分准备，防止培训过程中发生事故。部门全体成员均为义务消防队成员，日常做好消防"四懂四会"内容培训。

一、消防安全检查制度

明确消防安全检查的内容，重点检查防火用火用电情况及其他火源管理情况，火灾隐患整改情况，消防组织、防火规章制度的建立和执行情况，消防设施、设备、器材配备和完好情况，员工的安全思想情况，消防通道安全疏散情况等。

各运营单位每半月至少进行一次消防安全检查，灭火器、防毒面具等消防重点设施设备至少每半月检查一次。

消防安全检查分为一般检查、夜间检查以及定期检查。

一般检查：按照岗位防火责任制的要求，以班组（轮值组）调度长、安全员为主，对所在部位的防火情况进行检查，通常以班前、班后和交接班时为检查重点。

夜间检查：由防火责任人检查电源、火源，注意有无异常情况，及时堵塞漏洞，消除隐患。

定期检查：根据季节的不同特点和重大节假日的要求，由部门领导组织参加，除了对所有部位进行检查外,还应对重点防火部位进行重点检查,解决平时检查难以解决的重大问题。

部门对查出的火灾隐患，必须及时整改，暂时不能整改的要采取防范措施，制订整改计划上报运营公司。

每日防火巡查由值班主任/调度长指派环调负责，主要检查用火、用电有无违章情况；安全出口、疏散通道是否畅通；安全疏散指示标志、应急照明是否完好；消防设施、器材和消防警示标志是否在位、完整；常闭式防火门是否处于关闭状态，防火卷帘、消防通道周围是否堆放物品影响使用；消防重点岗位的人员在岗位情况；消防安全其他情况，如实填写消防巡查记录。

二、生产动火管理制度

动火作业是指在禁火区进行焊接、切割作业及在易燃易爆场所使用电焊、气焊（割）、喷灯、电钻、砂轮等进行可能产生火焰、火花和炽热表面的临时性作业。

（一）动火作业审批程序

动火作业属地化管理单位接收到动火作业单位《临时动火作业申请》时，做好会签。

（1）一级动火的审批，必须由动火单位主要负责人签发书面申请报告，安监部门及有关专业技术人员到场勘查，共同制定安全动火实施方案，经各单位分管领导审批后，由安监部门签发《临时动火作业许可证》。

（2）二级动火的审批，由动火作业人员提出申请，动火作业单位制定安全动火实施方案，安全技术职能科室审核，属地化管理单位会签，动火作业单位主要负责人或分管安全负责人审批并指定专人签发《临时动火作业许可证》。

（3）三级动火审批，由动火作业人员提出申请，动火作业单位制定安全动火实施方案，专兼职安全工程师审核，属地化管理单位会签。其中，各单位三级动火由负责人审批并指定专人签发《临时动火作业许可证》，并报备单位安全技术职能科室；部门三级动火由部门相关科室负责人审批并指定专人签发《临时动火作业许可证》。

（二）动火流程

（1）各单位因生产（工作）需要实施动火，必须按规定办理审批手续，提供动火申请报告。报告包括：施工方案、动火方案、动火作业安全保证书和焊工特种作业人员操作许可证（高处动火须有高处作业操作许可证）等。

（2）根据动火不同等级，由单位填写《临时动火作业申请表》，办理相关手续。

（3）施工前做好施工现场防护，配备相应的消防器材。动火过程中，动火人严格按照安全操作规程进行，切实履行本岗位的安全防火职责。

（4）施工作业或归口单位须指定专人在动火现场履行监督和防火的职责，确保动火现场的安全。

（5）施工作业需按规定办理请销点手续，所有动火完毕后，必须经单位指定专人现场查验，确认无火灾隐患后，将《临时动火作业许可证》（副联）返还发证单位，视为动火工作结束。未按时返还许可证的，将视为动火未完毕。在此期间发生的任何问题，由动火单位负责人及动火直接责任人承担一切安全责任。

一级《临时动火作业许可证》有效期不超过 24 h，二级不超过 7 天，三级不超过 30 天。

对动火过程中没有办理审批手续擅自动火、违反操作规程、没有采取防范措施的，以致引发火灾，部门及安全监督部门将配合公安消防部门进行调查，严肃处理。

三、消防设施设备管理制度

运营公司配置的消防器材、设施是专用灭火工具，必须人人爱护，不准任何人损坏和擅自动用，运营部门、调度室、总调室专（兼）职安全工程师负责管理辖区内的消防器材，保证消防设施、器材完好有效。

（1）灭火器、防毒面具要摆放在调度大厅指定位置，任何人不得任意挪用。

（2）调度大厅灭火器、消火栓、防毒面具等防火装置使用前后须仔细检查，检查状态是否完好、是否在有效期内。

（3）调度室（总调室）对所管辖的消防设备要建立档案，部门做好备案，及时掌握变动情况。检查中发现需维修、更换、添置的，由部门安全工程师统一报安全保卫部和招标采购事业部处理。

四、防火用电管理制度

（1）日勤人员必须在每日下班前检查照明及电器使用情况，按规定关闭电器。

（2）仓库注意保持通风，物品应当分类、分堆、分垛堆放，易燃易爆物品单独堆放。

（3）禁止乱拉乱接电线及使用超负荷电器。若电线出现故障报综调处理，不得交由无证电工处理。

（4）凡发生火警事件，消防责任人必须在一周内组织有关人员召开分析会，查找发生原因，制定防范措施，查堵漏洞，并书面报告有关领导。

五、禁烟管理制度

为提高运输管理事业部全员消防意识，消除火灾隐患，规范文明行为，改善工作环境，保障公共财产和员工人身安全，运营部门全体人员必须严格按照公司及部门禁烟管理规定执行。

运营单位各科室、调度室（总调室）负责在单位内部传达宣贯公司及部门禁烟管理规定，负责本单位内部及来访人员的禁烟管理，将禁烟检查纳入各级检查的范畴中，对本单位内部违反禁烟管理规定的员工进行考核，同时每季度排查、统计员工吸烟情况，并向安全科报备。运营单位各科室、调度室（总调室）按要求在禁烟区张贴彩色塑封禁烟标识标贴和考核条款。

各班组（轮值组）值班主任本人或安排专人定时巡查管辖范围内禁烟区域，做好巡查记录，各科室、调度室（总调室）日勤管理人员做好协查。

任务三 消防安全管理职责要求

城市轨道交通运营单位为消防安全重点单位，应建立消防安全责任体系，明确逐级岗位消防安全职责。城市轨道交通消防设计应有保障消防安全疏散的设施及通道，运营单位应保障消防安全疏散通道及设施完好、可用，落实消防安全措施。城市轨道交通运营单位应建立与当地公安消防机构联系制度，及时反映单位消防安全管理工作的情况。

一、消防安全责任人

城市轨道交通运营单位的法人代表或主要负责人是单位的消防安全责任人，对本单位的消防安全工作全面负责，并应履行以下责任：

（1）贯彻执行消防法规，保证单位消防安全符合规定，掌握本单位消防安全情况。

（2）组织编制和审定本单位消防应急预案。

（3）组织审定与落实年度消防安全工作计划和消防安全资金预算方案。

（4）确定本单位逐级消防安全责任，任命消防安全管理人，批准实施消防安全制度和保证消防安全的操作规程。

（5）组织建立消防安全例会制度，每月至少召开一次消防安全工作会议。

（6）每月至少参加一次防火检查。

（7）组织火灾隐患整改工作，负责筹措整改资金。

（8）消防安全责任人应当报当地公安消防机构备案。

二、消防安全管理人

城市轨道交通运营单位的消防安全管理人员应由消防安全责任人任命，并应履行以下职责：

（1）拟订年度消防工作计划和消防资金预算方案。

（2）协助组织编制和审定本单位消防应急预案。

（3）组织制定消防安全制度和保障消防安全的操作规程。

（4）组织实施防火检查，每月至少一次。

（5）组织整改火灾隐患。

（6）组织建立消防组织，每半年至少组织一次消防宣传教育、灭火和应急疏散演练。

（7）消防安全责任人委托的其他消防安全管理工作。

（8）向消防安全责任人报告消防安全工作情况，每月至少一次。

（9）消防安全管理人应当报当地公安消防机构备案。

三、部门主管人员

（一）车站站长（值班站长）

车站站长（值班站长）上岗前应经运营单位培训合格，并应履行以下消防职责：

（1）贯彻执行有关消防法规，保障车站安全符合规定，及时掌握车站消防安全情况。

（2）制订车站年度消防工作计划和消防资金预算方案并组织实施。

（3）协助组织制定、修改和完善车站消防应急预案。

（4）每月至少组织一次车站防火检查，及时消除能够整改的火灾隐患，对不能整改的，提出整改意见。

（5）每半年至少组织一次车站消防宣传教育、灭火和应急疏散演练。

（6）发生火灾时能够按照车站消防应急预案及时组织疏散乘客、扑救火灾并向有关部门报告火灾情况，协助灾后调查火灾原因。

（7）每月至少一次向消防安全责任人或消防安全管理人报告消防安全工作情况。

（二）控制中心主任（值班主任）

控制中心主任（值班主任）上岗前应经消防专业培训合格，并应履行以下消防职责：

（1）贯彻执行有关消防法规，保障调度系统安全符合规定，及时掌握调度系统消防安全情况。

（2）制订调度系统年度消防工作计划和消防资金预算方案并组织实施。

（3）协助组织制定、修改和完善控制中心消防应急预案。

（4）每月至少组织一次调度系统防火检查，消除火灾隐患。

（5）每半年至少组织一次调度系统消防宣传教育、灭火和应急处置演练。

（6）发生火灾时能够按照控制中心消防应急预案及时组织各调度处理火灾事故、疏散乘客、扑救火灾并向有关部门报告火灾情况。

（7）协助灾后调查火灾原因、积极组织撰写火灾事件处理经过，并向有关部门汇报。

（8）审批施工作业日计划和临时计划，对有安全隐患的计划进行调整。

（9）每月至少一次向消防安全责任人或消防安全管理人报告消防安全工作情况。

四、消防安全员

（一）一般规定

城市轨道交通运营单位应确定专、兼职消防安全员。消防安全员应履行以下职责：

(1）分析研究本部门、岗位的消防安全工作，及时向上级报告。

(2）确定本部门、岗位的消防安全重点部位，实施日常防火检查、巡查。

(3）接受安排落实火灾隐患整改措施。

(4）管理、维护消防设施、灭火器材和消防安全标志。

(5）协助开展消防宣传和消防安全教育培训。

(6）协助编制消防应急疏散预案，组织演练。

(7）记录消防工作落实情况，完善消防档案。

(8）完成其他消防安全管理工作。

（二）环控调度人员

(1）负责对全线各车站消防等机电设备的全面监控，及时掌握各车站消防设备的运行状况。

(2）对火灾事故的报警，应认真确认、分析现场情况，及时通报行调、电调和值班主任。

(3）在发生火灾事故时，能够按照控制中心消防应急预案，通过调动环控设备执行合理的通风模式，引导乘客和工作人员进行安全疏散。

（三）行车调度人员

（1）负责对列车安全运行状况的监控。

（2）发生火灾时，能够按照控制中心消防应急预案及时指挥着火列车运行、灭火和乘客的安全疏散，并调整后续列车的运行。与车站值班站长和列车司机保持联系，随时掌握列车运行、灭火和乘客疏散情况。

（3）引导乘客和工作人员进行安全疏散，并尽量减少财产损失。

（四）电网调度人员

（1）负责轨道交通安全运行的电网保障。

（2）发生火灾时，能够按照控制中心消防应急预案及时切断相关电网的牵引电流和设备电流。

（3）通知变电所值班人员注意设备运行，保证排烟系统的电源供应。

（4）通知接触网专业工作人员配合灭火，检查设备和电缆情况，防止乘客触电。

（五）维修调度人员

（1）负责轨道交通安全运行的设备和通信保障。

（2）发生火灾时，能够按照控制中心消防应急预案及时通知相关车间轮值工程师，必要时启动抢修程序，尽可能保障轨道交通设备和通信系统的正常运行。

（六）自动消防系统操作人员

自动消防系统的操作人员应经消防专业培训合格后持证上岗，并应履行以下职责：

（1）掌握自动消防系统的工作原理和操作规程，能够熟练使用和操作各种系统。

（2）负责对消防设施的每日检查，认真填写各种消防设施值班和运行记录，并定期对各种消防设施进行检查，保证自动消防设施的完好有效。发现故障应及时排除，不能排除的应报告消防安全管理人。

（3）核实、确认报警信息。

（4）熟练掌握火灾和其他灾害事故应急处理程序，发生火灾时，根据消防应急预案启动相关消防设施。

（七）列车司机

列车司机除熟练掌握列车驾驶知识外，还应经消防专业培训合格后持证上岗，并应履行以下职责：

（1）掌握列车火灾应急预案和应急处理办法。

（2）每日检查列车消防设施和报警通信设施功能，发现故障应及时排除，不能排除的应报告消防安全管理人、消防安全责任人。

（3）发生火灾时，用标准用语进行广播宣传和疏散引导，稳定乘客情绪，引导乘客使用车内灭火器灭火和进行紧急疏散。

（4）将列车着火情况及时报告控制中心或值班站长。

（八）其他人员

其他人员应严格执行消防安全制度和操作规程，参加消防安全培训及灭火和应急疏散演练，熟知本岗位火灾危险性和消防安全常识，发生火灾时及时引导乘客进行安全疏散。

五、承包、租赁、合作或委托经营

城市轨道交通车站站厅内按规定设置的商业场所，实行承包、租赁或委托经营、管理时，应接受和服从运营单位消防安全管理。运营单位应提供符合消防安全要求的建筑物，订立的合同中应明确消防安全责任。

（1）工作人员因工作需要携带时，应按程序申报并采取必要的消防监护措施。易燃易爆化学危险品的携带、使用和剩余用量应采取严格的登记制度。

（2）工作人员因工作需要携带的易燃易爆化学危险品应与乘客分开进出车站和乘坐专用列车。

（3）对于车站内无主或无人认领的包裹、行李，应立即转移至远离乘客的安全区域。

任务四　地铁消防设施与设备使用与维护

一、地铁车站消防系统

（一）地铁防灾报警系统

全线防火救灾系统设中央级和车站级两级管理。

中央级管理系统设在地铁控制中心内，负责地铁全线防火救灾设备的集中监控管理，发生火灾时负责全线的统一调度和指挥；车站级管理系统设在各站车控室和车辆段运转值班室内，负责管理车站、相邻区间隧道以及车辆段重要设备设施用房的防救灾工作。两级防灾报警系统既对其所管辖范围独立地进行消防监控管理，又互相联网工作。

地铁一般设感烟探测器、感温探测器、烟温合并探测器、红外对射探测器、火焰探测器、可燃气体探测器、手动报警按钮、疏散指示标志等。

（二）气体灭火系统

在地下车站的通信设备机房（含通信电源室及通信电缆间）、信号设备机房（含信号电源室）、牵引降压混合、降压及跟随变电所、整流变压器室、交流开关柜室、直流开关柜室、整流器柜室、动力变压器室、地铁大厦重要设备机房等均设有气体灭火系统。该系统主要以七氟丙烷气体灭火剂作为灭火介质，气体灭火设计采用组合分配式、全淹没灭火系统。气体自动灭火系统的报警、放气在车站车控室设有声光报警信号，并能手动切除声响信号。

（三）自动喷水灭火系统

全线与车站相邻的商业区均设自动喷水灭火系统。该系统主要由水泵及稳压设备、湿式报警阀、信号阀、水流指示器、管线阀门、喷头末端试水装置等组成。喷淋泵房下设消防水池，内设消防泵两台，一台工作，一台备用。当工作泵发生故障时，备用泵能自动投入工作，稳压装置设一个小气压罐和两台稳压泵。

（四）防排烟系统

防排烟系统分为车站模式和区间模式两种。

1. 车站模式

（1）当站台层发生火灾时，关闭站台层送风系统及站厅层回/排风系统，由站台层回/排风系统将烟雾经风井排至地面，必要时与事故/排热风机一并排烟。

（2）当站厅层发生火灾时，关闭站厅层送风系统及站台层回/排风系统，由站厅层回/排风系统将烟雾经风井排至地面。

（3）当设备及管理用房发生火灾时，关闭火灾区域的送风系统，由该区域的事故或排烟风机将烟雾或有害气体经风井排至地面。

2. 区间模式

（1）当列车在区间发生火灾停驶时，车站一端的事故风机向火灾区间送风，另一端的事故风机将烟雾经风井排至地面。

（2）当列车在运行途中发生火灾，根据事故列车在区间的位置和列车火源位置等决定通风方向后，启动事故风机和回/排风机进行排烟，使乘客疏散的方向与气流方向相反，使疏散区始终处于新风带，以利于人员安全撤离。

（3）当发生火灾的列车进入车站停车时，启动设在车站两端的事故风机和回/排风机进行排烟，使乘客疏散方向与气流方向相反，以利于人员安全撤离。

（五）消防供电系统

供给消防控制中心控制机的电源为两路互为备用的消防独立交流 220 V 电源，交流 220（1±10%）V，50 Hz±1 Hz。

各车站设有人工切断照明电源功能（正常运行时由车站管理照明电源），一般在乘客疏散完毕或消防队员扑救行动前完成。

其他非消防电源(三级负荷总开关)的切断由控制中心系统通过控制模块实现。消防泵、喷淋泵、气体灭火装置及洞口排雨水泵站和区间主排水泵站、车站废水泵房、露天出入口及敞开风口处的排水泵房均按一级负荷供电。供电电缆及电线均采用阻燃和耐火电缆。

二、微型消防站建设原则

重点单位微型消防站是依托单位消防队伍,配备必要的消防器材,担负防火巡查和"3 min 到现场"处置初起火灾等任务的消防组织。

除按照消防法规须建立专职消防队的重点单位外,其他设有消防控制室的重点单位应建立微型消防站。

合用消防控制室的重点单位,可联合建立微型消防站。

微型消防站的建设要求:"三知四会一联通,速度要在 3 min。"

(1)三知,知道消防设施的位置情况,知道疏散通道和出口的情况,知道建设布局结构。

(2)四会,会组织疏散人员,会扑灭初期火灾,会穿戴防火防护装备,会操作消防器材。

(3)一联通,分 3 个层面,119 的指挥中心与微型消防站联通,单位内部与微型消防站联通,微型消防站与队员联通。

三、灭火的基本方法

灭火的基本方法是根据起火物质的燃烧状态,为破坏燃烧必须具备的基本条件而采用的一些措施。灭火的基本方法主要有以下几种:

(1)冷却灭火法:将灭火剂直接喷洒在可燃物质上,使可燃的温度降低到燃点以下,从而使燃烧停止。用水救火的主要作用就是冷却灭火。

(2)窒息灭火法:采取措施,阻止空气进入燃烧区,或是用惰性气体降低空气中的含氧量,使燃烧物质因缺乏氧气而熄灭。如用湿棉被、湿麻袋覆盖在燃烧的液化石油气瓶上。

(3)隔离灭火法:将附近的可燃物质与正在燃烧的物品隔离或者疏散开,从而使燃烧停止。如在火源与未燃烧区间拆除所有可燃物质,建立防火隔离带,阻止火势蔓延。

(4)化学抑制灭火法:将灭火剂喷向燃烧物,抑制火焰,使燃烧过程产生的游离基(自由基)消失,从而使燃烧停止。最常见的灭火器为喷射式灭火器。

四、灭火流程

每一名地铁运营人员都要牢记灭火的基本方法,掌握常用的消防设备的使用方法,熟悉灭火流程。

(1)首先要确认是否发生火情,有必要到现场确认。

(2)根据火势大小采取最佳的灭火方式。

灭火流程如图 10-1 所示。

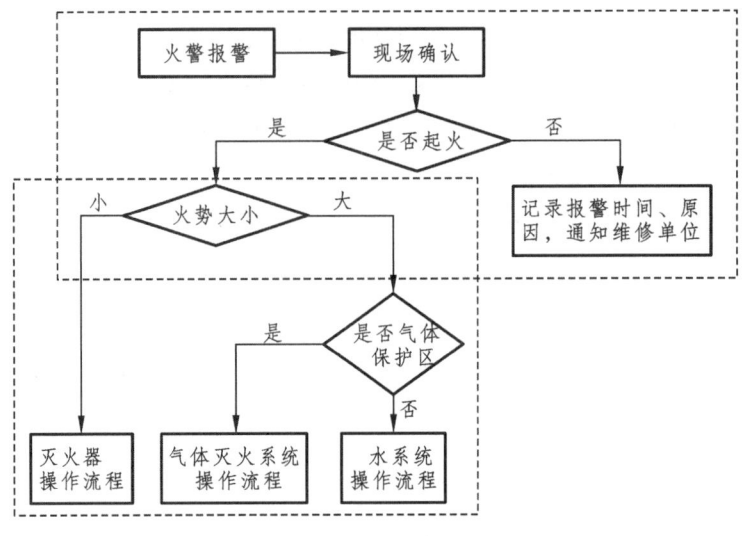

图 10-1 灭火流程图

五、消防设施的使用

(一) 灭火器使用方法

灭火器是一种轻便有效的灭火器材,是扑救初起火灾最常用的灭火设备。城市轨道交通系统主要采用干粉灭火器、二氧化碳灭火器和泡沫灭火器。灭火器的原理是,由人操作能在其自身内部压力作用下,将所充装的灭火剂喷出,实施灭火。

1. 手提式干粉灭火器

手提式干粉灭火器(见图 10-2)主要用来扑救固体火灾、液体火灾、气体火灾和电气火灾。

(1) 使用方法:扑救火灾时,手提或肩扛干粉灭火器到现场,上下颠倒几次,离火点 3~4 m 时,撕去灭火器上的封记,拔出保险销,一只手握紧喷嘴、对火源,另一只手的大拇指将压把按下,使干粉剂喷出,并迅速摇摆喷嘴,让粉雾横扫整个火区,由近而远,将火扑灭。

(2) 注意事项:灭火要果断迅速,不要遗留残火,以防复燃;扑灭液体火灾时,不要冲击液面,以防液体溅出,造成灭火困难。

(3) 检查方法:发现指针指在红色区域或开启使用过,就表明已失效,应送修。灭火器的有效期一般为 5 年。

(a) 灭火器箱内干粉灭火器
(3 kg 手提式)

(b) 灭火器架内干粉灭火器
(4 kg 手提式)

（c）二氧化碳灭火器（干冰）

图 10-2　手提式灭火器

2. 二氧化碳灭火器

二氧化碳灭火器适用于扑救液体、气体、电气设备的初起火灾，如带电的电路、贵重设备、图书资料等。

（1）使用方法：首先将灭火器提到距起火地点约 5 m 处，放下灭火器，一只手抓住喇叭形喷筒根部的手柄，将喷筒对准火焰，另一只手迅速旋开手轮或压下压把，使气体喷射出来。扑救液体火灾时，应使二氧化碳射流由近而远向火焰喷射。如果燃烧面较大，操作者可左右摆动喷筒，直至把火扑灭。扑救容器内火灾时，操作者应手持喷筒根部的手柄，从容器上部的一侧向容器内喷射，但不要使二氧化碳直接冲击到液面上，以免使可燃液体冲出容器而扩大火灾。总之，使用二氧化碳灭火器灭火时，应设法把二氧化碳尽量多地喷射到燃烧区域内，使之达到灭火浓度而使火焰熄灭。

（2）注意事项：灭火器在喷射过程中应保持直立状态，切不可平放或颠倒使用；不要用手直接握喷筒或金属管，以防冻伤；在室外使用时，应选择在上风方向喷射；在室外大风条件下使用时，喷射的二氧化碳气体易被风吹散，灭火效果很差；在狭小的室内使用时，灭火后操作者应迅速撤离，以防被二氧化碳窒息而发生意外，火灾完全扑灭后应打开门窗通风。

（3）检查方法：定期对灭火器称重，如泄漏的灭火剂质量大于总量的 1/10 时，应补充灭火剂。

3. 机械泡沫和合成泡沫灭火器

（1）使用范围：泡沫灭火器用来扑灭固体、液体火灾，不能扑灭带电火灾。

（2）使用方法：离火点 3~4 m 时，撕去灭火器上的封记，拔出保险销，一只手握紧喷嘴，对准火源，另一只手的大拇指将压把按下，泡沫即可喷出。此时迅速摇摆喷嘴，使泡沫横扫整个火区，由近而远，将火扑灭。

（3）检查方法：发现指针指在红色区域或开启使用过，就表明已失效，应送修。有效期一般为 2 年。

4. 灭火器型号选择

灭火器型号分布如表 10-1 所示。

表 10-1　灭火器型号分布

名　称	具体型号	主要分布
ABC 干粉灭火器	3 kg 手提式	① 各区灭火器箱内；② 设备间走道、消火栓箱内
	4 kg 手提式	① 各区灭火器架内；② 车站公共区域配置，站台、站厅
二氧化碳（干冰）灭火器	3 kg 手提式	① 车站管理用房区；② 通信机械室、信号机械室门口

（二）消火栓使用方法

1. 消火栓的组成

城市轨道交通系统消火栓给水系统由消防水源、消防管道、室内消火栓（见图 10-3）、室外消火栓（见图 10-4）、消防水泵、稳压泵、消防泵控制柜、消防泵接合器组成。

图 10-3　室内消火栓

图 10-4　室外消火栓

2. 消火栓操作流程

（1）当火势比较小的时候，可以选择水喉灭火。

（2）当火势比较大的时候，可以选择启动消防泵，利用消防带和水枪灭火。

消火栓操作流程如图 10-5 所示。

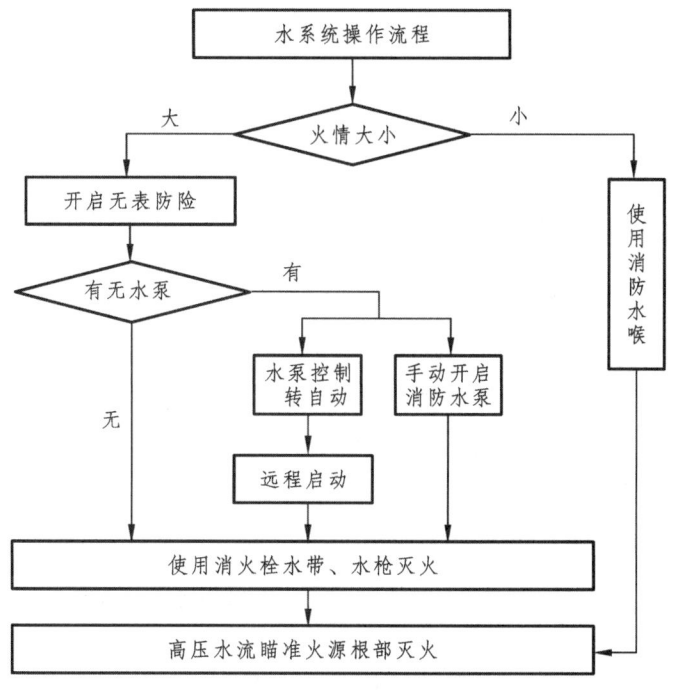

图 10-5 消水栓操作流程

3. 消火栓的使用

（1）打开消火栓箱，取出水带。

（2）抛水带。右手握住水带，然后用力向正前方抛出，使水带向正前方摊开。

（3）接水带。右手将水带接头与消火栓接头对接，并顺时针转动至卡紧位。

（4）接水枪、打开水龙头。迅速拿起另一头水带接头，一手拿着水枪向着着火部位冲去，将水枪头接上水带接口，并将水龙头打开。

（5）灭火、射水时，采取包围灭火战术阻止火势和烟雾向四周扩散，以便有效控制，直至将火扑灭。如遇电气火灾，应先断电后再灭火。

（三）消防水带的使用

地铁车厢内一般都安装了消防水带，乘客在火灾发生时可以使用它进行灭火。使用消防水带时，应将水带连接好，并且保持水带直接喷向火源。喷水时，应将水带保持在一定倾斜角度，喷水的冲击力能将火焰冲熄。

（四）火灾自动报警系统

火灾自动报警系统是为了及早发现、通报火灾，以便及时采取措施扑灭火灾而设置于建筑物内的一种自动消防设施。通常，城市轨道交通每一条线的火灾自动报警系统以环网方式将各车站的报警控制器构成一个整体的网络，在控制中心能对全线报警系统实行监控管理，随时掌握全线动态情况。在其所管辖范围内，对火灾状况进行监测报警和实施有关消防操作。火灾自动报警系统主要是对火灾监测的报警、其他系统消防设备的监视及控制、系统故障报警、消防电话通信等重要功能。

1. 火灾自动报警系统的设备及分布

在城市轨道交通各车站、主变电所、车辆段、区间风机房和控制中心大楼均设有火灾自动报警系统，分为车站级和中央级两级。

（1）车站级设备包括火灾报警控制盘与站级计算机图形中心、站内的自动报警设备、手动报警器、消防紧急电话等。

（2）中央级设备为安装在控制中心的中央级计算机图形中心，作为全线火灾自动系统的操作管理和资料存档管理平台，随时接收、显示各车站传送来的报警信号，对车站报警点按全貌、全区等逐级进行图形显示，并打印、存档各类信息资料。

（3）现场外部设备包括智能烟感器、智能温感器、普通烟感器、普通温感器、感温电缆、对射探头、手动报警器。

2. 火灾自动报警器的功能

（1）火灾报警功能：系统通过现场火灾探测器监测到火灾情况时，控制盘便产生火灾报警信号。

（2）消防设备的监视功能：对其他系统设备，如防火阀、气体灭火系统、消防水泵等进行监视，当设备动作或异常时便产生监视报警。

（3）系统故障报警功能：当系统本身存在故障时，车站级控制盘及中央级计算机进行故障报警，如烟感器"极脏"等。

（4）消防设备的控制功能：当发生火灾需要对某些消防设备进行控制时，系统可以通过控制模块（辅助继电器）对其他系统的某些消防设备进行强行启动，如关闭防火阀、启动消防水泵、降下防火卷帘门等。

（5）消防通信功能：通过电话插孔、挂箱电话使现场与车控室进行直接通话。

（五）自动喷水灭火系统

地铁车厢内和车站中一般都安装了自动喷水灭火系统，可以在火灾发生时自动喷出灭火水。在火灾发生时，如果条件允许，乘客可以按下车厢内的紧急喷水按钮，启动自动喷水灭火系统。

（六）通风设备的使用

火灾发生时，由于烟气和有害气体的存在，地铁车厢内往往会呈现出高温高浓度的状况。为了保护乘客的生命安全，地铁车厢内和车站中安装了通风设备，可以将烟气和有害气体排出车厢外。乘客在火灾发生时应该尽量靠近通风设备，以便呼吸新鲜空气。

在地铁隧道里，设有专门的送风排烟装置，一旦发生火灾，隧道内的事故风机系统就会启动，在最短的时间内排出有毒的烟雾，同时防火卷帘门会自动下落关闭，将火灾隔断，起到阻止火势蔓延的作用。

（七）疏散通道的使用

地铁站和车厢内设有疏散通道，用于在火灾发生时安全疏散乘客。乘客在火灾发生时应沿着疏散通道尽快离开现场，避免逆行、推挤和慌乱。

（八）按照消防设备使用说明正确使用

地铁车厢内的消防设备使用说明一般都贴在设备上或者周围，乘客在使用消防设备时应按照使用说明进行操作，避免错误使用导致事故。

（九）事故照明疏散指示标志系统

在地铁站台层的天花板上，每隔 8 m 左右设置一个 60 W 功率的固定应急照明设施，同时在站厅、出入口、通道的醒目位置设置疏散指示标志，使疏散逃生乘客能够通过固定应急照明设施和夜光装置指示标志明确出口方向，加快疏散速度。

（十）定期检测和维护消防设备

地铁公司应定期对车厢内的消防设备进行检测和维护，确保设备的正常使用。乘客在发现消防设备损坏或者不正常时，应及时向工作人员反映。

六、其他消防设施

（一）挡烟垂壁

在地铁车站站台的楼梯口，都会有一圈玻璃在上方围着，即挡烟垂壁。当火灾发生时，挡烟垂壁能有效阻挡烟雾在建筑顶棚下横向流动，从而阻挡烟雾的蔓延，是专业的消防设施之一。

（二）防火卷帘门

防火卷帘门采用特别的材质，耐火耐高温，在发生火灾时及时降下，可以阻挡火势蔓延，控制火情。它可以通过设备联动降下，也可以通过就地控制盒和手动拉链降下。

（三）电源插座

在地铁车站内随处可见的电源插座，主要用于车站内的施工作业。考虑到手机充电电压不同等安全问题，每个插座上方均贴有"危险，请勿触摸"警示语，禁止乘客擅自用来充电。

（四）车载灭火器

每节列车车厢都配置有灭火器，位于座椅下方。如遇火灾，应第一时间通知车站工作人员或司机，在保证自身安全的前提下，可以使用灭火器尝试进行灭火。

七、消防安全设计要求

（一）耐火等级

耐火等级是指在标准耐火试验条件下，建筑构件、配件或构造从受到火的作用时起，到失去稳定性、完整性或隔热性时止的这段时间，用小时表示。

民用建筑耐火等级分为一、二、三、四级。一级最高，四级最低。一级耐火等级建筑是钢筋混凝土构造或砖墙与钢混凝土构造组成的混合构造。

地铁车站及出入口、通风亭等的建筑耐火等级为一级。

（二）耐火极限

车控室、变电所、配电室、信号、通信、通风空调机房、气瓶间等重要设备房采用耐火极限不低于 3h 的隔墙和不低于 2h 的楼板与其他部位隔开，建筑吊顶应采用不燃材料。隔墙上的门均是甲级防火门。

（三）防火分区

1. 防火分区的划分

防火分区是指在建筑内部采用防火墙、耐火楼板及其他防火分隔设施分隔而成，能在一定时间内防止火灾向同一建筑的其余局部蔓延的局部空间。在建筑物内采用划分防火分区这一措施，可以在建筑物一旦发生火灾时，有效地把火势控制在一定的范围内，减少火灾损失。

地铁车站公共区（站台、站厅、出入口）为同一防火分区，设有相应的大系统火灾模式；A 端设备区、B 端设备区为另外两个防火分区，分别设有相应的小系统火灾模式；每个防火分区均设有独立的疏散口。

备注：消防泵房、污水泵房、蓄水池、厕所、排烟风道不计入防火分区面积。

2. 防火分区的防火分隔材料

两个防火分区之间采用耐火极限 4h 的防火墙和甲级防火门分隔。车控室的玻璃是 C 类甲级防火玻璃。

甲级防火门耐火极限时间为 1.2h。C 类防火玻璃是只满足耐火完整性要求的防火玻璃。此类玻璃具有透光、防火、隔烟、强度高等特点，适用于无隔热要求的防火玻璃隔断墙、防火窗、室外幕墙等。

3. 装修材料选择及孔洞封堵

（1）建筑装修材料分为 A 类：不燃材料；B1 类：阻燃材料；B2：难燃材料；B3：易燃材料。

（2）地铁上应使用不燃材料，无法实现时可使用阻燃材料；与消防有关的电气管线外涂防火涂料。

（3）设备管线穿越楼板、墙体及防火分隔物时采取防火封堵（亦即用在穿墙处用防火泥对间隙进行封堵），封堵材料的耐火时间与所在部位楼板及墙体的耐火时间一样。

（四）防烟分区

（1）车站火灾排烟模式是自动控制启动，必要时由车站值班员在 IBP 盘上人工启动。

（2）地铁每个防烟分区面积不大于 750 m²，地铁站厅与人行通道连接处或两个防烟分区连接处设置挡烟垂壁（它垂直顶板的高度应大于 500 mm），当构造梁底距离顶板垂直距离大于 500 mm 时，可以利用梁作为挡烟垂壁。站厅与站台连接的楼梯或扶梯开孔处，防烟分隔一般采用防火板隔开，防火板距离楼板顶部的距离大于 500 mm。

（五）紧急疏散

1. 设计标准

（1）开通出入口的标准：每个车站在开通初期需确保至少 2 个出入口能直通地面。

（2）疏散设计标准：站台到站厅的扶梯加楼梯总宽度，保证火灾情况下，在 6 min 内把站台上候车乘客和一列列车的乘客以及车站工作人员疏散到平安地点。

（3）疏散计算条件：①火灾情况下扣除一台扶梯检修外，其余上行扶梯仍然上行，下行扶梯停顿运行，作为步梯用，使人员迅速离开火灾区域。②垂直电梯在火灾情况下停顿使用。③火灾状态下，车站自动检票机释放，闸机处于开放状态。

（4）管理用房区（有人区）设有一个平安出口通向地面。

（5）长度超过 7 m 的变电、配电房设两个疏散门。

（6）车站主要设备管理用房内设有两个独立的通道时，其长度不应大于 20 m，如果超过 20 m，那么应在两个通道间设联络横通道。设备管理用房的门距离最近的平安出口不超过 35 m，位于尽头端封闭通道两侧或尽头端房间。

（7）站台公共区的任一点，距离疏散楼梯口或通道口不大于 50 m。在站台每端设置连接区间的楼梯。人员密集的公共场所疏散门不应设门槛。

（8）火灾时，其区域内的垂直电梯自动平层返回基地（疏散最有利层），翻开轿厢门和层门；门禁均失电释放翻开门；发生在公共区时，车站闸机自动释放。

（9）地下换乘车站的换乘通道不应作为平安出口。

（10）区间的平安疏散应符合以下规定：

① 每个区间隧道轨道区均应设置到达站台的疏散楼梯；

② 两条单线区间隧道间应设联络通道，相邻两个联络通道之间的距离不应大于 600 m，联络通道内应设并列反向开启的甲级防火门，门扇的开启不得侵入限界；

③ 道床面应作为疏散通道，道床步行面应平整、连续、无障碍物。

2. 车站蓄电池室内蓄电池连续供电时间

车站蓄电池室内设车站事故照明电源系统设备，为事故照明和疏散指示照明提供不少于 60 min 的工作电源，通过逆变器，车站内的灯具的电源可在火灾事故状态下自动切换为蓄电池后备电源供电。

3. 疏散指示标志的设置标准

（1）在车站出入口、站厅、站台、设备管理用房、疏散通道、自动扶梯、通道拐弯处、穿插口、楼梯口均设有疏散指示标志等，间距不大于 20 m。区间疏散指示标志按照每隔 100 m 设置。

（2）楼梯台阶须设置有疏散指示。

八、地铁站消防器材配备清单

为确保地铁站内发生火灾时能够及时有效地进行灭火和疏散人员，需要在地铁站内配备一定数量的消防器材。

（一）灭火器

地铁站内需要配备不同类型的灭火器，以适应不同类型的火灾，具体要求如下：
A 类灭火器：3 个，适用于可燃物火灾，如纸张、木材等。
B 类灭火器：3 个，适用于液体火灾，如油类、油漆等。
C 类灭火器：2 个，适用于气体火灾，如液化气、天然气等。
D 类灭火器：2 个，适用于金属火灾，如钠、钾等。
E 类灭火器：2 个，适用于电器火灾。

（二）喷水器

（1）喷淋水灭火系统：在地铁站中部和两端各设置一个，能够实现自动喷水，可对整个站点进行一定程度的覆盖，处置火情。
（2）手提水枪：4 支，适用于对火情进行扑灭。
（3）其他工具：
烟雾探测器：10 个，能够及时探测火情并发出警报。
水龙带：10 个，用于供水或者排水。
应急出口标示：至少设置 2 处，方便人员快速疏散。
灭火器箱：设置在易燃易爆场所附近，供消防人员使用。

以上是地铁站内需要配备的消防器材清单，各种灭火器材要放置在易于取用的位置，并需要经常进行检查维护。同时，还要对地铁站员工进行消防知识和技能培训，提高其消防意识和处置火灾的能力。

九、消防设施使用操作规程

城市轨道交通运营单位的消防设施操作人员必须严格按照消防设施操作规程操作。

（一）消防设施日常使用操作规程

消防设施日常使用操作规程应符合以下规定：

（1）城市轨道交通运营单位应建立具有消防系统竣工图、消防产品设备技术资料、使用说明书、调试开通报告、竣工报告、竣工验收情况表等资料的消防设施技术档案，以及消防设施的运行、检查、测试、维修、更换等情况记录，并存档备查。

（2）城市轨道交通运营单位应建立日常管理和定期检查、检测、维护、维修的逐级岗位责任制和操作规程，明确有关部门和人员的职责、程序、内容、标准和要求。对存在故障和达不到国家有关消防技术规范、工程设计要求和火灾扑救要求的消防设施、器材应及时进行维修和整改，确保消防设施、器材的完好有效。

（3）消防设施在大修、改造、更新时，应在实施前向公安消防机构备案，并按照单位内部审批程序向有关部门和负责人报告，经同意后方可实施，并在实施期间采取有效的安全预防措施，确保安全。

（4）消防设施需要改变的，应报经公安消防监督机构审核批准后，方可实施，并在实施期间采取有效的消防安全补救措施，确保安全。

（二）火灾事故中消防设施的使用操作规程

火灾事故中，消防设施的使用操作规程应符合以下规定：
（1）自动消防系统的操作人员在接到火警显示后，应按照相应的处理程序进行操作。
（2）接到火灾报警控制设备的报警信号后，应首先在系统报警点位置平面图中核实报警点所对应的部位。
（3）指派人员迅速赶到报警部位核实情况，同时消防控制中心（值班室）应随时准备实施消防系统操作。
（4）现场核实报警部位确实起火后，应立即通知消防控制中心、消防安全管理人和环控调度，将相关联动控制装置调整到自动状态，并立即拨打报警电话，向公安消防机构报警。
（5）密切监视消防系统的运行状态，保证火灾情况下自动消防设施的正常运行。

十、消防设施检查与维护制度

（1）消防设施、器材的检查维护保养管理应与本单位的运营管理工作统筹安排，结合自身消防安全特点，按照国家有关建筑消防设施维护管理标准的要求，建立健全消防设施、器材的消防安全管理制度，确定消防设施使用、管理、检查、维护的职能部门和逐级岗位消防责任制，在单位消防安全责任人或管理人的领导下抓好各项工作的落实，确保消防设施的完好有效。

（2）按照国家有关消防技术规范要求，需要委托具有建筑消防自动设施资格的单位对系统进行全面检测的，应定期委托检测并要求出具检测报告。运营单位应委托有资质的单位对消防设施进行维修更换，保证消防设施完好有效。

（3）室内外消防给水系统，火灾自动报警系统，自动喷水灭火系统，气体灭火系统，防烟、排烟与事故通风系统，防灾通信系统的操作、维护，以及管理人员上岗前应经过专业培训，并取得合格证，熟悉和掌握系统的工作原理、技术性能和操作维护规程。

任务五

灭火和应急疏散预案与演练

城市轨道交通运营单位应当落实消防安全责任制，制定本单位的消防安全制度、消防安全操作规程，制定灭火和应急疏散预案；单位的主要负责人是本单位的消防安全责任人。城市轨道交通运营单位应对职工进行岗前消防安全培训，定期组织消防安全培训和消防演练。

一、城市轨道交通特大事故和突发事件应急救援预案

（1）城市轨道交通特大事故和突发事件应急救援预案应由当地政府组织制定。当地政府应组织城市轨道交通运营单位、公安、消防、供电、通信、供水、交通和医疗等单位建立统一、完善的灾害救援指挥机构和抢险救灾体系，制定故障、火灾、爆炸、化学恐怖袭击、灭火抢险救灾等应急处理工作预案。

（2）当地政府应组织城市轨道交通运营单位、公安、消防、供电、通信、供水、交通和医疗等单位按应急预案定期进行必要的演习。演习过程中，应采取措施防止发生人员意外伤亡。

（3）政府应制定报告程序、现场及事故调查、新闻采访接待及事故现场以外区域组织工作程序。

（4）城市轨道交通运营单位应积极配合当地政府制定轨道交通消防应急预案，并严格落实预案中轨道交通运营单位的相关职责。

二、运营单位应急预案

城市轨道交通运营单位应组织制定运营机构应对轨道交通事故和突发事件应急救援预案。该预案应遵循统一指挥、逐级负责、快速反应、配合协同的原则，并应明确以下内容：

（1）运营单位抢险指挥领导小组的人员组成和职责，抢险指挥领导小组应负责抢险救援的组织、指挥、决策，并指挥各部门实施各自应急预案，尽快恢复轨道交通运营。

（2）抢险信息的报告程序，应遵循迅速、准确、客观和逐级报告的原则。

（3）现场处置过程中各部门的组织原则及相关职责。

（4）不同事故情况下的抢险救援策略和人员疏散方案。

（5）扑救初起火灾的程序和措施。

（6）提供救援人员、通信、物资、医疗救护和生活保障。

（7）通信联络、安全防护与救护的程序和措施。

三、控制中心应急处理预案（调度指挥预案）

城市轨道交通运营单位应组织制定控制中心应急处理预案，该预案应规定控制中心各调度岗位在运营组织中，遇到各类突发事件时的应急处理程序。预案应遵循快速判断、及时汇报、果断处理、协同动作、认真记录的原则，并应包括以下主要内容：

（1）控制中心通过监控系统或现场人员汇报等各种渠道，判明突发事件类型。
（2）控制中心在值班主任的领导下迅速启动相应的应急预案。
（3）通知各调度岗位实施预案中的相应职责。
（4）控制中心向上级部门汇报事件信息，请求支援。
（5）各调度岗位根据具体事故类别，通知车站、维修、行车、机电等各部门实施各自预案。
（6）控制中心与事故现场和各调度密切联系，监控事态发展，做出相应决策。

四、城市轨道交通车站应急处理预案

（一）一般规定

城市轨道交通运营单位应组织制定车站应对各类事故和突发事件的应急处理预案。车站现场应急处理预案均应遵循及时报警、疏散乘客、抢救伤员的原则，周密制定相关岗位职责、工作流程和设施器材配置标准及操作规程。

（二）轨道交通车站火灾事件应急处理预案

城市轨道交通车站火灾应急处理预案应规定车站发生火灾时车站现场的应急处理程序。预案结构及主要内容如下：

（1）确认发生火灾后，在值班站长的领导下迅速启动火灾应急预案。
（2）通知车站工作人员各自执行预案中的相应职责。
（3）立即向公安部门和公安消防机构报警。
（4）向控制中心报告现场情况。
（5）广播通知、组织和引导车站内乘客进行紧急疏散，抢救伤员。
（6）在车站出入口处设立警告标志，阻止人员进入车站。
（7）带好灭火器具，扑救初起火灾。
（8）按实际情况关闭相关机电及空调设备、开启事故照明和启动相应的送风及排烟程序。设置屏蔽门的车站，可以在站台乘客疏散完毕后，打开屏蔽门进行事故排烟。
（9）根据控制中心命令指挥后续列车迅速通过事故车站或防止后续列车进站。
（10）消防队到达现场后，派人引导到火灾现场进行扑救。

五、列车火灾事件应急处理预案

列车火灾应急处理预案应按列车在站台或区间发生火灾两种情况分别制定，并应明确司机、行车调度、值班站长等岗位职责和工作流程等主要内容。

（1）当列车在区间发生火灾，应遵循只要列车能继续运行，应继续运行至就近车站的原则。预案应按列车能继续运行或无法运行两种情况分别制定各岗位职责和工作流程。

（2）到站列车发生火灾时的应急处理应符合下列规定：

① 列车司机迅速打开车门，引导列车上的乘客向站台疏散；

② 行车值班员立即向公安部门和公安消防机构报警；

③ 行车值班员向控制中心报告现场情况，控制中心启动自身预案；

④ 根据控制中心命令指挥后续列车，采取措施防止后续列车进站；

⑤ 车站广播通知、组织和引导车站内乘客进行紧急疏散，抢救伤员；

⑥ 在车站出入口处设立警告标志，阻止人员进入车站；

⑦ 值班站长带领工作人员带好灭火器具，扑救初起火灾；

⑧ 按实际情况关闭相关机电及空调设备，开启事故照明和启动相应的送风及排烟程序；

⑨ 消防队到达现场后，派人引导到火灾现场进行扑救。

（3）列车在区间发生火灾，能继续运行时的应急处理应符合下列规定：

① 司机迅速向控制中心和两端车站报告，维持运行至就近车站，引导乘客使用车上灭火器进行灭火；

② 行车值班员立即向公安部门和公安消防机构报警，报告值班站长和行车调度，通知相关岗位人员执行列车火灾紧急疏散预案，广播通知和引导乘客进行紧急疏散；

③ 根据控制中心命令指挥现场列车，将原停靠列车开走，防止后续列车进站；

④ 值班站长带领工作人员疏散站台、站厅乘客，在车站出入口处设立警告标志，阻止人员进入车站，做好灭火、疏散列车内乘客的准备；

⑤ 列车进站后执行到站列车发生火灾时的处理程序。

（4）列车在区间发生火灾，无法继续运行时的应急处理应符合下列规定：

① 司机迅速判明火情，立即向控制中心和两端车站报告，用标准用语进行广播宣传，稳定乘客情绪，引导乘客使用车内灭火器灭火和进行紧急疏散；

② 两端车站行车值班员接到火灾的报告后，立即报告值班站长，通知相关岗位人员，开启相应的隧道照明，做好乘客广播；

③ 环控调度应按列车火灾实际情况指挥启动相应的送风及排烟程序；

④ 值班站长带领工作人员疏散站台、站厅内乘客；在车站出入口处设立警告标志，阻止人员进入车站，进入隧道协助乘客疏散，待消防队到达现场后，派人引导到火灾现场进行扑救；

⑤ 根据控制中心命令，防止后续列车继续驶入区间。

（5）车站其他预案。

为确保城市轨道交通运营安全，除火灾应急预案外，运营单位还应建立毒气、爆炸、劫持人质等突发事件应急预案。

六、车务安全应急处理预案

城市轨道交通运营单位应组织制定车务安全应急处理预案。该预案应规定车站、客车司机及车厂行车有关人员对乘客服务、行车组织、调车作业等工作中可能发生的各种应急事件、事故的处理程序。

（一）一般规定

因发生火灾等突发事件需要疏散乘客时，各岗位工作人员应密切配合、协调动作，根据指挥进行乘客疏散作业。

（二）行调采取措施

（1）根据事件现场情况及时发布封锁该站、组织列车在事发站通过、将车站内乘客疏散出站以及区间列车内乘客疏散等命令。

（2）当列车被迫停于区间而无法驶入车站进行乘客疏散时，应及时下达区间疏散乘客的命令。同时应做到：

① 立即关闭后方信号机，阻止列车进入该区间，对已进入该区间的其他列车应尽量采取措施使其退回后方站；

② 根据列车停车位置，向车站及司机发布疏散乘客的命令，命令中应指明疏散方向及注意事项。

（三）列车司机采取措施

（1）当列车迫停于区间时，利用列车广播对乘客进行解释，稳定乘客情绪，防止秩序混乱。

（2）迫停于区间的列车需要就地疏散乘客时，在得到调度命令后，配合车站工作人员按行调指定的车站和方向组织乘客疏散。

（3）列车在运行中发生火灾时，在积极扑救的同时，对乘客进行广播宣传，稳定乘客情绪，需在区间疏散乘客时，按区间疏散措施执行。

（四）车站工作人员采取措施

（1）迫停于区间的列车需要疏散乘客时，车站工作人员应采取如下措施：

① 接到行调下达的就地疏散乘客的命令后，组织相关抢险人员携带工具赶赴现场，与列车司机取得联系后，说明乘客疏散方法等有关事项后进行列车乘客疏散；

② 对乘客进行广播宣传，稳定乘客情绪，防止秩序混乱；

③ 在疏散过程中，采取各种措施防止乘客进入不安全区域，为乘客提供各种帮助，提示走行线路和注意事项，防止意外事故发生；

④ 疏散完毕后，现场负责人撤离现场前对车厢内外进行清查，确认乘客及抢险人员已全部撤离，线路无障碍后将情况向抢险负责人报告。

（2）列车在到达车站后进行乘客疏散时，使用车站广播及口头进行宣传，上车组织乘客疏散。

（3）停止售检票，开启所有能使用的出入口，同时阻止人员进入车站。

（4）抢险人员积极妥善抢救伤员，与专业医疗机构联系请求救护，并派人到指定出入口等候救护车。

七、灭火和应急疏散演练

（一）目　的

（1）使各级指挥人员、各行动组和有关工作人员熟悉相关应急预案，清楚各自的职责。

（2）检验各级应急预案的实用性和可操作性。

（3）检验城市轨道交通运营单位在紧急情况下的应急组织指挥、通信、灭火、疏散和救护等方面的实战能力，积累应对火灾等突发事件的实战经验。

（4）检验各类设备在紧急情况下的运行状态和可能存在的问题。

（二）一般规定

（1）城市轨道交通运营单位应根据各级应急预案要求制订各级灭火和应急疏散演练计划并积极组织实施。

（2）城市轨道交通运营单位应至少每年组织一次全机构的灭火和应急疏散演练。

（3）城市轨道交通运营单位应组织各车站至少每年进行两次灭火和应急疏散演练。

（4）城市轨道交通运营单位应在灭火和应急疏散演练前至少 15 天向当地公安部门和公安消防机构上报灭火和应急疏散演练计划，获得批准后方可举行灭火和应急疏散演练。灭火和应急疏散演练应在当地公安部门、公安消防机构的指导和配合下进行。

（5）灭火和应急疏散演练应在城市轨道交通线路投入正式运营前或在投入运营后的非运营时间内进行。

（6）参加灭火和应急疏散演练的人员可以是城市轨道交通运营单位工作人员和身体健康的成年志愿者。

（7）在模拟实际火灾条件下的所有演练中，应注意对火源及烟气的控制，防止疏散队伍混乱及对演练人员的伤害。

（三）疏散演练的内容

灭火和应急疏散演练组织及内容如下：

（1）指挥人员：公安消防机构到达之前指挥灭火和应急疏散工作。

（2）通信联络组：报告火警，与相关部门联络，迎接消防车辆，传达指挥员命令。

（3）疏散引导组：维持火场秩序，引导乘客疏散，抢救重要物资。

（4）灭火行动组：按照预案要求，及时到达现场扑救火灾。

（5）安全防护救护组：救护受伤人员，准备必要的医药用品。
（6）其他必要的组织。

（四）演练的组织

（1）演练时应在城市轨道交通运营车站入口处设置带有"正在进行消防演练"字样的标志牌。
（2）演练结束后，应总结问题，做好记录，修订预案内容，解决演练中暴露出的问题。

八、抢险救援工具备品

（一）一般规定

（1）城市轨道交通运营单位应在轨道交通设施内设置应对各类事故和突发事件的抢险救援工具备品，并保持这些器材的完好。
（2）城市轨道交通运营单位工作人员应熟练使用和操作抢险救援工具备品。
（3）城市轨道交通运营单位应通过公益广告、广播和闭路电视等向乘客宣传自救用品的使用方法。

（二）指挥备品

抢险救援用指挥备品至少应包括：手持对讲机、防毒面具、呼吸器、强光手电、手持扩音机、指挥车等。

（三）抢险备品

抢险救援用抢险备品至少应包括：呼吸器、战斗服、灭火器、应急灯、电锯、电钻、机械压钳、万用表、测电笔、螺丝刀、榔头、扳手、斧子等常用工具。

（四）救护备品

抢险救援用救护备品至少应包括：担架、轮椅、防毒面具、急救药箱、应急灯、安全警戒绳、警示标志等。

九、消防宣传教育、培训

（一）一般规定

（1）城市轨道交通运营单位应通过公益广告、广播、闭路电视和疏散指示牌等向乘客宣传轨道交通防火、灭火和安全疏散方法。
（2）重大节日和活动期间应开展有针对性的消防宣传、教育活动。
（3）新员工上岗前应进行一次消防安全教育、培训。

（4）城市轨道交通运营单位每半年至少应组织一次全员培训。将培训纳入轨道交通运营单位职业学校教学课程。

（5）宣传教育、培训情况应做好记录。

（二）宣传教育、培训内容

宣传教育和培训应包括以下主要内容：

（1）有关消防法规、消防安全制度和保障消防安全的操作规程。

（2）本单位消防应急预案。

（3）本单位和本岗位火灾危险性及防火措施。

（4）有关消防设施的性能和使用、检查及维护方法。

（5）报告火警、扑救初起火灾及逃生自救的知识和技能。

（6）组织、引导乘客疏散的知识和技能。

（7）其他消防安全宣传教育内容。

（三）专门培训

下列人员每年应接受一次消防安全专门培训：

（1）单位的消防安全责任人（法人代表或主要负责人）。

（2）消防安全管理人。

（3）车辆、设备设施维修部门经理（车间主任）。

（4）专职消防安全员。

（5）消防控制室的值班、操作人员。

（6）控制中心主任（值班主任）、调度人员。

（7）车站站长（值班站长）。

（8）列车司机。

（9）特种作业人员。

（10）其他应当接受消防安全专门培训的人员。

十、消防档案

（一）一般规定

城市轨道交通运营单位应建立健全消防档案。消防档案应翔实、准确，并附有必要的图表，不应漏填、涂改，并根据情况变化及时更新。

（二）档案内容

1. 消防安全基本情况

消防安全基本情况应至少包括下列内容：

（1）单位基本概况和消防安全重点部位情况。

（2）消防审核、验收、检查法律文书及相关资料、图纸等。

（3）消防安全管理组织机构和各级消防安全责任人。

（4）消防安全制度和消防安全操作规程。

（5）消防设施、灭火器材情况。

（6）义务消防员及其消防装备配备情况。

（7）与消防安全有关的重点工种人员情况。

（8）新增消防产品、防火材料的合格证明材料。

（9）消防安全疏散图示、灭火和应急疏散预案。

2. 消防安全管理情况

消防安全管理情况应至少包括下列内容：

（1）消防设施检查、自动消防设施测试、维修保养记录。

（2）火灾隐患及其整改情况记录。

（3）防火检查、巡查记录。

（4）有关燃气、电气设备检测（包括防雷、防静电）等记录；

（5）消防宣传教育、培训记录。

（6）灭火和应急疏散预案的演练记录。

（7）火灾情况记录。

（8）消防奖惩情况记录。

3. 保　　管

城市轨道交通运营单位应制定消防档案保管制度。

流动保管的巡查记录等档案，交接班时应有交接手续，不应缺页。往年的档案不应丢弃、毁损，应保存10年以上。重要的技术资料、图纸、审核手续、法律文书等应永久保存。

【复习思考题】

1. 简述城市轨道地铁火灾的特点及其危害。
2. 简述火灾事故中消防设施的使用操作规程。
3. 试述城市轨道交通车站火灾应急处理预案。
4. 试述城市轨道交通列车火灾应急处理预案。
5. 城市轨道交通应控制哪些危险源？
6. 简述干粉灭火器、二氧化碳灭火器的使用方法。
7. 简述地铁隧道火灾的疏散与救援措施。

项目十一 城市轨道交通运营风险管理与安全评估

【问题导入】

本章主要是使学生了解国内外城市轨道交通运营风险管理发展现状及存在的主要问题;掌握城市轨道交通运营风险管理体系及内涵、安全评估及安全管理综合评价。

【教学目标】

1. 能力目标

能阐述对城市轨道交通运营风险管理的重要性认识;掌握城市轨道交通运营风险管理体系及内涵。

2. 知识目标

熟悉城市轨道交通运营风险管理的内涵;掌握安全评估及安全管理综合评价。

3. 素质目标

树立城市轨道交通"安全第一、预防为主、综合治理"的思想意识和理念;具备良好的城市轨道交通职业安全风险防范意识、利用安全评价技术掌控系统安全运行的工作理念。

任务一

城市轨道交通运营风险管理基础

一、风险相关概念

(一) 风　险

风险是指某一特定危险情况发生的可能性和后果的组合。风险管理是指如何在一个肯定有风险的环境里，通过相关方法和手段把风险减至最低的管理过程。

从风险研究的发展历史可知，人们对于风险有如下两种认识：第一种是把风险定义为不确定事件，这种学说是从风险管理与保险关系的角度出发以概率的观点对风险进行定义的；第二种是将风险定义为"损失的不确定性，可以说是不确定的因素造成的实际结果偏离了预期的程度"。不确定性是指对某些因素缺乏足够认识而无法做出正确估计，或者没有全面考虑所有因素发生的可能性而造成的预期价值与实际价值之间的差异。

(二) 安全风险

安全风险是指发生危险事件和危害暴露的可能性，与随之引发的人身伤害或健康损害或财产损失或环境破坏的严重度的组合。其中，可能性，是指事故（事件）发生的概率；严重度，是指事故（事件）一旦发生后，将造成的人员伤害和经济损失的严重程度。安全风险表示的是危险源的危险程度，第一类危险源（能量或有害物质量值的大小）决定着后果严重程度，第二类危险源决定着发生的可能性，两类危险源一起决定了风险的大小。如果某一危险源具有的能量或有害物质量值很高（后果严重），同时对其管控也比较宽松（失控可能性高），那么该危险源的风险程度就会很高，反之亦然。

风险是表示事故发生的可能性，因此可以把风险作为衡量铁路系统安全风险程度的准则，这就是国际上为什么用风险来定义安全性的原因所在。风险概念包括两个方面：一方面是危险的可能性，即导致危险的事件或事件组合出现的概率，或这种事件出现的频率；另一方面是危险的严重性，即危险后果的严重程度。危险事件的风险 R 是该事件发生的概率 P 和损失严重程度 c 的函数，即 $R=f(p, c)$。

(三) 风险辨识研判

风险辨识研判是指发现、列举和描述安全风险要素的过程，主要是围绕第一类危险源，查找人的不安全行为、物的不安全状态、环境和管理的缺陷等第二类危险源的过程。

(四) 风险评价

风险评价是指对危险源所伴随的风险进行定性和定量的分析预判,以确定风险等级大小,分析论证现有管控措施的充分性,以及是否可接受或可容许的过程。

(五) 风险管控

风险管控是指为将风险降低至可接受程度,针对该风险采取的管控方法和措施,主要是按照人防、物防、技防综合施策,源头防范,全员、全过程管控安全风险的原则,依据现行规章制度、技术标准和有关管理要求,结合既有安全管理的有效做法,对照部门、岗位职能职责,分别从工程技术措施、行政管理措施、教育培训措施、个体防护措施和应急处置措施等方面,制定管理和作业全过程安全风险管控措施,明确各层级、各岗位管控责任。

二、风险相关关系

(一) 安全、风险、危险

安全是指不受威胁,没有危险、危害、损失。危险是一种可能导致事故的状态,是一种存在的或潜在的不希望事件的状态;而风险则用于描述未来的随机事件,表明其转化为事故的途径和可能性。安全、风险、危险三者的关系如图11-1所示。

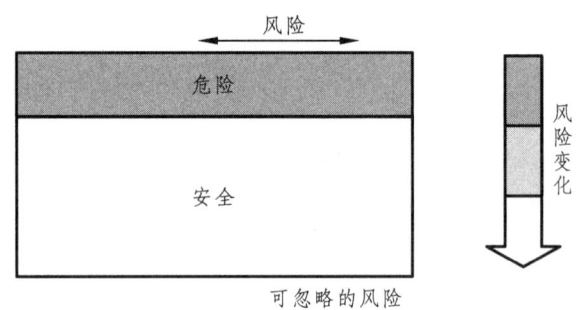

图 11-1　安全、风险、危险三者的关系

(二) 危害、危险、危险源

危害:可能造成人员伤亡,疾病财产损失,工作环境破坏的根源或状态。

危险:遭受损失、伤害或不利的、可能忽略的风险。

危险源:事故预防和事故调查的首要任务就是要找到事故成因,也就是说要对引起事故的危险因素进行辨识。危险源是导致事故发生的根源,是具有可能意外释放的能量或危险有害物质的生产装置、设施或场所。

(三) 故障、隐患、应急、事故

故障:设备在工作过程中,因某种原因"丧失规定功能"或危害安全的现象。

隐患:在某个条件、事物以及事件中所存在的不稳定并且影响安全利益的因素。

应急：因某个或多个、内部或外部因素，导致系统、设备等处于非正常运行的状态。

事故：造成死亡、疾病、伤害、损坏或者其他损失的意外情况。

事故隐患与危险源的关系如图11-2所示。

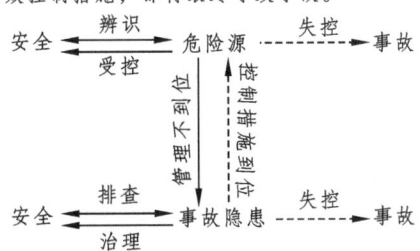

图 11-2 事故隐患与危险源的关系

（四）风险与隐患的关系

（1）风险是指某一特定危险情况发生的可能性和后果的组合，是生产目的与劳动成果之间的不确定性。风险是概率问题，通常是指某件事的负面效果发生的概率及程度。

（2）隐患就是在某个条件、事物以及事件中所存在的不稳定并且影响个人或者安全利益的因素，它是一种潜藏着的因素，"隐"字体现了潜藏、隐蔽，而"患"字则体现了不好的状况。

隐患是不确定因素，是指影响风险概率及其程度的不确定因素问题，比风险更加具体。

（3）事故隐患是生产经营单位违反安全生产法律、法规、规章、标准、规程和安全生产管理制度的规定，或者因其他因素在生产经营活动中存在可能导致事故发生的物的危险状态、人的不安全行为和管理上的缺陷，是引发安全事故的直接原因。

事故隐患按照可能造成的事故类型，按照《企业职工伤亡事故分类标准》，分为20类：物体打击、车辆伤害、机械伤害、起重伤害、触电、淹溺、灼烫、火灾、高处坠落、坍塌、置顶片帮、透水、放炮、火药爆炸、瓦斯爆炸、锅炉爆炸、容器爆炸、其他爆炸、中毒和窒息、其他伤害。

按可能造成的事故原因可分为：物的不安全状态、人的不安全行为和管理上的缺陷。按可能造成事故的严重后果和治理难度可分为：重大事故隐患和一般事故隐患。重大事故隐患，是指危害程度极大，可能导致生产安全重特大事故发生、整改难度较大并经过一段时间整改治理方能排除的，或者因外部因素影响致使企业自身难以排除的事故隐患。加强对重大事故隐患的控制管理，对于预防特大安全事故有重要意义。一般事故隐患，是指危害程度和整改难度较小，发现后能够及时整改排除的安全隐患。

风险和隐患融合在双重预防机制之中，如图11-3所示。

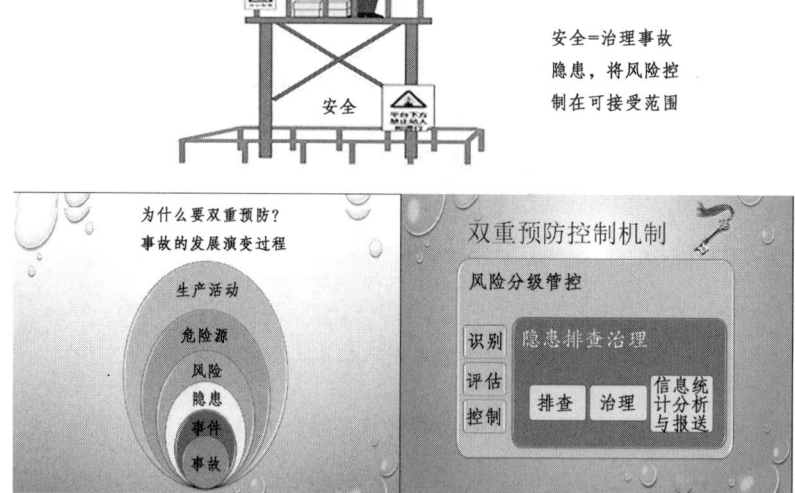

图 11-3 双重机制中事故发生的演变过程

（五）安全风险管理

安全风险管理是一门新兴的管理学科，在其形成和发展过程中，由于对风险管理的出发点、目标、运用范围等侧重点不同，国内外专家学者和企业家们也给出了不同的定义，并且随着时代的发展不断演变。安全风险管理的主要内容：通过实施安全风险管理，增强安全风险的防范意识，构建安全风险的防控体系，达到强化安全基础、最大限度减少或消除安全风险、确保运营安全的目的。

（六）城市轨道交通运营风险管理

城市轨道交通运营风险管理是指通过采取相关方法和手段，有效降低可能产生的运营安全风险，并将风险状态有效控制在可接受范围内。城市轨道交通运营风险管理主要包括辨识、分析、评估及控制等内容。

三、安全风险管理理论基础

铁路交通运营风险管理发展过程与安全理论的演变过程密不可分。
历经过程：事故—隐患—风险—系统；
总体趋势：被动—主动；
发展方向：定性—定量。

（一）事故理论安全原理

（1）管理对象：事故。
（2）特点：经验型。

（3）缺点：事故整改，成本高，总处于被动接受状态，不能实现事故的超前控制。
事故理论安全原理示意图如图 11-4 所示。

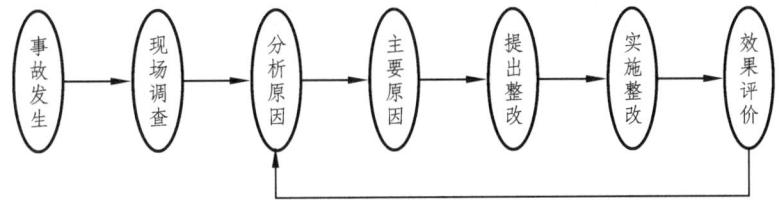

图 11-4　事故理论安全原理示意图

（二）隐患理论安全原理

（1）管理对象：隐患。
（2）特点：超前治理，标本兼治。
（3）缺点：缺乏定量分析，系统科学有限，往往抓不住重点，控制效果难以保障。
隐患理论安全原理示意图如图 11-5 所示。

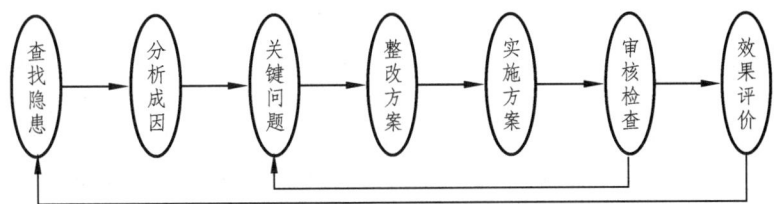

图 11-5　隐患理论安全原理示意图

（三）风险理论安全原理

（1）管理对象：风险。
（2）特点：超前预防，辨识系统，分级管理，预警预控。
（3）缺点：定量分析难度大，实施要求标准高。
风险理论安全原理示意图如图 11-6 所示。

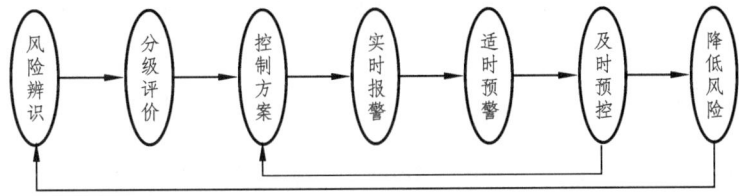

图 11-6　风险理论安全原理示意图

（四）系统理论安全原理

（1）管理对象：安全目标（装备、环境、文化等）。
（2）特点：基础性、预防性、系统性、科学性的综合策略。
（3）缺点：成本高，技术性强。

系统理论安全原理示意图如图 11-7 所示。

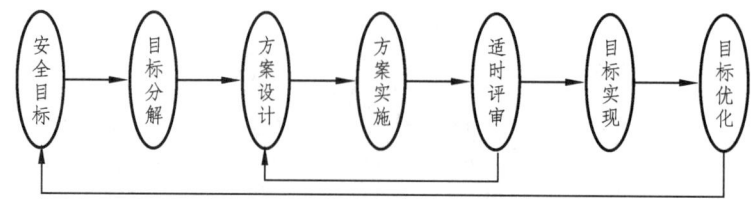

图 11-7　系统理论安全原理示意图

四、城市轨道交通运营风险的特点

在城市轨道交通运营过程中，其风险具有以下特点：

（一）事故后果的严重性

在半封闭状态单向高速运行的列车由于通风、照明及救援困难，一旦失控，必将引起大量人员伤亡和财产损失。

（二）社会影响的恶劣性

城市轨道交通是城市的生命线工程，一旦发生风险事故，将直接造成交通瘫痪中断、人员拥堵，社会影响恶劣，甚至可能引发乘客骚乱，造成市民对政府的信任危机，后果极其严重。

（三）行车安全对管理的依赖性

城市轨道交通运行作业是一个庞大的人机动态系统的安全运行，离不开管理的协调，在很大程度上依赖于管理的有效性。

（四）运营系统的动态性

城市轨道交通的整个运营系统是靠各种设备的运转功能来保证的，各设备动态运营状态对整个轨道交通系统的运营可能会造成直接影响，因此，各项运营设备的动态性使系统运营的动态性特征尤为显著。

（五）城市轨道交通运行作业的重复性

城市轨道交通运行作业是多工种联合作业，昼夜不断、周而复始，各种不安全事件和事故大多数是重复发生的。

（六）受环境影响的特殊性

城市轨道交通运行既受外部自然环境条件的影响，也受社会环境条件的影响。

由于城市轨道交通运营涉及许多不确定性和不确定性，只有针对城市轨道交通运营中风险的特点，通过风险管理的研究，采取合理对策，才能从根本上消灭事故发生的隐患，把城市轨道交通的事故发生概率降低到最小。

城市轨道交通运营安全风险分析过程共分为以下5步：

第一步，识别系统所有可能的危险/风险。

第二步，定义危险事件/风险发生频率的分类及说明。

第三步，采用后果分析来预测危险事件/风险可能的影响，定义危险/风险的严重度等级和每种严重度对人员或环境产生的后果。

第四步，定义风险的定性类别以及针对每个类别所采取的措施。

第五步，采用"频率—后果"矩阵，将危险事件/风险的发生频率和它的严重度结合起来对风险进行评价，确定风险类别。"频率—后果"矩阵如图11-8所示。

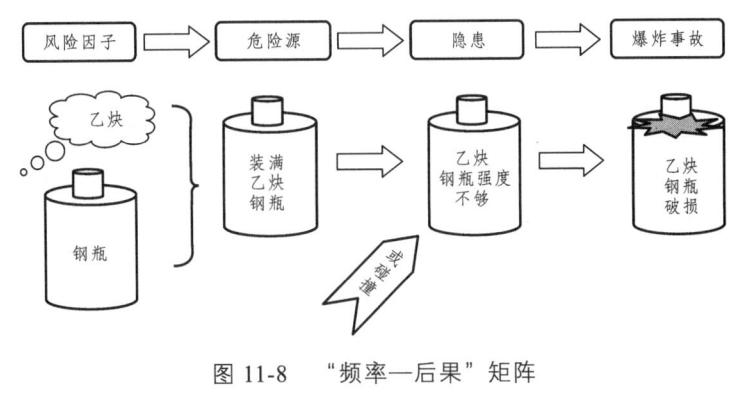

图11-8　"频率—后果"矩阵

任务二

城市轨道交通安全风险管理的内容

城市轨道交通安全风险管理，是一个大的系统性工程，以"安全第一、预防为主、综合治理"的思路，构建安全风险控制体系，加强对安全风险的全面分析、科学研判，科学制定管控措施，最终实现消除安全风险的目标。从管理理念上讲，要强调安全第一、预防为主、综合治理，强调树立责任意识、问题意识和风险意识；从管理内容上讲，要求强化超前防范、风险控制，抓好过程控制和安全风险应急处置，着力于构建运营安全管理的专业技术管理和保障机制。

在城市轨道交通运营系统全面推行安全风险管理，就是要结合运营安全工作实际，通过风险识别、风险研判、规避风险、转移风险、驾驭风险、监控风险等一系列活动来防范和消除风险，形成科学的管理方法。重点是要抓好风险识别、风险评价和风险控制等要素。风险识别，就是对系统中尚未发生的、潜在的以及客观存在的各种风险进行全面的、连续的识别和归类；风险评价，就是对系统中的风险因素能造成多大的伤害和损失，以及能否接受进行评估；风险控制，就是对不能接受的伤害和损失采取安全预防措施，以达到消除、降低危害的目的。风险识别、风险评价和风险控制在推行城市轨道交通运营安全风险管理的过程中是不可分割的有机整体，它们既相互联系，又相互作用。风险识别和风险评价是基础，风险控制是核心。

一、风险识别

（一）风险识别的程序

（1）筛选：按照一定的程序将具有潜在风险的设备、操作、事件、现象和人员进行分类选择的风险识别过程。

（2）监测：在风险出现后，对事件、过程、现象、后果进行观测、记录和分析的过程。

（3）诊断：对风险及损失的前兆、风险后果与各种原因进行评价与判断，找出主要原因并进行仔细检查的过程。

（二）风险识别的基本原则

（1）全面周详原则。为了对风险进行识别，应全面系统地考察了解各种风险事件存在和可能发生的概率、损失的严重程度、风险因素及因风险的出现而导致的其他问题。必须全面了解各种风险的存在和发生及其将引起的损失后果的详细情况，以便及时而清楚地为决策者提供比较完善的决策信息。

（2）综合考察原则。单位、班组、个人面临的风险是一个复杂的系统。复杂风险系统的存在，使某一种独立的分析方法难以对全部风险奏效，所以必须综合使用多种分析方法。

（3）量力而行原则。风险识别的目的就在于为风险管理提供前提和决策依据，以保证企业、单位、班组和个人以最小的支出获得最大的安全保障，减少风险损失。因此，在经费限制的条件下，企业必须根据实际情况和自身的财务承受能力，来选择效果最佳、经费最省的识别方法。

（4）科学计算原则。对风险进行识别的过程，同时就是对单位、班组和个人的生产经营状况及其所处环境进行量化核算的具体过程。风险识别和衡量要以严格的数学理论作为分析工具，在普遍估计的基础上，进行统计和计算，以得出比较科学、合理的分析结果。

（5）系统化、制度化、经常化原则。为了保证最初分析的准确程度，应该进行全面系统的调查分析，将风险进行综合归类，揭示其性质、类型及后果。如果没有科学系统的方法来识别和衡量，就难以对风险有一个总体的综合认识，就难以确定哪种风险是可能发生的，也难以合理地选择控制和处置的方法。这就是风险的系统化原则。此外，由于风险随时存在于单位的生产经营活动中，所以风险的识别和衡量也必须是一个连续不断的、制度化的过程，这就是风险识别的制度化、经常化原则。

（三）风险识别的一般方法

风险识别主要通过相关手段和方法实现对风险的辨识。风险识别手段及方法如图11-9所示。

（1）现场调查法。现场调查法是一种常用的风险识别方法，是风险检查员亲临现场，通过直接观察风险管理单位的设备、设施、操作和流程等，了解风险管理单位的生产经营活动和行为方式，调查其中存在的风险隐患，并督促有关管理部门采取相应的整改措施的一种识别方法。其主要工作程序包括：检查前的准备工作、现场调查和撰写调查报告等3个步骤。

图 11-9 风险识别手段及方法

（2）流程图法。流程图法是将风险主体按照生产经营的过程和日常活动内的逻辑关系绘成流程图,并针对流程图的关键环节和薄弱环境进行风险调查、风险识别的办法。一般来讲,风险主体的经营规模越大,生产工艺越复杂,流程图分析就越具有优势。按照流程路线的复杂程度,流程图可划分为简单流程图和复杂流程图;按照流程的内容,可划分为内部流程图和外部流程图;按照流程图的表现形式,又可划分为实物形态流程图和价值形态流程图。

（3）因果图法。因果图法是从导致风险事故的因素出发,通过对这些因素进行全面系统的观察和分析,找出其中的因果关系,推导出可能发生的结果的一种风险识别方法。因果图将导致风险事故的原因归纳为类别和子原因,画成形似鱼刺的图,又称"鱼骨图"。

（四）风险识别的重点

风险识别主要对城市轨道交通运营事故和风险事件进行统计分析,明确对象,侧重从发生次数和影响程度两个方面进行选取,重点分析。

风险源由 3 个要素构成,即潜在危险性、存在条件和触发因素。

风险源是导致事故发生的根源,要控制事故,首先必须辨识风险,从城市轨道运营基础设施、运营调度管理、行车工作、自然环境因素等方面综合分析可能存在的导致风险事故发生的安全影响因素,追踪探究导致风险事故发生的潜在源头,从而完成对风险的识别。城市轨道交通运营系统庞大复杂,各组成子系统自身及各子系统之间的协调运作都会影响整个系统的运营状态,因此在识别潜在风险源时,除了全面挖掘系统内在风险因素外,还要对各子系统进行分析识别,重点评估各子系统间的协调运作情况。

城市轨道交通运营事故数量及伤亡统计如图 11-10 所示。

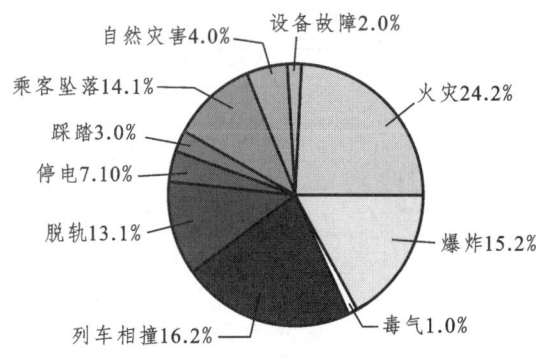

城市轨道交通事故数量分类统计图

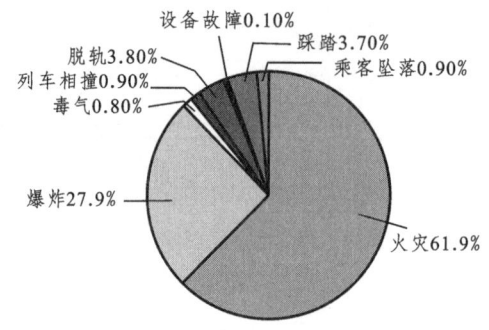

城市轨道交通事故伤亡数量统计图

图 11-10 城市轨道交通运营事故数量及伤亡统计

二、风险分析

风险分析主要包含两个方面：一是侧重从直接和间接 2 个角度，人、机、环、管 4 个方面分析事故或事件的产生原因；二是从人员、经济、环境 3 个方面进行事故或事件造成后果的分析和估量。风险管理流程分析如图 11-11 所示。

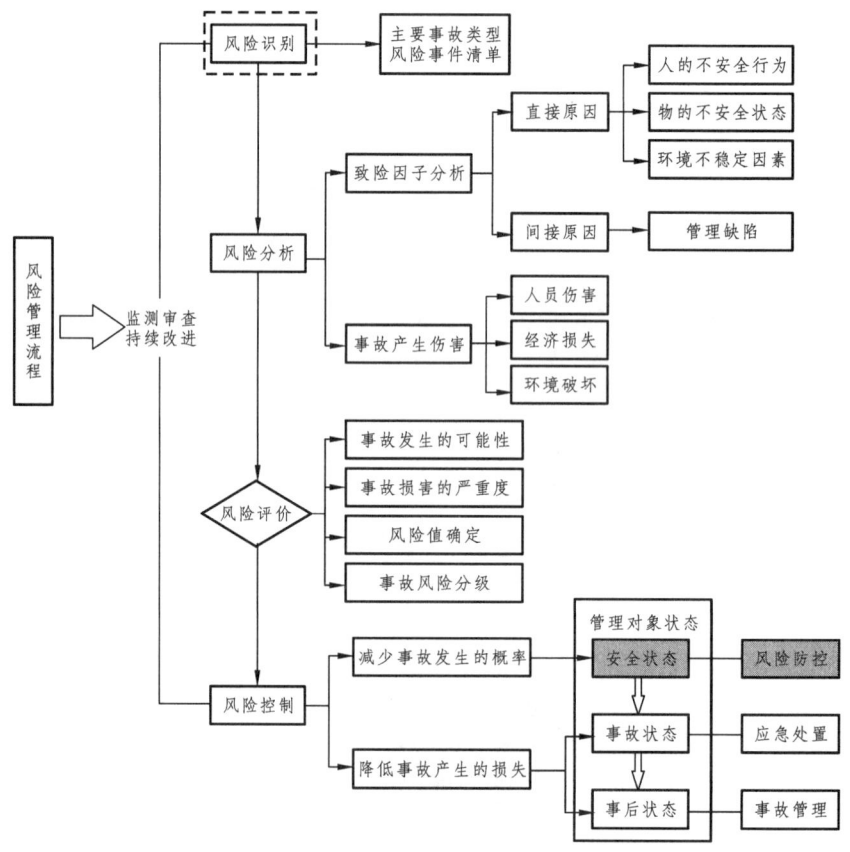

图 11-11 风险管理流程分析

城市轨道交通火灾风险致因分析如表 11-1 所示。

表 11-1 城市轨道火灾风险致因分析

风险事件	风险因素			风险致因分析	风险损害		
					人员	财产	环境
火灾风险事件	直接原因	人员因素	工作人员	误操作导致短路			
				未严格执行地下动火规定			
				未严格执行安装验收标准			
			其他人员	乘客故意纵火			
				乘客携带违规物品进站，造成火灾			
		设施、设备因素	变压器	电力变压器内部绝缘衬垫和支架未采用阻燃材料			
				用电设备超负荷、故障短路、外力因素，造成瓷瓶损坏			
			电缆	电缆沟混入了油泥、木板等易燃物品			
				超负荷运行、接触不良加速电缆绝缘损坏，引发火灾			
			牵引网	电流散发的热量以及产生的电火花和电弧			
			配电系统	配电装置容量较大，存在短路、接地的危险因素			
			车辆设备	车内线路短路，引发火灾			
				列车脱轨、相撞等恶性事故，导致火灾			
			其他设备系统	通风、空调、排烟系统使用大量电气设备和电线电缆			
				通信、信号系统的电缆部分在线路短路、故障等情况下，引发电气火灾			
			车站等站场	车站内设商业服务项目或与商场营业厅、商业街连通，存在较多的可燃物质			
				车站内的建筑物装修材料未选用阻燃材料			
		环境因素		高温、干燥的天气			
	间接原因	管理因素		防火制度不完善			
				人员培训不到位，误操作或违规操作引起火灾			

三、风险评价

风险评价，又称安全评价，是指在风险识别和估计的基础上，综合考虑风险发生的概率、损失幅度以及其他因素，得出系统发生风险的可能性及其程度，并与公认的安全标准进行比较，确定企业的风险等级，由此决定是否需要采取控制措施，以及控制到什么程度。

在风险评估过程中，可以采用多种操作方法。常用的风险评价方法有：事故树分析法、事件树分析法、矩阵图法、故障类型及影响分析、事故多米诺效应风险法等。

（一）事故树分析法

事故树分析法起源于故障树分析法，是从要分析的特定事故或故障（顶上事件）开始，层层分析其发生原因，直接找出事故的基本原因（底事件）为止。其主要程序为：熟悉所分析的系统、调查系统所发生的事故、确定事故顶上事件、确定目标、调查事件原因、画出事故图、定性分析、计算顶上事件发生概率、进行比较、定量分析。

（二）事件树分析法

事件树分析又称事故过程分析，是一种按事故发生的时间顺序由初始事件开始推论可能的后果，从而进行危险源辨识的方法。其主要程序为：确定初始事件、判定安全功能、编制事件树、描述导致事故顺序情况、简化事件树、编制分析结果。

（三）矩阵图法

矩阵图就是从多维问题的事件中，找出成对的因素，排列成矩阵图，然后根据矩阵图来分析问题，确定关键点的方法。它是一种通过因素综合思考，探索问题的办法。

推荐采用风险判定矩阵（LC/LEC）确定安全风险等级，综合考量事故发生的可能性和后果严重度，紧密结合各单位安全红线和底线、安全目标、对现实安全的影响程度等，从高到低划分为重大安全风险、较大安全风险、一般安全风险、低安全风险。

风险判定矩阵可通过考虑事故发生的可能性和事故后果严重程度两个维度来确定，其中，事故发生的可能性分为 5 个等级（见表 11-2），事故后果严重程度分为 4 个等级（见表 11-3）。

表 11-2　事故发生的可能性

可能性等级	说明
A	很可能
B	可能，但不经常
C	可能性小，完全意外
D	很不可能，可以设想
E	极不可能

表 11-3　风险判定矩阵

可能性	严重程度			
	I（灾难）	II（严重）	III（较重）	IV（较轻）
A	重大风险	重大风险	较大风险	一般风险
B	重大风险	重大风险	较大风险	一般风险
C	重大风险	较大风险	一般风险	低风险
D	较大风险	一般风险	一般风险	低风险
E	一般风险	一般风险	一般风险	低风险

(四) 故障类型及影响分析法

故障类型及影响分析是一种广泛使用的、非常重要的系统安全分析方法。这种方法的特点是从元件、器件的故障开始,逐次分析其影响及应采取的对策。其基本内容是找出构成系统的每个元件可能发生的故障类型及对人员、操作及整个系统的影响。

(五) 事故多米诺效应风险法

多米诺效应风险法就是以多米诺效应的定量风险分析为目的,分析多米诺效应的传播途径,计算事故发生的概率和后果影响,并做出直观的个人风险和社会风险图。

可以选择下列适用的风险评价方法及其适用范围(见表11-4),对城市轨道交通运营安全风险进行定性、定量评价,按照重点关注事故后果的基本工作思路,确定风险可接受程度,根据评价结果划分风险等级。必要时,可选用几种评价方法对同一对象进行评价,互相补充、互为验证,以提高评价结果的准确性。

表11-4 常用风险评价方法

评价方法	评价目的	适用范围	定性或定量	可提供的评价结果			
				事故原因	事故频率/概率	事故后果	风险分级
安全检查表法	危害分析、安全等级	设备设施、管理活动	定性	不能	不能	不能	不能
头脑风暴法	危害分析、事故原因	设备设施、管理活动	定性	提供	不能	提供	不能
因果分析图法(鱼刺图法)	危害分析、事故原因	设备设施、管理活动	定性	提供	不能	提供	不能
情景分析法	危害分析、事故原因	设备设施、管理活动	定性	提供	不能	提供	不能
预先危险性分析法	危害分析、风险等级	项目的初期阶段、维修、改扩建、变更	定性	提供	不能	提供	提供
事故树分析法	事故原因、事故概率	已发生的和可能发生的事故、事件	定量	提供	提供	不能	概率分级
故障类型及影响分析法	故障原因、影响程度、风险等级	设备设施系统	定性	提供	提供	提供	事故后果分级
危险与可操作性研究法	偏离原因、后果及其对系统的影响	复杂工艺系统	定性	提供	提供	提供	事故后果分级
风险矩阵法	风险等级	设备管理及人员管理		不能	提供	提供	提供

续表

评价方法	评价目的	适用范围	定性或定量	可提供的评价结果			
				事故原因	事故频率/概率	事故后果	风险分级
作业活动风险评估法	风险等级	作业活动	半定量	提供	提供	提供	提供
作业条件危险性分析法	风险等级	作业活动	半定量	不能	提供	提供	提供
人员可靠性分析方法	人员失误	人员行为	定量	提供	提供	不能	不能
危险度评价法	风险等级	装置单元和设备	定量	不能	不能	不能	提供
道化学公司火灾、爆炸危险指数评价法	火灾爆炸、毒性及系统整体风险等级	化工类工艺过程	定量	不能	不能	提供	提供
ICI公司蒙德火灾、爆炸、毒性指标法	火灾爆炸、毒性及系统整体风险等级	化工类工艺过程	定量	不能	不能	提供	提供
易燃、易爆、有毒重大危险源评价法	火灾爆炸、毒性及系统整体风险等级	化工类工艺过程	定量	不能	不能	提供	提供
事故后果模拟分析方法	事故后果	区域及设施	定量	不能	提供	提供	提供

城市轨道交通运营安全风险评估要求，在现实风险识别的基础上，综合风险发生的概率、受影响对象的风险承受能力、管理方对风险的控制能力等要素，通过系统分析评估城市轨道交通运营安全系统发生风险的概率和程度，与既有的安全等级标准进行比较，确定风险等级，由此决定是否需要采取控制措施，采取何种控制措施，以及控制措施的实施程度。

四、风险控制

风险控制主要是通过控制手段和途径实现降低风险事件的发生概率和损害程度的目的。

风险控制是涵盖建立控制机制、编制控制方案、实施控制方案、评估控制效果、完善控制方案等内容的闭环过程。风险控制流程如图11-12所示。

风险控制的技术有风险规避、损失控制、风险转移和风险保留。下面重点介绍风险规避和损失控制。

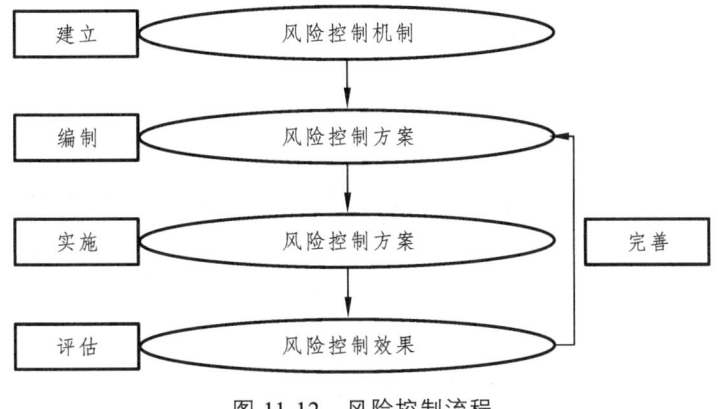

图 11-12　风险控制流程

（一）风险规避

风险规避是指考虑影响预定目标达成的诸多风险因素，结合决策者自身的风险偏好和风险承受能力，从而做出的中止、放弃某种决策方案，或者调整、改变某种决策方案等措施，以放弃原先承担的风险或者完全拒绝承担风险的风险处理方式。风险规避的方式主要有以下两种：

（1）完全拒绝承担风险。其特点在于风险管理者预见到了风险事故发生的可能性，在风险事故未发生之前进行处理。例如：铁路车辆上线前进行严格检查，并对车辆设备在使用周期内进行更换。

（2）放弃原先承担的风险。其特点在于风险因素已经存在，被风险管理者发现，及时进行了处理。例如：某铁路线路区段线路基础不良造成路基下沉，被发现后，决定停止该区段列车运营。这样就放弃了原来承担的风险，控制了线路不良可能产生的事故风险。

风险规避主要适用于：发生频率高且损失承担比较大的特大风险；损失频率虽不大，但是损失后果严重，并且无法得到补偿的风险；采用其他风险管理技术的成本比较高，且超过风险规避成本。

（二）损失控制

损失控制是指风险管理单位有意识地采取措施，防止风险事故的发生，控制和减少风险事故造成的经济和社会损失。采取损失控制，通常需要做好以下两方面的工作：

（1）风险预防。它是一种行动或安全设备装置，在损失发生前，将引发事故的因素或环境进行隔离和控制。风险预防的方式是多种多样的，而不是单一的。如果风险预防的措施侧重风险单位的物质因素，则称工程物理法，如机车车辆的安全检查、技术检查等都属于工程物理法；如果风险预防的措施侧重人员的行为教育，则称人们行为法，如实施职业安全教育等；如果风险预防侧重建立规章制度、操作手册、值班条例等，则属于规章制度法。

（2）损失抑制。它是指在风险事故发生时或发生后，及时采取合理措施，缩小损失发生的范围或降低损失严重的程度。其方式多种多样，主要有两种：一是分散风险单位，是指将风险单位划分成若干个数量少、体积小而且价值低的独立单位，分散在不同的空间，以减少风险事故的损失承担；二是备份风险单位，是指再准备一份风险单位所需的零部件或者设备，当原有的零部件或设备不能正常使用时，备份风险单位可以代替原有设备发挥作用。

任务三

城市轨道交通运营风险管控体系构建

一、安全风险管控总体思路及理念

城市轨道交通安全风险防控体系构建的总体思路和理念是：坚持"一个理念""两个平台""三个机制"，形成综合性的安全风险管控体系。

一个理念：就是不断提高居安思危、安全风险的理念。以风险为中心，识别、评估、预警、防控。事前科学预防；事中有效控制；事后及时扑救，整个过程中突出风险的精细化管控。全面开展风险点、危险源的普查工作，精细化体现在：对所有可能影响城市轨道交通运营安全的风险源、风险类型、可能危害、发生概率、影响范围等做到"情况清、底数明"，防止"想不到"的问题引发的安全风险，补齐风险源制度短板。城市轨道交通运营风险管理是指通过采取相关方法和手段，有效降低可能产生的运营安全风险，并将风险状态有效控制在可接受范围内。

两个平台：预警平台和应急指挥综合管理平台。采用信息化和智能化，体现精细防控的思路，并做到应急一体化，形成"互联网+"风险防控技术体系，促进智能物联网、人工智能等先进技术的推广应用；提升各领域的安全标准，建立统一规范的风险防控标准体系，为综合风险管理奠定基础。

三个机制：在"人防、物防、技防"三位一体的理念指导下，多部共治、多元共治、多重保障，突出安全风险管控机制有序规范化运作；同时积极推进风险防控专业人员队伍建设，实现城市轨道交通运营安全风险管控的专业化。

二、运营安全风险全过程控制手段

实行运营安全风险管理，基础是要加强对安全风险的研判。要突出风险辨识、风险分析、风险评价，加强对高风险环节和岗位的掌控，及时发现并准确研判安全风险，实施对安全风险的科学管控和有效处理，强化过程控制，防止事故的发生。

（1）全面掌控运营过程中的安全风险。要在原有的安全监督管理信息系统基础上健全综合分析平台，完善涵盖风险管理基本流程和内部控制系统各环节的风险管理信息系统。要确保运营信息数据和风险量化值的一致性、准确性、及时性、可用性和完整性，确保各层级能够及时、全面地掌握生产过程中本系统、本部门的风险控制点。针对不同风险，按照设备质量标准和职工作业标准，分系统、分层次制定控制风险和消除风险的措施，并按照"逐级负责、专业负责、分工负责、岗位负责"的要求，把风险责任和风险措施落到各层级、各专业、各工种、各岗位，实现对运营现场作业的有效控制。

（2）加强运营体系"全员、全方位、全过程、全时段"的安全风险管理。城市轨道是一个大联动机，其运营过程是由车、机、工、电、辆等多工种、多环节协作完成的，具有设备众多、布局纵横、职工岗位独立分散等特点，为了实现各工种、各环节的协同动作，必须做到严格有效的过程控制。全面推行安全风险管理，涉及安全管理的上上下下、方方面面，只有将安全风险管理责任落实到每一个人、每一个岗位、每一台设备、每一个运营环节，才能实现运营安全管理的全过程控制。

（3）把运营安全标准化建设作为实现安全风险全过程控制的重要手段。各运营企业要广泛开展安全质量达标建设，实行运营安全标准化管理，按标准指挥运营，按标准运营作业，减少或避免不安全的行为。

（4）加强重点安全风险的过程控制。按照城市轨道交通企业的安全风险控制重点，结合实际，研究制定本单位、本职能部门安全风险的判断标准或判断机制；确定风险控制重点，制定风险管理策略和跨职能部门的重大风险管理解决方案，并抓好安全风险的日常监控。

安全风险分级管控程序如图11-13所示。

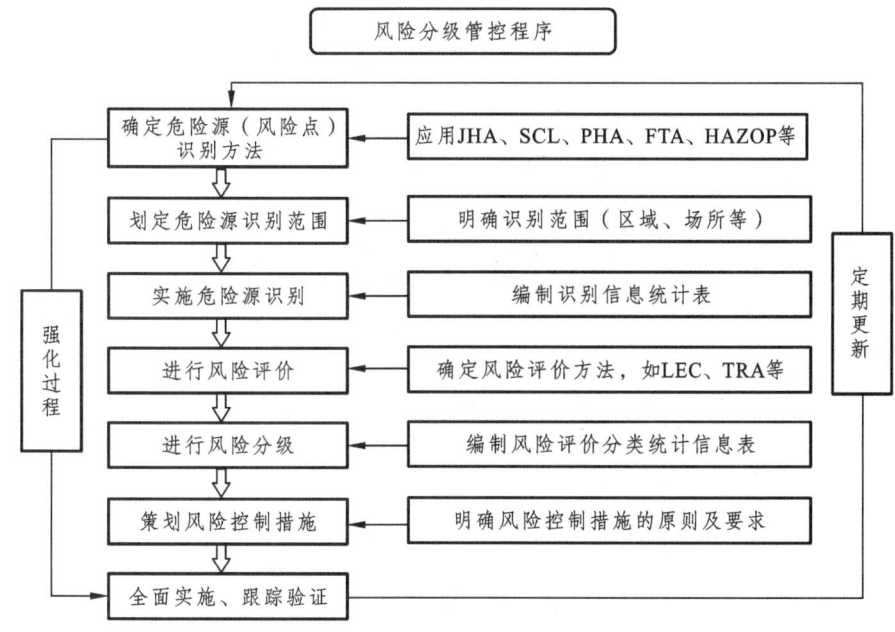

图11-13 安全风险分级管控程序

三、运营安全风险预控技术手段

针对不同类型的风险，采取科学的预控措施和手段以有效降低安全风险。目前，运营过程中，风险预控技术手段主要为监测、监控、预警技术。对被监测对象进行实时监控，当有可能发生或即将可能危险事故时，及时预警，并联动风险控制措施，实现风险控制关口前移，达到降低事故损失的目的。

地铁企业经常采用的监控技术如表11-5所示。

表 11-5 监控技术

对象	序号	技术名称
大客流	1	基于 AFC 统计的客流监测预警技术
	2	基于视频监控的客流监测预警技术
	3	基于列车称重的客流监测预警技术
	4	基于 TOS 技术的客流监测预警技术

地铁技术措施实施如表 11-6 所示。

表 11-6 实施措施

序号	技术名称	方案原理	技术方案适用性分析	
			技术优势	技术劣势
1	客票设备进行数据统计	数据统计准确	1. 无法测得车厢客流；2. 无法测得通道客流；3. 换乘计算存在误差	基于 AFC 统计的客流监测预警技术
2	基于视频监控的客流监测预警技术	视频图像处理，抽象计数通过人头图像	监控范围广泛，可实现对车站、车厢、通道等区域客流的监控	计算效果准确性较低
3	基于列车称重的客流监测预警技术	基于压力弹簧测得到压力值，计算得出人数	大致可测得车厢客流，不用安装其他设备	1. 无法测得车站客流；2. 无法测得通道客流；3. 测量数据准确性较低
4	基于 TOS 技术的客流监测预警技术	综合集成技术	监测区域广、数据较为准确、统计手段多、实现预警功能	

四、风险管理体系

城市轨道交通运营安全风险管理体系主要是基于经典风险理论，即"人、机、环、管"不断发展形成的，体系建设随着运营实际情况不断变化（如网络化运营），但内容仍主要涵盖人员、设施、设备、环境及管理等方面。

经典风险管理体系和内容如表 11-7 所示，新型风险管理体系和内容如图 11-14 所示。

表 11-7 经典风险管理体系和内容

人员风险	运营管理风险	设施设备风险	环境风险	网络化运营风险
制度执行情况	运营组织	车辆系统	运营环境	不同线路在换乘站的运能匹配
	运营安全	通信系统	自然环境	
	维护管理	信号系统		公用变电站的可靠性及影响范围
实际操作能力	安全现状	供电系统	社会环境	系统设备接口
		消防给排水系统		
……	……	……	……	……

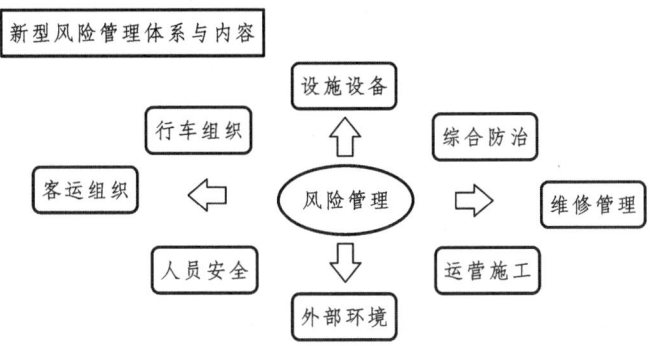

图 11-14 新型风险管理体系和内容

安全风险管理系统能针对不同种类的风险，建立风险数据库，并能实现对相似风险因素的自动归类，对风险因等级的自动计算等功能。

任务四　全面推进安全双重预防机制建设

一、推进双重预防机制的重要意义

构建城市轨道交通双重预防机制就是要将安全风险逐一建档入账，采取风险分级管控、隐患排查治理双重预防性工作机制。通俗来讲，双重预防机制就是构筑防范生产安全事故的两重防火墙。第一重防火墙是管风险，第二重防火墙是治隐患。

（一）第一重防火墙：管风险

（1）以安全风险辨识和管控为基础，从源头上系统辨识风险、分级管控风险，努力把各类风险控制在可接受范围内，杜绝和减少事故隐患。

（2）企业要对辨识出的安全风险进行分类梳理，对不同类别的安全风险，采用相应的风险评估方法确定安全风险等级，安全风险评估过程中要突出遏制重特大事故。

（3）高度关注暴露人群，聚焦重大危险源、劳动密集型场所、高危作业工序和受影响的人群规模，重大安全风险应填写清单、汇总造册。

（4）从组织、制度、技术、应急等方面对安全风险进行有效管控，要在醒目位置和重点区域分别设置安全风险公告栏，制作安全风险告知卡。

（5）全面排查风险点、风险因素和危险源，加强对风险的管控，提高企业本质安全。

（二）第二重防火墙：治隐患

（1）以隐患排查和治理为手段，认真排查风险管控过程中出现的缺失、漏洞和风险控制失效环节，坚决把隐患消灭在事故发生之前。

（2）安全风险管控到位就不会形成事故隐患，隐患一经发现就及时治理则不会酿成事故。

（3）要通过双重预防的工作机制，切实把每一类风险都控制在可接受范围内，消灭在隐患形成之前；把每一个隐患都治理在形成之初，把每一起隐患都消灭在事故萌芽状态。

二、双重预防机制建设要求

企业双重预防机制建设工作应当遵照法律法规要求。
（1）坚持中国共产党的领导。
（2）坚持人民至上、生命至上，树牢安全发展理念。
（3）坚持"安全第一、预防为主、综合治理"的方针。
（4）坚持"三个必须"原则，进一步强化和落实生产经营单位主体责任和政府监管责任，立足从源头上管控安全风险，消除事故隐患。
（5）按照全面覆盖、分级管理、科学施策、动态实施的建设要求，推动形成生产经营单位负责、职工参与、政府监管、行业自律和社会监督的工作格局。
（6）城市轨道交通运营安全风险管控按照"领导负责、专业负责、分工负责、岗位负责"原则，分层明确并逐一落实单位、部门、岗位的管控责任，特别要强化对关键作业、关键环节、关键处所、关键时段的监控管理。

三、强化企业主体责任

城市轨道交通运营单位是双重预防机制建设的责任主体，应当健全风险防范化解机制，保证经费投入，推进智能化、信息化管理平台建设，对安全风险进行全面管控，对事故隐患治理实行闭环管理，保证安全生产。

城市轨道交通运营单位主要负责人对本单位双重预防机制建设全面负责，组织建立并落实双重预防机制，督促、检查本单位的安全生产工作，及时消除生产安全事故隐患。生产经营单位委托第三方机构提供双重预防机制建设相关技术服务的，保证安全生产的责任仍由本单位负责。

城市轨道交通运营单位从业人员需要做到以下几点：

（1）熟练掌握本岗位存在的安全风险、管控措施和应急处置流程。

（2）班前预想整个作业的步骤，掌握相关安全环节风险防范措施和应急处置要求。

（3）班中随时观察工作区域和周围环境，严格执行作业标准，及时判断风险变化，评估对自己和他人有什么危险及后果，提醒相关岗位防控风险。

（4）班后回想作业情况是否有危险经历。

（5）发现各类隐患，及时解决或报告相关人员。

四、严控双重预防机制流程

（一）落实安全风险管控机制

落实安全风险管控主体责任，进一步优化安全风险辨识的方法、组织方式和流程；坚持定期和动态相结合，围绕生产要素变化、事故故障等致因，每季、年全面研判安全风险，补强完善管控措施；围绕日常运输安全信息、检查发现突出问题，持续辨识和认知潜在安全风险，及时加强预警预控。按照科学、实用、有效的原则，突出城市轨道交通运营安全万无一失，综合运用人防、物防、技防措施，实施风险管控认领、检查清单、责任追溯制度，强化管控措施和责任落实，不断提高全员安全风险管控水平。

1. 分级制定管控措施

遵循"分类、分级、分层、分专业"原则，确定管控专业和层级，逐项制定管控措施，上一级负责管控的风险，下一级必须同时负责管控。

2. 风险等级动态调整

城市轨道交通运营单位应实施风险降低工作制度。对于重大风险和较大风险，采取有效的风险降低措施，逐步降低风险等级；对于一般风险和低风险，宜采取经济有效的风险降低措施。

3. 风险公告

建立风险公告制度，将风险基本信息、应急信息及报告方式等内容告知进入风险工作区域的人员，指导督促进行安全防范。对存在重大风险的工作场所、工作岗位和设备设施，应设置明显的警示标志，标明重大风险的危险特征、可能发生的事件后果以及安全防范和应急措施。

4. 重大风险管控

城市轨道交通运营单位主要负责人组织制定重大风险的管控措施，健全人防、物防、技防手段，实时动态监测预警和风险降低工作制度等。重大风险的登记、预警和等级调整等须经单位主要负责人组织评估,相关信息按照管辖原则及时报告相关部门。

5. 风险管控清单、库

全面辨识评估和风险后应编制各层级安全风险管控清单,同时编制重大安全风险清单并建立风险库,记录风险名称、风险类别、风险点、风险等级、风险描述及危害程度、管控措施、管控层级及部门、管控岗位及责任人等内容,实施动态管理。重大安全风险清单如表11-8所示。

表 11-8 重大安全风险清单

填报单位: 更新时间:

序号	风险名称	风险类别	风险点	风险等级	风险描述及危害程度	管控措施	管控层级	管控责任部门	管理责任岗位及人员	预警条件	预警情况	应急措施	备注

6. 风险分级管控考核

城市轨道交通运营单位应组织人员定期对风险管控工作开展情况和管控效果进行考核,可以根据本单位领导干部考核规定、日常监督检查规定、设备检查周期规定等规章制度的要求合并开展。

(二) 强化隐患排查治理机制

树立"隐患就是事故"的理念,突出城市轨道交通运营高风险环节和关键岗位等重点,从人员、设备、环境、管理等方面,每季度全面排查安全隐患,并纳入"安全隐患库"。隐患整治"一事一档"管理,提高隐患排查、及时报告、确认建档、监控治理质量,落实整治效果评价、验证销号和突出隐患挂牌督办整治制度。完善安全隐患发现机制,畅通重大安全隐患、严重设备缺陷、重要安全信息报告渠道,完善对单位考评加分和对个人重奖快奖制度,鼓励及时发现、报告和处置安全隐患,纳入专业部门和站段月度安全质量考核奖励。

1. 建立制度

制度应明确5个方面的内容:相关部门的隐患排查治理责任;隐患排查方法和渠道;各类隐患的判定标准、程序、处理措施及流程;隐患排查治理激励约束机制;隐患排查、治理、评估、核销全过程的信息档案管理制度等。

2. 排查重点

按照确定的风险及管控措施,重点排查规章制度、技术标准、生产组织、作业行为、设备状态、外部环境、季节性特点、恶劣天气、自然灾害和应急处置等方面存在的隐患,将失控可能性大、后果严重的风险所在部位确定为隐患排查的重点部位,全面查找人的不安全行为、物的不安全状态、环境的危险状态和管理上的缺陷。

3. 排查方式

排查方式包括日常排查、定期排查和专项排查。隐患排查可与风险辨识统筹结合开展,针对排查出的隐患应当同步开展风险辨识与管控。

4. 隐患报告

从业人员发现隐患或者其他不安全因素,应当立即向现场安全生产管理人员、本单位负责人或者列车调度员、车站值班员报告,接到报告的人员应当及时予以处理。经排查判定为重大隐患后,铁路单位应及时向监管部门、有关地方人民政府报告;涉及其他相关行业部门的,应当同时按照有关规定报告。

5. 现场处置

隐患消除前或者消除过程中无法保证安全的,应当从危险区域内撤出作业人员,并疏散可能危及的其他人员,设置警戒标志、停止作业或停用有关设施设备、封锁线路或关闭车站等;对暂时难以有效实施停止作业或停用有关设施设备、封锁线路或关闭车站等措施的,应当加强监测预警,防止事故发生。发生自然灾害可能危及本单位和人员安全的情况时,应当采取撤离人员、停止作业、加强监测等安全措施,并及时向当地人民政府及其有关部门报告。

6. 隐患治理

按等级实行分级治理。重大隐患由主要负责人牵头治理,专题立案,做到责任、措施、资金、时限和预案"五到位"。一般隐患由城市轨道交通运营单位负责人或安全生产管理人员按照职责分工,采取技术、管理措施,及时组织治理消除,未治理消除前应当制定可靠的安全控制和防范措施。

7. 验收销号

将隐患治理复查验收情况纳入各级隐患台账。重大隐患治理完成后,由城市轨道交通运营单位主要负责人组织专项验收,验收通过后向城市监管部门报告,申请销号。未经城市监管部门审查同意,城市轨道交通运营单位不得擅自改变隐患治理方案确定的安全措施和应急预案等。一般隐患完成治理后,由城市轨道交通运营单位负责人或其派出机构负责人、安全生产管理人员组织验收,出具整改验收结论,并由验收主要负责人签字确认。

8. 重大隐患治理评估

重大隐患治理验收后,城市轨道交通运营单位应对重大隐患形成原因及治理工作进行分析评估,及时完善相关制度和措施,开展有针对性的培训教育。

重大安全隐患清单如表11-9所示。

表11-9 重大安全隐患清单

填报单位:　　　　　　　　　　　　　　　　　　更新时间:

序号	隐患内容	排查时间	隐患等级	隐患类型	排查对象或范围	隐患状况	原因分析	主要治理措施	治理部门	责任人	治理期限	治理目标	治理进展	销号情况	临时措施

9. 数据管理

结合信息化平台,如实记录隐患排查治理情况,根据实际判定的隐患等级,明确治理措施、责任部门和人员等，建立健全隐患数据库。

10. 监督管理

隐患排查治理情况应通过职工大会或者职工代表大会、信息公示栏等方式向从业人员通报。制定隐患自查自治全员参与机制、激励措施和举报隐患奖励制度，鼓励、发动从业人员主动参与排查和消除隐患或不安全因素。

五、全面推进双重预防机制建设

（一）正确把握隐患排查治理和风险分级管控的关系

双重预防机制以问题为导向，抓住风险管控这一核心，强化隐患排查治理。两者是相辅相成、相互促进的关系。

（1）安全风险分级管控是隐患排查治理的前提和基础，通过强化安全风险分级管控，从源头上消除、降低或控制相关风险，进而降低事故发生的可能性和后果的严重性。

（2）隐患排查治理是安全风险分级管控的强化与深入，通过隐患排查治理工作，查找风险管控措施的失效、缺陷或不足，采取措施予以整改；同时，分析、验证各类危险有害因素辨识评估的完整性和准确性，进而完善风险分级管控措施，减少或杜绝事故发生的可能性。

（3）安全风险分级管控和隐患排查治理共同构建起预防事故发生的双重机制，构成两道保护屏障，有效遏制重特大事故的发生。推行安全双重预防机制的目的是，控制危险源，消除事故隐患，将安全风险控制在可接受范围内。

（二）抓好双重预防机制与日常安全管理工作的有效融合

（1）结合实际，明确双重预防机制在安全生产过程管控过程中的工作环节、具体步骤、工作节点、工作责任等。

（2）特别是要将双重预防机制纳入各层级、各岗位安全生产责任制，以安全绩效考核为手段，把风险分级管控和隐患排查治理作为重要考核内容，促进压实各级安全责任。

（3）要以双重预防机制为贯穿和统领，整合各类监督检查工作，各层级、各部门开展各类监督检查活动，应将双重预防机制作为根本手段和唯一方法，通过安全风险管控和隐患排查治理，实现活动目标，突出双重预防机制的地位，防止管理交叉，避免给基层增加负担。

（4）生产过程中的班前安全预想会、班后总结、班中自控互控他控，以及各层级开展的日交班、周交班、月分析、季度安委会以及各项专题分析会，都是运用双重预防机制的载体。

（三）坚持全员参与，强化激励引导

（1）建立健全激励机制，对发现的安全管理和安全生产过程中的安全风险、安全突出隐患、防止可能造成严重后果的事迹快速报告，及时按规定予以表彰奖励，鼓励全员辨识、管控风险，主动发现和报告各类事故隐患。

（2）对因风险管控责任不落实、隐患排查治理不力，导致责任事故发生的，按照安全生产奖惩规定，给予责任追究。

（3）要通过组织经验交流、表彰奖励等各种形式吸引专业技术人员、一线职工参与安全风险管控和隐患排查治理工作，提高双重预防机制的全员性、群众性和时效性。

（四）强化问题闭环管理和管控效果评价

1. 规范检查计划管理

按照安全风险发生因素，把安全风险细分为长期风险、季节性风险和临时性风险，分类落实检查监控评价。其中，对长期风险实行周期检查、定期评价，对季节性和临时性风险强化检查监控的时效性。每月各部门各单位依据"安全风险库"，结合季节变化、重点工作和风险分类，编制下达月度安全检查计划，明确检查管控风险项点、处所和岗位；各级管理人员对照编制个人检查计划，结合日常管理精准检查，确保定期检查全覆盖、风险隐患无遗漏。

2. 规范问题分析整改

把领导干部现场检查发现的问题作为各级日交班会的重要内容，促进及时掌控现场安全情况；对首次发生及关键性、倾向性及性质严重的突出问题，明确追踪分析和整改督办的责任人，深入查找管理原因，强化源头治理防控，并纳入集团公司周交班会、专业系统站段对话会进行点评分析，督促各单位吸取教训，及时阻断风险。

3. 强化管控效果评价

建立安全风险管控个人月度履职报告、部门和单位向季度安委会报告备案制度，综合运用"体检式"检查、对规检查、安全评估等载体，形成"安监部门对专业部门、专业部门对站段"安全风险管控逐级验证评价的责任链，倒逼解决本质问题。

（五）责任落实和监督考核

对领导干部突出履职尽责、管理，建立刚性的履职督查问责机制，制定问责清单。对发生安全问题和安全风险管控、隐患排查治理不到位的，实施"一事三查"：一查安全管理主体责任，二查专业管理责任，三查监督检查责任，尽职照单免责、失职照单问责，拉紧责任链条，补强"抓落实"短板。

对职工突出遵章守纪、按标作业，安全"红线"管理，形成负面清单。同时，加强解读和教育培训，对标检查考核，促进规范作业行为。强化对影响城市轨道交通运营安全和可能导致群死群伤的违章查处力度，研究确定给予开除处分和解除劳动合同的"红线"条款，真正让作业者知风险、存戒惧、不触碰。

（六）强化宣传培训工作

企业要以系统为单位，组织各层级开展双重预防机制培训，讲清工作方法和要求，统一思想和标准，切实推进双预防机制的落实，促进全员掌握安全风险管控、安全隐患整治的基本要求，切实提高全员安全重要性认识，增强安全责任意识。

（七）加强信息化建设

充分利用各单位安全生产管理信息系统和网络综合平台，将安全风险库、隐患库与既有安全信息管理办法界定的管理、作业、设备等负面清单（安全问题库）有机衔接，通过一体化管理避免信息孤岛，提升工作效率和运行效果。要将各种检测监测监控数据接入信息化平台，充分发挥信息系统自动化分析和智能化预警作用，借助大数据手段实现人员画像、设备画像、自动预警、分析考核等功能。

建立安全风险和隐患资源共享平台，各单位研判的较大及以上安全风险和突出及以上事故隐患，要逐级上传至集团安全风险库和隐患库，便于共享风险研判和隐患排查治理成果。

六、大力加强安全文化建设

城市轨道交通运营安全文化建设，要紧紧围绕"一个中心"（突出"以人为本"这个中心）、"两个基本点"（安全理念渗透和安全行为养成）。

内化思想，外化行为，不断提高广大员工的安全意识和安全责任，把安全第一变为每个员工的自觉行为。

安全理念决定安全意识，安全意识决定安全行为。因此，必须在抓好员工安全理念渗透和安全行为养成上下功夫。

任务五 城市轨道交通运营安全风险效果决策评价

一、安全评价

安全评价又称危险度评价，就是对系统内存在的危险性及其严重程度以既定指数、等级或概率值进行分析和评估，并针对这些危险制定相应的安全对策，使系统安全性达到社会公众所需要的水平的一种方法体系。概括来说，安全评价就是从数量上说明被评价对象的安全可靠程度。

(一)安全评价项目分类

根据项目的不同阶段,安全评价分为:安全预评价、安全验收评价、安全现状评价、专项安全评价。

(二)安全评价方法分类

安全评价方法有两种分类方式:一种是按评价指标的量化程度分为定性法、定量法以及定性与定量相结合的方法;另一种是按评价对象进行整合,主要有安全管理评价法和系统安全综合评价法。安全评价方法包括:安全检查表分析(SCL)、作业条件危险性评价法(LEC)、预先危险分析(PHA)、危险与可操作性分析(HAZOP)、失效模式与影响分析(FMEA)、故障树分析(FTA)、事件树分析(ETA)、指数分析法。

二、安全管理评价

安全管理评价就是评价企业的安全管理体系及管理工作的有效性和可靠性,评价企业预防事故发生的组织措施的完善性,评价企业管理者和操作者素质的高低及对不安全行为的可控程度。安全管理评价的内容:现代安全管理方法的应用、安全教育形式、规划计划与安全工作目标、职能部门安全指标分解、各级人员安全生产责任制、安全生产规章制度、各工种操作规程、安全档案、安全管理图表、"三同时"审批项目、事故处理"四不放过"、安全工作"五同时"、安全措施费用、安全机构与人员配备。

三、安全评价程序

安全评价程序可以用图 11-15 来表示。

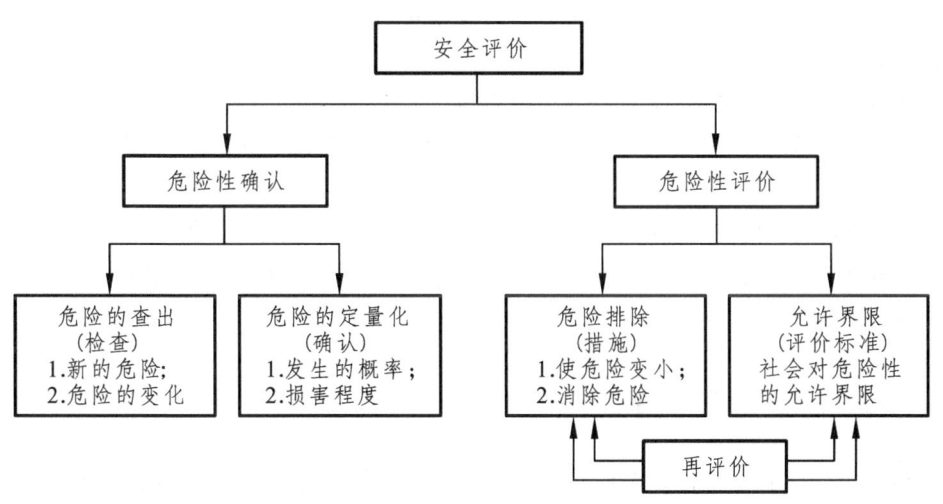

图 11-15 安全评价程序

如果把一个安全评价内容加以适当扩充,考虑社会环境的影响和安全管理的最终目的,系统安全评价的程序补充用图 11-16 来表示较为合适。

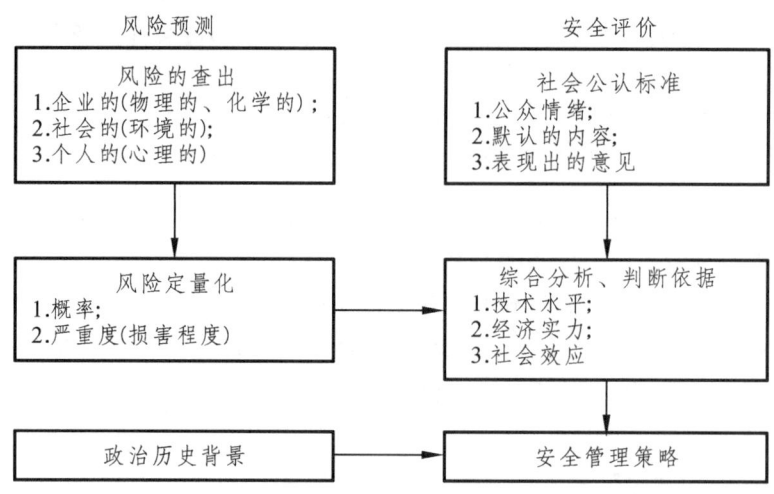

图 11-16 系统安全评价的程序补充

四、风险管理效果决策评价的内容

城市轨道交通运营安全风险管理效果决策评价是指对风险处理手段的效益性和实用性进行分析、检查、评估和修正，以风险管理实施后的实际资料为依据，分析风险管理的实际收益。

（1）评价风险管理决策的效果。风险管理决策效果评价主要评价风险管理措施是否降低了风险事故发生的概率，是否降低了风险事故造成的损失，这是风险管理决策效果评价的首要任务。如果已采取的风险管理措施对于防止和减少损失发挥了很大的作用，则采取的风险管理措施是可行的，反之则是不可行的。

（2）评价风险管理决策的科学性。风险管理决策是否科学，需要风险管理实践来检验。如果企业的风险管理决策有助于降低风险事故造成的损失，有助于促进企业的进一步发展，则其风险管理决策是有效的。

（3）评价风险管理者的管理水平。风险管理者的知识结构、经验和业务水平是否适合风险管理的需要，风险管理是否适合风险管理单位生产经营活动，通过风险管理决策效果评价可以得出结论。

（4）评价风险管理决策的执行情况。风险管理措施的执行情况，直接影响风险管理决策的效果。评价风险管理决策的执行情况不仅有助于风险管理决策措施的实施，而且还有助于改进风险管理决策执行中的失误，强化风险管理措施的执行。

五、风险管理效果决策评价程序

（1）制订风险管理决策效果评价计划。评价机构应当根据风险单位的具体特点，确定风险管理决策效果评价的对象、范围、目标和方法，据此制订风险管理决策计划。评价计划应该能够较好地反映风险管理单位的管理绩效。

（2）搜集整理有关资料。主要包括风险管理的有关资料、风险管理实施后的有关资料、国家有关政策与规定方面的资料、有关部门制定的风险管理措施评价的方法、其他有关资料等。

（3）编制风险管理决策效果评价报告。评价报告是风险管理决策效果评价的最终成果，其编制必须坚持客观、公正和科学的原则。

六、风险管理效果决策评价方法

（1）资料搜集法。资料搜集的方法有很多，主要有专家意见法、实地调查法、抽样调查法、专题调查法等。

（2）过程评价法。即针对风险管理措施从计划、决策到实施的各个环节的实际情况管理。

（3）指标对标法。即对风险管理措施实施后的实际数据或实际情况进行重新预测，与风险管理以前的实际数据或实际情况进行比较的方法。

（4）因素分析法。对影响风险管理措施实施后的各种技术指标进行分析，进而实施风险管理决策效果评价的方法。

七、城市轨道交通运营安全评估现状与需求

（一）安全评估现状

目前，我国城市轨道交通运营安全评估依据主要包括以下两方面：

1. 标准类评估依据

标准类评估依据主要包括国家级、地方级及企业级3个层面。

（1）国家层面，主要是《地铁运营安全评价标准》。

（2）地方层面，如上海市交通运输和港口管理局主导的《城市轨道交通运营安全评价规范》等。

（3）企业层面，指地方运营企业根据自身特点编制的安全评估标准。

2. 评估材料

评估材料主要是基于对相关标准内容（指标等）的借鉴，以日常运营生产工作内容为基础，结合运营企业自身发展的实际情况形成的评估方案或评估指南。

此外，通过委托第三方开展运营安全评估工作的，主要是指以评估单位既有方案为基础，融合被评估方的需求和实际特点而形成的评估方案或评估指南。

3. 评估形式

目前，我国城市轨道交通运营安全评估主要有3种类型：主管部门组织第三方开展安全评估、运营企业组织第三方开展安全评估、运营企业内部开展安全评估。

行业主管部门主要通过公开招投标及委托等形式，选取符合条件的，且具有一定评估经验、评估能力的评估单位，进行安全评估工作。

运营企业按照运营实际需求,委托特定的且符合自身要求的评估单位开展安全评估。此外,有时也采用招标方式选取评估单位。运营企业按照企业内部计划或者根据主管部门等的要求,完全依靠内部力量,定期或不定期开展安全评估,以了解相关评估单位的特点。

4. 评估内容

目前,我国开展的城市轨道交通运营安全评估主要包含5部分内容:

(1) 评估范围。安全评估范围主要是地铁制式,对于轻轨、单轨及有轨电车等其他城市轨道交通制式的评估相对较少。

(2) 评估对象。安全评估对象包含单线和网络化两部分。其中,单线安全评估相对较多,针对网络化安全评估的相对较少。

(3) 评估指标。安全评估指标主要是根据不同评估依据而确定的,有些以既有标准或方案的指标为基础,结合实际情况设定指标。

(4) 评估方法。安全评估方法主要为定性和定量。其中,定量方法主要是依靠评估专家或评估人员的经验进行判定的。

(5) 评判标准。评判标准是用来规定安全评估结果等级的要求,是客观反映安全(风险)状态的依据,应系统性划分不同级别的安全风险情况。但是,根据实际情况,目前我国部分城市开展的安全评估工作未考虑此项环节或较为薄弱。因此,评估结果多为发现问题,而无法客观衡量风险状态,指导风险控制工作。

对我国城市轨道交通运营安全评估情况进行分析可知:一是评估依据的不同性。不同的评估依据,影响评估标准的同一性。二是评估形式的多样性。多样的评估形式,影响评估工作的规范性。三是评估内容的差异性。不同的评估内容,影响评估结果的客观性。这些都会影响评估工作的效率和效果,不能有效支撑行业的规范发展。

(二) 安全评估需求

1. 行业主管部门需求

目前,我国城市轨道交通行业主管部门(运营)需求主要包含3个方面:政策法规需求、技术依据需求、管理手段需求。

2. 地方层面法规政策需求

截至2023年12月,我国地铁运营城市均出台了相应的条例和安全管理办法,并在管理办法中明确要求开展运营安全评价工作。地方层面的政策法规需求如图11-17所示。

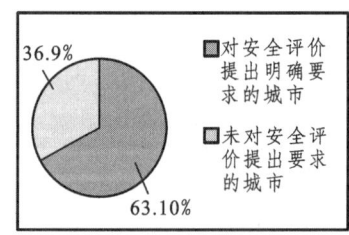
提出安全评价城市的比例

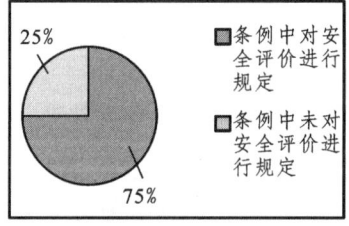
提出安全评价条例的比例

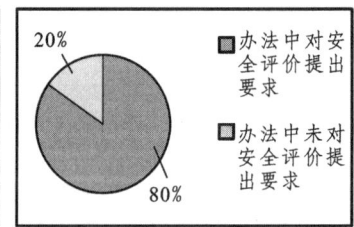
提出安全评价办法的比例

图11-17 地方层面的政策法规需求

3. 运营企业需求

目前，我国城市轨道交通运营企业需求主要包含3个方面：

（1）了解存在安全问题和真实风险状态的手段。通过开展城市轨道交通运营安全评估工作，运用隐患排查或风险辨识的手段，发现运营企业在日常管理、人员环境及设施设备运行等方面存在的问题，并结合评估方法和评判标准，得出评估结果，明确不同系统和总体的风险等级，查找安全短板，判断风险是否在可接受范围内。

（2）实现共享、借鉴其他城市经验的重要途径。随着城市轨道交通安全评估工作的不断发展，必将形成以第三方为载体的，积累了不同城市、不同线路、不同制式的行业风险数据库。因此，可以通过委托第三方开展安全评估的机会，以其为媒介，实现风险库资源共享，实现对其他城市已经遇到的风险进行提前防控的目的，防止事故发生。

（3）表现企业安全运营状态的主要依据之一。城市轨道交通属于社会高度关注的交通方式，一旦发生问题（可能没有导致事故），都会引起社会的广泛关注，因此，运营企业承受着较大的压力。

运营企业通过开展安全评估工作，可以通过第三方的力量，真实地向主管部门和公众反映出做出的努力，客观地反映安全状态，并寻求支持的有效途径。

4. 评估市场需求

传统型"望、闻、问、切"手段，以及既有风险管理模式，已不能完全满足安全发展的需要。尤其是对于动态因素（如设施设备运行、客流变化等），无法有效实施风险管理。因此，我国城市轨道交通运营安全评估市场需求，主要为评估技术软件及装备。

（三）安全评价标准制定

1. 目标要求

在充分借鉴国外先进经验的基础上，结合我国城市轨道交通多系统制式、单线兼顾网络化等运营特点，秉承"设计缺陷判断+风险状态评价+功能需求评估"的全过程安全管理思想，形成《城市轨道交通运营安全风险评价》标准，实现不同城市之间的经验互通和共享，为开展安全风险评价工作提供科学依据。

2. 标准要求

标准依据全面：不但有安全评价标准，还应用通用性标准，以及安全法案、危险分析指南及安全计划等。

标准要求详细：如EN50128中，不但对铁路通信信号系统进行了全面规定，甚至对任一部件都进行了明确要求。

建立参考系统：在借鉴各国相关标准的基础上，融入了在实践操作过程中遇到的问题，形成了安全评价参考系统，并不断完善。

多以风险理论为基础，可以有效进行定量分析，为风险控制工作提供准确指导。

3. 评估指标

评估指标可从"设计性—状态性—功能性""动态+静态""单系统+多系统"等方面进行综合评估。评估指标如图 11-18 所示。

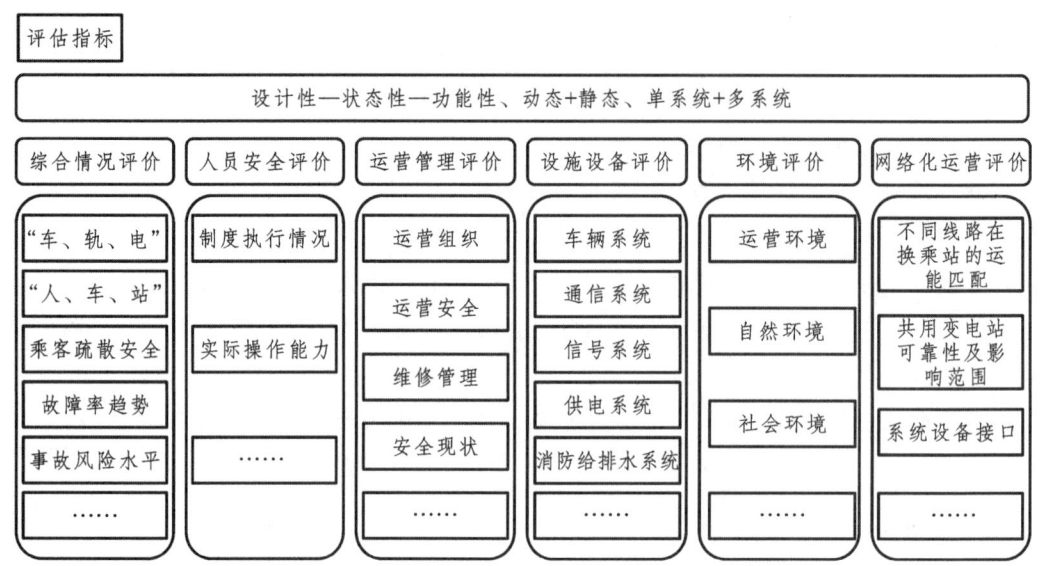

图 11-18 指标综合评价

4. 评价方法

评价方法可从"定性+定量""主观+客观""动态+静态""传统+新型"方面进行综合评价。评价方法如图 11-19 所示。

图 11-19 综合评价方法

5. 安全评估结构框架

城市轨道交通运营安全评估结构框架如图 11-20 所示。

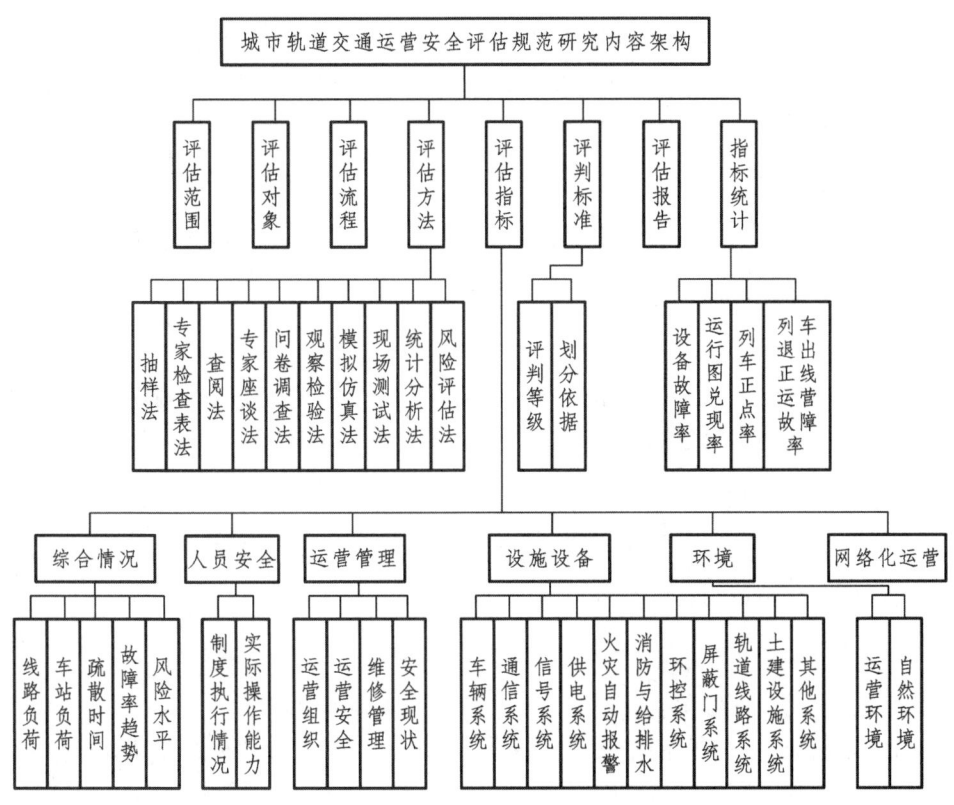

图 11-20 城市轨道交通运营安全评估结构框架

八、安全管理综合评价

城市轨道交通运营安全综合评价是城市轨道交通系统运营安全管理的重要组成部分。城市轨道交通运营安全综合评价是指以实现城市轨道交通运营安全为目的，按照系统科学的方法，对城市轨道交通系统中的危险因素进行分析和评价，并根据形成事故的大小，采取相应的安全措施，以达到安全管理的目的。

（一）行车基础设备评价

1. 车辆评价

车辆评价可以采取现场安全检查表的方式，选取若干车辆段进行检查，设立相应检查项目，进而根据收集到的数据，对车辆进行安全评价。

2. 线路评价

线路评价也可以采取现场安全检查表的方式，从线路设计缺陷、钢轨伤损等方面进行检查，并对钢轨断裂用事故树分析方法进行分析，从而发现安全隐患。

3. 供电评价

采用安全检查表对城市轨道交通系统供电设备进行安全检查，对历年的事故资料采用数理统计分析的方法进行评价，并对影响列车运营的三轨断电事故进行事故树分析。

主要考查问题有：设备服役期限、设备老化情况、设备技术水平、设备与环境的适应性、设备结构设计、备件备品情况等。

4. 通信信号评价

对通信信号设备，主要采取数理统计分析的方法和影响弹性系数方法进行评价，统计设备故障数量、设备故障率、自动化水平及设备稳定性等。

5. 机电评价

应用安全检查表对机电设备设施进行现场检查，考察通风和排烟设施、管路锈蚀问题、电缆阻燃能力、区间隧道应急照明等，并采用事故树分析方法进行分析。

6. 土建设施系统评价

主要考察车站的通道宽度、楼梯宽度、站厅、站台、设备及管理用房、通道、人行楼梯和自动扶梯高度，车站控制室、出入口、人行楼梯的设置等。

7. 行车基础设备评价总结

行车基础设备和城市轨道交通重大、大事故的关系总结如下：

（1）车辆是影响安全运营的最重要的设备，车辆故障可能导致列车脱轨等事故发生，从而导致群伤群死事件的发生。

（2）线路损伤可以导致重大行车事故的发生，需要线路检测、维护，能及时发现伤损情况，并进行处理。

（3）供电设备故障可导致长时间停运不当，本身不会导致乘客伤亡，但是如果疏散不当，可能导致拥挤踩踏事件。

（4）机电本身不会对安全运营产生影响，但是关系到灾后通风排烟。

（5）通信信号本身发生的故障，通过采取各种措施，不会导致乘客伤亡事故。

（二）运营组织评价

1. 人员评价

人员评价主要包括调度人员评价、行车值班员评价、驾驶员评价、客运服务人员评价、应急救援人员评价、设备维修及维护人员评价。

2. 客运组织评价

客运组织评价主要包括正常情况下客运组织方案评价、人员应急疏散能力评价。

3. 行车组织评价

行车组织评价主要包括正常行车组织方案评价、非正常行车组织方案评价。

（三）外界影响评价

（1）乘客对轨道交通系统安全影响评价。

（2）水、电、气、热等工程对安全影响评价。

（3）外界环境评价。

（四）安全管理评价

（1）安全管理机构设置。

（2）全员安全生产责任制。

（3）安全管理目标。

（4）安全教育培训。

（5）安全生产法律法规规章标准。

（6）事故应急救援及应急预案评价。

（五）风险评价注意事项

（1）每个风险事件都要编制检查评分表，分专业组织。

（2）原因和措施进行分类标注（与新机制配套），拟定统一的扣分值。

（3）确定单个风险事件的评分规则。

（4）制定风险事件的检查方式（包括现场检查、过程回放、抽考等）和评价规则。

（5）制定出现后果的影响规则。

（6）查看未检查的关联规则。

（7）建立报告备案制度。

【复习思考题】

1. 简述我国城市轨道交通运营风险管理发展现状与主要问题。
2. 城市轨道交通运营风险的特点是什么？
3. 简述风险管理的内涵与内容。
4. 什么是风险识别？
5. 什么是风险评价？
6. 风险防控技术和手段有哪些？
7. 风险管理体系的内容有哪些？
8. 简述安全风险评估的依据。
9. 如何理解安全管理综合评价？

项目十二 城市轨道交通突发事件应急管理

【问题导入】

本章主要使学生了解突发事件的内涵、特征及引发因素；熟悉城市轨道交通突发事件等级的划分；熟知城市轨道交通运营突发事件应急预案体系；掌握救援列车的开行条件；熟练演练城市轨道交通突发事件的应急处理及技能训练。

【教学目标】

1. 能力目标

能阐述城市轨道交通突发事件的内涵、特征及引发因素；能熟练演练城市轨道交通突发事件的应急处理及技能训练。

2. 知识目标

熟悉城市轨道交通突发事件的等级划分；掌握救援列车的开行条件；掌握城市轨道交通突发事件的应急处理程序。

3. 素质目标

坚持城市轨道交通"安全第一、预防为主、综合治理"的安全生产方针，筑牢安全红线意识、底线思维；具备城市轨道交通突发事件的防范意识和应急处理能力。

任务一

城市轨道交通运营突发事件类型与等级划分

【案例】设备故障造成火灾

事件经过：某年8月某日上午9:56，某线路列车司机发现上行某区间出洞体位置右侧发生火险。此次事件中，一台风幕风机双电源控制箱烧毁，部分供电电缆烧毁，电缆桥架（含盖板）烧毁，部分通信线缆外敷绝缘胶皮烤焦受损，造成一定经济损失。事件造成1列车掉线，7列车晚点，最大行车间隔21 min。

原因分析：

（1）上行风幕风机双电源控制箱主电源三相进线接头处产生严重结露水珠，造成绝缘能力降低、电缆线间导通、发热、绝缘老化，形成闷燃。

（2）后续应急处理存在信息传递理解上有偏差、调度命令不明确、应急处理能力缺乏、现场设备不熟悉、消防知识匮乏等问题。

（3）对季节性设备安全问题未引起高度重视。

整改措施：

（1）高度重视季节性设备安全问题，落实各季节设备整备方案。

（2）进一步细化各类突发事件的应急处置流程和方法。

（3）加强应急抢险人员的应急知识和心理素质的培训。

一、城市轨道交通运营突发事件类型

城市轨道交通一般都处在地下或高架桥的半封闭空间里，具有隐蔽性、封锁性、人员和设备高度密集等特点，一旦发生重大事件、灾害等突发事件，人员疏散和救援困难，处置不当将产生巨大的人身和财产损失，对社会经济和生活造成重大影响。

（一）突发事件的定义

突发事件是指突然发生的，能够造成或者可能造成人员伤亡、财产损失、环境破坏和重大社会影响的，危及安全的事件。突发事件是在人的理性范围内所无法完全预防且突如其来的，一般事先没有明显预兆，是在一定社会、历史及自然条件下由特定因素诱发、超出通常时空和心理承受度并难以控制的事件。

城市轨道交通运营突发事件，是指在城市轨道交通运营过程中发生的因列车撞击、脱轨、设施设备故障、损毁，以及大客流等情况，造成人员伤亡、行车中断、财产损失的突发事件。

(二) 突发事件的特征

突发事件具有如下特征：突发性、不确定性、全球性、危害性、一定的人为性、应急处理的综合性与系统性。

（1）突发性。

突发性是突发事件的首要特征，表现为突发事件的发生在事先没有较为明显的预兆或征兆，或者有一些预兆但难以完全预警。这一特征往往导致公众和政府部门在较短时间内无法及时地应对与处理，进而造成一定的财产损失和人员伤亡。

（2）不确定性。

多数突发事件具有未知性特征，从而使人们在突发事件发生时难以全面了解事件发生的真正原因。如何处理突发事件的不确定性是研究突发事件的关键。突发事件发生的具体时间、实际规模、具体态势和影响深度，是难以完全预防的。

（3）全球性。

随着人们社会、经济生活联系的日益全球化，突发事件的发生和影响已经超出了发生地的范围，成为全球共同面临的问题。

（4）危害性。

不论什么性质和规模的突发事件，都必然会不同程度地给国家和人民造成政治、经济、精神上的破坏和损失。一方面，其破坏了原有秩序，有可能导致原有秩序因没有采取有效的措施而无法恢复，或者无法承受打击而崩溃；另一方面，其导致社会的混乱，使人的心理产生恐惧，造成巨大的经济损失。

（5）一定的人为性。

多数突发事件发生的直接原因不是人为的，但人为因素往往会加剧或减轻突发事件所造成的损失与伤害。

（6）应急处理的综合性与系统性。

突发事件涉及面广，影响社会生活的方方面面，可以用"牵一发而动全身"来形容。因而，应采用系统方法加以综合处理。

(三) 突发事件的引发因素

引发突发事件的因素比较多，而且错综复杂，有系统内部的和外部的，也有自然的和人为的。归纳起来，主要有4种基本因素，即人、物、环境和管理。

（1）人的因素，又可分为人的错误判断、错误行为、意愿的变化等几类。这些因素往往是引发事件的直接原因。人的因素属于系统的内部原因。

（2）物的因素，是指潜伏在物本身的不安全因素。例如，机车车辆的不安全因素、供电系统的不安全因素，都是引发突发事件的原因，而且常常是直接原因。物的因素也属于系统的内部原因。

（3）环境因素，是指各种系统所处的自然环境和社会环境的异常状态。例如，暴雨、地震。一般来讲，环境因素是引发突发事件的间接原因，而且是短时间无法消除的因素。

（4）管理因素，是指在管理制度，或者在管理的过程中存在一定的缺陷，从而导致突发事件的发生。

二、城市轨道交通突发事件等级划分

按照《国家城市轨道交通运营突发事件应急预案》（国办函〔2015〕32号）规定，城市轨道交通运营突发事件等级的划分如下：

（一）事件分级

按照事件严重性和受影响程度，运营突发事件分为特别重大、重大、较大和一般四级。

（二）事件分级标准

（1）特别重大运营突发事件：造成30人以上死亡，或者100人以上重伤，或者直接经济损失1亿元以上的。

（2）重大运营突发事件：造成10人以上30人以下死亡，或者50人以上100人以下重伤，或者直接经济损失5 000万元以上1亿元以下，或者连续中断行车24 h以上的。

（3）较大运营突发事件：造成3人以上10人以下死亡，或者10人以上50人以下重伤，或者直接经济损失1 000万元以上5 000万元以下，或者连续中断行车6 h以上24 h以下的。

（4）一般运营突发事件：造成3人以下死亡，或者10人以下重伤，或者直接经济损失50万元以上1 000万元以下，或者连续中断行车2 h以上6 h以下的。

上述分级标准有关数量的表述中，"以上"含本数，"以下"不含本数。

任务二

城市轨道交通突发事件应急管理体系

一、城市轨道交通应急管理体系的组成

城市轨道交通应急管理体系包括组织机制、运作机制、法律基础、保障系统，总体要求为"横向到边、纵向到底"，是全覆盖、无缝隙的组织结构和系统。

（一）组织机制

城市轨道交通应急管理体系的组织机制包括管理机构、功能部门、指挥中心、救援队伍。

（1）管理机构，是指国家铁路局负责日常应急管理的部门。
（2）功能部门，包括与应急活动有关的各类组织机构，如消防、医疗机构等。
（3）指挥中心，负责在应急预案启动后，指挥场外与场内的应急活动。
（4）救援队伍，由专业和志愿人员组成。

（二）运作机制

城市轨道交通应急管理体系的运作机制主要由统一指挥、分级响应、属地为主和职工动员4个基本机制组成。

（1）统一指挥是铁路应急活动的基本原则。应急指挥一般可分为集中指挥与现场指挥，或场外指挥与场内指挥等。无论采用哪一种指挥系统，都必须实行统一指挥的模式。应急活动涉及单位的行政级别和隶属关系不同，但都必须在指挥中心的统一组织协调下，有令则行，有禁则止，统一号令，步调一致。

（2）分级响应是指从初级响应到扩大应急的过程中采取的分级响应机制，扩大或提高应急级别的主要依据是事故灾难的危害程度、影响范围和控制事态能力。影响范围和控制事态能力是提高应急级别的最基本条件。扩大应急主要是指提高指挥级别，扩大应急范围等。

（3）属地为主强调"第一反应"的思想和以现场应急、现场指挥为主的原则。

（4）职工动员机制是应急管理体系运作机制的基础，也是整个应急管理体系的基础。

（三）法律基础

法律基础是应急管理体系的基础和保障，也是开展各项应急活动的依据。与应急有关的法律法规体系可分为法律、行政法规、地方性法规与规章、标准规范4个层次。

（四）保障系统

保障系统主要包括信息与通信、物资与装备、人力资源、应急财务保障等方面。

（1）构筑集中管理的信息与通信平台是应急管理体系最重要的基础建设。应急信息与通信系统要保障所有预警、报警、警报、报告、指挥等活动的信息交流快速、顺畅、准确，并实现信息资源共享。

（2）在物资与装备保障方面，不但要保证有足够的资源，而且要实现快速、及时供应到位。

（3）在人力资源保障方面，应加强专业队伍建设，做好志愿人员与其他有关的教育培训。

（4）在应急财务保障方面，应建立专项应急科目，如应急基金等，以保障应急管理运行和应急反应中各项活动的开支。

二、突发事件应急管理的内容

按照《中华人民共和国突发事件应对法》，应急管理按阶段可划分为预防与应急准备、监测与预警、应急处置与救援等应对活动。

(一)预防与应急准备

1. 建立健全突发事件应急预案体系

生产经营单位应当针对本单位可能发生的生产安全事故的特点和危害,进行风险辨识和评估,制定相应的生产安全事故应急预案,并向本单位从业人员公布。

各级各类应急预案应当根据相关法律、法规的规定,针对突发事件的性质、特点和可能造成的社会危害,具体规定突发事件应急管理工作的组织指挥体系与职责和突发事件的预防与预警机制、处置程序、应急保障措施以及事后恢复与重建措施等内容。

2. 事件预防

生产经营单位应当建立健全安全管理制度,定期检查本单位各项安全防范措施的落实情况,及时消除事故隐患;掌握并及时处理本单位存在的可能引发社会安全事件的问题,防止矛盾激化和事态扩大。

各生产经营单位应当定期检测、维护其报警装置和应急救援设备、设施,使其处于良好状态,确保正常使用。

3. 应急准备

应急准备主要包括应急救援队伍组建、应急人员培训、应急预案演练、应急物资保障、应急通信保障、应急知识教育等。

(二)监测与预警

1. 建立生产经营单位统一的突发事件信息系统

建立生产经营单位统一的突发事件信息系统,汇集、储存、分析、传输有关突发事件的信息。突发事件信息实行逐级报告制度,有关单位和人员报送、报告突发事件信息,应当做到及时、客观、真实,不得迟报、谎报、瞒报、漏报。

2. 建立健全突发事件监测制度

县级以上人民政府及其有关部门应当根据自然灾害、事故灾难和公共卫生事件的种类和特点,建立健全基础信息数据库,完善监测网络,划分监测区域,确定监测点,明确监测项目,提供必要的设备、设施,配备专职或者兼职人员,对可能发生的突发事件进行监测。

3. 建立健全突发事件预警制度

可以预警的自然灾害、事故灾难和公共卫生事件的预警级别,按照突发事件发生的紧急程度、发展态势和可能造成的危害程度分为一级、二级、三级和四级,分别用红色、橙色、黄色和蓝色标示,一级为最高级别。

(三)应急处置与救援

根据《生产安全事故应急条例》,发生生产安全事故后,生产经营单位应当立即启动生产安全事故应急预案,采取下列一项或者多项应急措施,并按照国家有关规定报告事故情况:

(1)迅速控制危险源,组织抢救遇险人员。

(2)根据事故危害程度,组织现场人员撤离或者采取可能的应急措施后撤离。

(3)及时通知可能受到事故影响的单位和人员。

(4)采取必要措施,防止事故危害扩大和次生、衍生灾害发生。

(5)根据需要请求邻近的应急救援队伍参加救援,并向参加救援的应急救援队伍提供相关技术资料、信息和处置方法。

(6)维护事故现场秩序,保护事故现场和相关证据。

(7)法律、法规规定的其他应急救援措施。

任务三 城市轨道交通运营突发事件应急预案体系

应急预案又称应急计划,是针对可能出现的重大事件或灾害,为保证迅速、有序、有效地开展应急救援行动而预先制订的有关计划或方案。它是在辨识和评估潜在的重大危险、事件类型、发生的可能性及发生过程、事件后果及影响程度的基础上,为应急机构、人员、技术、装备、设施(备)、行动方案以及救援行动的指挥与协调等方面预先做出的具体安排。应急预案明确了在突发事件发生前、发生过程中以及刚结束之后,谁负责做什么、何时做以及相应的策略和资源准备等,是应急救援准备工作的核心内容。

一、应急预案编制的依据和内容

(一)编制依据

依据《中华人民共和国突发事件应对法》《中华人民共和国安全生产法》《生产安全事故报告和调查处理条例》《国家突发公共事件总体应急预案》及相关法律法规编制。

(二)工作原则

运营突发事件应对工作坚持统一领导、属地负责,条块结合、协调联动,快速反应、科学处置的原则。运营突发事件发生后,城市轨道交通所在地城市及以上地方各级人民政府和有关部门、城市轨道交通运营单位(以下简称"运营单位")应立即按照职责分工和相关预案开展处置工作。

(三)应急预案的分类

城市轨道交通生产经营单位应急预案分为综合应急预案、专项应急预案和现场处置方案。综合应急预案是指城市轨道交通生产经营单位为应对各种生产安全事故而制定的综合性工作方案，是本单位应对生产安全事故的总体工作程序、措施和应急预案体系的总纲。

专项应急预案是指城市轨道交通生产经营单位为应对某一种或者多种类型生产安全事故，或者针对重要生产设施、重大危险源、重大活动防止生产安全事故而制定的专项性工作方案。

现场处置方案是指城市轨道交通生产经营单位根据不同生产安全事故类型，针对具体场所、装置或者设施所制定的应急处置措施。

二、编制应急预案的目的

城市轨道交通是市民出行的主要交通工具之一，一旦发生突发公共事件，往往处置难度大、损失大、影响大。为做好城市轨道交通运营突发事件的预防与处置工作，提高应对能力，确保应急组织指挥统一顺畅，处置及时妥善，最大限度地减少人员伤亡和财产损失，制定应急预案，应实现如下目标：

（1）整合现有轨道交通运营突发事件应急管理组织机构，建立健全应急工作的体制和机制，实现部门之间的协调联动。

（2）整合现有轨道交通运营突发事件应急资源，建立分工明确、责任到人、优势互补、常备不懈的应急保障体系。

（3）整合现有轨道交通运营突发事件的信息资源，实现信息共享，形成机制优化、反应迅速的信息支撑系统。

（4）规范轨道交通运营突发事件级别，明确各成员单位的分工和职责，确定不同级别事件的启动程序和响应措施，提高各级人员的风险防范意识。

（5）成为各类突发事件的应急基础。

通过编制基本应急预案，可保证应急预案具有足够的灵活性，对那些事先无法预料到的突发事件或事件，也可以起到基本的应急指导作用；针对特定危害编制专项应急预案，有针对性地制定应急措施，进行应急准备和演练。

三、应急预案的基本结构和内容

（一）应急预案的重点内容

应急预案的重点内容包括计划概况、预防程序、准备程序、基本应急程序、特殊危险应急程序及恢复程序。

（1）计划概况：简述应急管理过程，并提供必要的说明（简介、有关概念、应急组织及职责等）。

（2）预防程序：对潜在事故进行确认并采取预防事故的有效措施（危害辨识、评价和监控，制定法规、规程等）。

（3）准备程序：说明应急行动前所需采取的准备工作（培训程序、演习程序等）。

（4）基本应急程序：任何事故都适用的应急行动程序（报警程序、通信程序、疏散程序等）。

（5）特殊危险应急程序：针对特殊危险性事故的应急程序（化学品泄漏等）。

（6）恢复程序：事故现场应急行动结束后所需采取的清除和恢复程序（事故调查、事故后果评价、清除与恢复等）。

（二）应急预案的基本结构

城市轨道交通运营系统应急预案基本采用基于应急任务或功能的"1+4"预案编制基本结构。即应急预案=基本预案+应急功能附件+特殊风险预案+标准操作程序+支持附件。

1. 基本预案

基本预案是该项应急预案的总体描述，主要阐述应急预案所要解决的紧急情况、应急的组织体系、方针、应急资源、应急的总体思路，并明确各应急组织在应急准备和应急行动中的职责，以及应急预案的演习和管理等规定。

基本预案内容包括预案发布程序，方针与原则，危险分析，应急资源，机构与职责，应急教育、训练与演习，与其他预案的关系，应急救援互助协议，预案管理，术语与定义，法规及参考文献等。

2. 应急功能附件

应急功能附件是对在各类重大事件应急救援中通常都要采取的一系列基本应急行动和任务而编写的计划，应急功能应包括接警与通知、指挥与控制、警报和紧急公告、通信、事态监测与评估、警戒与治安、人群疏散与安置、医疗与卫生、公共关系、应急人员安全、现场抢险、环境保护、现场恢复等，并应明确每一应急功能针对的形势、目标、负责机构、支持机构、任务要求、应急准备和操作程序等。

3. 特殊风险预案

特殊风险预案是在对城市轨道交通系统进行安全评价的基础上，针对每一种可能发生的重大风险事件，明确其相应的主要负责部门、有关支持部门及其相应的职责，并为该类专项预案的制定提出特殊的要求和指导意见。

4. 标准操作程序

标准操作程序用来规定在应急预案中没有给出的每一任务的实施细节，各个应急部门必须制定相应的标准操作程序，为组织或个人提供履行应急预案中规定的职责和任务时所需的详细指导。标准操作程序的内容包括程序的目的、执行主体、时间、地点、任务、步骤和方式，以及所需的检查表和附图（表）。标准操作程序应采用统一格式，语言简洁明，描述应急准备、初期响应、扩大应急和应急恢复4个阶段中规定的各项任务。标准操作程序应与应急预案和各部门的职责、任务协调一致。

5. 支持附件

支持附件主要包括应急救援有关支持保障系统的描述及相关附图表，如城市轨道交通系统主要危险有害因素登记表、重大事件影响范围预防分析、应急机构及人员通信联络方式、消防设施分布、疏散线路图、媒体联络方式、相关医疗单位分布图、交通管制范围图等。

（1）危险分析附件：重大事故灾害类型及影响范围、重大危险源登记表与分布、重大防护目标一览表与分布、事故后果预测与评估、其他危险分析资料等。

（2）通信联络附件：应急机构、人员、专家名录，新闻媒体名录，周边地区应急机构、上级部门，应急服务、物资供应单位名录。

（3）法律法规附件。

（4）应急资源附件：专/兼职消防力量分布，医疗救护机构分布及医疗救护能力信息，消防、应急设施设备、物资、数量、联络方式及储存地点，通信系统，警报系统分布及覆盖范围，避难及被疏散人员安置场所分布等。

（5）教育、培训、训练与演习附件。

（6）技术支持附件：应急信息管理系统、应急决策支持系统、危险化学品数据库、事故案例库、应急手册、其他技术支持附件。

（7）互助协议附件。

（8）其他支持附件。

（三）应急预案的文件层次

完整的事故应急预案文件应包括4个层次的内容。

（1）一级文件：应急预案管理手册，是对预案总体、全面的概述。

（2）二级文件：各种程序文件 [程序是完成某一项任务的途径5W+H，即对选定的项目、工序或操作，从原因（何因 Why）、对象（何事 What）、地点（何地 Where）、时间（何时 When）、人员（何人 Who）、方法（何法 How）6个方面提出问题进行分析]。

（3）三级文件：说明书（对程序中的特定任务和某些行动细节进行说明）。

（4）四级文件：应急行动的记录（如通信记录、进出危险区记录等）。

四、应急预案编制

（一）应急预案编制要求

应急预案的编制应当遵循以人为本、依法依规、符合实际、注重实效的原则，以应急处置为核心，明确应急职责，规范应急程序，细化保障措施。

应急预案的编制应当符合以下基本要求：

（1）有关法律、法规、规章和标准的规定。

（2）本单位的安全生产实际情况。

（3）本单位的危险性分析情况。

（4）应急组织和人员的职责分工明确，并有具体的落实措施。

（5）有明确、具体的应急程序和处置措施，并与其应急能力相适应。

（6）有明确的应急保障措施，满足本地区、本部门、本单位的应急工作需要。

（7）应急预案基本要素齐全、完整，应急预案附件提供的信息准确。

（8）应急预案内容与相关应急预案相互衔接。

编制应急预案应当成立编制工作小组，由本单位有关负责人任组长，吸收与应急预案有关的职能部门和单位的人员，同时还要有现场处置经验的人员参加。

编制应急预案前，编制单位应当进行事故风险辨识、评估和应急资源调查。事故风险辨识、评估是指针对不同事故种类及特点，识别存在的危险危害因素，分析事故可能产生的直接后果以及次生、衍生后果，评估各种后果的危害程度和影响范围，提出防范和控制事故风险措施的过程。应急资源调查是指全面调查本地区、本单位第一时间可以调用的应急队伍、装备、物资、场所等应急资源状况和合作区域内可以请求援助的应急资源状况，并结合事故风险辨识评估结论制定应急措施的过程。

生产经营单位应当根据有关法律、法规、规章和相关标准，结合本单位组织管理体系、生产规模和可能发生的事故特点，与相关预案保持衔接，确立本单位的应急预案体系，编制相应的应急预案，并体现自救互救和先期处置等特点。

生产经营单位风险种类多、可能发生多种类型事故的，应当组织编制综合应急预案。综合应急预案应当规定应急组织机构及其职责、应急预案体系、事故风险描述、预警及信息报告、应急响应、保障措施、应急预案管理等内容。

对于某一种或者多种类型的事故风险，生产经营单位可以编制相应的专项应急预案，或将专项应急预案并入综合应急预案。专项应急预案应当规定应急指挥机构与职责、处置程序和措施等内容。

对于危险性较大的场所、装置或者设施，生产经营单位应当编制现场处置方案。现场处置方案应当规定应急工作职责、应急处置措施和注意事项等内容。事故风险单一、危险性小的生产经营单位，可以只编制现场处置方案。

生产经营单位应急预案应当包括向上级应急管理机构报告的内容、应急组织机构和人员的联系方式、应急物资储备清单等附件信息。附件信息发生变化时，应当及时更新，确保准确有效。

生产经营单位组织应急预案编制过程中，应当根据法律、法规、规章的规定或者实际需要，征求相关应急救援队伍、公民、法人或其他组织的意见。生产经营单位编制的各类应急预案之间应当相互衔接，并与相关人民政府及其部门、应急救援队伍和涉及的其他单位的应急预案相衔接。生产经营单位应当在编制应急预案的基础上，针对工作场所、岗位的特点，编制简明、实用、有效的应急处置卡。应急处置卡应当规定重点岗位、人员的应急处置程序和措施，以及相关联络人员和联系方式，便于从业人员携带。

（二）应急预案编制流程

应急预案的编制过程一般可以分为6个阶段，如图12-1所示。

（1）成立应急预案编制小组。

（2）调查研究，收集资料。

（3）全面分析，科学评估。该阶段包括：危险源分析；危险度评估；救援力量分析；应急准备和应急能力的评估，确认其现有的预防措施及能力，分析其充分性。

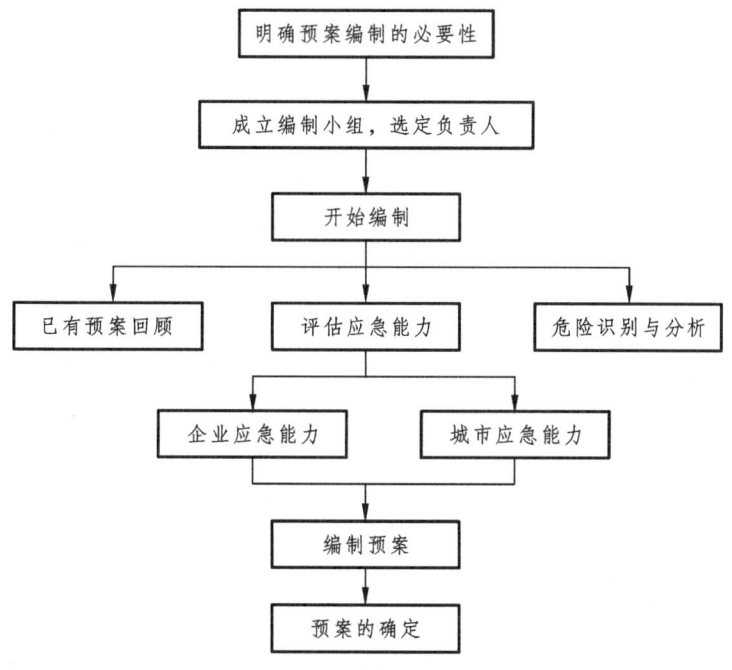

图 12-1 应急预案的编制过程

（4）分工负责，组织编写预案。
（5）实地勘查，反复修改预案。
（6）应急预案的确定。

五、应急预案的评审、公布和备案

应急预案的评审或者论证应当注重基本要素的完整性、组织体系的合理性、应急处置程序和措施的针对性、应急保障措施的可行性、应急预案的衔接性等。

生产经营单位的应急预案经评审或者论证后，由本单位主要负责人签署，向本单位从业人员公布，并及时分发到本单位有关部门、岗位和相关应急救援队伍。事故风险可能影响周边其他单位、人员的，生产经营单位应当将有关事故风险的性质、影响范围和应急防范措施告知周边的其他单位和人员。

运输单位等人员密集场所经营单位，应当在应急预案公布之日起 20 个工作日内，按照分级属地原则，向县级以上人民政府应急管理部门和其他负有安全生产监督管理职责的部门进行备案，并依法向社会公布。

预案评审可从完整性、准确性、可读性、符合性、兼容性、实用性等方面考量，如图 12-2 所示。

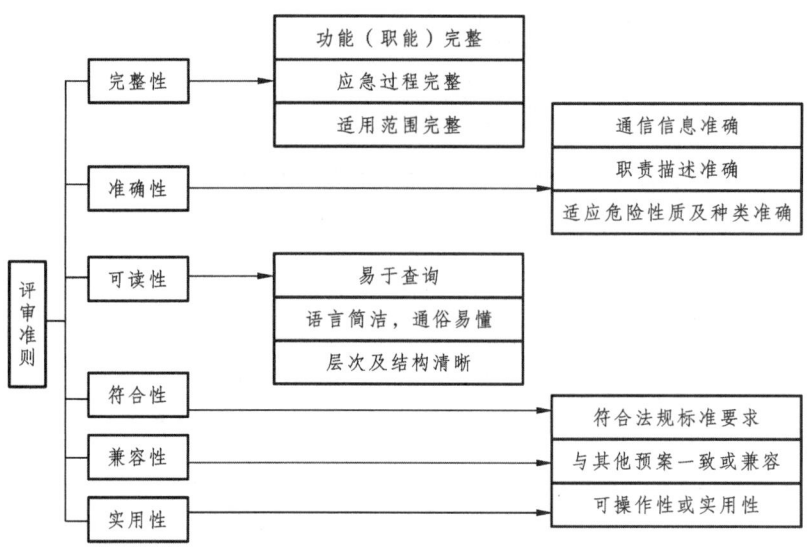

图 12-2 预案评审准则

六、应急预案的评估、修订

应急预案编制单位应当建立应急预案定期评估制度,对预案内容的针对性和实用性进行分析,并对应急预案是否需要修订做出结论,实现应急预案的动态优化和科学规范管理。运输单位等生产经营单位,应当每 3 年进行一次应急预案评估。有下列情形之一的,应当及时修订应急预案:

(1)依据的法律、法规、规章、标准及上位预案中的有关规定发生重大变化的。
(2)应急指挥机构及其职责发生重大调整的。
(3)安全生产面临的风险发生重大变化的。
(4)重要应急资源发生重大变化的。
(5)在应急演练和事故应急救援中发现需要修订预案的重大问题的。
(6)编制单位认为应当修订的其他情况。

任务四 应急培训与演练

应急预案编制完成并经评审发布后,即具备应急救援的"作战方案"。但是,仅有良好的应急救援"作战方案",并不能保证政府、生产经营单位、个人能够有效应对突发重大险情、事故、事件。因为突发重大险情、事故、事件往往发展迅速,应急救援刻不容缓,不允许也不可能让指挥人员、应急处置人员现场拿着应急救援"作战方案"照本宣科,逐条对照操作。

应急人员要职责清楚，操作熟练，灵活应对，正确处置，就必须通过全面、系统、反复的应急培训，并在应急演练与实战中熟悉技能，积累经验，不断提高应急救援水平。因此，应急培训与演练，对于应急机构、人员按照应急救援"作战方案"灵活进行救援，实现应急救援目标，至关重要。

一、应急培训

生产经营单位应当通过编发培训材料、举办培训班、开展工作研讨等方式，组织开展本单位的应急预案、应急知识、自救互救和避险逃生技能的培训活动，使有关人员了解应急预案内容，熟悉应急职责、应急处置程序和措施。应急培训的时间、地点、内容、师资、参加人员和考核结果等情况应当如实记入本单位的安全生产教育和培训档案。

（一）应急培训的目标

应急培训要实现的目标如下：

（1）城市轨道生产经营单位领导干部重视应急救援工作，具备良好的应急意识，严格履行应急职责，切实把应急工作当作"生命工程"来抓。

（2）应急指挥人员掌握应急救援的流程、资源的分布、重大危险源的处置，具备过硬的组织指挥能力。

（3）专业应急人员掌握应急救援的程序和要领，具备良好的专业救灾技术方案制定能力和现场处置能力。

（4）一般应急人员掌握识别风险、规避风险和岗位应急救援要求，具备熟练的自救和互救技能。

（5）提高应急救援能力。应急救援各方能按照应急预案要求，协同应对，高效处置，圆满实现应急救援的既定目标，从而最大限度地避免、减少人员伤亡、财产损失、生态破坏和不良社会影响。

（二）应急培训的对象

应急培训的对象主要有以下几类：

（1）城市轨道生产经营单位各级领导、专业应急人员、一般应急人员、其他人员、临时外来人员。

（2）专职应急队伍，包括消防队伍、医疗卫生人员、危险化学品及电力等专业工程抢险队伍。

二、应急演练

城市轨道生产经营单位应当制订本单位的应急预案演练计划，根据本单位的事故风险特点，每年至少组织一次综合应急预案演练或者专项应急预案演练，每半年至少组织一次现场处置方案演练。运输单位等人员密集场所经营单位，应当至少每半年组织一次生产安全事故应急预案演练，并将演练情况报送所在地县级以上地方人民政府负有安全生产监督管理职责的部门。

特别强调：演练是为了保障人身和财产安全，因此，演练过程中要保障演练人员及装置、设备的安全。同时，演练需要投入人力、物力、财力，因此，要优选合理的演练方式，采用先进的手段，尽可能地降低演练成本。

（一）应急演练的目的

演练是检验、评价和保持应急能力的一个重要手段，最主要的目的是使应急机构及人员熟悉预案和发现预案存在的缺陷，具体如下：

（1）可在事故发生前暴露预案和程序的缺陷。
（2）发现应急资源（包括人力和设备等）的不足。
（3）提高应急人员的熟练程度和技术水平。
（4）进一步明确各自的岗位与职责。
（5）加强各应急部门、机构、人员之间的协调，提高整体应急反应能力。
（6）增强应对重大突发事件的信心和提高社会应急意识。

（二）应急演练的类型

应急演练按照演练的复杂程度和规模、所需评价人员的数量与资源等状况可以分为桌面演练、功能演练与全面演练。

（1）桌面演练。桌面演练是指由应急组织的代表或关键岗位人员参加的，按照应急预案及其标准运作程序讨论紧急情况时所应采取的行动的演练活动。

桌面演练的主要特点是进行口头演练，一般在会议室内举行，属于非正式活动。桌面演练的主要目的是在心情放松、心理压力较小的情况下，明确相互协作和职责划分问题，锻炼演练人员解决问题的能力，得到一些建设性的讨论结果，进而为功能演习和全面演习奠定基础。

桌面演练只需开展有限的应急响应和内部协调活动，演练人员主要来自本地应急组织，事后一般采取口头评论形式收集演练人员的建议，并提交一份简短的书面报告，总结演练活动和提出有关改进应急响应工作的建议。

桌面演练成本较低，主要是为功能演练和全面演练做准备。

（2）功能演练。功能演练又称专项演练，是指针对某项应急响应功能或其中某些应急响应行动举行的演练活动，可分为单项演练和组合演练。

功能演练一般在应急指挥中心举行，并可同时开展现场演练，调用有限的应急资源，主要目的是针对不同的应急响应功能，检验相关应急人员及应急指挥协调机构的策划和响应能力。以应急通信功能演练为例，按照预案要求，可假定在事故状态下，模拟事态的逐级发展过程，检验不同人员、不同地域、不同通信工具的通信能否满足实际要求。

功能演练规模比桌面演练大，需动员更多的演练人员和组织，必要时，还可要求上级应急机构参与，为演练方案设计、协调和评估工作提供技术支持，因而协调工作难度较大。

功能演练完成后，除采取口头评估的形式外，还要向相关部门提交有关演练活动的书面评估报告，提出改进建议，完善应急预案，提高应急水平。

（3）全面演练。全面演练是指针对应急预案中全部或大部分应急响应功能，检验、评价应急组织应急运行能力的演练活动。

全面演练一般要求持续几个小时,甚至更长时间。演练过程要求尽量真实,调用更多的演练人员和资源,并开展人员、设备及其他资源的实战性演练,以展示相互协调的应急响应能力,同时充分暴露应急预案和演练中存在的问题,提出改进建议。全面演练投入的人力、财力、物力往往是巨大的,因此必须做好预案演练评估工作,以改正不足,总结经验,并努力节省投资。

无论选择何种应急演练类型,应急演练方案必须适应本单位重大事故应急管理的需求和资源条件。同时,应急演练要充分考虑经济投入及对正常生产安全的影响。全面演练投入的人力、物力大,不能轻易进行,必须在对方案进行优化的基础上进行,并做好预演评估。功能演练与全面演练在很多情况下会对生产造成一定的影响,因此,应预想应急演练可能带来的所有不安全因素,并制定相应的应对措施,确保生产正常运行。

(三)应急演练的内容

应急演练过程可划分为演练准备、演练实施、演练总结和评估3个阶段。不同阶段涉及不同的工作内容。

1. 演练准备

演练准备主要涉及以下工作内容:

(1)明确职责与分工。演练策划小组是应急演练的领导机构,是演练准备与实施的指挥部门,任务繁重。因此,演练策划小组人员的职责必须明确,以便按照各自职责与分工,有序开展工作。在较大规模的专项演练或全面演练中,演练策划小组内部可分设专业组,对各项工作的准备、实施与总结进行周密策划。

(2)确定演练类型和对象。根据生产经营单位实际,针对亟待解决的问题、应急工作重点、演练各项投入等情况,确定合适的演练类型和对象。

(3)确定演练目标。根据演练类型和对象,演练策划小组制定具体的演练目标。不能仅以成功处置事故这一正确但笼统为目标,还应将目标分解细化,要将队伍调用、人员操作、装备使用、事故处置、演练评价等作为具体的演练目标,使其达到规定的要求。

(4)确定演练、观摩人员。演练策划小组要确定参与演练的人员,以满足演练与实战的需要。同时,演练策划小组应确定相应的观摩人员。观摩人员不仅限于领导干部,还应让尽可能多的从业人员参与观摩。对于观摩人员来说,应急演练既是技能教育,又是意识教育。

(5)确定演练时间和地点。演练策划小组应与生产经营单位有关部门、应急组织和关键人员提前协商,并确定应急演练的时间和地点。

(6)编写演练方案。演练策划小组应根据演练类型、对象、目标、人员等情况,事先编制演练方案,对演练规模、参演单位和人员、演练对象、假想事故情景及其发展顺序及响应行动等事项进行总体设计。情景设计是演练的重要"剧本",只有剧本好,才能排演好。在情景设计中,必须科学设计假想事故的发生、发展过程,力求客观真实、互为因果、发展有序,不能凭空臆想、设计有违真实的场景;必须说明假想事故发生的时间、地点、事故类型、被影响区域、气象条件等事项,即必须详细说明事故情景,便于演练人员进行危险因素辨识与风险评价;必须说明演练人员在演练中的一切应急行动及安全注意事项。

（7）确定演练现场规则。演练策划小组应事先制定演练现场规则，确保演练过程全程可控，确保演练人员的安全和正常的生产、周围公众的生活秩序不受影响。

（8）确定演练物资与装备。演练模拟场景有些是真实的。例如，开展火灾事故应急演练，会用到灭火器等；开展氯气泄漏事故应急演练，会用到气瓶、气体监仪等。对于这些物资、装备，必须事先全面考察确定，在满足安全的前提下，尽可能地做到真实。

（9）安排后勤工作。演练策划小组应事先完成演练通信、卫生、场地交通、现场指示和生活保障等后勤保障工作。

（10）成立评价小组，培训评价人员。演练策划小组应成立评价小组，聘请对应急演练和演练评价工作有一定了解的外部人员、专家作为主体，演练策划小组、演练参与单位派人参加，并由外部具有较高专业水平的人员担任评价小组组长，保证评价客观真实。评价人员应诚实守信，思维敏捷，具备良好的思想品质、丰富的专业知识，以及较好的语言、文字表达能力和组织协调能力。评价人员数量应根据应急演练规模和类型合理确定，不可过少或过多。

演练策划小组要将演练的类型、对象、目标、时间等相关资料，交给评价小组。评价小组要明确评价人员的各自职责与分工，明确评价方法，并形成评价策划报告报予演练策划小组。

演练策划小组应在演练前完成评价人员培训工作，使评价人员了解应急预案和执行程序，熟悉应急演练评价方法。

2. 演练实施

演练实施是指从宣布初始事件开始到演练结束的整个过程。应急演练的类型、规模、持续时间、演练情景等虽有所不同，但演练过程中均包括如下基本内容：

（1）事前通知。可能对社区、公共设施、公共场所、交通运输等造成不良影响的演练，要通知相关人员、组织、单位，避免造成居民恐慌、生活秩序混乱及事故等。

（2）讲解演练方案与演练活动。演练策划小组负责人应在演练前分别向演练人员、评价人员、控制人员简要讲解演练日程、演练现场规则、演练方案、模拟事故等事项。

（3）演练控制。演练活动负责人的作用主要是宣布演练开始和结束，以及解决演练过程中的矛盾。演练过程中，参演应急组织和人员应尽可能按实际紧急事件发生时的响应要求进行演练。控制人员的作用主要是向演练人员传递控制信息。

演练过程中，参演应急组织和人员应遵守法律法规、演练现场规则，确保演练安全进行。如果演练偏离正确方向，出现具有负面影响或超出演示范围的行动，应及时采取提醒、纠正、延迟或终止演练等措施。

（4）演练记录。演练过程中，评价人员应记录并收集演练目标的演示情况。

3. 演练总结与评估

演练结束后，对是否实现演练目标、应急准备水平及是否需要改进等进行全面总结和评估是完善应急预案、提高应急预案实效性的重要步骤。演练总结与评估主要包括以下工作内容：

（1）演练评估报告。应急预案演练结束后，应急预案演练组织单位应当对应急预案演练效果进行评估，撰写应急预案演练评估报告，分析存在的问题，并对应急预案提出修订意见。

评估的主要内容包括演练的执行情况，预案的合理性与可操作性，指挥协调和应急联动情况，应急人员的处置情况，演练所用设备、装备的适用性，对完善预案、应急准备、应急机制、应急措施等方面的意见和建议等。

评价人员应立即与演练人员访谈，咨询演练人员对演练过程的意见和建议，特别是询问存在的问题与不足。同时，要立即召开演练总结会。评价小组应尽快形成演练效果初步评价报告，列出重大问题，指出明显成绩，做出演练非常成功、总体成功、基本成功、基本失败、失败、严重失败等初步结论。评价小组应尽快将初步评价报告报送至演练策划小组，演练策划小组应根据评价小组对演练过程的观察与分析，得出演练结论，确定采取何种改进措施。

评价人员应从组织、实施、问题、不足、经验、教训、结论方面，给出全面、详细的应急演练评价报告。报告应包括不足项、整改项和改进项。

不足项：可能导致在紧急事件发生时，不能确保应急组织或应急救援体系有能力采取合理应对措施，保护公众安全与健康的缺陷。

整改项：单独不可能在应急救援中对公众的安全与健康造成不良影响的应急准备缺陷。整改项应在下次演练前予以纠正。在以下两种情况下，整改项可列为不足项：某个应急组织中存在两个以上整改项，共同作用可影响保护公众安全与健康能力的；某个应急组织在多次演练过程中，反复出现前次演练发现的整改项问题的。

改进项：应急准备过程中应予以改善的问题。

（2）演练总结。演练结束后，演练策划小组负责人应召集演练人员代表对演练过程进行自我评价，并对演练结果进行总结和解释，对评价小组的初步结论进行论证。同时，演练策划小组负责人应邀请演练人员及观摩人员出席公开会议，解释如何通过演练检验应急能力，听取大家对应急预案的建议。演练策划小组负责人应通报本次演练中存在的错误、缺失及不足之处，以及相应的改进措施。有关方面接到通报后，应在规定的期限内完成整改工作。

演练策划小组负责人应以演练评价报告为重要内容，向上级管理层提交演练报告。报告内容应包括本次演练的背景信息、演练方案、演练人员及组织、演练目标、存在问题、整改措施及演练结论评价等。

演练策划小组应跟进错误、缺失、不足等问题的改进措施落实情况，确保相关问题得到及时解决，避免在以后的工作中再次出现。

任务五

应急物资装备管理

工欲善其事，必先利其器。应急物资装备是应急救援人员的"作战武器"，对应急救援工作至关重要。要提高应急救援能力，保障应急救援工作高效开展，迅速化解险情，控制事故，就必须为应急救援人员配备专业化的应急物资装备。

一、应急物资装备的种类

应急物资装备是指应对严重自然灾害、事故灾难、突发公共卫生事件、社会治安事件所必备的保障性物资装备。应急物资装备主要包括生活保障类物资、应急救援装备。

（一）生活保障类物资

生活保障类物资主要可以划分为个体防护物资、生命救助物资、临时食宿物资、污染清理物资、动力燃料、民政救灾物资、抢险物料等。

（二）应急救援装备

应急救援装备种类繁多，功能不一，适用性差异大，可按其适用性、具体功能、使用状态进行分类。

按照适用性，应急救援装备可分为一般通用性应急装备、特殊专业性应急装备。

按照具体功能，应急救援装备可分为预测预警装备、个体防护装备、通信与信息装备、灭火抢险装备、医疗救护装备、交通运输装备、工程救援装备、应急技术装备 8 类及若干小类，如图 12-3 所示。

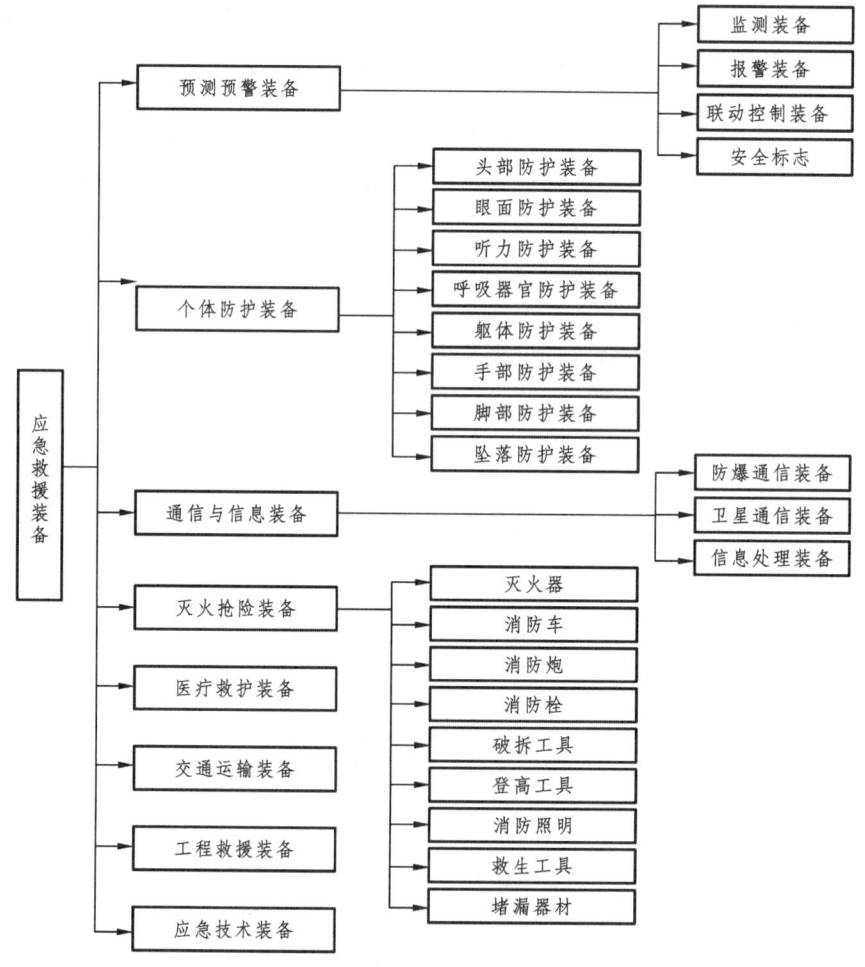

图 12-3 应急救援装备的种类

按照使用状态，应急救援装备可分为日常应急救援装备和战时应急救援装备两类。

应急救援对象及事故情形的多样性、复杂性，决定了应急救援过程中要用到各种各样的装备，且各装备必须配合使用。应急救援装备的多样性、配合性，决定了应急救援装备的系统性。

二、应急物资装备的选择

（一）根据法规要求选择

法律法规明确规定必须配备的应急物资装备，必须配备到位。

（二）根据预案要求选择

应急预案是应急准备与行动的重要指南，因此，应急物资装备必须依照应急预案的要求进行配备。对于需要配备的物资装备，有些可能在应急预案中明确列出，有些可能只是列出通用性要求。对于明确列出的应急物资装备，直接按应急预案的要求配备即可；对于只列出通用性要求的应急物资装备，应根据功能与用途认真选定，不能有疏漏，否则无法满足应急救援的实际需要。

应急物资装备种类很多，应明确需求，从功能性、适用性、耐用性、安全性、经济性等方面综合考量，正确选择。此外，严禁使用劣质、淘汰产品。

三、应急物资装备的配置

应急救援物资装备的配置应坚持以下3个原则：

（一）依法配备

法律法规明确规定具体配备数量的，必须依法配备到位。

（二）合理配备

法律法规未作明确规定的，按照应急预案要求和企业实际，合理配备。

（三）关键设备双套配备

任何设备都可能损坏，应急装备一旦发生故障，应急行动很可能会被迫中断。为此，有必要对关键设备事先进行双套配置，当设备出现故障不能正常使用时，立即启用备用设备。

四、应急物资装备的使用和维护

严格来讲，应急救援物资装备属于"生命装备"，用于保障生命和财产安全，因此，必须严格管理，正确使用，仔细维护，使其时刻处于良好的备用状态。同时，有关人员必须会用，确保应急物资装备的功能得到充分发挥。

（一）应急物资装备的使用

（1）专人管理，职责明确。应急物资装备应指定专人进行管理，明确管理要求，确保装备的妥善管理。

（2）严格培训，严格考核。应严格按照说明书要求，对使用人员进行认真培训和考核，使其能够正确、熟练地使用应急物资装备。

（二）应急物资装备的维护

（1）定期维护。对有明确维护周期的应急物资装备，按照说明书规定的维护周期和项目进行定期维护，如可燃气体监测仪的定期标定、泡沫灭火剂的定期更换、灭火器的定期水压试验等。

（2）日常维护。对于没有明确维护周期的应急物资装备，应按照说明书的要求，进行经常性检查，严格按照规定进行管理。发现异常时，应及时处理，保证应急物资装备随时完好可用。

任务六 突发事件应急处置

一、应急救援的处置原则

根据《中华人民共和国突发事件应对法》，国家建立统一领导、综合协调、分类管理、分级负责、属地管理为主的应急管理体制。《生产安全事故应急条例》规定，生产经营单位应当加强生产安全事故应急工作，建立、健全生产安全事故应急工作责任制，其主要负责人对本单位的生产安全事故应急工作全面负责。

在城市轨道交通实际应急处置工作中，应遵循以下基本原则：

（1）应急处置必须坚持"以人为本"和"安全优先"的原则。在应急处置过程中，要牢牢把握"及时进行救援处理"和"减轻事故所造成的损失"两个事故损失控制的关键点，把遇险人员、受威胁人员和应急人员的安全放在首位。

（2）在对灾区人员实施救援时，应以挽救生命为首要原则。

（3）坚持防止事故扩大的原则。

（4）坚持保护环境，有利于灾后重建和尽快恢复生产的原则。

二、应急处置的组织与通信

（一）应急处置组织机构

城市轨道交通运营突发事件应急组织指挥机构成员单位主要包括城市轨道交通运营主管部门、公安、安全监管、住房城乡建设、卫生计生、质检、新闻宣传、通信、武警等部门和单位。

各有关部门和单位的具体职责如下：

城市轨道交通运营主管部门负责指导、协调、组织运营突发事件监测、预警及应对工作，负责运营突发事件应急工作的监督管理；牵头组织完善城市轨道交通应急救援保障体系，协调建立健全应急处置联动机制；指导运营单位制定城市轨道交通应急疏散保障方案；指定或协调应急救援运输保障单位，组织事故现场人员和物资的运送；参与事件原因分析、调查与处理工作。

公安部门负责维护现场治安秩序和交通秩序；参与抢险救援，协助疏散乘客；监督指导重要目标、重点部位治安保卫工作；依法查处有关违法犯罪活动；负责组织消防力量扑灭事故现场火灾；参与相关事件原因分析、调查与处理工作。

安全监管部门负责组织指挥专业抢险队伍对运营突发事件中涉及的危险化学品泄漏事故进行处置；负责组织安全生产专家组对涉及危险化学品的运营突发事件提出相应处置意见；牵头负责事件原因分析、调查与处理工作。

住房城乡建设部门负责组织协调建设工程抢险队伍，配合运营单位专业抢险队伍开展工程抢险救援；对事后城市轨道交通工程质量检测工作进行监督；参与相关事件原因分析、调查与处理工作。

卫生计生部门负责组织协调医疗卫生资源，开展伤病员现场救治、转运和医院收治工作，统计医疗机构接诊救治伤病员情况；根据需要做好卫生防病工作，视情提出保护公众健康的措施建议，做好伤病员的心理援助。

质检部门负责牵头特种设备事故调查处理，参与相关事件原因分析、调查与处理工作。

新闻宣传部门负责组织、协调运营突发事件的宣传报道、事件处置情况的新闻发布、舆情收集和舆论引导工作，组织新闻媒体和网站宣传运营突发事件相关知识，加强对互联网信息的管理。各处置部门负责发布职责范围内的工作信息，处置工作牵头部门统筹发布抢险处置综合信息。

通信部门负责组织协调基础电信运营单位做好运营突发事件的应急通信保障工作；参与相关事件原因分析、调查与处理工作。

武警部队负责协同有关方面保卫重要目标，制止违法行为，搜查、抓捕犯罪分子，开展人员搜救、维护社会治安和疏散转移群众等工作。

其他有关部门应组织协调供电、水务、燃气等单位做好运营突发事件的应急供电保障，开展供水管道和燃气管道等地下管网抢修；视情参与相关事件原因分析、调查与处理工作等。

1. 指挥机构及其职责

在城市突发事件应急委员会（简称"应急委"）的统一领导下，由城市交通安全应急指挥部负责本市轨道交通运营突发事件的应对工作。城市交通安全应急指挥部由总指挥、副总指挥和成员单位组成。总指挥由市政府分管副市长担任，负责本市轨道交通运营突发事件应急指挥的领导工作，对全市轨道交通运营突发事件应急工作实施统一指挥。副总指挥分别由市政府分管副秘书长、市交通委员会（建设委员会）主任担任，协助总指挥做好全市轨道交通运营突发事件应急工作。市政府分管副秘书长主要负责协调各成员单位应急处置及监督检查责任制落实工作。城市交通委员会（建设委员会）主任主要负责交通行业内各单位的应急处置、责任制落实工作和市交通安全应急指挥部办公室工作。

城市交通安全应急指挥部应对轨道交通运营突发事件的职责包括：

（1）研究制定本市应对轨道交通运营突发事件的政策措施和指导意见。
（2）负责指挥本市轨道交通运营事件的具体应对工作。
（3）分析总结本市轨道交通运营事件应对工作，制定工作规划和年度工作计划。
（4）负责市交通安全应急指挥部所属专业应急救援队伍的建设和管理。
（5）承办市应急委交办的其他事项。

2. 办事机构及其职责

（1）城市交通安全应急指挥部办公室应对轨道交通运营突发事件职责。

城市交通安全应急指挥部下设办公室作为常设办事机构，办公室主任由市交通委（建委）主任担任。根据市交通安全应急指挥部的决定，市交通安全应急指挥部办公室负责组织、协调、指导、检查本市轨道交通运营突发事件的预防和应对工作。主要职责包括：

① 组织落实市交通安全应急指挥部决定，协调和调动成员单位应对轨道交通运营突发事件相关工作。
② 组织制定、修订本市轨道交通运营突发事件专项应急预案和部门应急预案，指导市轨道交通指挥中心及轨道交通运营企业制定、修订相关处置类应急预案。
③ 负责发布蓝色、黄色预警信息，向市应急办提出发布橙色、红色预警信息的建议。
④ 负责本市应对轨道交通运营突发事件的宣传教育和培训工作。
⑤ 负责收集分析相关工作信息，及时上报重要信息。
⑥ 负责组织本市轨道交通运营突发事件的应急演练。
⑦ 负责本市轨道交通运营突发事件的隐患排查以及相关应急资源的管理工作。
⑧ 负责本市轨道交通运营突发事件应急指挥技术系统的建设与管理工作。
⑨ 负责市交通安全应急指挥部专家顾问组的联系工作。
⑩ 承担市交通安全应急指挥部的日常工作。

（2）城市轨道交通指挥中心职责。

在城市交通安全应急指挥部办公室的协调指导下，负责城市轨道交通运营突发事件的具体处置工作。

① 组织制定、修订轨道交通运营突发事件处置类应急预案，审查轨道交通运营企业突发事件处置类应急预案。
② 负责协调指挥轨道交通运营企业实施轨道交通运营突发事件应急处置。
③ 负责及时向市交通安全应急指挥部办公室报送突发事件应急工作信息，负责根据现场情况提出轨道交通停运、抢险增援等应急处置建议。

④ 参与配合轨道交通运营突发事件总结和调查评估工作。
⑤ 承办市交通安全应急指挥部办公室交办的其他事项。

3. 现场指挥部及其职责

根据轨道交通运营突发事件处置工作需要，由市交通安全应急指挥部办公室组织相关成员单位成立现场指挥部。现场指挥部可由指挥处置组、社会面控制组、后勤保障组、医疗救护组、新闻发布组和专家工作组等组成，承担现场抢险救援任务，负责做好事发地区治安维护、交通保障、人员疏散、群众安置、后勤保障等各项工作。

（二）应急处置的通信

为保证应急处置工作及时有效，事先必须配备应急物资装备，建立完善的通信网络，以确保应急指挥、协调、联络等工作正常进行。为保障通信畅通，常常另设一套备用通信系统。通信部门的职责如下：

（1）建立应急处置各部门之间的通信网络。
（2）负责通信设备和线路的日常维护管理工作，确保突发事件应急处置期间通信畅通。
（3）对现有通信方式的不可靠因素和缺陷等提出改进意见、措施。
（4）内部报警电话以及对外电话变更时，及时公布并书面通知各应急救援小组。
（5）在紧急情况下，迅速安排、布置人员和通信设备，保障通信畅通，积极支持、配合重大事故和突发事件的应急处置工作。

三、应急处置的过程

应急处置包括接警、响应级别确定、警报、应急启动、救援行动、扩大应急、应急结束和后期处置等过程。

（一）接　警

事故灾难发生后，应将报警信息迅速汇集到应急救援指挥中心并立即传送到各专业区域应急指挥中心。性质严重的重大事故灾难，应及时向上级应急指挥机关和相应部门负责人报送。接警时应记录事故的详细情况和联系人的联系方式等。

（二）响应级别确定

应急救援指挥中心接到警报后，应立即与事故现场的地方或企业应急机构联系，根据事故报告的详细信息，对警情做出判断，由应急救援指挥中心值班负责人或现场指挥人员初步确定相应的响应级别。

根据运营突发事件的严重程度和发展态势，将应急响应设定为Ⅰ级、Ⅱ级、Ⅲ级、Ⅳ级4个等级。初判发生特别重大、重大运营突发事件时，分别启动Ⅰ级、Ⅱ级应急响应，由事发地省级人民政府负责应对工作；初判发生较大、一般运营突发事件时，分别启动Ⅲ级、Ⅳ级应急响应，由事发地城市人民政府负责应对工作。对跨城市运营的城市轨道交通线路，有关城市人民政府在建立跨区域运营突发事件应急合作机制时应明确各级应急响应的责任主体。

1. Ⅳ级响应

市交通安全应急指挥部办公室接到一般事件报告后，立即启动预案，迅速通知相关成员单位赶赴现场。市交通安全应急指挥部办公室带班负责同志在市交通应急指挥中心进行指挥。相关成员单位的主管负责同志和现场工作人员具体实施现场秩序维护、信息报告及抢险救援等相关工作事宜。

2. Ⅲ级响应

在Ⅳ级响应的基础上，采取下列措施：

（1）市交通安全应急指挥部办公室接到较大事件报告后，指挥部办公室负责同志在市交通应急指挥中心或在轨道交通指挥中心进行指挥。必要时，赶赴现场指挥处置工作。

（2）根据需要，市交通安全应急指挥部副总指挥（市政府分管副秘书长）或市应急办派人到场，协调相关部门开展工作。

3. Ⅱ级响应

在Ⅲ级响应的基础上，采取下列措施：

（1）市交通安全应急指挥部办公室接到重大事件报告后，报市应急办，经指挥部总指挥批准，由市应急办或授权市交通应急指挥部办公室宣布启动本预案。

（2）市交通安全应急指挥部总指挥或副总指挥（市政府分管副秘书长）在市应急指挥中心或在市交通应急指挥中心进行指挥。必要时，赶赴现场指挥处置工作。

4. Ⅰ级响应

在Ⅱ级响应的基础上，采取下列措施：

（1）市交通安全应急指挥部办公室接到特别重大事件报告后，报市应急办，经市应急委主要领导批准，由市应急办或授权市交通应急指挥部办公室宣布启动本预案。

（2）市应急委主要领导或市交通安全应急指挥部总指挥在市应急指挥中心或在市交通应急指挥中心进行指挥。必要时，赶赴现场指挥处置工作。

5. 现场指挥部响应

现场指挥部及时掌握事件进展情况，随时向市交通安全应急指挥部办公室报告。相关成员单位按照应急预案分工和事件处置规程要求，相互配合、密切协作，共同开展应急处置和救援工作。

（三）预警信息和警报

响应级别确定后，应立即按规定程序发布预警信息和警报。如果事故不足以启动应急救援体系的最低响应级别，应通知应急机构和其他有关部门响应关闭。

依据轨道交通运营突发事件的危害程度、发展情况和紧迫性等因素，轨道交通运营突发事件的预警由高到低分红色、橙色、黄色、蓝色4个级别。

红色预警：预计将要发生特别重大（Ⅰ级）以上轨道交通运营突发事件，事件会随时发生，事态正在不断蔓延。

橙色预警：预计将要发生重大（Ⅱ级）以上轨道交通运营突发事件，事件即将发生，事态正在逐步扩大。

黄色预警：预计将要发生较大（Ⅲ级）以上轨道交通运营突发事件，事件已经临近，事态有扩大的趋势。

蓝色预警：预计将要发生一般（Ⅳ级）以上轨道交通运营突发事件，事件即将临近，事态可能会扩大。

1. 蓝色预警响应

预警信息发布后，市交通安全应急指挥部办公室、相关成员单位及市轨道交通指挥中心、轨道交通运营企业要立即做出响应，相关负责同志带班，24 h有人值班，随时保持通信联络畅通。轨道交通运营企业的巡查人员应上岗对隐患部位进行重点排除。专业应急救援队伍随时待命，接到命令后迅速出发，视情况采取防止事件发生或事态进一步扩大的其他相应措施。

2. 黄色预警响应

在蓝色预警响应的基础上，轨道交通运营企业巡查人员应上岗对隐患部位进行逐一排除。

3. 橙色预警响应

在黄色预警响应的基础上，市交通应急指挥部办公室及市轨道交通指挥中心、轨道交通运营企业的带班负责同志应随时掌握情况。轨道交通运营企业的巡查人员应全部上岗，并对整个区域进行逐一排查。专家顾问组进驻交通应急指挥中心或事件现场，对事态发展做出判断并提供决策建议。专业救援队伍随时待命，各保障部门备齐人员物资，接到命令后 5 min 内出发。必要时轨道交通停运，同时加强地面公交运力。

4. 红色预警响应

在橙色预警响应的基础上，专业救援队伍随时待命，接到命令后 3 min 内出发。

预警变更：城市轨道交通指挥中心密切关注事件进展情况，并依据事态变化情况，适时向市交通安全应急指挥部办公室提出调整预警级别的建议；市交通安全应急指挥部办公室依据事态变化情况，适时向市应急办提出调整橙色、红色预警级别的建议。

（四）应急启动

应急响应级别确定后，相应的应急救援指挥中心按所确定的响应级别启动应急程序，如通知应急救援指挥中心有关人员到位，开通信息与通信网络，调配救援所需的应急资源（包括应急队伍和物资、装备等），派出现场指挥协调人员和专家组等。

（五）救援行动

迅速启用现场应急指挥部，应急队伍及时进入事故现场，积极开展人员救助、工程抢险等有关应急救援工作，专家组为救援决策提供建议和技术支持。

应急救援活动一般划分为应急准备、初级反应、扩大反应和应急恢复4个阶段，应急机制与这些应急活动密切相关。应急机制主要由统一指挥、分级响应、属地为主和公众动员 4 个基本机制组成。

1. 统一指挥是应急活动最基本的原则

应急指挥一般可分为集中指挥与现场指挥或场外指挥与场内指挥几种形式,但无论采用哪一种指挥系统都必须实行统一指挥模式,无论应急救援活动涉及单位级别高低和隶属关系如何,都必须在救援指挥中心的统一组织协调下开展相关工作,使各参与单位既能充分发挥自己的作用,又能相互配合,提高整体效能。

2. 分级响应是指在初级反应到扩大应急的过程中实行分级响应的机制

扩大或提高应急响应级别的主要依据:事件灾难的危险程度,事件灾难的影响范围,事件灾难的控制事态能力。而事件灾难的控制事态能力是"升级"的最基本条件,扩大应急救援主要是提高指挥级别,扩大应急范围等。

3. 属地为主强调"第一反应"的思想和以现场应急为现场指挥的原则

该原则强化属地部门在应急救援体制管理工作中的主导作用,以提高应急救援工作的时效。

4. 公众动员机制是应急机制的基础

公众动员机制也是最薄弱、最难以控制的环节,即现场应急机构组织调动所能动用的资源进行应急救援工作,当事件超出本单位的处置能力时,向本单位外寻求其他社会力量支援的一种方式。

一个完善的应急救援体系应能在事件和灾害发生时及时调动并合理利用应急资源(包括人力资源和物资设备资源)投入救援行动事件现场,针对事件灾害的具体情况,选择适当的应急对策和行动方案,从而能及时、有效地进行应急救援行动,将伤害和损失降低到最低程度、最小的范围,并在最短的时间内控制事件。

(六)扩大应急

当事态无法得到有效控制时,必须向上级救援机构(场外应急指挥中心)请求实施扩大应急响应。

(七)应急结束和后期处置

救援行动完成后,进入后期处置阶段,包括现场清理、人员清点和撤离、警戒解除、恢复期间的管理、事件调查、安全和应急系统的恢复、人员的救助、法律问题的解决、损失状况的评估、保险与索赔、相关数据收集、公共关系等。

轨道交通运营突发事件处置工作基本完成,次生、衍生灾害和事件危害基本消除,应急工作即告结束。必要时,应通过广播电台、电视台和新闻媒体向社会发布应急结束的消息。

一般、较大轨道交通运营突发事件应急处置工作,由市交通安全应急指挥部办公室宣布应急结束。轨道交通运营企业提出开通轨道运营的建议,经市交通安全应急指挥部办公室报请指挥部办公室主任批准后,实施开通运营。

重大、特别重大轨道交通运营突发事件应急处置工作，经市应急办报请指挥部总指挥或市应急委主要领导批准，由市应急办或授权市交通应急指挥部办公室宣布应急结束。轨道交通运营企业提出开通轨道运营的建议，由市交通安全应急指挥部办公室报市应急办，经市应急办报请指挥部总指挥或市应急委主要领导批准后，实施开通运营。

四、运营突发事件应急处置

（一）火灾的应急处理

城市轨道交通系统的众多危险因素中，火灾的危险度是最高的，特别是对地铁来说，火灾是"第一天敌"。城市轨道交通火灾有疏散困难、救护难度大及通信系统容易瘫痪等特点。火灾中人员伤亡，80%以上是窒息或被有毒烟熏致死，烟雾是火灾的第一大"杀手"。逃离烟雾区时，要尽量低头弯腰快速前进，弯腰前进时，要使头部保持在距地面 60 cm 以下。

根据火灾发生的地点不同，城市轨道交通火灾可以分为车站火灾和列车火灾。

1. 火灾处理原则

（1）车站火灾因位置不同又可分为站台火灾、站厅火灾、设备区火灾。

（2）列车火灾因着火部位不同又可分为列车头部火灾、列车中部火灾、列车尾部火灾；根据事发列车所在位置，列车火灾还可分为列车在车站站台发生火灾（也称列车因火灾停在站台）和列车在区间发生火灾（也称列车隧道火灾或列车因火灾停在区间）两种情况。

（3）发生火灾时处理原则：保障乘客和员工的人身安全；迅速通报；在保证员工自身安全的情况下尝试灭火。列车因火灾停在站台时按站台火灾程序处理。

2. 站台、站厅、设备区火灾处理流程

（1）通过火灾报警系统（FAS）监控到火灾报警或接到发生火灾的报告后，派人到现场确认是否发生火灾，如属误报，初步查明原因并报行车调度员和环控调度员。

（2）如现场确认发生火灾，对于气体灭火系统保护房间，立即启动气体灭火；对非气体灭火系统保护房间，就地取用灭火器进行灭火。

（3）如因气体灭火系统失效或因火势较大车站无法控制和立即扑灭，应立即致电 110 报警中心和行车调度员，视情况致电 120 急救中心、城市轨道交通公安。并按车站疏散程序紧急疏散车站范围内的乘客和相关人员，广播通知乘客、设备区施工和巡检人员、银行、商铺工作人员等迅速离开车站（注意不要引起乘客恐慌）。协助有困难的乘客离开危险区域并做好疏散指引导向工作。

（4）启动车站火灾排烟模式。

（5）需要时设置事件处理中心，值班站长担任临时应急处理负责人，负责各单位之间的协调。站长接到报告后，立即到站接替值班站长负责指挥处理。应急处理领导小组负责人到达后，由其担任应急处理负责人。

（6）乘客疏散完毕后，关闭车站出入口（紧急出入口除外）并张贴告示。

（7）如火势很大时组织员工从车站撤离，到紧急集合地点集中，并做好消防人员进入灭火现场的导向标志，引导消防人员到现场灭火。

（8）消防人员到场后，车站汇报有关情况，将灭火工作交给消防人员，同时做好应急处理救援配合工作；在接到可以恢复运营的指令后，清理现场，恢复运营。

协助事件调查工作。

3. 隧道火灾处理流程

（1）通过隧道光纤温度监测系统监控到隧道火灾报警或接隧道发生火灾的报告后，报告行车调度员，根据行车调度员的安排，派人携带防毒面具和防护、通信工具，到现场确认是否发火灾，如属误报，初步查明原因并报行车调度员和环控调度员。

（2）如现场确认隧道发生火灾，并且火势较小时，在做好个人防护的情况下，立即利用隧道消火栓尝试灭火。如火势较大无法很快扑灭，应立即报告行车调度员，并致电或由行车调度员致电110报警中心，同时撤离现场，视情况致电120急救中心、城市轨道交通公安。

（3）根据环控调度员的安排，启动车站隧道火灾排烟模式。

（4）需要时设置事件处理中心，值班站长担任临时应急处理负责人，负责各单位之间的协调。站长接到报告后，立即到站接替值班站长负责指挥处理。应急处理领导小组负责人到达后，由其担任应急处理负责人。

（5）消防人员到场后，车站汇报有关情况，将灭火工作交给消防人员，同时做好应急处理救援配合工作；协助维护好车站乘客秩序，做好乘客解释工作。

（6）如隧道火势很大需要车站疏散或清客，按疏散和清客程序执行；协助事件调查工作。

4. 列车因火灾停在隧道的处理流程

（1）接到行车调度员列车发生火灾并停在区间隧道需要隧道疏散的通知后，立即执行车站疏散程序。

（2）跟行车调度员复核确认致电110报警中心，视情况致电120急救中心、城市轨道交通公安。

（3）广播通知乘客、设备区施工和巡检人员、银行、商铺工作人员等迅速离开车站（注意不要引起乘客恐慌）。协助有困难的乘客离开车站并做好疏散指引导向工作。

（4）开启隧道灯，必要时，根据环控调度员的安排启动列车隧道火灾排烟模式。

（5）根据行车调度员的安排，在确保员工做好个人防护的前提下，安排员工进入隧道引导乘客往车站方向疏散，乘客疏散到车站后组织往站外疏散。隧道疏散过程中如遇疏散线路上有通往邻线的通道，应在该处派人引导，防止乘客误入邻线。

（6）需要时设置事件处理中心，值班站长担任临时应急处理负责人，负责各单位之间的协调。站长接到报告后，立即到站接替值班站长负责指挥处理。应急处理领导小组负责人到达后，由其担任应急处理负责人。

（7）隧道列车及车站乘客疏散完毕后，关闭车站出入口（紧急出入口除外）并张贴告示。

（8）消防人员到场后，车站汇报有关情况，将灭火工作交给消防人员，同时做好应急处理救援配合工作，在接到可以恢复运营的指令后，清理现场，恢复运营；协助事件调查工作。

（二）车站突发性大客流应急处理

1. 突发性大客流处理原则

突发性大客流是偶然爆发的，具有不可预防性，如恶劣天气时，市民乘坐公交车遇到较大困难时，一般会改乘地铁或轻轨。这时城市轨道交通的客流在短时间内会激增，运营企业员工最重要的处理原则是竭力控制拥挤程度和人群秩序，谨防出现混乱和由混乱引发的人身伤亡事件。

2. 突发性大客流处理流程

（1）出现突发性大客流时，车站立即报告行车调度员，密切注意事态发展，对大客流原因进行初步判断。

（2）根据初步判断的原因和客流量增加情况，必要时启动车站人潮控制方案。如：站台乘客较多，将站台与站厅间的向下扶梯改为向上，加快乘客出站；安排员工减缓售票速度和关闭部分自动售票机；关闭部分进站闸机，减缓进闸速度。

（3）若客流仍不断增多，指示员工停止售票，并做好解释工作；关闭全部自动售票机、全部进站闸机，待客流压力缓解后，请示行车调度员恢复正常运营。

（4）当客流持续增加时，派人关闭部分出入口（只出不进），实行分批进闸，广播建议乘客转乘其他交通工具或城市轨道交通安排的接驳汽车。若仍无法缓解，则请示行车调度员关闭所有出入口（只出不进）。

（5）必要时请求城市轨道交通公安和调配其他站员工到站协助。

（6）将有关情况报告站长、站务室主任，请求加开列车。行车调度员得到车站加开列车的请求时，根据大客流方向，利用就近的折返线、存车线组织开行列车，保证大客流的疏散。

（7）列车司机在大客流站停车时密切注意站台乘客情况，发现乘客上车困难或车门、屏蔽门关闭受影响时，及时报告行车调度员，广播引导乘客，避免发生乘客伤亡事件。

（8）做好宣传和乘客解释工作。

（三）城市轨道交通客伤应急处理

城市轨道交通客伤，一般是指乘客在城市轨道交通车站或者列车上，身体某部位受到伤害，或者突发疾病。城市轨道交通车站针对此部分乘客采取的措施即城市轨道交通客伤应急处理。

1. 城市轨道交通客伤处理原则

发现乘客受伤或突发疾病时，应想办法尽快通知其家人。如受伤乘客影响列车运行，应立即扣停列车或采取措施防止列车进入影响范围。列车上发现乘客受伤或突发疾病时，由车站人员上车将乘客扶（抬）到站台处理。接到报告或发现乘客受伤，应立即寻找目击证人，并记录好目击证人的联系资料。乘客受伤处理过程中车站员工只对乘客明显外伤做简单包扎处理，治疗工作交医护人员负责。如因城市轨道交通设备导致事件，应停止该设备的运作（影响列车运行的设备除外）。

2. 城市轨道交通客伤处理流程

（1）车站发生客伤事件后，行车值班员应立即向行车调度员、辖区公安总队派出所报告，通知站区领导、值班站长及客运公司生产值班室。

（2）值班站长应立即到达现场并在上级领导及公安人员未到达之前担任现场负责人，组织指挥现场处理工作。

（3）指定专人负责挽留两名以上非地铁职工的目击者作为人证，索取证明材料。证人有急事不能留住时，应记下其工作单位、家庭住址及联系电话等。

（4）利用车站广播设施做好乘客宣传解释工作，劝导乘客改乘其他交通工具；售检票人员维护好站厅秩序，依据现场情况采取限制售票或停止售票方式控制乘客进站。

（5）需下站台查看及处理时，必须在接触轨停电后由现场负责人指定专人进行；现场查看时，在未发现之前或当事人未死亡的情况下，严禁送电、动车；找到被轧者后应查看其伤亡情况，无法断定是否死亡的一律按伤者处理，应设法将其尽快移至站台。

（6）如被轧者未亡，尽一切努力避免动车救人，但在只有动车方可救人的情况下，由现场公安人员做出动车决定；需对伤者进行救护时，应及时通知市急救中心，指派专人到指定出入口迎候救护车辆；如当事人已经死亡，其位置不妨碍列车运行，可先行送电、通车；如其位置妨碍列车运行，可将尸体移上站台或移至边墙、道沟等不侵限界位置，再行送电、通车，必要时再次停电处置，做好标记。

（7）车站工作人员应积极协助公安人员的调查工作，涉及刑事案件的客伤亡事件，应尽量保护现场，尽一切可能留住嫌疑人、知情人及可提供线索者，积极协助公安人员的工作。

（四）大面积停电应急处理

1. 大面积停电处理原则

处理车站停电事件最重要的原则是，在后备电力供应能力内将所有乘客安全疏散出站。大面积停电后，应确认电梯是否有人被困，并应关闭车站（出入口只出不进）。

2. 大面积停电处理流程

（1）大面积停电后，应沉着镇静，稳定乘客情绪、维持秩序，尽力保证乘客安全。立即报告行车调度员和相关部门、站长，并派人到出入口张贴告示，关闭车站出入口（乘客只出不进）。

（2）控制中心根据停电影响情况，组织抢修抢险，发布列车停运、急救和车站关闭命令，并及时向上级报告灾情。

（3）如有列车停靠车站，广播注意事项，并派人拿应急灯到站台照顾乘客上下车。列车司机负责维持列车进站停车后，组织车上乘客向车站疏散。如果列车在区间停车，则应利用列车广播安抚乘客，要求乘客不擅自操作车上设备，并立即报告行车调度员，按行车调度员指令操作。

（4）车站工作人员应加强检查紧急照明的启动情况，巡查各部位如升降电梯中是否有人员被困等，根据控制中心命令清站和关闭车站。

（5）接到行车调度员疏散命令后，通知车站员工停止车站服务，打开全部闸机和员工通道，执行车站疏散程序。

（五）发现有毒气体的应急处理

1. 列车发现有毒气体处理原则

立即疏散乘客，并组织员工撤离车站。停止车站服务，关闭除紧急出入口外的所有车站出入口，防止不明乘客进入。

2. 列车发现有毒气体处理流程

（1）事件现场的各专业人员应迅速查明情况，将毒气袭击发生的时间、地点、人员伤亡情况、请求救援的内容及其他必须说明的事项报告行车调度员，同时向110报警，通知120急救中心，按报告程序报告其他部门、单位。

（2）车站站长或值班站长及辖区派出所领导或值班领导作为事件先期处置的现场指挥人，立即组织车站站务人员及民警迅速穿戴防护器具开展救援工作：迅速派人控制车站出入口，防止乘客进入；利用站内、车内广播系统，使用标准用语进行宣传；组织疏散未中毒的车内、站内乘客迅速离站到指定区域，等待做进一步检查；组织机电部门在站职工关闭相关车站送排风系统，关闭关系车站通道隔断门；必须坚守岗位的职工须穿戴防护器具坚守岗位，未穿戴防护器具的职工应迅速出站到站外乘客集结地，协助组织安抚乘客；待运营公司领导或市有关部门指挥人员到达后，报告现场情况，移交指挥权。

（3）行车调度员接到事件报告后，应立即报告总调，并同时将后续列车扣至染毒区以外的车站。根据总调命令下达全线停运、封闭车站疏散乘客命令，组织指挥全线列车迅速运行至车站或车辆段小站台疏散乘客：遇列车停于区间而前方车站有列车占用时，应使列车退回后方站疏散乘客；遇列车停于区间，而前、后方车站都有列车占用时，应根据前后方车站在站列车乘客疏散情况，将先完成疏散任务的列车调至区间待命，腾空站线，将停于区间的列车调至车站内疏散乘客；遇列车停于染毒控制区域内区间时，应让列车退行至染毒控制区域以外的车站疏散乘客。

（4）总调度员接到行车调度员的事件报告后，应立即按照城市轨道交通运营企业《突发事件应急处置办法》规定的报告程序，立即报告企业领导及市主管部门，通知企业所属各有关单位部门赶赴现场参加事件救援工作及乘客疏散工作；根据企业领导指示，向行车调度发布全线停运、疏散乘客、封闭车站的命令，以及向机电公司发布命令关闭染毒控制区车站的送、排风系统及相关区间的通风机，协调公交集团增加地面公交车运力运输乘客。

（5）各车站接到疏散乘客、封闭车站的命令后，应迅速组织车站工作人员，按照城市轨道交通运营企业《突发事件应急处置办法》规定的乘客疏导工作预案，迅速组织乘客出站，待疏散乘客任务完成后，关闭出入口，并将情况报告行车调度员。

（六）列车在区间临时故障停车的应急处理

1. 列车在区间临时故障停车处理原则

列车在区间停留，会延续大量后续列车的运行，造成大面积晚点，影响企业形象。同时，列车停在区间，尤其在地下隧道内，容易引起车上乘客恐慌，情绪不稳，应积极采取措施尽快恢复运行。列车司机应立即处理，如处理故障时间较长，应清客救援。

2. 列车在区间临时故障停车处理流程

（1）列车由于故障在区间停车时，司机应立即报告控制中心行车调度员，然后对列车进行检查，初步判断故障后着手处理，并随时向行车调度员报告处理进程。经初步处理仍无法消除故障时，司机应发出救援请求，并根据需要提出疏散乘客申请。已请求救援后，司机可以继续处理故障，但禁止移动列车，并做好列车的防护和救援准备工作，以保证救援列车与该列车安全连挂。得到行车调度员疏散乘客的命令后，引导乘客下车，与车站人员一起妥善疏散乘客，将乘客引领至车站。

（2）车站接到列车在区间故障需要疏散乘客的命令后，派人携带必要备品进入区间，协助司机清客，引导乘客安全返回车站。根据救援列车的开行命令，办理救援列车进入区间实施救援。对于因列车故障造成的延误及运营调整，应及时广播通知在站乘客。

（3）行车调度员接到司机的故障报告后，提出处理意见辅助司机进行故障的判断和排除。需要疏散乘客时，发出命令要求司机和附近车站做好乘客疏散、救援工作。列车故障一时无法消除时，根据司机的救援请求，清客完毕后下达封锁区间及开行救援列车的调度命令。除救援列车外，禁止放行其他列车进入该区间线路。救援列车应距离故障列车适当位置处停车，由救援负责人指挥与故障列车连挂妥当后，拉回附近的停车场。接到现场处理完毕的报告后，下达开通区间的调度命令，恢复列车运行。

（七）恶劣天气（台风）的应急处理

1. 恶劣天气处理原则

加强巡视，重点检查暴露地面的设备设施加固情况，发现情况及时处理；准备好防护备品，提前做好防洪准备；发现异常及时通报。

2. 恶劣天气处理流程

（1）当班负责人（值班站长）组织员工加强车站的巡视，注意检查暴露地面的灯箱、广告牌以及导向标志（包括与车站有关的相邻单位的设备设施防护牢固情况），发现异常及时上报处理。

（2）检查车站出入口防洪卷闸门状态是否良好、出入口外排水设施是否畅通，并准备好防洪沙袋。

（3）加强车站各出入口的保洁清扫工作，同时加强车站安全广播，防止乘客在车站发生滑倒而导致受伤。

（4）如强台风造成突发性大客流，立即报告行车调度员，并按突发性大客流程序处理。如因强台风造成隧道积水，按行车调度员指示派有资格人员登乘列车驾驶室进行轨道巡查。若水害较严重，按行车调度员的要求组织员工关闭车站，停止车站运营服务。

（5）与行车调度员保持密切联系，发现异常及时上报，并将车站情况向有关主管部门上报，或请求支援。强台风过后，按行车调度员的指示组织员工恢复运营。

（八）发生地震的应急处理

1. 地震灾害应急处理原则

实行高度集中，统一指挥；各单位、各部门各司其职，各负其责；抓住主要矛盾，先全局、后局部，先救人、后救物，先抢救通信、供电等要害部位，后抢救一般设施。根据需要，在确保安全的情况下，尽快开通线路，恢复运输。

2. 地震灾害处理流程

（1）车站工作人员应就近选择桌下、床下、墙角等较安全的位置紧急避险。而后，积极开展疏导乘客、救护伤员及组织乘客自救互救工作。

（2）设备值班人员应关闭正在操作的设备，切断身边的电源，就近选择较安全的位置，紧急避险。

（3）当班的电客车司机，应立即采取紧急措施制动车辆；减少车辆自身功能与地震能量叠加。地震过程中若发现列车受损、接触轨及隧道照明中断，应使用应急照明查明周围情况，采用有效措施与行车调度员或邻站值班员联系，报告情况，以求得救援和行动指令。在孤立无援的最困难条件下，电客车司机是组织该列车所载乘客避险逃生的负责人，应立即采取一切可能的措施安抚乘客，组织乘客待避，有步骤、有组织地脱离险境。

（4）行、电调度员，总机及电站值班员等关键岗位人员，在就近选择较安全的位置紧急避险后，应坚守岗位。立即进入抗震抢险救灾状态，采取一切可能的措施减少地震损失。同时着手调查，收集管辖范围内人员、设备、设施损失情况，速将险情及初步救援方案向有关领导汇报。

（5）地震灾害发生后，总调度员应根据当时震感及各站上报的震情，及时汇总情况，做出准确判断，经有关领导决策，发布局部或全线停运命令，安排疏散地铁乘客和救援隧道内的遇险列车，抢修设备等事宜。由于通信、供电等原因，总调度员无法指挥时，各站站长、主任值班员有责任担当指挥车站及相邻区间抢险指挥工作。

（九）车站、列车发生爆炸事件的应急处理

1. 车站、列车发生爆炸事件应急处理原则

现场各专业人员应迅速查明情况，按照规定的报告程序将爆炸事件发生的时间、地点、人员伤亡情况、请求救援的内容及其他必须说明的事项向行车调度员报告，向110报警，通知120急救中心。

2. 车站、列车发生爆炸事件应急处理流程

（1）车站站长或值班站长及辖区派出所领导或值班领导作为事件先期处置的现场指挥人，立即组织车站站务人员及公安民警迅速携带必要的救护器具开展救援工作：迅速派人控制车站出入口，阻止乘客进入，迎候急救车；利用站内、车内广播系统，使用标准用语进行宣传、疏导；组织疏散站内、车内乘客迅速离站；组织在站人员对受伤人员进行救护；组织机电公司在站职工开启车站送排风系统，加大通风量；组织站务人员保护事件现场，注意发现可疑人员，挽留目击证人；待运营公司领导或市有关部门指挥人员到达后，报告现场情况，移交指挥权。

（2）行车调度员接到事件报告后，应立即报告总调，并同时将后续列车扣至爆炸区域以外的车站，根据总调命令下达全线停运、封闭车站疏散乘客命令，组织指挥全线列车迅速运行至车站或车辆段小站台疏散乘客；遇列车停于区间而前方车站有列车占用时，应使列车退

回后方站疏散乘客；遇列车停于区间且前、后方车站均占用时，根据前后方车站乘客疏散情况，将先完成疏散任务的列车调至区间待命，腾空车站，将停于区间的列车调至车站内疏散乘客；遇列车停于爆炸区域时，应使列车退行至未爆炸区域以外的车站疏散乘客。

（3）总调度员接到行车调度员的事件报告后，应立即按照轨道交通运营企业《突发事件应急处置办法》规定的报告程序，立即报告企业领导及市主管部门，通知企业所属各有关单位赶赴现场参加事件救援工作及乘客疏散工作，根据企业领导指示，向行车调度员发布全线停运、疏散乘客、封闭车站的命令，并协调公交集团增加地面公交车运力运输乘客。

（4）各车站接到疏散乘客、封闭车站的命令后，应迅速组织车站工作人员，按照城市轨道交通运营企业《突发事件应急处置办法》规定的乘客疏导工作预案，迅速组织乘客出站。疏散乘客任务完成后，关闭出入口，并将情况报告行车调度员。

综上可以看出，各类突发事件发生时，城市轨道交通系统采用的共性措施为：稳定情绪、控制局面、疏导乘客、脱离险境。

任务七 救援列车的开行

一、救援列车作业原则

（1）当请求救援列车的通报发出后，故障列车司机不能擅自动车。

（2）司机应以人工模式向故障列车施加制动，并应亮着两端的红色标志灯作为防护信号。

（3）向行车调度员请求救援列车时，司机应报告列车故障情况、发生时间、迫停地点。

（4）行车调度员应通过调度命令向救援列车司机讲清救援的工作过程及运行方式，如正向牵引或推进运行。

（5）应尽量遵循"顺向救援"的原则，以确保其他正线列车运行的秩序，即原则上应尽量采用相邻的后续列车正向推进故障列车的方法进行救援，如图 12-4 所示，0713 为故障列车、0913 担当救援列车。

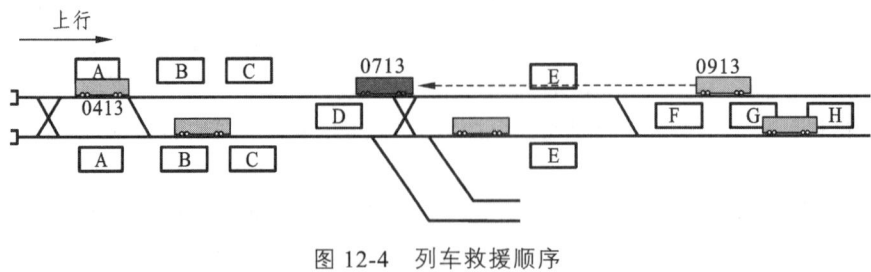

图 12-4 列车救援顺序

（6）原则上救援列车空车前往救援。救援列车司机在接到救援命令，在后方站清客（清客广播两次），清客后关闭司机室照明，2 min 内完成清客，带客前往救援。列车在到达存车线前或进车辆段前一车站，安排车站员工、地铁公安，再次清客。

（7）救援列车应距被救援车 15 m 外停车，以 5 km/h 的速度接近故障车，在 3 m 处一度停车，听候救援负责人（被救援列车司机）的指挥连挂。

（8）向封锁的线路发出救援列车时，不办理行车闭塞手续，以行车调度员命令作为进入该封锁线路的许可。

二、开行救援列车的行车组织方法

（一）救援列车开行前的准备工作

列车在区间或车站因故障被迫停车或不能起动时，司机要立即采取有效制动措施，并且用无线电话或其他有效通信工具向行车调度员报告情况，并在规定的时间内进行故障排除，如果不能迅速排除应及时向行车调度员汇报并且请示故障救援。

故障列车司机救援请求报告的内容包括：列车车次、请求救援的事由原因、迫停时分和地点、是否影响邻线、其他需要说明的事项。

列车故障情况下的行车组织由调度中心（OCC）全权负责，故障的判断和处理由司机负责，行调有责任提出辅助处理意见，但司机离开驾驶室处理故障前须报告行调批准。

行调决定救援或接到司机的救援请求后，应向有关车站、司机发布开行救援列车的命令，讲清救援车开来方向。无 ATP 保护的列车救援或因挤岔、脱轨、线路故障等可能会影响后续列车行车安全的原因救援时，必须发布封锁线路的命令。

已申请救援的列车严禁动车，司机应做好安全防护及救援准备工作，包括技术与服务准备，如施加列车停车制动，关闭相关开关、阀门，进行客室广播说明情况或者进行清客等措施，并在救援列车开来方向打开列车车头灯进行防护。

故障列车在站台时需要立即组织清客。当故障列车停在区间时，如果确认救援列车较长时间内不能挂走故障列车时，需要组织区间清客。清客时，由行调发出命令通知司机和有关车站，要求做好乘客疏散组织工作。在进行区间清客时，还需要环控调度员组织隧道送风。

（二）救援结束后的工作

现场抢险、救援工作完毕，救援人员、工具出清线路，具备恢复运营条件后，各专业人员立即向现场指挥汇报，所有专业人员救援、抢修完毕并检查确认具备恢复运营条件后，现场指挥及时向总指挥汇报。

总指挥在接报具备恢复运营条件后，发布或受权发布救援终止命令，恢复正常运营。遇到发生人员伤亡、设备损坏时，遵照城市轨道交通运营企业有关应急预案规定执行。故障发生后，受影响车站要做好运营服务工作，城轨公司对工作人员要进行合理的站间调配，行车调度人员要根据情况对列车运行进行调整。

三、救援连挂作业的步骤及规定

救援调车的连挂作业方法各公司稍有不同,现以天津轻轨公司为例,说明救援调车时的连挂作业规定及操作步骤,如表 12-1 所示。

表 12-1 救援连挂作业步骤

步骤	故障列车司机	救援列车司机
1	提出列车救援的申请后,不准动车,并应亮着两端的红色标志灯作为防护信号	
2	手持信号旗(夜间及能见度低时,使用手信号灯)站在距故障列车不小于 10 m 的安全距离,面向救援列车开来的方向并及时显示减速信号(三、二、一车的距离信号),保持与救援列车和司机联络,并提示有关注意事项	确认手信号,并不失时机的降低车速,当驶至与故障列车距离小于 10 m 时一度停车
3	检查两车车钩状态	
4	当确认两车车钩状态无误后,通报救援列车司机,可以进行挂接,并向救援列车司机发出挂接信号	以规定速度接近故障列车,并以轻微冲击方法使两车钩挂接
5	当车钩挂接完毕,检查挂接后的车钩状态	经故障列车司机确认车钩已挂接好,进行稍动试拉;试拉良好,向救援列车实施制动
6	返回故障列车司机室,将"司控器"置于"N"位及"方向手柄"置于"0"位置,并确认故障列车已处于缓解状态,向救援列车司机报告	
7		报告行车调度员,列车挂接完毕,并等待行车调度指示;按救援列车的规定速度运行

四、救援有关规定

为保证在救援中不发生防护不当等原因造成救援列车与被救援列车相撞事件,必须严格遵守以下规定:

(1)已请求救援的列车严禁动车,司机或车长应打开被救援列车两端的标志灯作为防护信号,并做好与救援列车的连挂准备工作。

(2)申请救援的列车司机在连挂之前可继续排除故障,但不能起动列车,如故障排除则报告行车调度员取消救援。

(3)救援列车应距被救援列车规定距离外停车,听候救援负责人(被救援列车司机)的指挥连挂。救援列车司机必须确定故障列车已将故障切除,方可进行连挂作业。故障列车司机必须确定故障部分已被切除,并向救援列车司机通报有关情况。

(4)在未接到开通封锁区间的调度命令前,不得将救援列车以外的其他列车开往该线路。

(5)行车调度员发布救援列车进入封锁线路的调度命令前必须确保救援列车已经清客。

任务八

城市轨道交通应急预案技能训练

一、应急演练案例

【案例】桌面应急演练应对有素

2009年12月23日下午,深圳市交通运输应急指挥中心组织了一次地铁应急演练。这次应急演练首次采用桌面推演的形式,模拟深圳地铁4号线列车运行至会展中心站内,车厢突然起火,火势迅速蔓延,站台层、站厅层及各疏散出口浓烟弥漫……在桌面演练现场,通过PPT对预设的事件现场进行演示:当日上午8:00左右,当地铁4号线(上行线)列车运行会展中心站内,忽然列车内出现巨大的爆炸声,导致列车起火,火势迅速蔓延。站台层、站厅层及各疏散出口浓烟弥漫,约有300人来不及疏散被困于地铁站内,情况万分紧急。若不能及时抢救和疏散中毒人员,有效地控制火势,将会造成重大的人员伤亡和财产损失。接到地铁现场报告后,各参演单位在导演的指挥下,以"沉着、快速、全面、细致、果断"为原则,按照"信息通报与先期处置""现场处置""组织指挥""应急结束及后期处置" 4个步骤,认真地阐述了各自应急处置措施和处置情况。演练结束后,专家们对参演各单位的表现进行了总结点评,认为桌面演练形式充分地调动了各参演单位的主动性、积极性,演练效果非常好,达到了预期的演练目标。

深圳市交通运输应急指挥中心有关负责人表示,为确保轨道交通运营安全,明确各地铁应急成员单位在应急处置过程中的责任和操作流程,提升其对突发事件的处置能力,实现"应对快速、组织有序、分工明确、运转协调"的目标,将不断借鉴国际、国内先进城市的做法,努力探索地铁应急演练新路子,在演练中积累应急处置经验,促进并完善本市轨道交通应急机制,把本市地铁应急演练推向更高的水平。

【案例】广州地铁进行史上最大型应急演练

2008年12月23日下午5:40,广州地铁进行爆炸演练。这是广州地铁首次在运营时间进行爆炸演练,共800人参与,为广州地铁史上最大型的一次演练。

下午5:40,广州地铁3号线从天河客运站开来一列车到达番禺广场站,

车门刚打开,站台处"嘭"的一声闷响,车站顿时浓烟弥漫,紧接着引发站台起火,候车乘客有2人应声倒地,10多名乘客不同程度受伤,200百多名乘客被困。地铁员工立即报警,公安人员、急救人员迅速赶赴现场,在车站员工的组织下,受困乘客被快速疏散到地面安全区域……近年来,国际上发生针对地铁、公交系统的恐怖事件,造成大量人员伤亡和重

大经济损失,为加强灾难事件防范意识、提高应急处置能力,广州轨道交通运营企业每年都会开展各种各样的突发事件应急救援演练近百次。此次演练选在下班高峰期进行,更加真实地模拟突发性灾难,充分检验了广州市各相关单位应急反应能力。为将演练对市民的出行影响降到最低,相关部门事先已通过媒体向市民发布演练通告,相关车站也摆放告示牌,引导乘客有序疏散。

此次演练将地铁爆炸疏散与应急拉动演练结合,形成市、区、镇(街)三级联动,设立多达 18 个专业小组。为对演练车站周边交通组织进行实时监控,有关方面还出动了直升机,在番禺广场、市桥、汉溪 3 个地铁站上空盘旋侦察。据悉,此次演练参与的总人数约为 800 人,参与部门之多、场面之大,堪称广州地铁演练史上之最。

【案例】上海地铁在世纪公园站举行"应急救援演练"

2009 年 10 月 13 日下午,上海地铁 2 号线世纪公园站的广播突然响起:"车站工作人员请注意,下行进站列车发现火情,现在立即启动火灾应急预案,请乘客们听从工作人员的指挥,不要惊慌,有序地离开车站。"一场别开生面的"公共安全等突发事件的应急救援演练"正在进行,市消防总队特勤支队 60 名消防救援人员与 150 多名模拟乘客以及现场正常出行的乘客一起,经历了"惊险"的一幕。

(1)乘客带易燃品引发火情。

10 月 13 日 14:00 左右,地铁 2 号线龙阳路站报告,一名乘客违反规定携带易燃品进站乘车,不慎引发火情。"火警就是命令!"行车调度员接报后,要求事发列车 2 min 到达世纪公园站后,立即停车疏散乘客,扑灭火情。世纪公园车站接总调度命令后,立即启动应急预案,做好疏散乘客的准备。车站工作人员按照各自的工作要求迅速行动起来。车控室值班员向值班站长报告:"我已关闭 TVM 系统,并按下 AFC 紧急关闭按钮。"值班员拨打了 119 消防车、120 救护车及 110 报警电话,并向公司生产调度汇报情况。值班站长在站厅设立了临时指挥所,指挥义务消防队员,进行应急处置和分配任务:2 人立即关闭站台至站厅的自动扶梯,2 人打开消防专用疏散门,2 人准备担架抢救伤员;4 人用灭火器进行扑救,其余 4 人拉水带进行扑救。

(2)军民联动展开灭火救援。

车站协警接报后迅速赶到站台,一边帮助疏散乘客,维持秩序,一边控制嫌疑人。"报告值班站长,救援车已停靠 1 号口和 2 号口(花木路海桐路)。"值班站长立即通知保洁员速至 1 号和 2 号口接应救援人员。服务中心则将票款与票卡送至编码室保存。几分钟后,事发列车到达站台,站台上的站务员已经关闭站台紧急按钮。"乘客们不要惊慌,听从工作人员指挥有序离开车站。"地铁工作人员带领乘客疏散,消防人员进入列车灭火,并抢救伤员。消防人员用担架抬出 3 位伤员。乘客纷纷从 3 号出口撤离逃生。

消防特勤支队救援车辆迅速就近停靠消火栓,铺设水带至站台层,救援人员通过消防疏散门进入站台;一组人员利用车站内墙式消火栓快速出水对着火车辆进行灭火;一组人员携带担架深入站台层进行救援,并为救援人员开辟通道。

(3)排爆员安全转移可疑物。

灭火救援时,有乘客在站厅发现一件可疑包裹,值班站长立即向消防队长报告。消防特勤支队防爆队接报后，携带安检器材对地铁站台进行安全检查，一组战斗员携带警戒器材对危险区域和排爆进攻路线进行警戒，防止群众从附近通过，为排爆队员开辟绿色通道；另一组携带排爆器材到站台层对可疑物进行转移应急处置。为了防止爆炸装置为遥控爆炸物，排爆人员还在现场架设信号干扰仪对现场信号实施有效屏蔽干扰；用绳钩线对爆炸物进行扰动，排除爆炸装置为反能动装置；同时用炸药分析仪对爆炸物进行检测分析；利用手提 X 光机对爆炸物进行透视，检测观察爆炸装置内部结构，为最后的处置方案提供依据。地铁站站台人员密集、客流量大，为防止爆炸物爆炸对地铁站台造成损坏，排爆人员利用防爆毯覆盖爆炸可疑物，将可疑物安全转移至防爆球罐内运至空旷地带。

（4）运营时演练体验真实感。

14：25，列车着火点扑灭，爆炸可疑物转移，乘客安全疏散，伤员被送到就近医院救治，事发列车被救援车拖回库，站台也清理完毕，列车恢复运营。整个演练持续了 20 min，各个环节紧张而有序。"这次在地铁运营时间搞演练，更能体验现场的紧张和真实感。"地铁二运质安部主管表示，地铁二运的军民联动机制将达到长效化、常态化，以进一步提升城市轨道交通车站员工和武警消防救援人员的协同作战能力，及时有效地处置地铁车站内发生的火灾、爆炸等危及乘客人身安全的突发性事件，为世博会提供安全的乘车环境。

（一）突发事件应急演练体系的作用

由上述 3 个案例可以看出，应急预案的演练是检验、评价和保持应急能力的一个重要手段。应急演练体系的作用是，可在事件真正发生前发现预案存在的问题和缺陷，发现应急资源的不足，从而进一步修改、提高、完善应急预案的水平，增强实用价值，改善应急部门、机构和人员之间的协调，增强相关人员应对突发事件救援的信心和应急意识，提高应急人员的熟练程度和应急能力，增强各级预案之间的协调性和整体的应急反应能力。

（二）应急预案模拟演练形式

应急预案模拟演练是指按一定形式开展的救援模拟行动。演练的形式包括单项演练、组合演练、全面演练，又可进一步分为实战模拟演练和桌面模拟演练。各种演练形式有其各自的适应条件。但是，不管采用哪一种演练，都应以提高应急救援水平与救援队伍的整体应对能力为宗旨，并验证或发现应急预案的有效性、适应性和缺陷。其中，实战演练会在事先撰写一个事件的发生、发展和应对的剧本，然后由参与演练的人员按照剧本的要求进行灾害的应对、人员和设备的防护。桌面演练的特点是，室内推演，不预设台词，不规定应急救援动作，所有参演单位按照演练步骤，根据各自工作分工，现场推演应急处置状况。应急演练的形式由实战转为桌面，是对演练模式的一种探索。一方面，能锻炼各应急部门的组织、协同和配合能力；另一方面，具有组织方便、演练成本较低的优点。

应急演练结束后应对演练的效果做出评价，并提交演练报告，详细说明演练中存在的问题。按照对应急救援工作的影响程度，可以将演练中发现的问题分为改进项、不足项、整改项。其目的是通过演练及时发现问题，并进行改善，避免因预案不完善而导致事件的扩大化，从而确保预案的高效性。

（三）应急演练基本要求

（1）遵守相关法律、法规、标准和应急预案规定。
（2）全面计划，突出重点。
（3）周密组织，统一指挥。
（4）由浅入深，分步实施。
（5）讲究实效，注重质量。
（6）原则上应最大限度地避免惊动公众。

通过应急预案的模拟演练，在突发事件中更能做到有的放矢，最大限度地减少物质财产损失，保障公众的生命安全。

二、实训案例

实训一　编制轨道交通（火灾、大面积停电、地震等）应急预案

实训目标：
（1）进一步掌握应急预案的内容。
（2）初步掌握应急预案的编制过程。
（3）认识应急预案在突发事件处理中的重要性。
（4）培养处理实际问题、解决实际问题的能力。

实训内容与方法：
（1）应急预案的编制是一项非常复杂的工作，教师可以让学生参照某一城市的应急预案编制某一项应急预案。教师可以给定题目，也可让学生自己选择。
（2）教师应强调一些重点内容，突出与城市轨道交通运营企业及员工有关的内容。
（3）要求学生所编制的预案尽量规范、内容尽量完备，具有可操作性。
（4）在班级组织学生进行讨论，使学生对各种情况都有所了解，获得更大的收获。

标准与评估：
（1）标准：能基本符合预案编制的要求，能处理城市轨道交通中的某一突发事件，能掌握教师要求的重点内容。
（2）评估：每人交一份应急预案，根据预案内容和平时表现评定成绩。

实训二　桌面演练：城市轨道交通突发大客流应急处理

实训目标：
（1）进一步掌握城市轨道交通大客流的应急处理过程。
（2）培养将理论知识应用于实际的能力。

实训内容与方法：
（1）将学生分成几个小组，扮演不同的角色（工种），按照演练步骤，根据各自的分工，现场推演应急处理情况。
（2）学生可参照教材的大客流应急处理进行，也可以逐步完善。

（3）演练后，应对演练效果进行评价，并提交报告说明存在的问题，提出改进措施。
标准与评估：
（1）标准：进行桌面演练的目的主要是让学生掌握突发事件的处理过程，因而能根据各工种的要求完成各自工作即可。
（2）评估：根据演练中的表现和提交的报告给定成绩。

实训三 桌面演练：城市轨道交通突发火灾应急处理

实训目标：
（1）进一步掌握城市轨道交通突发火灾的应急处理过程。
（2）培养将理论知识应用于实际的能力。
实训内容与方法：
（1）将学生分成几个小组，扮演不同的角色（工种），按照演练步骤，根据各自的分工，现场推演应急处理情况。
（2）学生可参照教材的突发火灾应急处理进行，也可以逐步完善。
（3）演练后，应对演练效果进行评价，并提交报告说明存在的问题，提出改进措施。
标准与评估：
（1）标准：进行桌面演练的目的主要是让学生掌握突发事件的处理过程，因而能根据各工种的要求完成各自工作即可。
（2）评估：根据演练中的表现和提交的报告给定成绩。

实训四 桌面演练：城市轨道交通突发大面积停电处理

实训目标：
（1）进一步掌握城市轨道交通突发大面积停电的应急处理过程。
（2）培养将理论知识应用于实际的能力。
实训内容与方法：
（1）将学生分成几个小组，扮演不同的角色（工种），按照演练步骤，根据各自的分工，现场推演应急处理情况。
（2）学生可参照教材的突发大面积停电应急处理进行，也可以逐步完善。
（3）演练后应，对演练效果进行评价，并提交报告说明存在的问题，提出改进措施。
标准与评估：
（1）标准：进行桌面演练的目的主要是让学生掌握突发事件的处理过程，因而能根据各工种的要求完成各自工作即可。
（2）评估：根据演练中的表现和提交的报告给定成绩。

【复习思考题】

1. 简述城市轨道交通运营突发事件的内涵、特征及引发因素。
2. 城市轨道交通突发事件等级是如何划分的？
3. 简述城市轨道交通运营突发事件主要应急机制的内容。

4. 简述救援列车的开行条件。
5. 简述突发事件应急演练体系的作用及基本要求。
6. 简述火灾的应急处理流程。
7. 简述车站突发性大客流应急处理流程。
8. 简述城市轨道交通客伤应急处理流程。
9. 简述大面积停电应急处理流程。
10. 简述发现有毒气体应急处理流程。
11. 简述列车在区间临时故障停车应急处理流程。
12. 简述恶劣天气（台风）应急处理流程。
13. 简述发生地震应急处理流程。
14. 简述车站、列车发生爆炸事件应急处理流程。
15. 编制城市轨道交通某一项（火灾、大面积停电、地震等）应急预案。
16. 桌面演练：城市轨道交通突发大客流应急处理、城市轨道交通突发火灾应急处理、城市轨道交通突发大面积停电处理。

参考文献

[1] 国家铁路局安全技术中心,等. 铁路企业安全生产与职业健康分管负责人工伤预防知识[M]. 北京：中国劳动社会保障出版社，2024.

[2] 中国安全生产协会注册安全工程师工作委员会. 安全生产管理知识[M]. 北京：中国大百科全书出版社，2011.

[3] 任萍. 城市轨道交通运营安全管理[M]. 北京：机械工业出版社，2015.

[4] 吴丁阳. 城市轨道交通全自动运行系统技术及运用[OL]. 金锄头文库，2021-11-09.

[5] 地铁运营安全评价标准[S]. 北京：中国建筑工业出版社，2008.

[6] 张新宇，王富饶. 城市轨道交通安全管理[M]. 北京：人民交通出版社，2012.

[7] 王吉，方卫宁，张嫫. 地铁行车调度系统人误影响因素识别及评定研究[J]. 中国安全科学学报，2021（8）.

[8] 黄璐，刘志钢，邱薇华. "城市轨道交通行车组织"创新实验的实践及探索[J]. 实验室研究与探索，2012，31（2）.

[9] 魏利军. 城市安全生产风险评估体系构建[J]. 安全，2018（11）.

[10] 姜秀慧. 安全生产中介组织参与安全生产事故应急管理研究[J]. 中国安全生产科学技术，2015（5）.

[11] 张津铭. 应急法律机制建构下的社会公共安全治理——评《社会安全法治论：突发社会安全事件应急法律机制研究》[J]. 中国安全科学学报，2022，32（3）.